北大人文课

人文课

田维强◎主编

团结出版社
UNITY PRESS

图书在版编目（CIP）数据

北大人文课 / 田维强主编 . —北京：团结出版社，
2018.1
ISBN 978-7-5126-5944-5

Ⅰ．①北… Ⅱ．①田… Ⅲ．①人文科学－通俗读物
Ⅳ．①C49

中国版本图书馆 CIP 数据核字（2017）第 310912 号

出　　版：团结出版社
　　　　　（北京市东城区东皇根南街 84 号　邮编：100006）
电　　话：(010) 65228880　65244790（出版社）
　　　　　(010) 65238766　85113874　65133603（发行部）
　　　　　(010) 65133603　（邮购）
网　　址：http：//www.tipress.com
E—mail：65244790@163.com（出版社）
　　　　　fx65133603@163.com（发行部邮购）
经　　销：全国新华书店
印　　刷：北京中振源印务有限公司
开　　本：165 毫米×235 毫米　16 开
印　　张：20
印　　数：5000 册
字　　数：380 千
版　　次：2018 年 1 月第 1 版
印　　次：2018 年 6 月第 2 次印刷
书　　号：978-7-5126-5944-5
定　　价：59.00 元

前　言

北京大学是一所屹立百年的高等学府，在中国乃至世界，北大都享有极高的声誉。人是精神的载体，说到北大，自然要说起北大的人和北大的人文精神。北大的人文气息仿佛少女脸颊上的红晕，历经岁月的渲染，愈加有韵味。从清末开始，这里诞生了无数的思想巨子、文化大家。

作为中国最具精神魅力的学府，北大英才辈出，堪称大师之园。百余年来，从北大走出了一大批优秀的学者、教授。早期的北大涌现出的杰出人物有蔡元培、陈独秀、李大钊、鲁迅、胡适、蒋梦麟等，这些人是北大的先驱，也是北大精神的奠基者。之后，北大又培养了冯友兰、季羡林、梁漱溟、林语堂、朱光潜、张岱年等学者。他们以各自的思想和行动，共同为我们构造了一个独属于北大的人文体系。

北大的人文气质不是物质的留传，而是一种灵魂的塑造和远播。一代又一代北大人传承和发扬着北大独特的精神气质和文化内涵，也彰显着自身与众不同的人生经验与生活智慧。他们广博的学识、闪光的才智与庄严无畏的思想，像一盏盏明灯，点亮我们的心灵，也照亮我们未来的道路。他们身上有太多值得我们学习的东西：勤奋、宽容、克己，等等。当然，更为重要的是北大人经过几年、十几年，甚至是几十年的思考而归纳出来的人生哲理。

当我们困惑迷茫之时，鲁迅会告诉我们希望总在前方；当我们缺乏信念之时，冯友兰会告诉我们各人的历史由各人写就；当我们陷入悲观之时，季羡林会告诉我们每个人的生命都各有其意义；当我们总是匆匆地生活，无暇顾及身边的事物之时，朱光潜会提醒我们慢慢走，要懂得欣赏生活之美……有一种光芒永不消逝，有一种精神永远留存。无数北大人以其博大的胸襟，为我们提供的是取之不尽、用之不竭的精神宝藏。不管我们处于何种精神状态，我们都能从他们所散发的智慧之光中，摘取一片我们需要的光芒，以驱散积存于我们内心的阴影，并且以另外一种眼光看待世界，看待现实生活带

1

给我们的不如意。

　　因此，即使我们没有进入北大学习，即使很多先哲已经离我们远去，但是探寻大师们行走的足迹，倾听他们永恒的人文精神，我们就可以从他们丰富的人生经历中汲取智慧和力量，以帮助我们更好地经营自己的人生，从而能够拥有一份成熟、稳重和练达，悦纳世间百态，笑看人生风云。

　　《北大人文课》借助一流学府的智慧，深入探寻社会各个领域，让读者把握社会脉搏，沐浴人文气息，修养人生智慧。或许你无法抵达大师的思想境界，但是你却能从中寻找一盏指引你前行的明灯，抵达人生的豁然之境。

　　阅读本书，聆听谆谆教诲，汲取其人生经验和智慧，学会从容地面对生活中的各种问题，深刻地理解和把握人生，多一些得、少一些失，多一些成功、少一些失败，创造出属于自己的辉煌。

目　录

第一课

独立人格，北大人有独立思考的精神

独立之精神包括独立人格、独立思考和独立判断；独立思考是标示自己个性的形式之一，这是一个习惯与思维养成的过程，并非人人都有，却可以后天训练而得。保持理性、中立和客观的态度看待问题，不附庸流俗，方能保持本色。

1. 天行健，君子以自强不息

古今中外，凡能成就一番伟大的事业，对社会有着突出贡献的人，无一不是自强不息、脚踏实地、艰苦奋斗的结果。

——皮名举

（曾任北大历史系教授，与钱穆并称"钱皮"）

"自强不息"，语出《易经·乾卦》："天行健，君子以自强不息。"意思是，天（即自然）的运动刚强劲健，相应于此，君子处世，应像天一样，自我力求进步，刚毅坚卓，发愤图强，永不停息。自强不息，是要人们效法天地，在学、行各方面不断去努力。

世间沉浮如电光石火，盛衰起伏，变幻难测。如果你有天赋，勤奋则使你如虎添翼；如果你没有天赋，勤奋将使你赢得一切。同样，推动世界前进的人并不是那些严格意义上的天才，而是那些智力平平而又非常勤奋、埋头苦干的人；不是那些天资卓越、才华四射的天才，而是那些不论在哪一个行业都勤勤恳恳、劳作不息的人们。

自强不息，不仅是一种做人的精神，更是一种做人的意志、一种做人的坚强斗志。古往今来，成就大事之人，无一不是自立自强的人。

一个人只有不依赖别人，能够自立才能够走向自强。一个人只有自强不

1

息，才能够做到坚忍不拔，不畏困难与挫折，才能做到志存高远。

郑板桥，清代书画家。他的一生都以"难得糊涂"为准则，但唯独在教育后代方面，一点也不含糊！据史料记载，郑板桥52岁才有了儿子。在当时，郑板桥身为一县县令，有三百亩田产，家庭富裕。不过，对于儿子的教育，郑板桥一直秉承言传身教的准则，从不溺爱儿子。就连自己将要病危的时候，也不忘教育儿子。

这天，郑板桥的病情恶化，所有人都在担心他，而他却让儿子给自己做馒头吃。此时，儿子就犯难了，馒头怎么做啊？为了满足父亲的最后一个愿望，儿子只得硬着头皮答应了。

儿子从来没有蒸过馒头，根本不知道从哪下手，只是站在那里干着急。后来，郑板桥又让儿子去找厨师，看看做馒头的步骤。不过有一个要求，那就是儿子必须亲手做，不能让厨师代劳。在厨师的指点下，儿子终于将馒头做成了，可郑板桥已经离世，没有亲口尝到儿子用心做的馒头。

儿子见此情景，悲痛欲绝。就在他再看父亲一眼的时候，猛然看见茶几上放着一张纸条，上面写着："淌自己的汗，吃自己的饭，自己的事自己干，靠天靠地靠祖宗，不算是好汉！"

看完父亲最后的遗言，儿子终于明白为什么父亲临终前让自己亲手做馒头了，就是为了告诉自己今后一定要自力更生，自强不息！

郑板桥老来得子，按理说应该对儿子疼爱有加才对，可他没有那样做，而是言传身教，让儿子做一个自力更生、自强不息的男人。在中国，父母对孩子的溺爱，恐怕在全世界范围内都要首屈一指。不得不承认，这是人之天性使然。疼爱子女无错，但一定要有度，过分溺爱只会让孩子养成凡事依赖他人的习惯，从而让自己变得懦弱无能。

人生道路上，有人一路陪伴自然是极好的，但是这一路很长，别人包括父母也不可能永远陪伴自己左右。因此，我们应该自力更生，学会从自身力量的源泉中吸取动力，从而品尝到甜蜜的味道。这也是所谓的"自立者，天助也"。

现在的你，也许一无所有，但只要自强自立，总会有登及顶峰的时候。有志向的人，在成功的道路上可以战胜任何困难。换言之，成功的大门，永远都会为自立自主的人敞开。

相信吧！相信自己的力量，好好活在当下，不要在悲伤与痛苦中迷失了自己，只有自爱、自强、自力更生，人生的春天才更长久，更美丽！

2. 君子慎独

淡泊名利并不是拒绝名利，而是要以平常心对待名利。

——季羡林

(曾任北京大学教授，历史学家、思想家、作家)

古人云："修身，齐家，治国，平天下。"修身排在第一位，而慎独便是修身的目标，这也是儒家提出的一种修身的概念。

春秋时期的鲁国，有一位名叫公仪休的博士，因为德才兼优而被选拔为鲁国的宰相。他刚正不阿，遵守法度，按章办事，杜绝"走后门"、拉关系。所以，百官都很尊敬他，学习他的品行。

公仪休担任鲁相以后，规定鲁国一切做官的人，不得经营产业、与民争利。他认为，做官的人，在大的方面已经得到利益了，而民众务农、务工、做生意，只取得一些小利，受大者不得再取小。因此，做官的人是不能兼做生意的。

公仪休喜欢吃鱼，有人就送鱼给他，他拒而不受。送鱼的人说："听说你喜欢吃鱼，为什么不肯接受我送的鱼呢？"

公仪休说："正因为我喜欢吃鱼，所以更不能接受你的鱼！我现在做宰相，买得起鱼，自己可以买来吃。如果我接受了你送的鱼却被免去宰相之职，那以后就买不起鱼了，这样的话，你还会再给我送鱼吗？这样一来，我还能再吃得到鱼吗？所以，收回你的鱼吧！"

"拒不收鱼"的公仪休或许会被现在社会的人嗤之以鼻，甚至觉得这样的人太迂腐。但在当时的年代，正是他们这种看似迂腐的品行征服了千千万万的人。从这一角度来说，公仪休可称之为"慎独"君子。他们在独处的时候，会有强大的自律心，不会被外界的东西所影响，从而违背自身的原则。

公休仪的自律并非毫无根据，公仪休明白了今日受鱼，则他日无鱼可食，有理有据地去节制自己的行为。所以说，慎独，符合先贤所教，防止有违背道德和损害心中本源的良好意念行为的发生，是一种智慧的表现。

"慎独"是衡量人们是否坚持自我修身以及在修身中取得成绩大小的重要标尺。做不做坏事，能不能做到"慎独"以及能不能坚持"慎独"，这都是考验自身的标尺。

慎独，仿佛是把自己的遮羞布掀开，扒了个精光，掏出内心晾在炎炎赤日之下，让众人都来看个清楚，是黑是白，是清是浊，是明是晦，绝无半点虚假。所以说，它是一种残酷的自我修炼方式。

慎独的人在审视自我的时候，就像是看到水晶玻璃制成的人，一眼就能看穿是否真的如自己所说般坦荡、善良、勇敢、正直。

司马光任宰相的时候，登门拜访者络绎不绝。为此，司马光在自家客厅里挂了一幅亲笔写的条幅：杜门谢客。条幅大意是：需要进谏言的，请上奏朝廷；想要指出他的错误的，请写信给他，他会认真对照反省；私事相求的，他会酌情处理，并且不愿意接待一有事就来造访他的人。

司马光为我们很好地诠释了"慎独"，他挂条幅的行为不仅谢绝了造访者，避免了可能发生的"公事私办"等问题，还凸显了自己的笃诚廉洁、正大光明。

"知人者智，自知者明。"睿智的处世方法就是"慎独"。人生在世，人前要正直，人后要正派，独处要正心。这就是"慎独"的延伸和内涵，"慎独"是时刻高悬在心灵上的一把利剑，这把利剑可以警示、勉励和磨砺自己。

3. 成功源于独立深入的思考

年轻人就是应该有梦想、有追求。年轻人就像一张白纸，每个人都可以在上面画出自我的东西，都可以有自己的创造。

——王志东

（毕业于北京大学无线电电子系，IT界领袖人物，新浪网创始人之一）

美国犹他大学的助理教授 MattMight，曾经这样描述过博士学位的概念："假如人类所有的知识是一个圆圈，圆的内部代表已知，圆的外部代表未知。那么在小学和初中阶段，你学完了圆心部分；在本科阶段，你找到了自己的专业方向；在硕士阶段，你在学业上继续前进；在博士生阶段，你接触到本专业最前沿的知识。这个时候你再深入思考，终于突出了圆的边界。这时，你才成为了博士。"在这个过程中，最关键的一点就是：要有深入学习的精神和独立思考的能力。

其实，不论是在学术领域，还是在现在的社会中，都需要"一"字型的人才，也更需要"十"字型的人才。意思是：你不仅需要有广博的知识，更需要有深入钻研的精神和独立思考的能力。否则，你就只能走别人踩出的路，永远体会不到在广阔的新天地中翱翔的滋味。

如果你想自己独立思考，有一点是很重要的，就是：不能限于思维定势！

在古代，有一个科普作家叫阿西莫夫，他从小就很聪明，智商测试得分在 160 分左右，属于"天赋极高"之列。

有一次，他遇到一位熟悉的汽车修理工，修理工对他说："嘿，博士！我给你出一道题，看你能不能答出来。"

阿西莫夫点头同意。

接着，修理工说出题目："一位聋哑人想买几根钉子，就对售货员做了这样的手势——左手食指立在柜台上，右手握拳做出敲击的样子。售货员见状，拿来一把锤子，聋哑人摇摇头。很快，售货员就明白了聋哑人想买钉子。聋哑人走后，没多久又来了一位盲人。这位盲人想买一把剪刀，请问，盲人会怎么做呢？"

阿西莫夫不假思索地回答道："他肯定会这样……"阿西莫夫伸出食指和中指，做出剪刀的开合形状。

看到阿西莫夫做出的手势，修理工大笑："哈哈，答错了吧！盲人虽然眼睛看不见，但是并不是聋哑人啊！如果他想买剪刀，只要开口说'我要剪刀'就行了，为什么还要做手势呢？在你答之前，我就猜测你不会知道这个答案，哈哈！因为你接受的教育太多了……"

很多人都知道：读书会使人明理有智慧。但为什么有些人却"越读越傻了"呢？其实，让人"读傻"了的不是书，而是这个人缺乏独立思考的精神和求异的思维。

中世纪时，有两个年轻人在纽约到波士顿的某个车站相遇。

年轻人听另一个年轻人要去纽约找工作，一脸惊讶地说："什么，老兄，你要去纽约？听说纽约人个个都很冷漠，向他们问个路他们都会向你收钱的！所以你还是不去的好！本来我也打算去纽约的，听了这件事以后，我就决定去波士顿了。你知道，波士顿人可是出了名的热情好客呢！"

年轻人的这番话并没有打击到要去纽约的年轻人，他反而觉得这是一个很好的商机，他想："既然指路都可以挣钱，那纽约的钱也太好挣了！"于是，他坚持自己当初的选择，踏上了去往纽约的路。

到了纽约之后，这个年轻人惊叹道：这里果然是发财的好地方！只要肯思考、多想办法，再用点力气，很容易挣到大钱。

就这样，这个年轻人在冷漠的纽约站稳了脚跟，成为了一个富有的人。再看看那个前往波士顿的年轻人，依然是一事无成。

从这个故事中，我们明白了：质疑绝对是锻炼深入思考能力的切入点。

若没有疑问，就表示你还沉浸在懒于思考，只想听他人意见的懈怠状态中，甚至没有开动自己大脑的发动机；要避免从众行为，要有自己的选择和判断。从众行为只会让我们穿着同样的大衣，戴着同样的面具自欺欺人。没有自己的选择和判断，就不会有独立深入思考要去改变生活的勇气。

我们要敢于尝试，不要害怕失败和别人的目光。失败是成功的孪生体。成功源于失败，而失败奠定成功。只要敢于尝试，就没有思考不出来的真理。而要选择尝试，就一定不要害怕失败。别人的目光和失败，丝毫左右和影响不了你。

由此，我们总结出了：人们能够成功不是因为厚重的学识和基于道听途说的猜测，而是因为有求异思维和独立思考的能力。

著名学者培根曾经把三种不同的哲学家，形象地比喻为蜘蛛、蚂蚁和蜜蜂。在他的比喻里，盲目地堆积材料的求知识的方式为蚂蚁方式；把主观的、随意创造体系的方式为蜘蛛方式；最好的方式像蜜蜂一样，从花园里和田野里的花朵中采集材料，并用自己的一种力量来改变和消化这些材料。通过蜜蜂的消化、酿造，"蜜成花不见"，所以蜂蜜才比一般鲜花的甜汁甜美和精粹得多。他的这个比喻，也是一种自我消化和自我思考的能力。

在当今这个竞争激烈的社会，只有不断地、独立地、深入地进行思考，才能实现自身的价值，成为时代的主角。当面对庞杂的生活、工作的时候，才能随时保持清醒的头脑，取得常人难以企及的成就。

4. 提升自己的思考能力

我很赞赏北大博士生的一句话：不要致力于满口袋，而要致力于满脑袋。满脑袋的人最终也会满口袋，我是相信这点的。

——王选

（现任北京大学教授，现代著名科学家，中国高科技产业自主创新的先驱）

有一句话讲得好："发动机只有发动起来才会产生动力，一旦停止，那么动力自然也就停止了。"思考也如同发动机一样，只有一直思考，才能给我们的工作或生活带来持续不断的动力。从某种意义上来说，正是因为思考的力量，人类才逐渐成为世界的主宰者。

或许有人会说，我是想思考，可是我根本就分不清楚哪些东西该思考，哪些东西不该思考！瞧，问题出来了吧！不管你能不能够分得清，只要犹豫，那也是一种思考。

这个"知识爆炸"的时代，对每个人的思考能力提出了挑战。愈有思考能力的孩子，求知欲望就愈强，终身学习的能力就愈强，创造力就愈强。这种能力，使他能够与时俱进，备受社会的欢迎。

一次，美国电视台的著名主持人问一个七八岁的小女孩："你长大以后想做什么？"

女孩很自信地答道："总统。"

全场观众哗然。

主持人做了一个滑稽的吃惊状，然后问："那你说说看，为什么美国至今没有女总统？"女孩想都不用想就回答："因为男人不投女人的票！"全场一片笑声。

主持人又问："你肯定是因为男人不投她的票吗？"

女孩不屑地说："当然肯定。"

主持人意味深长地笑笑，对全场观众说："请投她票的男人举手。"伴随着笑声，有不少男人举手。主持人笑了笑说："你看，有不少男人投你的票呀。"

女孩不为所动，淡淡地说："还不到三分之一。"

主持人做出不相信的样子，对观众说道："请在场的所有男人把手举起来。"言下之意，不举手的就不是男人，哪个男人"敢"不举手。在哄堂大笑中，男人们的手一片林立。女孩露出了一丝轻蔑的笑意："他们不诚实，他们心里并不愿投我的票。"

许多人目瞪口呆。然后是一片掌声，一片惊叹……

这是一个典型独立思考的事例，女孩在没有任何人提示或帮助的情况下，凭借自己的判断和思考，对主持人的提问作出从容的作答。这种独立思考的能力正是许多孩子所欠缺的。

如果说思考是一种能力，那知识就是思考的必要工具。换句话说，如果没有足够的知识积累，就无法进行正确而有效的思考。

被誉为亚洲成功学权威的陈安之说："在我二十五岁重新创业的时候，立志成为世界顶尖的演说家，要有巨大的影响力，要帮助无数人成功。然而慢慢地，我发现在这世界上可以做到这些的人，比如说我的老师安东尼罗宾、世界销售冠军汤姆霍普金斯、世界第一名激励大师金克拉先生、世界潜能大师博恩·崔西，等等，他们每一天都在不断地阅读、不断地学习，在一年里至少阅读一百到两百本书籍。假如我在未来变得像他们一样，有如此大的成就，那我就必须做同样的事情。所以，从二十五岁开始，我每年读三百本到五百本书籍以上。只要当天晚上没有演讲，我就会开始学习，阅读。

"我每天在办公室里面，不断地训练业务员，告诉他们我以前在安东尼罗宾机构成为第一名的行销代表的原因——我每天站着打电话，打一百通陌生电话——这是别人不愿意做的事！

"有人说：'陈老师你的演讲为什么讲得这样流畅？'——事实上，以前我每天对着镜子练习三个小时以上。

"在这个世界上，很少有人每天站着打一百通电话，很少有人对着镜子练习三个小时演讲，很少有人愿意去做别人不敢做的事情、做别人做不到的事情。"

从陈安之的言辞中，我们终于可以理解这句话：世界上只有百分之三的人可以称之为成功者。成功者之所以成功，是因为他愿意做别人不愿意做的事情；是因为他愿意做别人不敢做的事情；是因为他愿意做别人做不到的事情。

假如你没有做这三件事，那你可能就属于百分之九十七了。假如你愿意开始做别人不愿意做的事情，做别人不敢做的事情，做别人做不到的事情，我相信下一个成功的人一定就是你！

当我们遇到难以解答的问题时，不要怕麻烦、以偏概全地敷衍了事，要试着进行深入而具体的思考，培养自己的逻辑思维能力。要弄清事物的构成因素，探究各因素之间的关系，如大小、因果、是非等。通过这样的训练，能让人们拥有更敏锐的思考力，认识某一事物时更加透彻和迅速。

除此之外，我们还要做一个敢于试验的人。不要沉迷过去，不要有"我们以前就是这样做的，我们现在也应该这么做"的偏执观念，要试图改变："我们怎样做才能比以前做得更好""我们怎样改变，才能更有效地完成这些事""我们如何在短期内完成一个长期目标"……

从今天起，我们要打破固有的传统，走出"宅男宅女"的天地，去拥抱世界，去结交新朋友，感受从未感受的东西，体验从未体验的经历。总有一天，思考会伴随你，并且丰富你的人生。

5. 凡事多问一个"为什么"

无论古人今人或某个权威的学说，要深入钻研，过细咀嚼，独立思考，切忌囫囵吞枣，人云亦云，随波逐流，粗枝大叶，浅尝辄止。

——马寅初

（曾任北京大学校长，当代经济学家、教育学家、人口学家）

思考的能力很重要，这种思考不止限于自身的思考，还有对别人的提问，大家只有敢于对别人提问，哪怕是不耻下问，才能够提升自身的综合能力。

郑板桥在年少的时候，一天跟随老师到野外游玩。当他们路过一个小桥时，却发现桥下有一具小女孩的尸体。

同学们看到小女孩的尸体都议论纷纷。这时，老师开口赋诗一首，诗句是："二八女多娇，风吹落小桥。三魂随浪转，七魄泛波涛。"

郑板桥听了以后，感到不太对劲，便发问："您如何知道这个少女是16岁？又怎知她是被风吹落小桥的？你怎么看见她三魂七魄随波逐浪翻转的？"

一时间，同学们屏住呼吸，郑板桥竟然质疑老师？而老师被他的问题难住了，有点尴尬，但还是故作镇定，反问："那照你的意思，诗如何作？"

郑板桥想了想，脱口而出："谁家女多娇，何故落小桥？青丝随浪转，粉面泛波涛。"

听到这样的诗句，老师和同学们都竖起大拇指，称赞其才华。

事实上，正如郑板桥自己所说："有学而无问，虽读书万卷，只是一条钝汉耳。"而他，也是这样做的。

随着人们的求知欲越来越强和知识面更广，一些人还因为"凡事多问一句为什么"帮助了自己，甚至为自己赢得了效益。

1473年2月19日，哥白尼出生在波兰一个富裕商人家庭，后被舅父收养。在他18岁那年，舅父把他送进了克拉科夫的雅盖隆大学。

克拉科夫的雅盖隆大学是当时东欧传播资产阶级思想文化的重要基地，这里的资产阶级人文主义学派的教授，不满经院哲学的死板教条，在科学上有许多新的见解。

在这样的环境下，思想敏锐的哥白尼对天文学和数学发生了极大的兴趣。他钻研数学，阅读了大量古代天文学书籍，钻研了"地心说"和"日心说"，做了许多笔记和计算，还开始用仪器观测天象，头脑里孕育着新的天文体系。

在意大利留学的10年里，哥白尼还在学术气更活跃的帕多瓦大学学习。该校天文学教授诺瓦拉对"地心说"表示怀疑。

不过，这并不影响哥白尼，他认为宇宙结构可以通过更简单的图式表示出来。为此，他从诺瓦拉那里进一步熟悉了"地心说"和"日心说"，产生了关于地球自转及行星围绕太阳公转的见解。不仅如此，他还学习了医学和解剖学，获得了教会法博士学位。

经过很长时间的研究，哥白尼认为，太阳是宇宙的中心，地球是围绕太阳旋转的一颗行星。除地球外，还有其他行星，也在围绕着太阳旋转。

凭着这种敢于质疑的精神，哥白尼终于在 1543 年鼓起了勇气，决定反击"地心说"。他坚定地说："我不会在任何人的责难面前退缩下来。如果有人对我的设想指责，我将不予理睬。我认为他们的判断是粗暴的，我会完全蔑视！"

可想而知，他受到了不好的待遇，人身遭到了闹剧般的嘲弄。但事实证明他的理论是对的。后来，他这种敢于质疑的精神也一直被现代人所推崇。

"凡事多问一句为什么"，这恰恰就是思考的源泉。如果每个人都能够像哥白尼，能够求真、求解，那人们也会少走一些弯路。相反，如果每个人都得过且过，不问缘由，那或许到了今天，还生活在混沌中，浑浑噩噩。往大的方面说，人们的生活就会十年如一日，甚至阻碍人类的进步和社会的发展。所以说，无论是为了自身的求知，还是为了国家的繁荣发展，我们都不妨抛去"不好意思""害羞""无所谓""反正不会影响我"等想法，多问一句"为什么"。

6. 天上地下，唯我独尊

唯此独立之精神，自由之思想，历千万祀，与天壤而同久，共三光而永光。

——陈寅恪

（国学大师，清华四大哲人之一）

"天上地下，唯我独尊"在形容人妄自尊大、目空一切的同时，也从侧面说着足够自信的心态。在谈论自信之前，我们先来了解一下"天上地下，唯我独尊"的出处——一个佛教典故：

两千五百多年前，古印度有个叫迦毗罗卫国的小国，国王叫乔达摩·首图驮那，翻译成中文的意思就是"纯净的稻米"。因此，他有"净饭王"的称呼。天臂城善觉王的长女摩诃摩耶是净饭王的妻子，他们感情很好，但是结婚多年都没有生下一儿半女。直到摩耶王后 45 岁时才"偶然"怀孕，当时净饭王已经 50 岁了。

据说，摩耶王后之所以能够怀孕，是因为她梦见一头六牙白色大象腾空而来，从右肋进入了她的腹中。王后自怀孕以后，心情大好，不再忧虑与烦恼，从来未发过脾气，她断绝了贪欲和虚伪的心情，只是每天到幽静树林和水溪旁散步。

古印度的风俗是妻子头胎必须在娘家分娩，且丈夫不可同行。所以摩耶王后在生产前，回到自己的娘家。在经过迦毗罗卫城和天臂交界处的兰毗尼花园时，她深感疲乏，就下轿到花园中休息。那里有一棵葱茏茂盛的无忧树，摩耶王后看见了，就伸手去抚摸树枝，不料却惊动了胎气，就在此生下了太子。

太子出生时，天空花雨缤纷，仙乐鸣奏、诸天神拱卫。一时间万物欣欣向荣，宇宙大放光明。两条银链似的净水从天空直泻，一条清凉，一条温暖，为太子沐浴。太子出生就能独自行走，每一步的脚下都有一朵莲花。在向东南西北各走出七步后，太子左手指地，右手指天，大声宣称："天上地下，唯我独尊。"

紧接着，迦毗罗卫全国吉兆不断：河水由浑浊变清澈，花木繁茂，五谷丰登，世人相处和睦。与太子同天生的孩子，都母子平安，甚至连牲畜都十分健壮，没有一根杂色鬃毛。

净饭王知道王后半路产子的消息，不胜欢喜，立即带人带轿迎接王后和太子回皇宫。太子出生五天，净饭王请了众多学者来为太子取名。经过讨论，大家最终决定以乔达摩·悉达多作为太子的名字，他就是后来的释迦牟尼（佛教创始人）。

在这个世界上，一切的一切都要以"我"为根本，为主导，不必听命于任何人或任何所谓超乎人的神。因为"我"是最重要的，是独一无二的存在。每个人在追求更好的生活时都应该不受任何影响、任何牵制、任何牵绊，既不压制自我，也不伤害他人。试想一下，如果你真的摆脱了各种物欲、迷惑、膜拜和假象的束缚，那么就没有任何事可以控制你了。这也不就是所谓的唯"我"独尊吗？如果你也有如此高的觉悟，那么就也对着天地大喊一声"天上地下，唯我独尊"吧！

如今的人，恰恰脱离了"天上地下，唯我独尊"的自信，而被一些外在的东西所禁锢，无原则屈从他人，从而被剥夺自主行动的能力；盲目附和众议，从而丧失独立思考的习性。慢慢地，人们就失去了一种霸气，一种自信，变得唯唯诺诺，小心翼翼。

有这样一则故事：

有一名失业的人，从没有一个工作做得长久。慢慢地，他就相信自己是个没用的人，开始自暴自弃。可与此同时，他又不甘心。某天，他跑去算命，想确定自己到底是不是一个平庸无用之辈。

算命先生掐指一算，当即确认："你确实是一个平庸的、无用的人！"听到这话，他又开始怀疑起来："人的一生，难道真的是早有定数？"

回家的路上，他开始思考：与其听信他人，不如自己求证！于是，他用仅有的积蓄，报名参加心理学补习班。通过学习，他意识到，像他这样的人社会上有很多，但一定要自己学会改变，学会自信起来！

在他的努力下，他不仅获得了事业的成功，还经常帮那些所谓的"平庸无用"的人开导。

这个故事告诉我们：不要对已定的现实去抱怨，而是要试着接受它，改变它。每一个生命都有它存在的理由，即便不知道它的理由是什么，我们也应该为之奋斗。因为，人首先得瞧得起自己，要有独立的精神和意识，这样才不会盲从，不会自卑，不会成为精神上的奴仆。

拿破仑说得好：不想当将军的士兵不是好士兵！当兵的话，你就要奔着当将军去努力；做事业的就要奔着成功去。千万不要认为自己一辈子就这样了，行尸走肉地过一天算一天。不管怎么样，做人一定得有"天上地下，唯我独尊"的霸气，对自己自信起来。一个人如果自信、霸气一点，那些坏的事也会绕道走！

即便是在成功的道路上遇到坎坷，也不要退缩，不要气馁。要知道，即使人生的旅途上处处荆棘，也一定要鼓起勇气，昂首向前。

7. 打破思维定势

我所说的话都是你所能了解的，但是我不敢勉强要你全盘接收。这是一条思路，你应该趁着这条路自己去想。一切事物都有几种看法，我所说的只是一种看法，你不妨有自己的看法。

——朱光潜

（著名学者、美学家、文艺理论家，曾担任北京大学文学院院长）

对于渴望成功的年轻人来说，打破思维定势是非常重要的！如果你希望变得更加优秀，希望获得梦寐以求的成功，就必须学着做一个打破固有思维，善于独立思考的人。相反，如果你不这样做，就会像下面故事中的这个年轻人一样。

一位年轻人对父辈创业的故事很是感动，并下定决心外出寻找财富。

他远涉重洋，在热带雨林中找到了一种会散发出香气的树木。然而，等到他把这种树木运回家乡，搬到市场上去卖，却无人赏识。为此，他感到很不理解，为什么旁边一个卖木炭的小贩生意兴隆，而自己的树木却无人问津。

为了改变这种现状，他也效仿小贩卖炭的做法，把香木烧成了木炭，挑到市场上去卖。果然，木炭很快就卖完了。令人遗憾的是，他烧成木炭的香木，正是世界上珍贵无比的"沉香"！只要切下沉香的一小块磨成粉末，价值就超过一车的木炭。

年轻人急于求成，不多思考，局限在固有的思维模式里，其结果肯定失败。如果年轻人能够多等等，等着识货的人，那珍贵的"沉香"也不会如此贱卖。

从年轻人做生意的例子，我们得到一个教训：凡局限于某些思维中，不多加思考的人，结果总不会是好的。相反，那些成功的人，恰恰就是打破思维定势的人。

现代社会经济如此发达，任何工作都不是盲目和无序的。人们要想在工作中不断提高自己的能力，就要严格要求自己，通过不断地思考和总结来提高工作质量。

巴菲特曾经开出过接班人的条件，首先是要打破思维定势，其次是要情绪稳定，最后是要对人类心理以及机构法人投资行为有一定了解。这三个条件，正是巴菲特获取成功的三大基础。把打破思维定势列在第一位，可见巴菲特对此项品质的重视。

历史上这样的事例数不胜数，比如：瓦特小时候，看到火炉上茶壶的盖子被水蒸气冲开了，壶盖"吧嗒吧嗒"地抖动着。瓦特就想："好怪，掀得动这么沉的铁盖子，那水蒸气想必很厉害吧？干吗不能用来掀动更重的东西，干吗不能用来转动车轮呢？"

对水蒸气冲开壶盖的现象，瓦特陷入了深思。经过多年的努力，他打破思维定势，成为蒸汽机发明家，使人类进入了"蒸气时代"。

在中世纪，英法相互交战的时候，英国军舰就在水面上巡弋着，只要前来攻城的法军一靠近，就猛烈开火。法军的军舰远远不如英军的军舰，根本无计可施，法军指挥官急得团团转。

此刻，一位年仅 24 岁的炮兵上尉灵机一动，当即用鹅毛笔写下一张纸条，交给指挥官："集中兵力攻占港湾西岸的要塞，夺取海角，然后集中大量火炮，拦腰轰击英国军舰，以劣胜优！"

指挥官一看，连连称妙。

果然，猛烈的炮火使英国舰艇无法阻挡。仅仅两天时间，原来把土伦城护卫得严严实实的英军舰艇就被轰得七零八落，不得不狼狈逃走。叛军见状，也很快缴械投降。

事后，这位年轻的上尉被破格提升为炮兵准将。他就是后来的法国皇帝，威震世界的拿破仑。

和许多卓越的人一样，拿破仑的成功在某一程度上是：在关键的时刻打破思维定势，开动了脑筋，为指挥官找到了突破困难的方法。打破固有思维的能力让拿破仑走上了一个有高度的新起点。他后来的每一步升迁，几乎都和打破思维定势，善于运用智慧突破困难做法有关。

一个不会打破固有思维的人，总会对接踵而至的问题长吁短叹，而一个善于打破固有思维的人总能想到办法解决问题。由于打破固有思维，善于思考，牛顿成了最伟大的科学家之一；伽利略推翻了亚里士多德定律；哥白尼否定了托勒密的学说……

如恺撒大帝所说的那样：一个人的一生，会像自己所期待的一样。我们应该使自己具备独立思考的能力。换句话说，我们应该打破思维定势，才能为人类攀登高峰作出一次又一次贡献。

8. 自审，不跟随他人的节拍

你可以说自己是最好的，但不能说自己是全校最好的、全北京最好的、全国最好的、全世界最好的，所以你不必自傲；同样，你可以说自己是班级最差的，但你能证明自己是全校最差的吗？能证明自己是全国最差的吗？所以不必自卑！

——俞敏洪

（北京大学毕业生，新东方教育科技集团董事长兼总裁）

在现代社会中，人们生活压力大，生活节奏快。即使心里已经非常疲倦与焦虑，但抬眼看看四周，这个朋友换了新车，那个朋友换了新房，一种紧张的情绪就从心底弥漫上来，催着人们去努力、去奋斗，从步行变成了小跑，从小跑变成了奔跑，最后筋疲力尽，再道一声"人在江湖，身不由己"。

如果你觉得，自己快不认识自己，也搞不清楚今天是几月几日时，或者是连续一个星期没睡过一个好觉，那就到了要自审，调节生活节奏的时候了！

自审就是自己审视自己，就像宏阔壮美的高山大川审视饱经风霜的沧海桑田，就像浩瀚无边的大海审视广袤无垠的苍穹。

自审就是用灵魂的双手擦亮韧性的眼睛，让人生更加清醒，让自我更加亮丽。

审视闲适，你会发现空虚；审视痛苦，你会发现孤独；审视懒惰，你会发现沦落；审视无知，你会发现浅薄……所以说，只有审视自己才能发现自我，认识自我。

有人说：人生好比是一段不可预知的旅程，有平路也有急弯，最重要的是把握好自己人生的方向盘。如果把方向盘交给别人，那就等于失去了自我。

在生活中，我们经常听人抱怨："我这简直是戴着镣铐跳舞！"他之所以有这样的感叹，就是因为他没有自主性。事实上，并没有人强迫我们把镣铐戴上跳舞，而是我们强迫自己，不由得跟随别人的节拍跳舞。

有这样的一个故事：

一天，爱因斯坦的父亲和邻居进入烟囱维修，当看见前面邻居的身上全是油烟和灰尘，爱因斯坦的父亲也以为自己浑身肯定也脏透了。于是，爱因斯坦的父亲就去河边清洗身体。而在当时，邻居看到爱因斯坦的父亲只是脸上脏了，身上没有脏，就误以为自己也是这样，所以自己只洗了脸。

结果，当街上的人看到依然脏兮兮的邻居，不由得发出了笑声。

爱因斯坦的父亲回家后，就给爱因斯坦讲了这个故事：自己才是自我审视的镜子，如果拿别人做镜子，永远照不出自己的样子！在今后的成长中，爱因斯坦一直记得这个故事，终以自己为镜子，才照亮了自己的人生路。

试想一下，如果邻居没有拿别人当成镜子，只要看一眼自己身上的脏，就能知道该不该洗澡了。这样，也就不会遭到街上人的嘲笑。所以说，自审真的很重要！盲目地跟随别人的脚步，所知道的结果并不一定是真实的！

在生活中，有很多人每天都做着自己不愿意做的事情，甚至将其当成了习惯，还美其名曰：为了生存！还有甚者，让别人来主宰自己的命运，将自己的灵魂交付给了别人。这样的做法是愚蠢的！对于个人来讲，一个好的向导，一个好的价值观念，一个有责任的信念也会带领自己不断向前。要知道，把自己葬送的人只有自己，把自己解救出来的人也只有自己。古人也说："吾日三省吾身。"可见自审的重要性，自审的目的就是认清自我，拯救自我。

挪威剧作家易卜生曾说："人的第一天职是什么？答案很简单，做自己。"是的，想要实现自己的人生价值，就首先得做自己，认清自己，把握好自己的命运，愿望才能最终达成。

人生就像是一趟没有回程的火车，人生的意义并不是忙碌得停不下脚步，哐哐地跑到终点了事，而是要活着，要做人生的数学题，也要看窗外的风景；要朝前看，也需要常常回首审视自己。那些忙于工作，忙于赚钱，忙于奔命，忙得忘记了时间的存在，来不及静下心看风景的人，在他的生命突然到达终点的那一刻，难道不会有遗憾吗？

记住，人生需要自己买单，不要把责任给任何人！而只有通过自审，让自己来掌舵，才能成为命运的主人。

9. 自强始于自尊

第一是自尊心的培养，特别值得注意。因为即以游侠精神而论，若缺少自尊心，便不会成为一个站得住脚的大角色。

——沈从文

（著名文学家、考古学专家，曾担任北京大学中文系教授）

自尊是自强的基础和前提，自强是实现自尊的结果和途径。什么是自强精神？自强精神是努力向上，奋发进取，是对美好未来的无限憧憬和不懈追求。它强调一个人在社会生活中，应当自力更生，要有一种在困难情况下知难而进的勇气和不屈不挠、顽强拼搏的精神。

那什么是自尊精神？自尊，也是自重，尊重自己的人格。自尊精神能够以国家和人民的利益为重，在任何逆境中都能保持自己的本分，在生活和工作中，能够以身作则、言行一致，以自己的道德人格来影响他人，造福社会。

一个能尊重自己人格的人，不管在什么环境下，一定会在事业中切实负责、兢兢业业，努力学习，严肃认真地履行自己的职责，把工作做好。世界著名的数学家华罗庚就是自尊自强，靠自己的努力奋斗成为誉满国际的伟大人物。

中学毕业后，家贫的华罗庚因交不起学费辍学在家。辍学后的日子，他没有放弃学习，一边帮着家里干活，一边如饥似渴地自学。由于身体和环境的问题，他患了重病，卧病床半年之久。痊愈之后，却留下了左脚关节变形的终身残疾。当时，他才19岁。

面对这突然而至的不幸，他迷茫过，也挣扎过。在那些绝望到看不见光亮的日子里，他想起了孙膑等身残志坚的名人。于是，他坚强地告诉自己：

"古人尚能身残志不残，我才只有 19 岁，更没理由自暴自弃，我要用健全的头脑，代替不健全的双腿！"

接下来的日子里，他以超强的毅力，顽强地同命运斗争，与自己瘸了的腿抗衡，关节的剧烈疼痛没有让他倒下，他一边坚持做着家中的农活，一边利用夜晚的时间，忍受着病痛的折磨，自学到深夜。

1930 年，他将历时几年所著下的论文发表于《科学》杂志，并惊动了清华大学数学系主任熊庆来教授。熊教授佩服他身残志坚、奋斗不息、顽强拼搏的精神，就将他推荐给了清华大学。后来，清华大学破例聘请他当了助理员。

面对着来之不易的机会，华罗庚更为珍惜，他一边工作，一边在名家云集的清华大学里旁听着数学系的课程。用四年的时间，他自学了英文、德文、法文，发表了十篇论文。正因为如此的自强不息，才 25 岁他就已经成为了闻名世界的青年学者。

华罗庚的故事告诉我们：不要因出身贫寒而感到自卑，更不要自甘堕落，而是要努力改变困境，不轻言放弃！换句话说，华罗庚的成功与他的自尊心有着密切的联系。如果他没有强烈的自尊心做后盾，接受现实，接受命运，那他就不会自强，更不会有机会走向人生的巅峰。

有一天，主人家举行晚宴，女佣要工作到很晚，她只好将四岁的儿子带到主人家。她很自卑，怕儿子知道自己是一个佣人，于是把儿子藏在卫生间里，并告诉他，他将在这里享用晚宴。

男孩在贫困中长大，从没见过这么豪华的房子，更没有见过卫生间。他不认识抽水马桶，不认识漂亮的大理石洗漱台。他闻着洗涤液和香皂的香气，幸福得不能自拔。他坐在地上，将盘子放在马桶盖上，盯着盘子里的香肠和面包，为自己唱起快乐的歌。

晚宴开始的时候，主人想起女佣的儿子。主人看女佣躲闪的目光就猜到了一切。他在房子里静静地寻找，终于，顺着歌声找到了卫生间里的男孩。那时男孩正将一块香肠放进嘴里。

主人愣住了，问："你躲在这里干什么？"

"我是来这里参加晚宴的，现在我正在吃晚餐。"

"你知道你是在什么地方吗？"

"我当然知道，这是主人单独为我准备的房间。"

"是你妈妈这样告诉你的吧？"

"是的，其实不用妈妈说，我也知道，晚宴的主人一定会为我准备最好的房间。"男孩指了指盘子里的香肠，"不过，我希望能有个人陪我吃这些东西。"

主人默默走回餐桌前，对所有的客人说："对不起，今天我不能陪你们共进晚餐了，我得陪一位特殊的客人。"然后，他从餐桌上端走了两个盘子。

他来到卫生间的门口，礼貌地敲门。得到男孩的允许后，他推开门，把两个盘子放到马桶盖上。他说："这么好的房间，我们一起共进晚餐。"

那天他和男孩聊了很多。他让男孩坚信，卫生间是整栋房子里最好的房间。他们在卫生间里吃了很多东西，唱了很多歌。不断有客人敲门进来，他们向主人和男孩问好，他们递给男孩美味的苹果汁和烤成金黄的美食。他们露出夸张和羡慕的表情，后来他们干脆一起挤到小小的卫生间里，给男孩唱起了歌。每个人都很认真，没有一个人认为这是一场闹剧。

多年后，男孩长大了。他有了自己的公司，有了带两个卫生间的房子。他步入上流社会，成为富人。每年他都拿出很大一笔钱救助一些穷人，可是他从不举行捐赠仪式，更不让那些穷人知道他的名字。有朋友问及理由，他说："我始终记得许多年前，有一天，有一位富人，有很多人，他们小心翼翼地保护了一个四岁男孩的自尊。"

一个拥有自尊的人，才能拥有奋发向上的原动力，才能争做生活中的强者；一个拥有自尊的人，才能在遭遇不幸或身处逆境时，不轻易向困难低头，而是仍能保持积极进取的心态，与挫折顽强搏击，战胜困难。

美国石油大王哈默曾是一个落难者。一天，他和一群人来到一个小镇上。镇长给每个人发了食物。哈默却说："您这有活干吗？我干完活再吃您的饭。"

镇长说："没有。"

哈默转身要走。这时，镇长说："年轻人，愿意到我的农场干活吗？"

于是，他留了下来，并在20年后成为著名的实业家。

自尊的人才能自强。在遇到困难和挫折时，自尊的人能够奋发向上，自强不息，征服挫折和失败，在挫折与失败中获得成功。而丧失自尊的人，遇到困难和挫折时，往往自暴自弃。自轻自贱的人在遇到困难和挫折时，首先想到的是自己不行了，从而放弃了努力奋斗。没有自尊的人，是不可能在事业上取得成功的。

有位学者说："人活在世上就是为了呼吸。"呼与吸虽然连在一起，但各有一半含义：呼者，为出一口气！吸者，为争一口气！这一"呼"一"吸"

中就包含了人生的境界和尊严。人有了自尊，才能自强。

10. 建立自己的优势

因一时的困难就哭哭啼啼的，寻死觅活，真是没出息！你手中还有一支笔，怕什么！

——沈从文

（著名文学家、考古学专家，曾担任北京大学中文系教授）

想要获得成功，关键要建立自己的优势，让自己的优势得到张扬，站立于天地之间，自强不息。《国际歌》中的歌词唱出天下自强者的心声：从来就没有什么救世主，也不靠神仙皇帝，要创造人类的幸福，全靠人们自己！

有这样的一则小故事：

某个寺庙里有一个好心的老和尚。

一天，寺庙门口来了一个只有一只手的乞丐，想向和尚讨口饭吃。

出人意料的是，善良的老和尚并没有一口答应，而是指着寺庙门口的一堆砖头，对乞丐说："你可以帮我把这砖搬到后院去吗？"

乞丐很气恼："你不给我吃的也就算了，为什么要戏弄我呢？我一只手残疾，怎么搬？"

老和尚随即弯下腰，用一只手捡起一块砖，说："谁说不行，一只手也能搬！"

乞丐虽然有些不情愿，但无奈肚子饿，还是老老实实搬起砖来。整整搬了两个小时后，他才把那堆砖搬完。

老和尚微笑着递给乞丐一些食物和钱财，乞丐感激地对他说："谢谢！"

老和尚说："你应该感谢你自己，这是你自己劳动得来的。"

乞丐说："我会回来报答你的。"说完，他深深地鞠了一躬，便离开了。

没过几天，又有一个四肢健全的乞丐来乞讨，老和尚带他去后院，指着之前那个乞丐搬过来的砖说："把砖搬到屋前，我就给你一些银子。"

"真小气，连口吃的都不给。"这位乞丐毫不犹豫地走开了。

小和尚不解，问老和尚："后院的砖头不是前两天才搬来的吗？为什么您还要叫他搬回去？您到底想把砖放在哪儿？"

老和尚摸摸小和尚的头，意味深长地说："砖放在哪儿不重要，重要的是看他愿不愿意去搬。"

几年之后，一个衣冠楚楚、举止优雅的有钱人来到这个寺院，向寺院捐献了一大笔钱。老和尚发现，他就是当年那个只有一只手的乞丐。他被老和尚点醒以后，发现了自己的价值，明白了只有付出才会有回报这个道理，并靠着自己的拼搏变成了富翁。

而在他们走出寺院时，看到一个乞丐在沿街乞讨。

老和尚一看，这竟是那个健康的乞丐。不过很可惜，几年之后他仍旧是乞丐。

老和尚对小和尚说："看到了吧，这是两个完全不同的结局，而始作俑者就是他们自己。命运是靠自己的手来创造的，至于做不做，跟有几个手没有关系。"

正如贾姆讷所说，能创造奇迹的人只有自己。这并不意味着人们要排斥那些帮助他们的人，而是说不能对他人抱有太大的奢望，更不能把自己的成功与否都赌在别人身上，否则带来的只能是失望。

像前文的小故事所述，富翁不是生来就是富翁，乞丐更不是生来便为乞丐——王侯将相宁有种乎？不劳而获的毕竟是极少数人，富翁之所以能成为富翁，是因为他们付出了辛劳和智慧。而那些只喜欢坐享其成，不肯付出的人，永远只能是乞丐。

正常人都是一张嘴、两只手，大家要学会的，是少用那张嘴去抱怨，多用那双手去付出。即便是像故事中的乞丐那样只有一只手，也要通过努力改变自己，打破窘境。你的手是你用来吃饭、立足于社会的最主要的武器。

诺贝尔曾经说过："生命是自然付给人类去雕琢的宝石。"自己的生活不如意，命运坎坷，那都是自己造成的，解铃还须系铃人。学会去雕琢自己的生命宝石——人，永远是自己的雕塑家，而你的作品——生活，雕琢得是好是坏，也全在你自己的掌握中！

上帝创造了亚当、夏娃，为他们在东方的伊甸园造了一个没有烦恼的世界——伊甸园。上帝让他们管理和看守园子，可好景不长，亚当和夏娃受到撒旦的诱惑偷吃了禁果，犯了所谓的"原罪"，被逐出伊甸园，其子孙也要世世代代受苦。遗憾的是，人类的后代不知悔改，使得人世间的罪恶变本加厉。这让上帝非常后悔造了人，并且迁怒于其他物种，要一举消灭所有的动物，创造新世界。幸好，上帝是宽容的，他依旧给万物留下了一条活路。他教会了一个名叫挪亚的信徒制造方舟的方法，让他在大洪水来时逃生。挪亚通过方舟，装载了包括人类在内的各种动物，才使得物种没有被灭绝……

　　虽然这只是一个神话故事，但这个故事的背后蕴含着的深奥哲理也值得深思，那就是：能创造者即上帝。

　　有人会问：上帝把亚当和夏娃逐出伊甸园时，为什么他俩必须得离开呢？换成今天的说法解释——他们没产权，只有居住权。园子是上帝的，他想让你住你才能住，不想让你住你就得走人。在生活中，上帝是房东，亚当和夏娃不过扮演了房客的角色而已。

　　由此得出结论：人一定要做自己的上帝。被驱逐不能怪上帝无情，只能怪自己无能。这也从另一个方面说明，伊甸园的确存在，但是不能是别人的，只有自己的才是永远的，只有自己亲自创造的生活，才是有意义的。

第二课

欣赏他人，以人为本，尊重他人的价值

人人都渴望别人欣赏自己，可是要别人欣赏自己，首先要学会欣赏他人。在以人为本的社会里，懂得承认并尊重他人的价值，才能赢得属于自己的尊重。在欣赏他人的过程中，我们会自然而然地发现自己的缺点和不足，从而反省和提高自己，这才是双赢。

1. 多看他人的优点

大智者必谦和，大善者必宽容。唯有小智者才咄咄逼人，小善者才会斤斤计较。

——周国平

(北京大学毕业，著名哲学家，作家)

中国历史上最早提出的"以人为本"理念来自于《管子·霸言》，篇中论道："夫霸王之所始也，以人为本。本理则国固，本乱则国危。"政治家发现此道理也可用在治国上。例如，齐桓公接受了管仲"以人为本"的理念，制定实施了一系列的利民政策，使得国富民强，最后争得了春秋时代第一个霸权。"以人为本"对于统治者而言，是追求统治稳定向着强大进发，对于人们而言更多的是一种人生智慧。

人们常说要以人为本，就是要大家能够懂得从别人的角度去看待问题，理解问题，多一点欣赏，少一点挑剔，就会发现别人最大的优点。

《西游记》里的师徒四人，每个人都有自己的优点，也都有自己的不足：唐僧，似乎他应该是一个完美的人，有理想、有抱负、组织能力强，但是从另一个方面看，又会觉得他唠叨、胆小怕事、缺乏主见；孙悟空是齐天大圣，惩恶扬善，聪明能干，能力强，忠心耿耿，总是能救大家于危难之中，但是，他刚愎自用，不服从领导，冲动，也是不完美的；猪八戒活泼好动，是整个团队的开心果，对师傅也最贴心，可以调动团队氛围，可是，他好吃懒做又好色；沙僧老实肯干，总是默默承担奉献的那个人，可是他为人呆板，不太变通，关键时刻只能等着大师兄来撑住局面。就是这样一个不完美的四人团队，最终经历九九八十一难，取得真经。

从管理者的角度来说，每个人都是不完美的，但更重要的是能从欣赏的角度去看待他们的优点，如果不完美的个人互相能够取长补短组成团队，大家都发挥所长，那么这个团队就不可限量。

《列子》里有这样一则故事：

有一天，秦穆公对伯乐说："您的年纪大啦，您的子孙中有没有可以派去访求良马的人呢？"

伯乐回答："良马凭借体型外貌和筋骨来鉴别，但是真正的好马在于其内在的神气。这股神气却在良马若有若无、似明似灭之间。想要得到天下稀有的骏马，必须能够发现马的内在神气，我的子孙不才，只能辨识良马，尚无人能够寻得好马。大王，我倒有一人选，请让我为您引见。他名叫九方皋，和我一起挑过担子、搂草、喂马，他相马的本领不在我之下。此人可信任。"

于是，九方皋被秦穆公召见，并被派去外出找马。三个月过后，他回来报告说："已经找到一匹好马，在沙丘那边。"

秦穆公甚欢，问："是什么样的马？"

九方皋回答："是一匹黄色的母马。"

秦穆公派人前去沙丘取马，回报的人说马是黑色公马。穆公很是生气，召伯乐来问话："你给我介绍的那位相马人实在是糟糕！连马的颜色和性别都不能区分清楚，他怎么能为寡人寻到骏马呢？"

伯乐自愧，长叹了一口气，说："九方皋相马竟到了这种境界！看来他比我高明不止千万倍啊！九方皋看马只看他所应看的东西，不看他所不必看的东西，只注意他所应注意的内容，而忽略他所不必注意的形式。他看到了马的内在神机，观察时，忽略其表面现象，而是看到它内在的精粹，忘记它的外表，洞察它的实质。像九方皋这样的相马，包含着比鉴别马本身还要宝贵得多的意义。"

后来，九方皋相中的马还是被送到宫中，穆公见后大喜，这果然是一匹天下少有的骏马。

伯乐相马如此，看人也是一样，不能只看表面光鲜，而是要重视一个人的内在和才智。

相貌的好坏并不能决定一个人的才华如何，面如冠玉不一定就才高八斗，鼠目獐头的人也不一定一无是处。

有一个著名的法师到朋友家坐客。朋友很高兴，赶紧端出好茶来招待法师。可当把茶递上来的时候，却发现这只装茶的杯子有个小小的缺口。可是，这茶已经递到了法师的面前，要换也来不及了，朋友只得不好意思地说："大师，很抱歉，这杯子坏了一角。"

大师笑了笑说："我不去注意那坏掉的一角，我只看到这只杯子是圆的，但用无妨，无妨。"

每个人都是那只坏掉一角的杯子，每个人都有缺点和不足，从欣赏的角度去看待他人，而不是只看到缺陷，生活会更美好。

2. 是对手也是朋友，学会为对手喝彩

一个不愿意为别人鼓掌喝彩的人便已经是痴呆的开始。

——翟鸿燊

（北京大学客座教授，国学研究传播者）

人生在世，不仅需要朋友，还需要对手，甚至需要对手胜过朋友。喜欢下棋的人要有一个水平相当的对手，才能杀得酣畅淋漓；喜欢打球的人要有一个球技相当的对手，才能打得尽兴过瘾；比赛场上的运动员，要靠强劲的对手来激发斗志，爆发潜能；没有狮子，羚羊永远也不会跑得太快……

就是这些实力相当的对手，成为大家人生中的朋友，成为大家人生斗志的强心剂，不断地激励着大家提升自己，超越自己，鞭策着大家不断向前。

有这样的一个故事：

从前，狼经常到一个牧场叼羊。为此，牧场主十分苦恼，用了整整一个冬季，请猎手围猎狼群。效果很明显，没多久狼就被清除干净了。

可令人想不到的是，狼没有了，羊群却开始流行疫病，大批大批地死掉，比遭受狼患的损失还大。这到底是怎么一回事？为了弄清楚这件事，牧场主请来医生防疫治病。不过，被治疗的羊群依旧没有得到多大的改善。

没办法，牧场主只得换另一个医生，希望看到不同的结果。最后，新来的医生得出了一个结论，请牧场主将羊群放回到附近的山里去。

牧场主觉得很纳闷，就问为什么。医生耐心地说："狼群的存在对羊群有着天然的'优生优育'的作用。狼的追逐，使羊群常常惊悸奔跑。也因此，羊群的身体十分健壮，而那些老弱病残也被狼吃掉，从而杜绝了疫病源的传播。如今，狼群不在了，那羊群的免疫力就会越来越差，疫病源也开始传播……"

听到这里，牧场主才明白了，原来狼群对羊群的攻击，还有这样的好处。

这是一件真实的故事，十分耐人寻味。

在生物链中，狼是羊的天敌。没有了狼时常的攻击，羊本来可以无忧的，但却陷入了更大的灾难。现在，人类之所以保护生物，就是让生物链不致隔断，换句话说，就是让每种生物都有对手。

有对手，保持警惕，便不失活力。美国拳王泰森称霸拳坛，击垮一个又一个挑战的对手，却没想到胜利和鲜花带给他的是骄狂、麻木和纵欲，终至因罪下狱，美国舆论惊呼"拳王自己打倒了自己"。可见，视自己为对手，战胜自己，超越自己，是人生的十八盘，是最艰难的选择。

《三国演义》中有一个经典桥段叫"诸葛亮三气周瑜"。周瑜心胸狭隘，心里没有别人的位置，不允许别人占据他的舞台，更不愿意与人共同奋斗共享成果。他视诸葛亮为敌人，嫉妒诸葛亮的才能。看着诸葛亮胜出自己后，周瑜竟然怀着"既生瑜，何生亮"的怨恨吐血而死。

再看看诸葛亮的另一个对手——司马懿，论智谋能力，这人也许要比周瑜还要弱一点，因为他和诸葛亮每次争斗都是败得一塌糊涂。一个"空城计"成为千古佳话的同时，怎不是司马懿这个失败者的耻辱？可司马懿没有因此而感到耻辱，只是会说同一句话"吾不如孔明矣"。

如果是周瑜，大概要被气死无数次了，而司马懿活得豁达，能够承认自己与别人的差距，并且为别人的优秀喝彩。胸襟宽阔的人没有理由不成就大业。

人生中难免会遇到比自己强大的人，如果不能去欣赏别人，就无法正视自己。有时候，能够遇到一个出色的对手对自己来说，是一个难得的机会。学会欣赏别人的长处，才能取长补短，不断地提高自己。打败一个敌人不是最终目的，不断使自己强大才是奋斗的目标！对手，是实现成功的另一半。即使输给强大的对手，也不要觉得丢人，因为他让你看到了自己的不足。如果能像司马懿那样胸襟豁达，不贬低对手，而是把对手当成值得尊重的人，向他们虚心学习。这样的人，才是真正的君子所为。

美国经典电影《教父》有这样一句经典台词："永远不要憎恨你的敌人，

因为那会使你丧失理智。"

优秀的对手，既是敌人，也是老师，更是一起进步的朋友。尊重你的敌人，也是在尊重自己，当他们取得非凡的成就时，让自己保持君子风度，大方地伸出双手，真诚地为他们鼓掌喝彩！

在人生漫漫的征途上，对手是同行者，也是挑战者。对手能够唤起我们对事物的挑战冲动和渴望。失去对手，我们或许将失去一切。从这个意义上，我们不妨说一声："你好，对手。"为对手喝彩，为对手加油，鼓励对手越来越强大，也是对自己成长的一种激励和促进。如此美事，何乐而不为！

3. 功过辩证看，切勿片面看人

富兰克林说："有三个朋友是忠实可靠的——老妻，老狗与现款。"妙的是这三个朋友都不是朋友。倒是亚里士多德的一句话最干脆："我的朋友啊！世界上根本没有朋友。"这些话近于愤世嫉俗，事实上世界里还是有朋友的，不过虽然无须打着灯笼去找，却是像沙里淘金而且还需要长时间地洗练。一旦真铸成了友谊，便会金石同坚，永不退转。

——梁实秋

（曾任北京大学教授，著名的散文家、学者、翻译家）

当我们的主观意识对一个人产生排斥，那无论他做什么事情，都会给予一种否定的和负面的评价，即使他身上有值得我们学习的地方，我们也会选择排斥他，远离他。但其实，这是一种误区！

评论一个人，切忌片面地去评价！无论敌友，我们都要用客观公正的角度去对待，过度推崇或贬低都不是明智之举。要知道，每个人都有着或多或少的优点，如果我们没有发觉，那就是我们缺少发现美、发现优点的眼睛。

培根曾经说过："欣赏者心中有朝霞、露珠和常年盛开的花朵。"的确，你看到别人是什么样子，那也是看到了自己。换句话说，欣赏了别人，就是欣赏自己。

人生在世，应该没有一个人不渴望别人欣赏自己吧！欣赏别人，在友谊、爱情、亲情中是一种理解，是一种沟通，是一种信任，是一种肯定。在人际交往中，欣赏别人，是一种让自己扬长避短的途径，是对对方的一种鼓励，一种鼓舞！

我们不经意的一句鼓舞，说不定对他人有着至关重要的作用。不信，来看看下面这个故事：

著名作家林清玄读高中时，被学校记了两次大过、两次小过、留校察看。在老师的评价中，他的学业和操行都是劣等，一张口就是失望和负面的信息。不过，也有一个人例外，那就是他的国文老师王雨苍。

王老师经常邀请林清玄到家里吃饭，甚至指导林清玄给同学们上国文课。王老师对林清玄说过一句话："我教了50年书，一眼就看出你是个能成大器的学生。"

就是这句欣赏的话，让林清玄感动不已。为此，他发奋努力，决心不负老师的厚望。终于，林清玄成了台湾乃至世界著名的文学家。

每个人的身上都会有优点与缺点，当他的缺点比较明显，优点不突出的时候，我们应该努力去挖掘优点，而不是把他的缺点批评得一无是处。

从林清玄的故事中，我们明白了：看待问题要用客观辩证的态度去对待、分析事情，不要因片面武断的决定，而否定一个富有潜力的优秀人才。只要我们有一双善于发现别人优点的眼睛，我们就会越来越完美。

或许是受到了"功过辩证看，切勿片面看人"的正面教育，林清玄也秉承这样的理念做人做事。

一天，林清玄路过一家羊肉馆，一位陌生的中年人跑过来热情地跟他打招呼，还说起20年前他们第一次会面的情景。事情是这样的：

当时，年轻的林清玄在一家报馆做记者，写一些关于社会新闻的报道。有一天，警察抓到一个小偷，报馆派林清玄去采访。警察向林清玄介绍：这个小偷犯了很多的案子，数不胜数，但这是第一次被抓到。一些被偷的人家，几星期后才发现失窃，作案手法真是令人不得不佩服！

当警方拿出一沓失窃案的照片让小偷指认时，小偷一看屋子被翻得凌乱的照片，说："这不是我做的，我的手法没有这么粗！"警察再问，小偷便接着说："大丈夫敢作敢当！这不是我做的！"

看到小偷有这样敢于承认的态度，林清玄不由心生敬意，写了一篇特稿，文中欣赏地感慨："像心思如此细密、手法这么灵巧高明、风格这样突出的小偷，如此专业，斯文又有气魄，真是罕见！如果不做小偷，做任何一行都会有成就吧！"

没想到，就是这句话影响了小偷的一生。如今，当年的小偷已经是台湾几家羊肉炉店的大老板了！这位老板诚挚地对林清玄说："林先生写的那篇特稿，打破了我生活的盲点，使我想，为什么除了做小偷，我就没有想过做正事呢？"

如果没有林清玄当年对小偷的"欣赏"和期盼，恐怕就没有小偷如今的事业和成就。可见，不片面看人，懂得欣赏别人对人生多么重要啊！

从林清玄的经历，我们明白了：一句欣赏的话可以成为别人一生的阳光，尤其是穷途末路时的关怀、呵护和鼓励。一句欣赏的话犹如一团燃烧的烈火，能给人温暖，点燃自信，燃亮自尊，能让人在黑暗中看到前路的光明，从而使人奋发，积极向上，冲破阴霾，走出困境。

正如威廉·詹姆斯所说："人性中最深切的心理动机，是被人赏识的渴望。"我们都渴望得到别人的欣赏。欣赏与被欣赏是一种互动的力量之源，欣赏者必具备愉悦之心、仁爱之怀、成人之美的善念；被欣赏者也必发生自尊之心、奋进之力、向上之志。

在这个世界上，我们无法寻找到完美的东西，任何事物都存在着一定的缺陷。只要我们记住：每个人都有他闪光的一面，也有他暗淡的一面，只是程度不同而已。我们能做的，就是要以海纳百川的襟怀去接纳一个不完美的别人。

总之，我们不要用片面的眼光去看待别人，即使他是一个满身缺点的人。要知道，学会欣赏别人是每个人都需要的能力。我相信，只要我们学会去欣赏别人，别人和我们自己一定会变得更加完美！

4. 争执不如交流

"急不择言"的病源，并不在没有想的工夫，而在有工夫的时候没有想。

——鲁迅

（曾任北京大学讲师，无产阶级文学家、思想家、革命家）

俗话说，己所不欲勿施于人，但在生活中，人们常常忘了这个道理。不论你用什么方式表达出对别人的指责或否定，都会让对方产生不悦的心情。同样的道理，当被别人否定与批评时，相信你心里多多少少都会有些不悦，即使对方是一番好意，但由于对方的表达不当，会让自己觉得难堪、没面子，进而不想接受和采纳，甚至以恶言恶语相对待！

有时候，人们喜欢用主观意识去评断别人，例如：别人做了某事和自己的设想有所出入，就会说对方错，这样的做法并不妥当！我们应该先将某件事好好分析，听听他人的解释，即使对方做得不是很好，也不要急于批判。

每个人都不是度量不凡的超人，更不是修炼到家的圣人。所以说，每个人都有着复杂的情感和情绪，在交流中很容易主观地去否定一个人，不经意间就会流露出偏见、傲慢和虚荣等。

在人们的心目中，都是渴望得到尊重，希望得到肯定和认同，一味地对其直接否定，只会让彼此的沟通形成一道横沟。

所以，当别人和自己意见不一样时，即使你觉得自己是对的，也不要急于否定别人，用强硬的语气和不友善的言语强迫别人接受你的想法和见解。此时，你只要将自己的理解和观点表达清楚即可。直接否定别人，那是对别人的智商、自尊心赤裸裸的打击，这种直面的攻击，只会让对方产生敌意，令他想要反击。

众所周知，庄子是一个非常聪明的人，想找到一个能够和他论道的人实属不易，这世上也只有他的好朋友惠施能够与他辩论。

惠施即惠子，著名的政治家、辩客和哲学家，是名家思想的开山鼻祖和主要代表人物。他和庄子是好朋友，经常聚在一起辩论。俩人虽然时常交锋，但是关系很好。

一天，庄子与惠施相约一起在濠水的桥上游玩。水里游来游去的鱼儿使得庄子心生感叹："小鱼儿真是快乐啊，无忧无虑地游来游去！"

惠子却不认同，反问道："你又不是鱼，怎么会知道鱼是不是快乐呢？"

庄子说："你不是我，怎么会知道我不晓得鱼的快乐？"

惠子辩说："是啊，我不是你，所以，我不知道你的想法，那么以此类推，你也不是鱼，你当然也就不知道鱼的想法了，这是同样的道理啊！"

庄子不甘，继续说道："既然这样，那咱们从头说起，你说我不知道鱼的快乐，也就是你知道了我的意思，所以才这样质疑我。那么，以此类推，我在濠水的桥上也就能知道鱼的快乐了。"

两个人各持己见，争执不下，不断地依据对方的言论提出反驳。不过，双方只是表达自己的想法和观点，言辞中也保持风度，不急不躁，从不直接彼此否定对方，说对方说的是错误的，他们都是想以理服人，以德服人，而不是靠嗓门，靠耍赖。

也许正是因为君子的辩论方式，才会让两位一直成为好朋友，从来不会因为讨论某事而伤感情。惠子和庄子的这种友谊十分难得。惠子离世以后，庄子受到了很大的打击。当庄子路过老友的墓地时，不禁感叹道："先生丢下我一人，从此我便再也没有可以好好辩论事情的朋友了，好孤独啊！"

人们总是自以为是地认为自己的想法才是"绝对真理"，对别人的意见不屑一顾。其实，真正的真理都是靠时间沉淀的，而不是一句对与错的评判话语。要改变别人的观念，不是一件容易的事情。不可能单凭一些理论、大道理就可以改变别人。

虽然人们有时候会沉迷于权威，但是涉及自身长期的认知或者利益时，都会有所保留。再者说，人都有一个自我保护意识，当你直接给予否定时，言语伤害也会启动人潜意识里的自我防御，就会不自觉激起对方的反抗和敌对情绪，这种情绪可以让一个人钻进牛角尖，不顾一切来对抗否定他的人。结果可想而知，那将是一场无休止且毫无意义的争执。

随着网络的发达，人们表达自己观点的途径越来越多，网络上、报纸上……口水之争处处可见。原本心平气和的讨论，变为唾沫横飞的辱骂；同一话题的分歧，成了互揭隐私的竞赛。然而，我们有没有想过：在批评别人的同时，是否想过自己做得好不好？

与其直接否定别人，不如尊重别人的意见，留给他认识错误的时间。与其与别人有失风度地争一个你死我活，不如保持像庄子和惠子那样的君子之风，互相尊重，礼貌地交流。

当脑海里浮现了"你错了"三个字的时候，我们要学会停下来，思考一下，换个委婉的表达方式，让对方容易接受自己的观点，彼此也可以保持良好的沟通。

当你抱有足够的诚意和尊敬时，人们就会乐于承认自己的错误，乐于接受你的意见。人际交往中，互相尊重很重要。总之，一个人要先自己做到友善，懂得尊重别人，才会得到别人的尊重和友善对待。

5. 尊重别人的选择

一个自己有人格的尊严的人，必定懂得尊重一切有尊严的人格。同样，如果你侮辱了一个人，就等于侮辱了一切人，也侮辱了你自己。

——周国平

（北京大学毕业，著名哲学家、作家）

人云："人各有志，不能强勉。"不要去干涉别人的选择权利，每个人都有自己的生活方式和思维方式，你不可能比他本人还要了解他。或许，他做出的每个决定都是经过深思熟虑，我们只要尊重就好了。

如果我们以己度人，妄自揣摩，那就如同"鲁侯养鸟"一样了。

从前，有一只海鸟停留在鲁国国都的郊外，被发现的人报给鲁王，并说这是一只仙鸟，是天降祥瑞到鲁国。鲁王听后大喜，立刻派人去迎接海鸟，并请到宗庙里供奉。

鲁王为讨海鸟欢心，就让最好的乐手为海鸟演奏自己最喜欢的《九韶》，并准备了牛、羊、猪三牲全备的肉和最好的美酒供奉。海鸟不知道鲁王为何如此热情，终日惶恐焦虑，一块肉也不敢吃，一杯酒也不敢喝，结果三天后就死了。

人有人道，鸟有鸟道。这个故事告诉我们：要懂得尊重事物的规律，不要试图打破。如果我们只按照自己的想法，以自己的生活方式养鸟，那怎么可能成功呢？同样的道理，我们也不应该按照自己的想法和处境，去揣摩别人的心思，去评判别人的对与错。

我们不是别人肚子里的蛔虫，又怎么会懂得别人的真正用意呢？所以，当别人已经做出了选择时，你要做的只有尊重。任何人都有做出选择的权利，人们应该懂得尊重别人，因为这是修养的一种体现。

"尊重每一位学子的选择"，也是北大的治学之道。在北大历届校长中，蔡元培和马寅初都是以"兼容并包，思想自由"著称。曾任北大校长9年的许智宏教授，也是以他们为榜样，建立自己的管理指导思想的。虽然许智宏没有达到蔡元培和马寅初的高度和地位，但他堪称是"北大精神的良好继承者和掌舵手"。

在他任职期间，是北大建校以来最好的发展期，被称为"中兴北大"。有人说，这是因为许校长把自己看做是北大这个大家庭的家长，善于和大家沟通，尊重他人的意见和建议，而不是一个人高高在上地管理学校。他曾在校长室的门上挂了一个牌子，上面写着："不必敲门，请进！"北大自由、平等的氛围在许校长的身上展露无遗。

有一次，北大理科班有一位非常出色的女学生，她成绩优异，还是学生干部。然而，她突然要转系，这让所有的系领导都很不理解。为了不对学校造成不好的影响，学校的领导就没有批准她转系。为此，女学生很苦恼，便给校长许智宏教授写了一封信，诉说自己对理科实在没有兴趣，自己所有的业余时间都在北大图书馆里面看文科方面的书籍，她希望转到文科去，却遇到了麻烦，希望许校长能够帮助自己。

许智宏校长读过信后，很理解女学生的心情，他认为：既然对理科没有兴趣，就应该按照她的意愿，这样才是因材施教。于是，他立刻叫来老师们，对他们说："为什么不让这个女学生转到一个自己喜欢的专业去呢？既然她不喜欢理科，就不要让她浪费这个时间学习不喜欢的东西……"

最后，女学生终于如愿以偿，转到了自己喜欢的科系。

身为北大校长，许智宏之所以能够为一个女学生转系的事情亲力亲为，就是因为他发自内心地去理解和接受别人的选择，甚至给予支持。北大在许智宏的改革之下，也愈加重视学生转系的请求，转系的比例，已经从原来的3%提高到了20%。以人为本，涉及每一个人教育的理念、教育的思路，这就是许智宏教授改革的主旨。他给北大学子留下了一种较为宽松的学分制度，为了降低学生们的压力，让他们有时间和空间去选择自己感兴趣的专业。

正如周国平所说：一个自己有人格的尊严的人，必定懂得尊重一切有尊严的人格。同样，如果你侮辱了一个人，就等于侮辱了自己。每个人都有选择的权利。请不要因为个人认为的建议而否定别人的选择，即使他的选择不一定是最好的。不论好坏，只要这个选择是出于自愿的，那对他来说，就是最佳的选择。

记住："子非鱼，焉知鱼之乐。"不要把自己的意愿强加于别人的身上，你并不知道这个选择对别人来说有何种意义。而在生活中，总是有一些人，打着"救世"的旗号来干扰别人的生活，或者也有些人打着"为你好"的旗号，来干扰别人的选择，这种做法不但是对别人生活的一种干扰，也是自己没有修养，甚至没有道德的一种表现。如果一个人完全以自己的喜好，将自己的意志强加于别人身上，那么只会让彼此之间产生摩擦和不悦。若只是一厢情愿，把自己喜欢而他人不想要的东西强加于人，则是对他人的一种干涉或侵犯。

为人处世应该顺应他人的意愿和本性，要知道，不同的人有不同的喜好和厌恶。我们应该互相尊重，待人处事应从他人的角度出发。人与人之间本来就是存在着差异，我们不要将己之所欲，施之于人，这是一种干涉别人的独立人格和精神自由的行为。尊重别人的意愿和选择，尊重别人的活法，才是真正的尊重。只有懂得尊重别人的人，才会获得别人的尊重。

6. 善气迎人，真诚待人

处世的第二原则是"真心待人"，看到别人的优点，要真心称赞。看到别人的缺点，不要轻易指责。如果是熟朋友，要诚恳地向他提示，热心地帮他改正。

——徐光宪

（现任北京大学化学系教授，著名的物理化学家、教育家）

人与人交往中，学会真诚地关心别人是一种非常重要的社交方式。教育家徐光宪认为，"真心待人"是处世的第二原则。汉朝诗论家韩婴曾说："伪欺不可长，空虚不可久，朽木不可雕，情亡不可久。"伪善者，骗得一时却骗不了一世，虚情假意的友善，不但不会赢得别人的好感，还会被他人贴上虚伪的标签。

庄子家境贫寒，时常食不果腹。一日，他找监河侯借粮。监河侯却拒绝了庄子的求助，对庄子说："等我要到封地的租金，我借给你三百金。"

庄子闻言很是生气，不想借粮食给他也就罢了，竟然还用这种低劣的理由打发他，还装出一副关心的样子。直爽的庄子自然是不能忍受，聪明的他对监河侯说道："多谢监河侯慷慨。对了，我昨天在来的路上，听到有人呼喊，我便回头看去，你猜我看到了什么。原来是车轮印里有条鲋鱼在喊我。我就问它：'鲋鱼！你是什么原因来到这里的呢?'它回答说：'我是东海海神治下的小百姓，您看我现在离开了大海快要死了，您能不能救救我，帮我弄一点水来?'我当即回道：'好，我现在要去拜访吴越的君主，等回来的时候，就把西江的水引来救你。'鲋鱼很是生气，说：'我失去了维系我生命的水，很快就要死了，现在我只要一点水就能救我，而你竟然这样说。等你回来直接去卖干鱼的店里去找我吧!'

说罢，庄子便离去了。

可见，人与人之间交往的重要原则就是真诚。如果像监河侯这样根本不想借粮，却又不想落得个小气的名声，一副伪善的样子，是不会得到他人的尊重和认可的。给予人关心和帮助时，要出自真心，不能怀有目的或者虚言假意。关心他人与其他人际关系的原则一样，必须出于真诚。不仅付出关心的人应该这样，接受关心的人也理应如此。它是一条双向道，当事人双方都会受益。

赵威后是在历史上以顾全大局闻名。一次，齐王曾派使者带着亲笔书信去问候赵国的赵威后。赵威后很高兴，亲自热情地接待了使者，并关心地询问使者："你们齐国今年的收成还可以吧? 百姓们都安居乐业吗? 你们大王的身体无恙吧?"

使者有些不悦，便说："臣奉大王之命特来贵国向太后您问好，您却先关心我国粮食收成和百姓的状况，而不是先询问我大王之安康，您这样先卑后尊，置我们大王于何地?"

面对使者的无礼，赵威后并未动怒，而是笑着回道："苟无岁，何以有民？苟无民，何以有君？"

赵威后就是触龙劝说的赵太后，她在应对齐王使者时表现出自己的宽厚。作为赵国的执政者，齐国向来是赵国的同盟国，必然要处理好关系。齐王派使者来问候，赵威后自然也要真切实意地关心下齐国，既道出了自己对治国的理念，也表现出了对齐王和齐国状况的关心。

赵威后"善气迎人"，以民本思想来勉励齐王，赢得了齐国的友谊。监河侯"恶气迎人"，所以庄子以"涸辙之鲋"讽之。也正是因为赵威后对他人的真诚以待，对待朋友或者盟友不是简单的搪塞，而是考虑良多，从对方的角度去给予帮助和关心，才赢得众人的尊敬和拥护，使得赵国处在风雨飘摇之际，依然能屹立不倒，与强秦对抗却不堕威风。

"善气"是真诚、礼貌，是友善、关怀，是帮助、支持，是一切对待他人的友好的方式。因此，"善气"是训人修身立德、维持家庭和睦、国家秩序稳定的重要手段，也是文化得以传续、民族赖以生存的内在力量。

所以，无论是谁，无论身处何等地位，在与他人交往时，都应该秉着真诚的心去对待他人，这样的关心才是真挚的。俗话说，"将心比心"，期望被人怎样对待，你就应该先同样去对待别人。

尊重别人并不难，拿出你的诚意即可。让别人看到你内心的想法，而不是戴着面具的微笑。以诚相待，才能得诚以报。

真诚是人际交往中最基本的态度，学会体谅别人是关心别人的最起码的条件。你只有真正明白他人的心理需求，别人才能更容易接受你的关心，更容易明白你的心思。当然了，关心别人对人对己都要讲究一个度，不是对他人一味地迁就是好的，而应该把握分寸。如：在朋友真正需要别人的关怀和鼓励的时候，我们要及时伸出温暖的手。如果对方希望可以独立完成这件事或者不希望有他人知道状况时，我们最好不要去打扰。其实，尊重别人的隐私也是一种关心。对于朋友的要求也不是毫无选择地答应，而是应该量力而行。这样，才能让双方受益，维持良好的关系。

7. 莫轻视狂傲之人，他们往往才华横溢

对自己要从容，对朋友要宽容，对很多事情要包容，这样才能活得比较开心。

——海子

（毕业于北京大学，著名诗人）

在北大有着无数的怪才，他们才华横溢，却也秉性独特，甚至张狂自傲。但是这些奇特的个性，并没有影响他们取得过人的成就。

被鲁迅誉为革命者和大学问家的章太炎先生，是一个道德主义者，强调道德的力量。他反对社会对个人的压抑，主张个性的绝对自由；他行事高调，不畏惧权势，不拘小节。

在北大教书时，他身边经常有五六个弟子陪同，其中有马幼渔、钱玄同、刘半农等，这些人都是一时俊杰，大师级人物。

章太炎国语说得不好，乡音严重。于是，由刘半农任翻译，钱玄同写板书，马幼渔倒茶水，可谓盛况空前。章太炎常常对学生们说："你们来听我上课是你们的幸运，当然也是我的幸运。"尽管他的言语有些狂妄，但还有很多的学生来听他的课，每每都是座无虚席。

章太炎满腹经纶，学富五车，授课有道，他的狂傲是一种真实率性的表现，而非吹嘘自我。其学生刘文典也许正是受到他的影响，也是一个非常有个性的人，他恃才自傲，狷介无比，是北大出了名的怪才。

刘文典如其老师一样，狂虽狂，但是也有这个资格和资本——精通英、德、日、意等语言，学贯中西，尤精国学。不仅如此，他还当过孙中山的秘书，师从章太炎学《说文》，与鲁迅同为章氏弟子。

刘文典总是自负地说自己是最懂《庄子》的人，还口出狂言："在中国真正懂得《庄子》的，只有两个人。一个是庄周，还有一个就是刘文典。"刘文典每每在上《庄子》课时，总会自负地说："《庄子》嘛，我不懂的话，也没有人懂喽！"

刘文典不仅自视很高，还常常傲视他人。他总说"文学创作能力不能代替真正的学问"，因此对朱自清这些"才子"出身的教授都不放在眼里。即使是名噪一时的巴金，他也不放在眼里，当别人问他可知道巴金时，他喃喃自语道："我没听说过他，我没听说过他。"

刘文典在西南联大期间，听闻沈从文被提升为教授，十分不服，即使沈从文是自己的学生，他也毫不客气，嘲讽道："沈从文是我的学生，他要是教授，我岂不要做太上教授了吗？陈寅恪才是真正的教授，他该拿 400 元钱，我该拿 40 块钱，朱自清该拿 4 块钱。可我不给沈从文 4 角钱！"

刘文典的狂傲和癫言狂语流传甚广，却能被蔡元培聘为北大教授，这是因为刘文典虽为人狂傲，但是他的学问却让人挑不出毛病来。他曾立下了"一字之微，征及万卷"的治学格言。校勘古籍不仅字字讲究来历，就连校对他也从不假他人之手，甚至对在芜湖公学期间的老师刘师培都颇有微词，认为他考据之时，常凭记忆，不去翻阅经文，难免有所遗漏。

当然了，除了狂妄自大，他身上也有着很多很多的优点，比如他能看到自己的不足。年仅27岁，就担任了北大教授。在当时，与他共事的有朱希祖、胡适、刘半农等人。刘文典十分明白自己的学识浅薄，于是对于钻研学问方面丝毫不敢懈怠。后来，他还出版了《淮南鸿烈集解》和《庄子补正》等著述。

连提倡白话文的胡适都破例为他的《淮南鸿烈集解》写了文言文的序章，还称赞道："叔雅治此书，最精严有法。"叔雅便是刘文典的字，该书出版后受到学术界的好评，刘文典的学术地位也大大提升了。不肯轻易誉人的陈寅恪也为其《庄子补正》一书作序赞曰："先生之作，可为天下之慎也。""此书之刊布，盖将一匡当世之学风，而示人以准则。岂仅供治《庄子》者之所必读而已哉？"

从这些故事中，我们可以明白：那些狂傲不羁的人，往往都是才华横溢的人。只有才华横溢的人，才有狂傲的资本和资格。他们的这些特性，也值得为后人所赞扬和学习。因此，当面对这样的人时，我们不应该过于苛刻，而是要懂得惜才，学习适合我们的，能够让我们自省或进步的东西。如果你想驯服或者结交一位狂士，最佳方式就是让他佩服你。在才华上压过他，在人品上让他尊敬，那是一件不容易的事！与其这样，我们不如谦虚一点，让对方感受到自己的真诚和真材实料。要知道，越是狂傲的人，越注重别人对他的态度，也越尊重别人的态度。

正所谓："你敬人三分，人敬你一尺。"在日常生活或工作中，每个人都是渴望得到别人的认可和赏识的。如果有人对他们不敬，那他们便不屑与其交往。如果有人能够对他们真诚以待，懂得赏识他们，那他们也必将做出回报，同样以真诚对待对方，赏识对方。

8. 君子上交不谄，下交不渎

当那水打着一座石壁时，它自会绕之而行的；当那水流到了一所可爱的低谷去时，它自会在那里停留荡漾一下，当那水流到一所深深的山涧时，它便会经常留在那里；当那水流至激湍时，它便会直向前去。这样，一点也没有什么勉强或决定的目的，它一定有一天会流入大海的。

——林语堂

（曾任北京大学教授，著名学者、文学家、语言学家）

《周易》中有言："君子上交不谄，下交不渎。"在这里，先哲提出了一个重要的待人处世原则。意思是说，君子之交，是不以权势去衡量一个人的，不管是地位高高在上的达官贵人，还是平民百姓，都应该一视同仁，交往时不阿谀奉承，也不轻视怠慢他人，保持一颗平常心，不卑不亢，与之真诚相待。平等、真诚、互助正是与人相处的艺术！

而在现实生活中，有些人一味追求利益，"天下以势道交，君有势我则依君，君无势则去"，不要社会公德，抛却礼义廉耻，想要不劳而获，不择手段，以不正常的渠道获取最大利益。正所谓，"人情似纸张张薄，世事如棋局局新"、"逢人只说三分话，未可全抛一片心"。

裴佶的姑夫在朝中为官，一直自命清廉，众人也认为他是好官。小裴佶也一直对姑父十分钦佩和崇拜。直到有一次，他亲眼看到姑夫受贿。

这天，小裴佶刚到姑夫家，正赶上姑夫退朝回来。姑父一边叹着气，一边感叹道："崔昭何许人也，众口竟然一致说他好。这其中一定有见不得人的勾当，这样下去，国家必衰。"裴佶的姑夫话音未落，门卫便前来禀报寿州崔刺史求见。

一听是崔刺史，裴佶的姑夫很是生气，呵斥门人立刻将崔刺史赶出府。不料，这位崔刺史竟然强行进入府内，拜见裴佶的姑夫。一开始，裴佶的姑夫一脸不悦，但没过一会儿，姑夫便礼数待之，命家人给崔刺史上茶，又热情款待崔刺史留在府上用膳，美酒好菜，甚是丰盛。酒足饭饱之后，裴佶的姑夫又亲自送崔刺史出府。

见此景，裴佶的姑姑不解地问丈夫："你不是很讨厌这个人吗，怎么突然如此谦恭？"裴佶的姑夫得意地走进屋门，挥手让裴佶离开这里。裴佶刚走出两步回头一看，便看到姑父手中的纸上写着：赠送粗官绸一千匹。

瞬间，姑夫高大而廉洁的形象在裴佶心里化为乌有。原来，这个众人口碑良好的清官，也是一位趋炎附势、贪恋财物的污吏。

裴佶姑父的前后态度的差距，淋漓尽致地诠释了一个贪官的罪恶丑脸。虽然趋炎附势可以换来一时的好处，但是这种方式是换不来真正和长久交情的。如果裴佶的姑夫不在朝中为官，没有任何权力，只是一个普通的老百姓，还会有人给他送礼，还会有人溜须拍马吗？

答案可想而知。

一次，苏东坡游莫干山时到一寺中小坐。寺中住持和尚见来了个陌生人，便淡淡地说："坐。"又对小和尚喊："茶。"

待两人交谈后，住持和尚发现对方脱口珠玑，就想：此人不是一般人。于是，他就邀请客人厢房叙谈。入室后，住持和尚客气地说："请坐！"又叫小和尚："敬茶！"

经过一番攀谈，住持和尚才知道原来客人就是赫赫有名的苏东坡，连忙卑躬屈膝地引他进客厅，连声地说："请上坐！"并吩咐小和尚："敬香茶！"

苏东坡临走时，住持和尚恳请他为寺中题副对联。苏东坡胸有成竹，含笑挥毫，顷刻书就：坐，请坐，请上坐。茶，敬茶，敬香茶。

随着苏轼"身份"的逐步"暴露"，住持和尚对他的态度也逐步升级，到后来近乎讨好谄媚。

苏轼有感于和尚的势利态度，开了个小玩笑，写下了"坐，请坐，请上坐；茶，敬茶，敬香茶"以为讽。相信住持和尚当时也明白了自己的不妥做法，而感到愧疚吧。其实，因人而改变态度的人从古至今都有，只是住持和尚做得太露骨、太典型。不巧地，他又遇上了风流才子苏东坡，这才为世人留下了这样的一个意味深长的故事。

在《礼记·表记》中，有这样的一句话："君子不失色于人，不失口于人。"用今天的话说，君子要注意自己的形象，一举手一投足都要有分寸，不能有失尊严，不能有失体面，即使是碰上了让人尴尬的局面，也要挺得住。其中包括交友时不谄、不渎的内容。

在俄国，乌克兰诗人谢甫琴科不拜沙皇的事也脍炙人口。

一天，应沙皇召见，谢甫琴科在御殿等候。御殿里聚集着不少文官武将和外国使节。沙皇一到，所有的人都弯下腰去，只有谢甫琴科岿然不动。沙皇见状，暴怒："举国上下，谁见我不低头？"

谢甫琴科冷静地回答："不是我要见你，而是你要见我。如果我也像周围这般人一样向你打躬弯腰，那你还能看得清我吗？"

谢甫琴科不卑不亢的态度，顿时让凶暴的沙皇无话可说。

像谢甫琴科这种"上交不谄"值得我们学习，面对权贵不卑不亢，不趋炎附势。除了做到"上交不谄"，也要做到"下交不渎"。

不过，"下交不渎"似乎就有点难了。宋人何坦曾有遗训，叫做"交朋必择胜己者"。按照这一框框，交友便只有"上交"，不得"下交"，这就连"不渎"也不复存在了。当然，这是不可接受的。如果人人都坚守"交朋必择胜己者"这一原则，那就谁也交不来朋友了。道理很简单，如果甲"胜"乙，乙"胜"丙，那么，乙不与丙交友，甲又不与乙交友，大家都不够"格"，哪里还有朋友可交？所以说，"下交"是难免的。人人只交"胜己者"是不可能的。

在生活中，有一些人，囿于旧的传统观念，瞧不起职位比自己低的人。在这些人面前，他们总是以领导者自居，似乎处处比别人高上一等。与职位较低的人交朋友，都会觉得是低尊屈就。所以，也就不可能有什么"下交"。还有一种人，他们主观上也想与职位比他低的人交朋友，但因为一张嘴就是"居高临下"发号命令似的，显得盛气凌人，人们对他避而远之。

这样，与普通群众交朋友的愿望是很难实现的。在这方面，罗荣桓元帅做得非常好，他身居高位，但在下级面前他的态度总是和颜悦色。即便是工作再繁忙，也依然会热情接待身为下级的朋友。

总而言之，为人处世应该做长远之计，而不是图一时之利，趋炎附势。只有一视同仁，不厚此薄彼，只有做到"上交不谄，下交不渎"，才能受益一生。

9. 张扬放肆常失信于人

敌人是不足惧的，最可怕的是自己营垒里的蛀虫，许多事情都败在他们手里。

——鲁迅

（曾任北京大学讲师，无产阶级文学家、思想家、革命家）

人们常说"出头的椽子先烂"。在为人处世方面，如果稍微获得一些小成就，便弄得人人皆知，过分张扬，那就相当于给自己埋下炸弹。过分张扬放肆的人，不但得不到别人的羡慕和赞叹，反而会处处树敌，引起别人的反感。

在生活中，有人常常会有强烈的表现欲，认为自己无所不能、无所不会，于是就处处显示自己的优势、本领。比如，有一点儿微不足道的小成就，便在众人面前大肆炫耀一番，唯恐别人不知道；偶然得到一件不常见的东西，就弄得人尽皆知；有一点权力，就表现出不可一世的模样。

有这样的一个故事：

蝉和毛毛虫同住在一棵大树上。毛毛虫丑陋、平凡，除了吃就是睡觉。正因为这些外在的东西，蝉很瞧不起它。因为蝉有着高大的身材，浓眉大眼，身着黑色皮夹克，还会唱歌，于是，蝉就很骄傲，认为自己才配有精神追求，而毛毛虫简直就是太不起眼了，永远都没办法与他相提并论。

一天，昆虫界举行了歌手大赛，蝉一举夺魁。这件事让他更骄傲了，他高傲地走过毛毛虫的身边，而毛毛虫也没有当回事，继续自己的睡眠。

有一天，厄运袭来。当蝉正在唱歌的时候，一只饥饿的乌鸦听到了歌声，循声找到蝉的位置，趁其不备，将其吃掉了。

蝉被乌鸦残害的消息传遍整个树林，大伙都议论纷纷。此时，毛毛虫不由得感叹道："平凡一点、低调一点也没什么不好。"后来，大家就总结出了一个教训："蝉就是太张扬、太骄傲，这才引来了乌鸦的注意，从而得到了这样的悲惨下场。我们应该从蝉的身上汲取经验，要低调一点，虚心一点。不然，厄运迟早会到来的。"

生活中有很多像蝉一样的人，他们总是活在肆无忌惮的张扬中，其实早已被他人视为眼中钉和肉中刺了。如果不知收敛的话，长此下去，厄运肯定会到来的！

从心理学上说，过度张扬的人是因为不够自信，往往把一些不足挂齿的东西夸大，在行动上常常以显示自己的优势、表现自己的能耐作为行为准则。如果一个人有才能，就算是他不说，别人也会轻易地发现，从而更尊敬他的。相反，如果他自我感觉太好，自我炫耀多于实事求是，人们便会对他的言行举止报以不屑，甚至以厌恶的态度来对待。在人际交往中，过分张扬，过于骄傲，可不是一件好事。

东汉末年的杨修是个文学家，他不仅才思敏捷，灵巧机智，后来还成为"一代奸雄"东汉相国曹操的谋士，官居主簿，替曹操典领文书，办理事务。

有一次，曹操造了一所后花园。落成时，曹操去观看，在园中转了一圈，临走时什么话也没有说，只在园门上写了一个"活"字。工匠们不了解其意，就去请教杨修。杨修对工匠们说："门内添活字，乃阔字也，丞相嫌你们把园门造得太宽大了。"工匠们恍然大悟，于是重新建造园门。完工后再请曹操验收。曹操大喜，问道："谁领会了我的意思？"左右回答："多亏杨主簿赐教！"曹操虽表面上称好，而心底却很忌讳。

有一天，塞北有人给曹操送了一盒精美的酥（奶酪），想巴结他。曹操尝了一口，突然灵机一动，想考考周围文臣武将的才智，就在酥盒上竖写了"一合酥"三个字，让使臣送给文武大臣。大臣们面对这盒酥，百思不得其解，就向杨修求教。杨修看到盒子上的字，竟拿取餐具给大家分吃了。大家问他："我们怎么敢吃魏王的东西？"

杨修说："是魏王让我们一人一口酥嘛！"在场的文臣武将都为杨修的聪

敏而拍案叫绝。而后，曹操问其故，杨修从容回答说："盒上明明写着'一人一口酥'，岂敢违丞相之命乎？"

曹操虽然喜笑，但心头却很嫉妒杨修。

曹操出兵汉中进攻刘备，困于斜谷界口，欲要进兵，又被马超拒守，欲收兵回朝，又恐被蜀兵耻笑，心中犹豫不决，正碰上厨师进鸡汤。曹操见碗中有鸡肋，因而有感于怀。正沉吟间，夏侯惇入帐，禀请夜间口号。曹操随口答道："鸡肋！鸡肋！"夏侯惇传令众官，都称："鸡肋！"行军主簿杨修见传"鸡肋"二字，便教随行军士收拾行装，准备归程。有人报知夏侯惇。夏侯惇大惊，遂请杨修至帐中问道："公何收拾行装？"

杨修说："以今夜号令，便知魏王不日将退兵归也，鸡肋者，食之无味，弃之可惜。今进不能胜，退恐人笑，在此无益，不如早归，来日魏王必班师矣。故先收拾行装，免得临行慌乱。"

夏侯惇说："公真知魏王肺腑也！"遂亦收拾行装。于是寨中诸将，无不准备归计。曹操得知此情后，唤杨修问之，杨修以鸡肋之意对。曹操大怒说："你怎敢造谣言，乱我军心！"喝刀斧手推出斩之，将首级号令于辕门外。

杨修才华横溢，足智多谋，可为什么得不到曹操的赏识呢？原因在于，杨修太过张扬。对于曹操来说，杨修的过分张扬就是对自己的威胁。严格来说，杨修并非是目中无人之人，只是做人做事，不懂得适时地隐藏自己的锋芒，这才招致曹操的厌烦，最终丢了生命。

如果一个人因为自己才华出众而不知天高地厚，处处显示自己，很容易给自己带来灾难。俗话说："人狂没好事，狗狂挨砖头。"谨慎做人是第一位的。即便你再有长处和智慧，也不应该处处张扬。

因此，我们要做一个虚怀若谷的人，要懂得聆听，这样才能令自己更招人喜爱，获得更多的智慧，从而走向成功。

10. 严于律己，宽以待人

做一个人，尤其是做一个君子，重要的是严格地要求和责备自己，而对人则采取宽容的态度，在责备和批评别人的时候应该尽量能够做到和缓宽厚，这样，自然不会招致怨恨了。

——傅斯年

（著名历史学家，曾担任北京大学代理校长）

傅斯年先生非常欣赏孔子所说的"躬自厚而薄责于人，则远怨矣"，时常拿这句话来自省。有时，他还解释这句话给其他人听："做人，尤其是做君子，首先最重要的是要严格要求自己，对别人则要采取宽容的态度，在责备和批评别人时要尽量能够做到和缓宽厚，这样做，就自然不会招致他人的怨恨了。"

傅斯年先生为人耿直，嘴上好斗，而面对别人时，心却是柔软的。

一次，傅斯年与孔庚因中医提案问题发生争执，孔庚辩不过他，恼羞成怒，辱骂了傅斯年。傅斯年说："你侮辱我，会散之后我要和你决斗。"散会之后，傅斯年果然将孔庚截住，摆出了一副决斗的架势，可见孔庚年逾七旬，又老又瘦，立马垂下双手说："你这样老，这样瘦，不和你决斗了，让你骂了罢。"

只有自律可以培养廉洁，也只有宽恕才可以做到仁德。宽以待人，就是得饶人处且饶人，只要不是原则性的问题，就别求全责备，哪怕别人有缺点，也要尽可能去容忍。人非圣贤，孰能无过，既然如此，就要学会去理解、去宽容。

"严于律己，宽以待人"的事例数不胜数，足以让当代的人引以为镜。《宋史·查道传》中说：北宋人查道为人淳厚，秉性正直，曾任宋真宗的龙图阁待制。有一次，查道外出巡查自己所管辖的地区时，见路旁有上好的甜枣，随从人员就从树上摘下来拿给了查道。查道要随从人员按价付钱，可不见枣树的主人，查道又急着赶路。于是，查道就按甜枣的重量，计算出甜枣的价钱，最后将应该付的铜钱挂在树上才离开。

一般来说，当官的人摘了一点甜枣不算什么。就算是枣树的主人在，也不会主动要钱的，更不会有人说这个当官的怎么这么贪心，连老百姓的东西也白拿！可查道却要按照枣的质量计算价钱，将应付的铜钱挂在树上，这种现在人口中的"小题大做"就叫自律。在人前人后同样严格要求自己，这样的人没有不被人称道的。也因此，这个故事流传至今。

有这样的一个故事：

王旦是宋真宗时的太尉，为人厚道，心胸宽广，人们从未见他发怒。家中下人想试探他的肚量，就把少许墨粉投入肉羹中。到了吃饭的时候，王旦只是吃饭不饮肉羹。当下人问他"为什么不饮肉羹"的时候，他淡然回答："我有时候不想吃肉。"

一天，下人又在他的饭中投了点墨，王旦发现后，便说："我今日不想吃饭，可以做点粥。"后来，王旦的子侄向他告状："厨房里的肉被厨子偷吃了，我们吃不饱肉，请惩治他们。"

王旦问："你们人均分配多少肉？"

子侄们回答说："一斤。现在只能吃半斤，其余半斤被厨子偷吃了。"

他问："吃足一斤能饱吗？"

子侄们回答说："吃足一斤当然能饱。"

王旦说："那今后每人分配一斤半就可以了。"

他总这样，从不揭发他人的过失。有一次，他家大门坏了，管事的家人连门房一起拆了换新的，暂时在廊庑下开了一扇门以供出入。王旦来到侧门，门太低，他低身俯卧在马鞍上过了门，对门的事不闻不问。大门修好了，重新走正门，对门的事还是不闻不问。有个驭马卒，年岁满了来向王旦辞行，王旦问："你驭马多少时日了？"

驭马卒回答说："五年了。"

王旦说："我怎么不记得有你。"

驭马卒刚转身要离去，王旦又把他唤了回来问："你是某某吧？"于是赠送了一大笔财物给驭马卒。驭马卒往常驭马的时候，王旦只见过他的背影，不曾见过他的脸。因此，当看到驭马卒转身离去时的背影，王旦才省悟过来。

孟子曾说：一个有道德的人，在与别人的相处中，能够很好地关心别人，尊敬别人，所以，他也能够得到别人的关心和尊重。这也就是他口中的"爱人者，人恒爱之；敬人者，人恒敬之"。像王旦这样宽以待人，轻易就能化解很多矛盾。

而现今社会，每个人的个性都是张扬的，每个人都有很强的个体意识，每个人都有自己为人处事的行为方式和习惯，所以人与人之间的关系表现得非常复杂。尤其是朋友同事之间，相处时间长，抬头不见低头见，关系显得更加微妙。因此，严于律己，宽以待人，就显得很重要了！

"严于律己，宽以待人"既是一种待人接物的态度，也是一种高尚的道德品质，它能够化解人与人之间的许多矛盾，增强人与人之间的友好情感。同时，一个人如果能够养成"严于律己，宽以待人"的优良品德，就一定可以在同他人的相处中，严格地要求自己，宽恕地对待他人，不断地提高自己的思想境界，使自己成为一个道德高尚的人。

11. 每一个生命都值得尊重

从前在某个大学中有一位年轻的历史教授，自命"天才"，瞧不起别人，说这个人是"狗蛋"，那个人是"狗蛋"。结果是投桃报李，群众联合起来，把狗蛋的尊号恭呈给这个人，他自己成了"狗蛋"。

——季羡林

（曾任北京大学教授，历史学家、思想家、作家）

生命是平等的，没有高低之分。佛陀说：心、佛、众生三无差别。因此，每一个生命都值得尊重，哪怕是一棵小草、一根树苗。

关于平等，有这样一个故事：

有一次，佛陀外出宣传佛学，到了某城看到一个妇人在扫大街，她的衣服又破又脏，脸上和手上都是泥垢。当看到佛陀在远处，妇人自惭形秽，立即躲到了一个角落里。

佛陀想要度化她，于是就朝她走去，对她说："你为什么要躲开我呢？一般人见到我都会很欢喜，情不自禁地想亲近我。但你为什么把自己藏在角落里呢？"

妇人怯怯地说："佛陀啊，我又何尝不敬仰您呢！可我如此卑贱，身上又全是泥土，我不敢接近您是怕污秽了您啊！"

佛陀慈悲地对她说："你的想法是不正确的！在我看来，世上根本就没有脏和卑贱的人。你先回去沐浴更衣，再来听我讲经吧！"

妇人开心至极，虔诚地给佛陀下跪行礼说："佛陀啊！难道我真的可以同别人一样去听您讲经说法吗？"

佛陀说："是的，你尽管来就行了！"

此时，佛陀身边已经围满了人，其中有些自以为有身份地位的人，看到此情况，都觉得佛陀这么做有些贬低自己。

佛陀明白了那些人的意思，就对他们说："清净实际上是指心的清净，而并不单指外表的清净。街道上为什么每天都这么干净呢？你们有没有想过呢？正是因为有她这样的扫街者啊！虽然她的身体和衣服是脏的，但是她的心地远比你们要清净许多。你们看到了吗？她无所求，她没有骄慢，她还是那样谦虚。"

佛陀又接着开导众人说："你们以自己在社会上的地位而傲慢自负，瞧不起他人，不平等的对人，因此在你们内心，没有一点清净的地方。"

正在这时，一位容光焕发、衣着端庄的妇人向这边走来。佛陀问大家："你们看看她是谁啊？"

众人都看出了她正是那位扫街妇。

佛陀说："现在你们看看，她与你们又有哪里不同呢？"

生命是平等的，这一点并不因为身份的不同而不同，没有死生由命的悲观，没有高低贵贱的区别，生命是每个人的一种权利，而且是平等的权利。正如故事所说，就应该平等地对待每一个人，使社会变得更美好。

人本没有高低贵贱之分。这绝对是一个真理！大众心目中所谓的高低贵贱，要么是因为有些人自欺欺人，要么是有些人自轻自贱。

作为一个生命体，无论是一株小草还是一个微小的生物，只要有生命存在，都有自己的自身价值。不要轻视自己，更不要轻视他人的生命！因为，每个生命都值得敬重。

第三课

重视自己，懂得顺应自己的真实内心

有的人终其一生都未能找到自己人生的价值和意义，因为他从未静静地坐下来听一听自己内心真实的声音。我们过分看重别人对我们的价值评判，用他们的标准去划分自己的人生水准线，却失掉了赤真的个性。一个人首先要懂得顺应自己的真实的内心，才能找准属于自己的位置。

1. 保持自己的个性，做一个与众不同的人

一个人受不受人尊敬，完全决定于你有没有值得别人尊敬的地方。

——季羡林

（曾任北京大学教授，历史学家、思想家、作家）

一个人要想很快被他人记住，一定要有鲜明的个性和特点，如果成为碌碌之辈，很容易被人忘却，甚至从未记住过。

有一个非常有名的文化名人叫钱玄同，先后在北京大学、北京师范大学、燕京大学等处任教。作为一个教授，他有一个"陋习"，就是从不批改学生们的考卷。对此，各个学校都很无奈。在北大的时候，校方特意为他刻了一枚木质图章，图章上刻有"及格"二字。钱玄同每次把考卷收上来后，派送到教务处，让教务室统一盖上"及格"的图章，然后按照每个人的名字分别记入学分档案。这个做法很是让钱先生满意和得意，并希望别的学校也能按照这个方法执行。在他到燕京大学兼课的时候，他就要求这样批改试卷。但是，他碰了钉子，校方将他送来的卷子原样退回，未能按照钱先生的意思执行。这让钱先生很是恼火，顿时也来了脾气，毫不退让，又将考卷原封不动地退了回去，校方很是生气，警告钱先生，如再次拒绝判卷，将按照校纪对他进行惩罚，扣发相当数额的薪金。

尽管如此，钱先生仍然没有让步，他立刻回信一封，言道"判卷恕不能从命，现将薪金全数奉还"，并将钱附于信内。钱先生的坚持，让更多人懂得尊重他的习惯与做事风格。

不要苛求所有人的认同，或者为了迎合别人改变。钱玄同的做法先不论好坏，但他这种授课方式却令人印象深刻。

换句话说，只要自己心中有底气，就不怕别人的不认同，结果有好有坏。但是如果不坚持自己方式，最后只有一个结果，那就是随波逐流，被人忽视与遗忘。

"扬州八怪"之一的郑板桥，为官时因为开仓放粮救济穷人，被皇上撤了职。

于是，郑板桥乘船顺着大运河准备回老家扬州。一日，在归途中，他看到码头停泊着一条官船，桅杆上挂着"奉旨上任"的旗子，船上的恶仆要所有民船回避。这条船的主人叫姚有财，是朝廷一个大奸臣的儿子，此人不学无术，靠着父亲的实力，花钱买了个乌纱帽。

郑板桥见此情形，实在看不惯，心想："你奉皇上的旨意上任，我奉皇上的旨意革职。咱们都是'奉旨'行事。你神气什么？"于是，郑板桥找来一面小旗子，书上"奉旨革职"四个大字，挂在小船上。

姚有财看到迎面有一只小船上挂着"奉旨革职"的旗子，很是奇怪，派人去打探。当他知道是郑板桥以后，立刻前去索要字画。郑板桥询问前来之人是谁？对方答是姚有财。看到他的这副模样，郑板桥心生妙计，挥笔写了一首诗："有钱难买竹一根，财多不得绿花盆，缺枝少叶没多笋，德少休要充斯文。"姚有财接这副字画后，气得不知道该如何是好。原来，郑板桥做的是藏头诗，把每句开头的第一个字连起来是"有财缺德"。

"一肩明月，两袖清风"的郑板桥，罢官回家只带了黄狗一条、兰花一盆。一天夜里，郑板桥辗转难眠，突然听到有小偷进来。郑板桥原想吓唬小偷，但自己又难以对付，于是佯装熟睡。可如果让小偷随意拿他的东西，又觉得不甘心。寻思过后，郑板桥心生一计。

这时候，小偷已近床边，他翻身朝里，低声吟道："细雨蒙蒙夜沉沉，梁上君子进我门。"小偷闻声暗惊。

接着，郑板桥又喃喃自语："腹内诗书存千卷，床头金银无半文。"小偷心想："不偷也罢。"转身出门，又听里面说："出门休惊黄尾犬。"小偷想："既然有恶犬，为什么不逾墙而出呢？"正欲上墙，又听到郑板桥的声音："越墙莫损兰花盆。"小偷一看，墙头果有兰花一盆，于是细心避开，足方着地，屋里又传出："天寒不及披衣送，趁着月黑赶豪门。"

正是郑板桥这种独特的行事风格和个性，让他的故事和字画流传至今，郑板桥坚韧的性格中带着幽默，不得不说他是名副其实的怪才。

现如今，有些人误以为个性是一种无知，是一种叛逆。其实并非如此，真正的个性是精神力量的升华。想要成为一个独特的人，就必须有自己的个性。这种个性不是伪装或者模仿的，而是从自己的内心散发出来的独特的气质与性格。

《竹石》中有言："咬定青山不放松，立根原在破岩中。千磨万击还坚劲，任尔东西南北风。"司马光一生纵横官场，为国为民，始终有他温良谦恭、刚正不阿的个性在其中相助。其在《园樱伤老也》中写道："个性泛舟，载纵载横。"屈原一生政治理想得不到伸张，不受国君重用，依然四处奔走呼号，甚至不惜以死明志。无他，高尚孤洁的个性使然，正所谓"美服患人指，高明逼神恶"，他的个性让自己不容于朝堂之上，也让自己名垂千古。

追求个性发展是人生永恒的课题，无论出于实现个人价值的目的，还是促进社会发展的需要，都应当立足于对自身的全面分析，有针对性地追求自我个性的充分发展，以便使自己适应社会选择。个性需自己掌控，过分突出或者过分压抑都不是上策，适当有点个性，又不显得突兀才适宜。

做一个与众不同的自己，做一个真正的自己。穷富也好，得失也罢，不过是过眼云烟，人生如梦，岁月无情，莫让人生短暂的几十年尽皆虚度。

2. 高贵的灵魂懂得尊重自己

人走路要昂起头，我一生都是昂着头的。

——林庚

(曾任北京大学教授。现代诗人，古代文学学者、文学史家)

要想得到别人的尊重，首先要懂得尊重自己。孔子曾说："人必自侮然后人侮之，家必自毁然后人毁之，国必自伐然后人伐之。"意思是说：不自尊、不自重往往落得人皆辱之的下场，挥霍无度往往会让家业败亡，内乱往往会让一个国家衰落遭人灭国。不懂得自己尊敬自己，就是把自己往毁灭一途上推搡。

北大教授黄侃是民国时期著名的学者，学问大，脾气也怪，但深受人们的尊敬。他不愿意受陈规的束缚，对名誉问题极为重视。他曾经在中央大学任教，在当时，中央大学兼课的教授很多是社会名流，大都西装革履，进出洋车，最次的也是坐黄包车。而黄教授每次都穿着一件半新不旧的长衫或者长袍，夹一块青布包上几本常读书籍，且从来不佩戴校徽。

学校有规定：师生进出校门要佩戴校徽。黄侃不戴，就被门卫拦下要名片。黄侃说："我本人就是名片，你把我拿去吧。"于是两个人争执起来，后来没有办法，只好校长出来调解，门卫道歉事情才算过去。

有一次下大雨，教授们纷纷穿着胶鞋，唯有黄侃穿了一双钉鞋又称"木屐子"。这种"钉鞋"在乡下走烂泥路极佳，在城里走水泥路就不太合适了。放学时，雨停了，黄侃将钉鞋脱下，用报纸抱起来挟在腋下，穿着便鞋准备离开。

出校门的时候，一个新来的门卫不认识黄侃，看他土里土气的，还拿了一大包东西，就将其拦下，上前盘问，要求检查纸包。黄侃当即放下纸包，扭头就走。

接下来几天，他一直未去上课。系主任以为其生病在家，立刻亲自登门探望。系主任见黄侃并无病而是在生气，不知道黄侃为什么生气了。不管怎么问他，他都一言不发。于是，系主任赶紧去把校长请了过来，再三询问之下，黄侃对校长说："学校贵在尊师，连教师的一双钉鞋也要检查，形同搜身，成何体统。是可忍，孰不可忍！"

听闻此话，校长立刻替门卫向黄先生道歉，无论如何道歉，也都不管用。后来又托名流们劝慰，但还是于事无补。此后，黄侃再也没去中央大学授课。

黄侃教授的行为在今日看来，也许有些过分了，但他这种维护自我尊严的行为是值得我们学习的。中国人讲究谦虚，但不是轻贱自我，学会尊重自己，才能令人尊敬。纵观名士，凡受人敬重者，无不敬重自我。人只有对自己的尊重最真诚，也唯独自己尊敬自己才能赢得别人的尊敬。自我尊敬就是自尊，不向别人卑躬屈膝，也不容许遭人歧视、侮辱。自尊往往和自信捆绑在一起，没有自尊的人不会有自信。自尊是做人的灵魂，是自信、自强的支撑点。

东晋时期，诗人陶渊明的曾祖父陶侃是赫赫有名的大司马、开国功臣；祖父陶茂、父亲陶逸都做过太守。后来家境没落，在家庭贫困入不敷出的情况下，陶渊明仍然坚持读书写诗。在出任江州祭酒时，他关心百姓疾苦。由于看不惯官场上的恶劣作风，他不得不辞职回家。后来也陆续做过其他的官职，最后一次做官，是在朋友的劝说下，才出任彭泽县令的。

陶渊明上任不到三个月，又辞去官职。因为他在上任第八十一天的时候，遇到浔阳郡派遣督邮刘云来检查公务。此人凶狠贪婪，每年两次以巡视为名索要贿赂，如不从便栽赃陷害官员。县吏劝说陶渊明应当穿戴整齐、备好礼品、恭恭敬敬地去迎接督邮。陶渊明听此，叹道："我岂能为五斗米向乡里小儿折腰。"说完，挂冠而去，辞职归乡。

此后，他一边读书为文，一边躬耕陇亩。陶渊明淡泊功名，为官廉政，不愿与腐败官场同流合污，过着隐士的生活。

无论是"不为五斗米折腰"的陶渊明，还是"仰天大笑出门去，我辈岂是蓬蒿人"的李太白，中国文人始终有一种节气在此，就是任何境地都尊敬自己，也只有这样高贵的灵魂才能谱写出无数华美动人的篇章。

现实中，人与人之间的尊敬往往都带有功利性，唯有自己先懂得尊重自己，让自己变得强大，才能赢得别人的尊重。当然，这种尊重也要有个度，不要过于夸大自己，不容人言，目中无人，不要为了面子而坚持错误，甚至自以为是，演变成自大狂妄，那就适得其反了。正视自己的错误并能虚心改之，也是一种尊重自己的表现，是对高贵灵魂的塑造。

只有我们懂得尊重自己，维护自己的尊严，才能度化自己的灵魂，才能严于克己，因为只有自己的品行得当，才有资格去要求别人尊重自己。

3. 做自己喜欢的事情

书籍是思想文化的载体，每本书在内容上，必然会有其时代的局限性。我们在读书时，一方面要虚心体会，努力研求其中的深湛意蕴；另一方面还要有批评态度，要辨识前人思想的偏失。既要虚心，又要保持批评精神，才是正确的态度。只有在读书时勤于思考，加以分析去粗取精，去伪存真。才能在前人已经达到的水平之上有所前进、有所创新。若盲目迷信典籍，缺乏批评精神，只能使思想陷于停滞，那是不足取的。

——张岱年

（曾任北京大学教授，中国哲学史学会会长、名誉会长）

在我们追求梦想的时候，总是有很多阻碍，但是，也正是因为这些才会让我们体会到：排除万难，去做自己喜欢的事情是那么美好，那么有意义。为自己的梦想努力，无论多么艰辛都是幸福的。这是为什么呢？因为当我们做自己喜欢的事情时，在内心和潜意识里，就会有一种很强的驱动力，激发出我们更多的能量，创造出更多的奇迹。

年轻时的谭盾，非常喜欢拉琴，他刚到美国的时候，靠拉小提琴赚钱来维持生计。

很幸运的，谭盾和一位黑人琴手一起找到了个黄金地段——银行门口，这里每天都有大量的人流来往，谭盾和黑人琴手每天都有不错的收入。

谭盾攒够了进入音乐学校进修的钱，便和黑人琴手道别。进入音乐学院后，谭盾拜师学艺，努力学琴，认识了许多大师和琴技高超的同学。在学校的那段时间，谭盾潜心学琴，音乐素养和琴艺得到了巨大提升。

谭盾经过不懈的努力，十年后终于成为一名知名的音乐家。有一次，他偶然路过以前卖艺过的那家银行门口，发现昔日老友黑人琴手仍然在那拉琴。看着黑人琴手满足的表情，谭盾走过去和他打招呼，黑人很高兴地问他："嘿，谭！好久不见啦，你现在在哪里拉琴？"

谭盾说一家很有名的音乐厅的名字，黑人琴手不禁问道："那家音乐厅门口人也很多吗？"谭盾小声说："还好，生意还行。"谭盾没有向那位黑人说明，自己早已不拉琴卖艺了，而是经常在那家著名的音乐厅中演奏。

十年的时间，让这俩人的境遇发生了天壤之别。黑人琴手和谭盾一样努力拉琴，只是黑人琴手围着自己那块赚钱的地盘，而谭盾选择了进音乐学院深造，选择了提升自己，也是选择了最合适自己的道路。

谭盾看到的不是街头卖艺一时间不错的收入，而是用街头卖艺的钱提升自己，才能实现自己的音乐理想，在全世界面前展现自己的琴艺。他的内心是追求世界的舞台而不是街头那个角落。

智者曰："两弊相衡取其轻，两利相权取其重。"重视你内心的想法，才能找到最合适你的方式。

曾担任过北大讲师的鲁迅先生，早年间留学学医，想通过行医治病，将中国人身体变得强健。但很快，这个梦想就被残酷的现实粉碎。

作为一个弱国子民的鲁迅，在日本的时候，经常受到具有军国主义倾向的日本人的严重歧视。他们认为中国人都是"低能儿"，鲁迅的解剖学成绩是59.3分，就被他们怀疑担任解剖课的教师藤野严九郎把考题泄露给了他，这使鲁迅深感作为一个弱国子民的悲哀。

真正改变鲁迅想法的是一次课上，他看到课程幻灯片中，众多的"体格强壮，神情麻木"的中国人淡然地围观自己的同胞被当作俄国侦探处死，这让鲁迅深受打击，更让他意识到：精神上的麻木比身体上的虚弱更加可怕！如果中国人思想不能觉醒，即使体格如何强壮，还不是被帝国主义者抓去杀头？还不是只能成为示众的材料和麻木的看客？病死多少人倒不是主要的，主要在于改变人们的精神，要唤醒人们，中国才能有希望。

改变他们的精神面貌和想法，就要从思想开始。思想文化能够提高人们的思想觉悟，能够把沉睡、麻木状态的人们唤醒，能够激发人们的爱国热情。鲁迅的选择是积于他爱国爱民之心，拯救民族命途之愿。

于是，鲁迅放弃了医学，决定用自己的笔尖代替手术刀来医治中国人的灵魂，用文字传播思想，唤醒民众。人民醒了，国家才有改变的希望。没过多久，鲁迅离开学校，前往东京，联络许寿裳等几个志同道合的朋友，筹办文艺杂志，开始了他的文学创作生涯。鲁迅的选择遵从了他内心的最大愿景，他选择了最适合自己的方式来拯救中国。鲁迅的人生转折点也在于此，弃医从文才有了后来的"民族魂"。

像鲁迅一样，任何时候都得遵从你的本性，做事、做人皆要从内心出发，不虚伪，不强求，按照本性来做事。即便到了现在，鲁迅大量的杂文和小说，也深深地影响着中国人民。这也是为什么他能够成为我国最伟大的现代文学家之一的原因。

宋代的大词人苏轼曾说："古之立大事者，不唯有超世之才，亦必有坚忍不拔之志。"这种坚忍不拔的意志也表现在人的选择上，是否能够不盲目从众，是否能够遵从内心的本性。不为外界所动摇，不为艰难所恐吓。想要做一个有价值的人，应该做一名直面惨淡人生的勇士而不是沉迷于幻想的阿Q。

人生道路上，我们会遇到很多选择，每一种选择都有好有坏。所以，如何选择关键在于自己的内心，心中有了方向，就要坚持下去。因此，人要有自己的志愿和志向，应该有自己的追求，这样生活才有目标，生命才有意义。尊重自己的内心，不要因为困难等外在因素放弃自己的初衷。相信自己的能力，去实现自己的梦醒，相信梦想的力量，终究能指引你到达那片光明之地。

4. 先找出了自己的优势，才能确定属于自己的位置

我自己在生活上最爱野朴与自然，在艺术上却极醉心于格律与谨严，而我最大的野心就是要在极端的谨严中创造极端的自然。

——梁宗岱

（曾任北京大学教授，中国现代诗人）

成功心理学创始人之一、盖洛普咨询有限公司名誉董事长唐纳德·克利夫顿说过：在成功心理学看来，判断一个人是不是成功，最主要的是看他是否最大限度地发挥了自己的优势。

换句话说，如果一个人能够善于挖掘自己的优势，找到自己的位置，那么便可发挥出不可估量的能力和创造出巨大的价值！

著名学者胡适初到美国留学的时候，选修的是农业学。然而，30 多种苹果树却难倒了胡适。30 多种苹果树，花上了 2 个半小时，却只能分辨出 20 种，对此他十分烦恼。自知不是学农的料子，胡适决定学历史和文学。

塞翁失马，焉知非福？

后来，胡适取得了哲学博士学位，既发挥了他在文艺范畴内的优秀水平，又摆脱了他在农学院的尴尬境地。胡适学成回国，担任北大教授和参加新文化运动，矗立在舆论的顶峰，成为新文化运动领袖人物。

积极地挖掘自身的优点，激发出潜能，将优点最大化，进而就可以掩饰你的不足。而一味地去掩饰自己的不足，只会让自己更加平庸，与其追求圣贤之才，不如追求圣贤之心。常言道：梅花优于香，桃花优于色。人和事物一样都有闪光的一面。

蔡元培先生学富五车、德高望重，曾任北大校长。北大藏龙卧虎，无论是教授还是学生，都是各方精英，如何处理他们之间的关系，管理好学校，对蔡先生来说是一个挑战。但是，蔡先生没有被难倒，而是做出了一番努力和成就。他先是开创了兼容并包的办学理念，创立教授治校的行政体系，又启用大批新人，以胡适、蒋梦麟为副手辅助管理。正是蔡先生的大胆革新，才创造了北大的黄金年代。

蔡元培先生知道自己的优点是德高望重，能够服众，于是他利用自己的这些优点，在北大校长之位上充分运用，扬长避短。在管理北大时，他主要统管大局和与当时的政府交流，把治校的具体问题交给他人，放权与他人，来调动和发挥他人的积极性和才能。此外，蔡元培也利用北大校长的身份让一大批有学之士能够在政治、学术舞台上展现自我，譬如：胡适、梁漱溟，等等。

一个成功的人，一定具备这样的能力：懂得发扬自己的长处，规避自己的短处。曾经有人说过“人必须悦纳自己，扬长避短，不断前进”。汉高祖刘邦知人善用，招揽了不少能人志士为他打江山，手下将领更是各有过人之处。

一次，刘邦和众将讨论谁的统军本领最高，有人觉得是周勃，有人说是韩信，众人纷争不已。

这时，刘邦问韩信："你觉得像我这样的，能带多少士兵？"

韩信立刻回答说："陛下最多统领 10 万人。"

刘邦继续追问道："那你又能带多少士兵呢？"

韩信毫不谦虚地回答："我嘛，当然是越多越好。"

这让刘邦很是不悦，讥讽地问道："哦，既然你有如此才能，甚至高过于我，那么将军你为什么却被我捉住，俯首称臣于我呢？"

韩信不慌不忙，机智地回答说："陛下虽不善于带兵，但善于统领将领。而且陛下的能力是天生的，不是人们努力所能达到的。我等将领当然服从于陛下了。"

韩信这巧妙的回答，让刘邦立刻和言悦色，暂时消除了刘邦对自己的戒心。不仅如此，他还借此向刘邦推荐了自己的优点。"骏马能历险，耕田不如牛。"人各有志、各有所长，并无绝对的高低之分，只有能够认清楚自己的优点所在，把自己放到合适的位置上去，才可以让自己得以施展才能。

世界上的路有千万条，但最难找的就是适合自己走的那条。因此，每一个人都应根据自己的特长来设计，自己量力而行，根据环境与条件，努力寻找有利条件；不能坐等机会，要自己创造机会；拿出成果来，获得了社会的承认，事情就会好办一些。中国现代诗人梁宗岱曾用这样一句话概括自己："我在生活上最爱野朴与自然，在艺术上极醉心于格律与谨严，而我最大的野心就是要在极端的谨严中创造极端的自然。"

每个人都应该尽力找到自己的最佳位置，找准属于自己的人生跑道。当你的事业受挫，不必灰心也不必丧气，相信坚强的信念定能点亮成功的灯盏。

5. 放纵自己，等于放弃了自己

顽劣，钝滞，都足以使人没落，灭亡。

——鲁迅

（曾任北京大学讲师，无产阶级文学家、思想家、革命家）

老舍在《新爱弥儿》中曾说："小孩子是娇惯不得的，有点小毛病就马上将就他，放纵他，他会吃惯了甜头而动不动地就装病玩。"一个人如果不加控制自己的欲望，甚至过分放纵，那么自己就会成为欲望的俘虏，被其所累。

在生活中，如果不是秩序管制或生存需要，人们很容易就会放任自己随心所欲。这样困扰人们的问题就出现了，一旦外界条件变得更宽松，可以到达让人们放任自己天性的程度，那么很多人都不可能忍得住不放纵自己的欲望。

人的欲望是无穷无尽的，也许最开始只是满足了一个小小的欲望，但这会更加剧人们渴望满足欲望的程度，这样人们就会逐渐加大放纵自己的程度，继而丧失意志力，把自己深陷在欲望中，而且越陷越深。

同时，过分安逸的生活和过分舒适的环境，也会使人产生惰性，从而放纵自己。长时间放纵自己，人就会变得慵懒颓废，人生惨淡，个性平庸。

有一个成语叫"饮鸩止渴"，它的意思是当渴了的时候，没有水，就喝毒酒来解渴，结果丢失了性命。用这个词来比喻某人荒诞的生活，是再合适不过了。一个人如果看不到将来的忧患，只看到眼前的舒适，最终将走向灭亡。

唐玄宗李隆基继位初期，曾采取一系列有效措施促进唐朝的政治、经济、文化的发展，励精图治，并开创了强盛繁荣的"开元盛世"，这在中国历史上是流芳百世的。

然而，在开创盛世之后，唐玄宗就开始懈怠，整日沉溺于享乐之中，与美貌绝伦的杨贵妃穷奢极欲，享乐无度。后来，这种奢侈之风严重影响了正常的政治活动，一些官僚贵族借机巴结逢迎，纷纷献上珍异珠宝，美味佳肴，这也对经济产生了影响，社会一片混乱。最终引发了著名的"安史之乱"，战乱整整持续了八年的时间，使唐王朝由极盛转衰，唐玄宗最终也凄凉而死，后人众说纷纭。

《礼记》中说道："享乐不可过度，欲望不可放纵。"一味地放纵欲望，贪图享受，不仅伤害身体，而且会使精神极度萎靡，丧失斗志，不思进取，从而导致事业荒废，生活困苦。

其实，每个人都是有一定的定力的，不会轻易地放纵自己，但是由于外界的诱惑实在太大，如果自我控制能力不强，就会很容易沉溺其中。

三国时，蜀国的刘备在驾崩之时，把皇帝的位置传给他的儿子刘禅，并请丞相诸葛亮来辅佐刘禅治理国家。刘禅有个小名叫做阿斗，他当了皇帝后，每天只会吃喝玩乐，根本不管事，还好有诸葛亮帮他撑着，蜀国才能一直强盛。可是，当诸葛亮去世之后，魏国马上派兵来攻打蜀国，蜀国不但打不过魏国，阿斗还自愿投降，带着一些旧大臣到魏国去当"安乐公"，继续过着吃喝玩乐的日子，完全忘记自己的国家已经灭亡了。

　　有一天，魏国的大将军司马昭请阿斗吃饭，故意叫人来表演蜀国的杂耍，想羞辱这些蜀国来的人。旧大臣们看到这些蜀国的杂耍，都非常难过，可是，阿斗却高兴地拍着手说："好耶！好耶！真是好看耶！"一点也没有伤心的样子。后来，司马昭故意讽刺阿斗说："怎么样，在这里过得开心吗？想不想蜀国呀？"没想到，阿斗居然开心地说："此间乐，不思蜀。"意思是说："不会呀！在这里有得吃有得玩，我呀！一点也不会想念蜀国呢！"

　　司马昭听了以后，在心里窃笑："真是一个扶不起的阿斗呀！难怪会让自己的国家亡掉！"

　　俗话说得好：生于忧患，死于安乐。如果终日生活在安逸优越的环境中，就会逐渐消磨意志，使人沉浸在舒适的享乐中，最终一事无成。阿斗就是这样放纵自己，最终导致了国家灭亡。

　　放纵自己就等于放弃自己。放纵自己的后果每个人都心知肚明，只是贪欲的诱惑力实在太大，使人们常常迷失了自己，失去了向前的方向。殊不知，人活着，就不能放纵自己，如果一时疏忽，生命就会遭遇劫难。等到幡然醒悟时，才发现，自己早已经在不知不觉中丢失了。

　　在生活中，我们要学会自我约束，即便有放纵的机会，也要抵挡诱惑。远离浮华，守住底线，明白什么东西应该拥有，什么东西不应该拥有，想办法克制贪婪的本性，这样才能避免滑入深渊，才能实现自我。

6. 面对无关紧要的评价，要有点"充耳不闻"的智慧

　　忽略无关紧要的事，琐碎和世俗的事耗费了人们太多的时间，忽略那些无关紧要的事，才不会错过那些真正重要的事。

——翟鸿燊
（北京大学客座教授，国学研究传播者）

　　面对无关紧要的评价，要有点"充耳不闻"的智慧。这里所说的"充耳不闻"，并不是说堵住自己的耳朵，不去听外界的声音。一个人，只有专注于某事，不被外界干扰，才真正能够做好这件事。

　　当别人夸赞自己时，不要骄傲自满，要知道自己的不足；当别人诋毁、否定自己时，要保持自信、坦然面对。这样才是一个内心够强大的人，才不会纠结外在的东西，才不会被讥讽或批评击垮。

　　王是西晋名将，他巧用火烧铁索之计，大败吴军。国家又重新归于统一，

王功不可没。对此，群臣很是嫉妒，编造谣言污蔑。

安东将军王浑说"王不服从指挥"，要求治罪，后又诬陷王攻入建康后，怂恿部下大量劫掠吴宫珍宝。王虽功勋卓著，但他深知污蔑的可怕，历史上功臣反被害死的例子数不胜数。当年，消灭蜀国、收服刘禅的大都督邓艾，就是在获胜之日被谗言害死的。他怕自己也落得如此下场，于是便一再上书，陈述战场实况，辩解自己的冤情。最后，晋武帝司马炎不但没有治他的罪，还力排众议，对他论功行赏。

对于这件事，王并未真正放下，每当想到自己立下大功却让那些大臣不满，还遭受谗言的诬陷，差点丧失生命，就感到气愤不已。为了发泄自己心中的不满并表明自己的劳苦功高，他每次拜见晋武帝时，都一再陈述自己在伐吴战役中的辛劳和被人冤枉的悲愤，有时候还言辞激愤，触怒了龙颜。

王的亲戚范通知道此事后，立刻劝慰王："你虽立下大功，但却没有做到最好。"

王十分不解，问道："你此言何意？"

范通解释道："如若你凯旋之日，退居家中，不多提伐吴之事，他人问你时，你能够多谦虚一些说'是皇上的圣明、诸位将帅的努力，我有什么功劳可夸的！'这样就不会遭人嫉妒，王浑将军也就不会诬陷你了！"

王惭愧道："您说得对！当日，我惧怕邓艾之事在我身上重蹈覆辙，便上书辩解，不过我不应该不断地计较于此，屡犯圣颜，这事情的确是我做得不好！"

后来，王潘按照范通的话去做，不再去争抢和辩解什么。很快，谗言就不辩自息了。

古人说："文武之道，一张一弛。"不要一听到不公正的评价就暴跳如雷，不要一听到一些拍马溜须之词就心花怒放。要学会保持一颗淡然的心态，不去"听闻"和在乎那些不公的指责，秉承"有则改之，无则加勉"的原则，从容地接受一切外来的声音。

尼采曾说：如果我们整天满耳朵都是别人对我们的议论，如果我们甚至去推测别人心里对于我们的想法，那么，即使最坚强的人也将不能幸免于难！因为其他人，只有在他们强于我们的情况下，才能容许我们在他们身边生活；如果我们超过了他们，如果我们哪怕仅仅是想要超过他们，他们就会不能容忍我们！总之，让我们以一种难得糊涂的精神和他们相处，对于他们关于我们的所有议论、赞扬、谴责、希望和期待都充耳不闻，连想也不去想。

由此可见，我们不应该过分在意他人的评价。一个人做得再好，也会有人说不好；一个人再不好，也有人赞好。别人说你好，你未必就真的好，别人说你不好，你未必就真的不好。有时候，好与不好，不能简单从表面来判断。

人生在世，我们总会听到别人对自己不同的评价，有人说出来的是对自己的赞美，有人说出来的是对自己的批评，有人说出来的是对自己的误解……面对这些看法，如果我们过分在意或关注，那痛苦和受到伤害的只能是自己。其实，别人一时的评价并不是对你的肯定或否定，只是对某件事或某个行为的判定。

总而言之，只有过分在意他人评价的人才会被外界的评价影响，睿智的人往往都会笑着面对批评。学习那些睿智的聪明人吧，对那些无关紧要的话，不管好听与否，都仿佛未曾听闻一般，不放在心上，继续按照自己的步伐，去追求自己的理想，做好自己应该做的事情！

学做一个"充耳不闻"的聪明人。淡定不是无怒，而是巧妙应对！与其多想，不如不想，与其多闻，不如不闻，千万不要庸人自扰。淡定不是软弱，而是虚怀若谷！

7. 人生最大的缺失莫过于失去自信

我想印个选集了，因为我看了一下自己的文章，说句公平话，我实在是比某些时下所谓作家高一筹的。我的工作行将超越一切而上。我的作品会比这些人的作品更传得久，播得远。

——沈从文

（著名文学家、考古学专家，曾担任北京大学中文系教授）

沈从文是一个非常自信的人。1923 年，刚刚 21 岁的沈从文怀揣着对文学的满腔热忱以及青春的梦想，从遥远的地方到京城来闯荡，加入到"北漂"的行列。他当时一下火车就被眼前城市的景象所深深吸引，他站在月台上很自负地说了一句："我是来征服你的！"

要想在偌大的北京城立足并非易事，但他硬是凭借着自身的努力，站稳了脚跟，成为北京城的著名人物，实现了自己当初的抱负。假如没有自信，沈从文恐怕难以做到这一点。

凡是读过沈从文作品的人都能够看出，他的自信无处不在，比如：他在文章《水云》中说："一切花草既都能从阳光下得到生机，各自于阳春烟景中芳菲一时，我的生命也待发展，待开放，必然有惊人的美丽与芳香！"

又如：他在《阿黑小史》的序里写道："或者还有人……可以读我这本书，能得到一点趣味。"

他在《边城》题记里说："这作品……也许尚能给他们一种勇气和信心！"

自信充斥着他的文章，自信充满了他的生活。可以说，自信是生命和力量，自信是奇迹，自信是创立事业之本！因为自信，毛遂脱颖而出；因为自信，关云长单刀赴会；因为自信，诸葛亮自比管仲。自信就是一种催化剂，它能让你的成功达到难以想象的高度。

面对生活，任何人要想活好并不容易。这不仅需要有坚韧不拔和持之以恒的精神，还要有信心。当做一件事情的时候，必须有决心，无论付出多么大的代价，都要努力把这件事情完成。当事情结束的时候，回首做事的过程，能够问心无愧地说"我已经竭尽所能了"。一个人只有有自信，才有可能成为一个成功的人。

在春秋时期，楚国有个叫卞和的人。相传，他在楚山中看到有一只凤凰落到一块石头上，人们说凤凰落过的地方有玉石，于是他捡拾到一块玉璞（即玉石坯子），把它奉献给了楚厉王。

厉王叫来辨别玉的专家鉴定，鉴定的结果却是这是一块普通的石头。厉王很生气，认为卞和在欺骗戏弄自己，就以欺君之罪砍掉了卞和的左脚。时间不长，楚厉王死了，楚武王即位，卞和就又把这块玉璞奉献给武王。

武王让专家来鉴定，鉴定的结果仍然说是石头，气愤的武王就以欺君之罪砍掉了卞和的右脚。后来，文王即位。卞和抱着玉璞到楚山脚下大哭，一直哭了三天三夜。眼泪哭没了，哭出了血。

楚文王听说后，就派人问他："天下很多人被砍掉脚，都没有这样痛哭，你为什么哭得这样悲伤呢？"

卞和回答说："我不是为我的脚被砍掉而痛哭、悲伤，我所伤心的是有人把宝玉说成是石头，给忠贞的人扣上欺骗的罪名。我相信我是对的！"

于是，楚文王就派人对这块玉璞进行加工，事实证明：果然是一块罕见的宝玉！后来，将这块宝玉被命名为"和氏璧"。由于这块宝玉的珍奇，加之来历的不平凡，因此成了世间公认的无上至宝，价值连城。

卞和虽然因为自信经受了一些折磨，但最终还是得到了赏识。试想，如果不是卞和的自信与执着，可能和氏璧到现在还被丢弃在深山之中，无法面世。

懂得信任自己，是自信的表现，也是成功的资本。让别人看得起自己，不如自己看得起自己来得实在。没有自信，没有目标，就会俯仰由人，终将一事无成。

东晋时，前秦一直想吞并晋王朝。秦王苻坚亲自率领九十万大军攻打晋国，晋国派大将谢石、谢玄领兵八万迎战。力量对比悬殊，苻坚当然很傲慢，根本没把晋军看在眼里。可是，由于轻敌，先头部队的前锋首战便被晋军打败，苻坚慌了手脚。他和弟弟苻融趁夜去前线察看敌情，看到晋军阵容严整，士气高昂，连晋军驻扎的八公山上的草木，也影影绰绰像是漫山遍野的士兵！苻坚很是惊恐。

结果可想而知。在淝水决战时，秦军被彻底击溃，损失惨重，秦王苻坚自己受伤，弟弟苻融也阵亡了。苻坚仓皇逃窜，途中他听到风吹树木的声音以为是敌人追兵又到了，害怕极了。

后来，世人用"风声鹤唳，草木皆兵"来形容一个人不自信和惊恐的神情。其实，除了苻坚，韩信也是一个不自信的典型。

韩信从项羽那里跳槽到刘邦门下，一开始颇不得意，连夜当了逃兵，幸亏有个萧何月下追韩信，对他进行政策攻心，成就了韩信的一番伟业。如果当时韩信足够自信的话，会那样一走了之吗？

在楚汉之争那段时间，韩信本可以坐收渔翁之利，自立为王，问鼎六合，最后统一天下，但是他没有做帝王的勇气与自信，满足于做个诸侯，心甘情愿地依顺刘邦，最后也没混上个诸侯，反倒落个兔死狗烹的下场。

有史以来，没有任何一件伟大的事业不是因为自信和热忱而成功的。一心朝着自己目标前进的人，整个世界都会为他让路，相信自己能行，便会攻无不克。失去金钱的人，失去的东西很少；失去健康的人，失去的东西很多；失去自信的人，将失去一切。

8. 一个人首先要爱的人是自己

我坚定地相信，人在认识世界的同时，应当首先认识自己，并应当充满一种深刻的自我肯定的感情。自我肯定是成功之母，是自尊感的支撑，是一个人的荣誉感、名誉感、健康的自爱心的最强大的源泉。

——陈明杰

(北京大学 CEO 培训班毕业，Maxthon 创始人)

　　每个人都渴望别人的认同，在别人认同你之前，你是否认同自己、是否珍惜自己、爱过自己呢？爱自己是古往今来的圣贤们所宣扬的一种理念。《老子》有云："是以圣人自知不自见，自爱不自贵。"

　　有的人将爱自私与自我相等同，然而这是两个概念。爱自私是一种自私的表现，而自我是珍惜自我、肯定自我的一种自我认同的情感。人只有爱自己，才会接受自己，才会在自己难过的时候，懂得鼓励自己、安慰自己；只有爱自己，才会在自己不小心犯下错误时，勇敢地面对错误和改正；只有爱自己，才会在自己失败的时候，鼓励自己和肯定自己，让自己站起来，继续前进。

　　战国时期，战乱纷争不断，再加上天灾，许多人都流离失所，饱受饥饿。有一年大旱，齐国一连三个月都没下雨，庄稼全被晒死了。穷人们吃树叶、草根，甚至出现人吃人的悲惨事件。但与此同时，那些有钱的财主们却丰衣足食。

　　那些挨饿的贫困的人——一个个走路都摇摇晃晃的，饥饿的样子真让人心疼。一个叫黔敖的富人对此却是幸灾乐祸的心理。为了满足自己的私心，他就想扮演一次"救世主"，来戏弄一下他们。

　　他用家里已经发霉的面做成窝窝，在家附近的街边，见到过往的逃荒的人，就让一个人过去，傲慢地对他们叫着："叫花子，捡起来吃吧！"他最喜欢看到一群逃荒的人围过来，这时候，他就扔几个窝头，让他们像饿狗一样互相争抢，而他在一旁嘲笑着，觉得真是一件趣事。

　　一天，一个瘦骨嶙峋的饥民步履蹒跚地路过此处。黔敖对这个人戏谑地嚷道："喂！给，捡起来吃吧！"这位饥寒交迫、身体极为虚弱的男子，使劲全身力气，昂然坚决地说："不吃嗟来之食，饿死也要有骨气，您还是自己留着吧！"

　　说完，便继续向前走。

　　大学者方孝孺在《与讷斋先生书》写道："违远日久，愿见之心甚于饥渴。冬寒，唯万倍自爱。"对于人生中一些不如意的事情，我们需要学会的是适应而不是迁就，与其追求做到爱人人和人人爱，不如先做到爱自己，从本心出发去看待世界。

　　生活中，总有人抱怨自己活得很累，对生活毫无激情，充满抱怨，情绪越来越负面，过得越来越不开心。这样的人太过压抑自我了，希望也随着偏激的思想而湮灭。这是一种不爱惜自己的行为。人生在世几十年，悲伤地生活是一辈子，快乐地生活也是一辈子。真正爱自己的人，能够正视自己，懂得体现自己的价值，造就自己美好的人生。

当然，爱自己并非没有节度，要宠而不溺，自强、自立、自尊。自爱；既能够欣赏自己，也适时地批判自己。吕坤的《呻吟语选·补遗》中说过："人不自爱，则无所为，过于自爱，则一无所为。"一个人如果不自爱，将会什么事都干，包括坏事；一个人过于自爱，那么将什么事也干不成。我们追求自爱，但是不可过分，不可成为自恋、自私的人。

一个人懂得爱自己，才能激发出内心的潜在力量，让内心充满阳光，才能传递给别人正能量，那么别人才会爱你。也就是说，只有自己肯定了自己，别人才会肯定你。当然，一个懂得爱自己的人，也会明白什么是真的爱，才能够真正懂得去爱别人，从自身出发，从道心、禅心、本心出发，用善良去感化别人，一个对自己残忍的人怎么可能得到别人的认同？

总之，我们要正确地理解爱自己，把爱自己当成习惯，做真实的自己，这样，不仅能够收获颇丰，还可以轻松地享受生活！

9. 每个人都是被上帝咬过的苹果

即使是天才，生下来的第一声啼哭也绝不会是一首好诗。

——鲁迅

（曾任北京大学讲师，无产阶级文学家、思想家、革命家）

这个世界上没有一个人是完美的，任何人都有这样那样的缺点，但我们不能只看到自身的缺点而看不到自身的优点，否则就会对自己丧失信心。我们要做的是：努力改变自己的缺点，放大自己的优点，而不是总是在抱怨自身的不足。其实，正因为我们有了那些缺点，才证明自己是一个活生生的人。

在我们身边并不缺少不够完美的人，每个人都有自己的"缺陷"：有的因为自己长得不够漂亮而苦恼；有的因为自己长得不够高大而郁闷；有的因为自己体形太胖而不开心；有的因为自己先天的残疾而产生自卑情绪……但即便是这样，也不能阻止我们成为一个优秀的人。

有句老话说得好："金无足赤，人无完人。"我们应该认识到每个人都是被上帝咬过的苹果，即使是存在一定的缺陷，也是一种"缺陷美"。

上天是公平的，他在给我们一个缺点的同时，也会给我们一个别人没有的优点。此时，不如换个思维：我们的劣势也正是我们的优势所在，如果我们可以正视自己的缺点，勇于接受不完美的自己，并且可以成功地把自己的缺陷转化为自己的优势，我们就会更客观地看待事物，从而更容易走向成功之路。

在小时候，梅兰芳并没有表现出过人的艺术天赋，相貌也平淡无奇，两只眼睛还有些近视，眼皮总下垂。眼睛既无法外露，又无法正视，看着一副无神的样子，见了陌生人还不怎么会说话。当时，梅兰芳的姑母用八个字形容他："言不出众，貌不惊人。"

七岁时，梅兰芳还在家附近的一个私塾读书，由于读书并不是太用心，成绩自然也不是很好。

梅兰芳在八岁的时候，开始了戏曲生涯。在学戏之初，先生教了他很长时间，但他总是无法上口。先生见他学得太慢，觉得这孩子没有希望，就对梅兰芳说："祖师爷没给你这碗饭吃。"说完，便拂袖而去，再也不来教他了。

从此之后，梅兰芳每天都勤学苦练——养了一群鸽子。每天把鸽子放飞以后，梅兰芳就观察鸽队飞行状况；训练新鸽子的飞行；不停地去轰赶停飞的老鸽子；时刻注意鹞鹰的突然袭击。无论是哪一个环节都不可以出问题，一定要用眼神注视蓝天中翱翔的鸽群。鸽子在天上盘旋，眼睛也要跟着运转。鸽子越飞越高、越飞越远，眼睛也需要越望越远。时间一久，梅兰芳终于把眼皮下垂、运转无神、见风流泪的眼病给治好了。

经过努力之后，在1911年北京举行的京剧演员评选活动，梅兰芳名列第三。1913年，他初次到上海演出，就让剧场门庭若市。初到上海就风靡了整个江南，当时在上海有句俗话："讨老婆要像梅兰芳，生儿子要像周信芳。"

梅兰芳综合了青衣、花旦以及刀马旦的表演形式，创造了全新的唱腔，形成独具一格的梅派。1915年，梅兰芳大量排演了新剧目，在京剧唱腔、念白、舞蹈、音乐以及服装上都进行了独树一帜的艺术创新，被别人称为梅派大师。

在学戏之初，梅兰芳并没有天赋，甚至被老师认为不适合这一行。但是经过努力之后，这个"被上帝咬过的苹果"创造了奇迹，成为了大师。

我们总认为优点或者缺点都是上天给的，命运也被老天安排好了。其实不然，我们的人生、我们的成败、我们的输赢，从来都不是上天安排好的。所有的一切取决于我们做怎样的选择。我们应该正视自己的不足，包容自己的缺点，敢于挑战，勇于前进，这样才可以拥有精彩的人生。

如果我们只是为了自身的缺点整天抱怨，就算身上有再多的优点也看不到。看不到优点就不敢前进，以至于一生都庸庸碌碌，无所作为。

因此，我们需要做的不是守着自己的缺点自卑，而是应该努力弥补自己的不足。只要够努力、有自信，我们完全可以把劣势转化成自己的优势。

10. 真实是人生的至高境界，做真实的自己

无论什么东西也不能建立在虚伪和牛皮的基础上。

——傅鹰

（曾任北京大学教授，物理化学家、化学教育家）

各种各样的需求让人们渐渐学会了伪装自己：不愿意把自己最真实的一面展现给别人，总是用厚厚的套子把自己包裹起来，在不同的场合，面对不同的人，也会展示出不一样的自己。久而久之，他们就忘记了真实的自己。

秦王嬴政在统一六国之前，求贤若渴，一直在招贤纳士，在秦国境内贴出告示：无论任何人，只要觉得自己有本事，就可以毛遂自荐，为国效力。

一天，有三个人来到大殿之上，都说自己非常有才能，希望可以求得一官半职。嬴政非常高兴，但是他不知道这三个人是不是真的有本事为国效力，于是询问李斯："有什么办法可以看出这三个人是不是真的有本事？"

李斯说："臣深知吾王求贤之心，只是观人之道，却不可只观其才能，人品为上，才能次之。"

李斯意思是说：臣非常明白秦王求贤若渴，希望得到天下贤士的帮助，但是看人不可以只看这个人是否有才学能力，首先应该看这个人的人品，再看这个人是否可以用，如果人品不好，就算再有能力，也不能用。

李斯决定通过让三人介绍自己，来观察他们的人品。

第一个人说自己是秦国人，从小就是一个神童，三岁会弹琴，五岁能吟诗，直到现在，琴棋书画，样样精通。

第二个人也说自己是秦国人，他说自己一身本事却无人发现，一直怀才不遇，希望皇上可以给他个机会，让他施展自己的抱负。

第三个人说他是齐国人，虽然身无所长，但是知晓齐国风俗民风，有朝一日一定用得上。

嬴政听完，看了看李斯，李斯会意后，就把一开始派出去调查这三个人身世的一位将军叫上来，这位将军说出了调查结果。三人都是从齐国来的，因为齐国境内发生旱灾，三人无路可走就来到秦国，希望某得一条生路。

后来，嬴政把第三个人委以重任，将其他两个人关进了监狱。

这个故事告诉我们：做人一定要真实！如果为了一时的利益，装点自己，那总有一天会被人拆穿，甚至会为自己带来灾难。

闻名世界的诗人泰戈尔说过："虚伪永远不能凭借它生长在权力中而变成真实。"北京大学教授傅鹰也曾说："无论什么东西也不能建立在虚伪和牛皮的基础上。"不错，人生的最高境界是真实，如果我们想获得成功，就一定要做真实的自己。现在社会繁华而充满诱惑，每个人压力都很大，很多人已经逐渐迷失了本心，只能按照别人的想法或者自己想象的方式去生活，不敢展露自己最真实的一面。这样下去，我们只能离真实的自己渐行渐远。这样的生活不但让我们惭愧，也让我们生活的身心俱疲。

曾有人问过泰勒斯："什么是最困难的事？"他的回答是："认识你自己。"可见，认识自己，做真实的自己有多重要！所以，我们应该甩掉虚伪，将自己从浮华的都市里剥离出来。慢慢地，我们就会发现，做真实的自己能让自己更轻松，更自然。

11. 自信是鼓励你奋勇前进的号角

我胸中所有的是勇气，是自信，是兴趣，是热情。

——梁漱溟

（著名思想家、哲学家、教育家，曾担任北京大学印度哲学教授）

有人说成功需要努力，有人说成功需要方法，有人说成功需要自信……的确，相比其他的条件，自信占的比重就稍大一些了。奋勇向前的过程好像是一场战争，而自信就是这场战争中的号角，只有吹响自信这支号角，我们才会勇往直前，到达成功的目的地。

爱默生说过："自信是成功的第一秘诀。"萧伯纳曾经说："有信心的人，可以化渺小为伟大，化平庸为神奇。"通过这些，我们知道自信对我们实现梦想是多么重要，无论是在工作中、在学习中还是在生活中，我们一定要有足够的信心。

信心是一汪清澈的泉水，可以不断滋润我们追逐梦想的心灵；信心是我们心中的红日，能照亮我们前进的方向；信心是一根巨大的柱子，能撑起我们精神世界里那片深蓝的天空。

自信是我们生活中最不可缺少的东西，是我们精神世界的顶梁柱。我们只有充满自信，才可以最大限度地发挥出我们的潜能，才可以摆脱平庸，才可以取得一番无与伦比的成就，站在我们梦想的最高处。

但有很多刚毕业的大学生非常缺乏自信，对社会充满恐惧，他们觉得社会黑暗，人心险恶。所以，当他们步入社会的时候，总是前怕虎后怕狼，唯唯诺诺，甚至不敢前进。

下面有这样一则故事，我们看看故事里的人是怎么做的。

沈万三是明代著名的大富豪，有个人想做他的伙计，沈万三想试试他的能力，就给了伙计一块石头，让他去蔬菜市场试着卖掉它。

在伙计出门前，沈万三叮嘱他：“并不是要你真正地卖掉它，你只需要试着卖掉它就可以。你一定要记住注意观察，多问一些人。然后告诉我，它在蔬菜市场最多可以卖多少钱。”

伙计虽然不明白沈万三的用意，但他仍然带着石头来到了市场。来到菜市场，伙计刚把石头摆出来，就引来了很多人围观。他们看着这块小石头想，它可以做很好的小摆件，也可以给孩子玩，还可以把它当做称菜用的秤砣等。于是，他们各自出了价钱想买这块石头，但是出的价钱都非常便宜，伙计没有卖掉石头。

那个伙计回来后对沈万三说：“它最多只能卖几个硬币。”

沈万三笑了笑，说道：“你现在把石头拿到黄金市场去，问问那里的人，它能值多少钱。但还不是真的要卖掉它，你只需要问问价钱就可以。”

这个伙计更加不明白了，但他还是把石头带到了黄金市场。不出沈万三所料，伙计很快就从市场回来了。他兴高采烈地对沈万三说：“那些人太棒了，竟然把价钱出到了 5 两银子。”

沈万三又笑着对伙计说：“如果你现在把它拿到珠宝市场上去卖，它还不低于 50 两银子。”

伙计带着石头，半信半疑地来到了珠宝市场。经过询问，他简直不敢相信自己的耳朵，那些珠宝商竟然愿意出 200 两银子买他的石头。伙计想起沈万三的话，并没有将石头卖掉，而是对那些珠宝商说：“这个价钱我不能卖掉它！”

那些珠宝商一听，马上提高价钱。

这个伙计又说：“这样的价钱我还是不能卖掉，我只不过问问价钱而已。”他虽然觉得这些人简直就像疯了一样，蔬菜市场的价钱已经足够了，但是他并没有表现出来。最后，他以沈万三的价格 500 两银子将石头卖了出去。

　　伙计回来后，沈万三对他说："现在你应该明白了吧，能不能卖到高价主要看你是否有试金石、理解力。如果你不提出要更高的价钱，那么你就永远无法得到更高的价钱。如果你坚信可以卖到那么高的价钱，那么它一定可以卖到那么高的价钱。"

　　每个人生下来都是一块石头，是一块未经打磨的璞玉，只有自己相信自己是金子，那么我们才能成为金子，只有经过打磨我们才能散发出耀眼的光芒。但是，现实生活中有很多年轻人没有自信，总是宁愿相信自己只是一块无人问津的石头，也不愿相信自己就是闪闪发光的金子。

　　自信就是一个人对自己能够达到某种目标的乐观充分的估计。对一个人来说，自信确实非常重要。拥有充分自信心的人往往不屈不挠、奋发向上，因而比一般人更易获得成功。拥有充分的自信，就意味着我们已经成功了一半。我们只有对自己充满信心，才可以成功地主宰自己的命运。

　　在学习、生活、工作中，要经常抓住机会展现自己的优势、特长，同时注意弥补自己的不足，不断求得进步。这样，你就会提高成功率，也会得到更多的赞扬声，肯定能增强自信。

　　认识到自己的优势，我们在做一件事时，可以充分利用优势，避免劣势，这样才会成功。如果认识不到自己的优点，没有自信或者缺少自信的话，即使有明亮阳光，对我们而言世界也是灰色的。

第四课

找准定位，直达目标，人生因定位而不同

每个人都想要一个合适自己的位置，但是这个位置开始时总是藏在迷雾当中不易寻找，有的人遍寻几次无果就放弃了，在不合适的位置上郁郁寡欢。而人只有在适合自己的位置上才能充分发挥自己的才能，才能走出不一样的人生。定位不同，人生便大不相同，找准定位很重要。

1. 自我定位决定人生成败

航海远行的人，必先定一个目的地，中途的指针，只是指着这个方向走，才能有到达目的地的一天。若是方向不定，随风飘转，恐永无达到的日子。

——李大钊

（共产主义先驱，中国共产党主要创始人之一，曾任北大经济学教授）

笛福曾说："对于盲目的船来说，所有方向的风都是逆风。"这句话和陈岱孙教授说的话意思是一样的，都是讲做人应该要找准自己的位置。只有这样，我们才能在属于自己的位置上开天辟地，创出一番佳绩。

在现实生活中，之所以会有很多人总在四处碰壁，其根本原因就是他们无法找到自己的定位，盲目地行走，以至于在走了很多弯路之后，仍旧是一事无成。

比如苏轼，他本是个才华横溢的诗人，很多诗篇都脍炙人口，流传至今，他在文学史上的成就几乎无人可与其媲美，但他在政坛上却一败涂地。而这就是定位错误，没有找到适合自己扮演的社会角色。

有一本书叫《戒嗔的白粥馆》，里面讲了一个《一克重的砝码》的小故事，可以形象地说明这个问题。

有一天，戒嗔和智缘师父以及戒尘，一起去山下办事。路过了一家玩具

店时，戒尘就被橱窗摆放的各式各样的玩具吸引住了。

这个时候，老板见了他们，就招呼他们进来，智缘师父看到戒尘留恋的样子，忍不住叹了叹气，但还是随他一起走进了店里。一进店里，戒尘就跑到柜台里面去摆弄玩具了。

过了一会儿，戒尘搬来了一个小天平，戒嗔问老板："这个也是玩具吗？"

老板说："这个是替镇上学校采购的实验用品。"

戒嗔看到天平附带着一个小盒子，里面有各种重量的砝码，重的几百克，轻的只有一克重。

戒尘拿起一个最小的只有一克重的砝码说："这个砝码太小了，没有什么用。"

智缘师父说："那可不一定！"

说着，他拿过那个一克重的砝码，把天平两端托盘上的砝码全部拿掉，在两边各放一个一百克的砝码，天平在摇晃中，慢慢平衡下来。智缘师父把那个一克重的小砝码放在天平中的一个托盘上，那个托盘立即沉了下去。

戒尘惊讶地说道："原来这个小砝码的作用居然如此之大。"

师父摇摇头，又说："那也不一定。"他伸手把和小砝码放在一起的一百克砝码取了下来，托盘"咚"的一声，迅速升了上来。

细细品味这个故事，我们能得到一些启示：很多时候，我们就像那个最轻的小砝码，都是平凡的大多数。小砝码秤不了大象，建不了高楼，但在关键时刻就能起到关键的作用。总之，要对自己定位清楚，只有定位清楚了，在适合自己的位置上才能找到无限的存在感。

准确的人生定位才是成功的关键，它能让我们少走弯路。如果人生的定位方向不正确，那么走弯路也是情理之中的事了。

因此，自我定位对人尤为重要。无论是在选择事业方向，还是生活中，都要找到适合自己的位置，并结合自己的长处，从而创造辉煌的人生。

2. 没有目标的"出租车"最危险

我从小就知道，自己要的是跟别的女孩子不一样的生活。

——李莹

(毕业于北京大学，北京重之宝汽车销售服务有限公司董事长)

人生在世，所处环境的好坏从来不是衡量成功的准则，而是人生目标！

有了目标，内心的力量才会推动我们找到方向，从而能力得到最大限度的发挥。

目标好比出租车司机的心态，有乘客的时候，司机有目标，他就会全神贯注驾驶，想方设法尽快到达目的地，而没有乘客的时候，他是盲目的，走到十字路口会因左转右转而犹豫不定。同样的道理，我们在没有目标时，也会左顾右盼，占用人生的宝贵时间，甚至是浪费！

很久以前，撒哈拉沙漠中有一个小村庄叫比塞尔，靠在一块 15 平方千米的绿洲旁，从这儿走出沙漠需要三个昼夜的时间！这个结果是在英国皇家学院的院士肯·莱文 1926 年发现的。在此之前，这里从来没有一个人能走出这片沙漠。当然了，不是他们不想离开这块地方，而是根本没有人可以走出这里。

肯·莱文用手语同当地人交谈，结果每个人的回答都是一样的：从这儿无论向哪个方向走，最后都会回到原地。

为了弄清原因，他做了一次实验，从比塞尔村向北走，结果 3 天半就走了出来。

可为什么比塞尔人就走不出去呢？

他感到很奇怪，于是就雇了一个比塞尔人，让他带路。他们准备了能用半个月的水，牵上骆驼，肯·莱文收起指南针，只拿着一根木棍跟在后面。10 天过去了，他们走了大约 800 英里的路，第 11 天早上，一块绿洲出现在眼前，他们果真又回到了比塞尔村。

这下肯·莱文明白了比塞尔人走不出去的真正原因，他们没有把走出去当做目标，所以经历了一丁点儿的迷路和危险，看到绿洲便放弃了继续前行。

可以说，目标是我们行动的依据，没有目标，我们的热忱便无的放矢，无处依归，有目标，才有斗志，才能开发我们的潜能。

美国著名的成功学大师拿破仑·希尔指出："新生活是从选定方向开始的。"所以，首先要明确目标，有些人也有自己奋斗的目标，但是他的目标是模糊的，不具体的，因而也是难以把握的，这样的目标同没有差不多。目标不明确，行动起来也就有很大的盲目性，就有可能浪费时间和耽误前程。生活中有不少人，有些甚至是相当出色的人，就是由于确立的目标不明确、不具体而一事无成。

其次在确立目标之前需要做深入的思考，要权衡各种利弊，考虑各种内外因素，从众多可供选择的目标中确立一个。一个人在某一个时期或一生中一般只能确立一个主要目标，目标过多会使人无所适从，应接不暇，忙于应付。生活中有一些人之所以没有什么成就，原因之一就是经常确立目标，经常变换目标，所谓"常立志"者就是这样一种人。

再次就是长期性，也就是说要坚持，一个人要取得巨大的成功，就要确立长期的目标，要有长期作战的思想和心理准备。要知道，任何事物的发展都不是一帆风顺的，在这个世界上是没有一蹴而就的事情的。

3. 找出个人能力和定位的最佳结合点

光有奋斗精神是不够的，还需要脚踏实地一步一步地去做。要先分析自己的现状，分析自己现在处于什么位置，到底具备什么样的能力，这也是一种科学精神。你给自己定了目标，你还要知道怎么样去一步一步地实现这个目标。从某种意义上说，树立具体目标和脚踏实地地去做同等重要。

——俞敏洪

（北京大学毕业生，新东方教育科技集团董事长兼总裁）

卡耐基说过："如果缺乏人生定位，你就不知道自己该向着什么方向前进。就好比是一次没有目标的航行，无论如何也不能到达目的地。"可见，目标的重要性。但有了目标就能成功吗？当然不是！有了目标的同时，还要将个人能力和定位结合在一起，如性格、个人能力、心理能力等来制定，既不能让自己的人生定位高不可攀，也不能让人生过得太过平淡，以致整个人生都碌碌无为。

很多事实告诉我们，一个准确的人生定位是有多么重要，太高的人生定位，虽然可以激励自己，但也可能给自己带来很大压力，而且很难达到自己预期的目标。但是，如果定位太低，就有可能限制自己的能力，阻挡自己去获得成功，使自己的潜力得不到合理的开发。

一天，一个年轻人向一位老和尚推销保险，等他详细说明之后，老和尚平静地说："听完你的介绍之后，丝毫引不起我投保的意愿。"

老和尚注视年轻人良久，接着又说："人与人之间，像这样相对而坐的时候，一定要具备一种强烈吸引对方的魅力，如果你做不到这一点，将来就没什么前途可言了。"

年轻人哑口无言，冷汗直流。

老和尚又说："年轻人，先努力改造自己吧！"

"改造自己？"

"是的，要改造自己首先必须认识自己，你知不知道自己是一个什么样的人呢？"

老和尚又说："你要替别人考虑保险之前，必须先考虑自己，认识自己。"

"先考虑自己？认识自己？"

"是的，赤裸裸地注视自己，毫无保留地彻底反省，然后才能认识自己。"

"我不太擅长言辞，所以……"

"对，你已经意识到了，所以，你擅长什么，就去做什么，而不要勉强自己去做不擅长的事。"

每个人都有自己的特长，都有自己特定的天赋与素质，如果你能够认识到自己长处的前提，还能够扬长避短，专注认真地坚持下去，长久以往，终究会结出丰硕的果实。纵观古今中外那些杰出的人物，他们都有一个共同的特点，那就是做自己最适合做的事，并坚持下来，终有所成。

所谓：一个人长于此，却未必长于彼。一个著名的作家未必健谈；一个知名的科学家可能交际欠缺；一个学富五车的学者可能动手操作能力极差。就像陈景润当不好数学老师，却可以攻克数学难题；柯南·道尔作为医生并不著名，写小说却名扬天下；钱锺书一看数学就蒙，却可以成为学贯中西的大学者……

这个世界上没有全能奇才，绝大部分的人只能在一两个方面取得成功。在这个物竞天择的年代，无论是谁，都必须聚集全身的能量，朝着最适合你的方向，专注地投入，成为一个优秀的自己。

因此，找准个人能力和人生定位的最佳结合点，才是通往成功的最快捷径。不过，在找准最佳结合点之前，要先认识自己。

4. 在适合的位置能做出最棒的成果

我最适宜的工作就是教书，别的事情不会做。在任何国家教书都是很苦的，我从不考虑这个问题。

——陈岱孙

（北京大学教授，著名经济学家、教育家）

雄鹰只有进入天空才能自由翱翔；小鱼只有进入江河才能自在游动；狮子只有进入森林才能尽情奔驰。天空、江河、森林就是他们的位置。所以，人只有找准自己的位置，才能充分实现自己的人生价值。

有一个青年农民，想要当作家，为了实现这个夙愿，他十年如一日，始终坚持写作，但却没有一篇文章被报刊采纳，甚至都没有收到一封退稿信。直到 29 岁那年，他才收到了第一封退稿信。在信中那位编辑这样说道："你绝对是一个很努力的青年，但是很遗憾，我不得不告诉你，你的知识面过于狭窄，生活经历也太苍白了。但是这么多年我发现了你有一个进步之处，就是你的钢笔字越来越出色了……"这封退稿信居然点醒了他的困惑。

他毅然放弃写作，转而练起了书法。不久，他的书法就有了很大的长进。现在，他的名字已经享誉全国，他就是有名的硬笔书法家张文举。

一次，他在接受记者采访时，这样慨叹道：一个人要想成功，理想、勇气、毅力固然重要，但更重要的是，要懂得舍弃，在人生路上，不要执意往前走，要懂得转弯！

找准自己的位置，需要有自知之明，知道自己适合做什么。这样就不会因为头脑发热，找到一个不适合自己的位置。也要清楚自己在怎样的位置，在这样的位置上该干什么，这样才不会本末倒置，造成自己人生上的失败。

像张文举这样的例子还有很多，比如先学钢琴后学政治的赖斯、先学文学后学生物学的达尔文、先学钢琴后学哲学的马克思，等等。他们的成功告诉我们：成功的诀窍就是站在自己应该站的位置，去把自己的长处发挥到极致。所谓：条条大路通罗马，此路不通，就要换一条路，绝不能被困死在死胡同里！

战国时期的大将赵括，他的位置不在沙场，而在后方。可他却带兵打仗，最终四十万赵军悉数被白起活埋。这样纸上谈兵的人，去当个理论家倒能做出贡献，可带兵打仗却勉为其难。正因为他没有找准自己的位置，导致他最终失败了，而赵国的元气大伤。

有些人，他本在一个已找到的位置上待着，可他却是"在其位不谋其政"，他的业余爱好大过了他的本职工作，最终导致他在本位上的一事无成。如李后主、宋徽宗等，他们的位置是朝堂之尊，可偏偏走了歪路。如果他们能励精图治，做好自己的本职工作，那么他们肯定会做得有声有色，在他们的治理下国家将走向繁荣富强。可是历史不容假设。正因为他们没有找准自己的位置，导致他们把祖宗留下的大好河山让给别人，最终成了亡国之君。

著名漫画家朱德庸说过："我相信，每个人都有自己的天赋，就像动物一样。比如兔子有高超的奔跑、弹跳能力，老虎有锋利的牙齿，这也是它们得以在大自然中生存下来的保证。但很多人在成长过程中却把自己的天赋忘了，就像有的人可能是怕血的，却被迫当了医生，所以他就不可能会快乐，更不用说成功了。生活中，人们都希望成为'狮子'，但也有很多人想要成为'兔子'，久而久之就看不清自己了。可是我们本可以当一只优秀的兔子，却为什么非得要当很烂的老虎呢？社会中很多人就是这么的奇怪，本来狮子有狮子的本能，兔子有兔子的本能，但是人们却强迫自己都去做'狮子'，结果社会上就多出了一大批烂'狮子'。不过我还好，我的天赋或者说本能保持得很好。"

朱德庸的这些话都是有感而发的。很多人认为朱德庸在20多岁就红透宝岛，上学时的成绩肯定很好，但实际上他是一个典型的差生，甚至到了被迫换学校的地步，到后来居然连最差的学校也不愿意接收他。

朱德庸回忆过去说："我学习障碍、自闭、自卑，所以求学过程非常悲惨！也只有画画是我唯一感到快乐的事。我甚至无法在外界生存，所以只能回到这个让我快乐的世界，也就是画画的世界中。记得只要我在学校受了老师的打击，一回到家我就拿起笔丑化他，之后心情就莫名地好转……起初我把老师的话当成是正确的，也认为自己是笨的，后来才明白自己是有学习障碍，并不是笨。我发现自己天生接受文字非常困难，反应迟钝，但对图形却很敏感……更值得幸运的是，我的父母一直让我自由发展，从来不给我施加任何压力。爸爸见我喜欢画画，就经常把白纸裁好，整整齐齐订起来，给我做画本。试想一下，如果我的父母当初也逼我学习，像学校老师一样，那我肯定死定了。其实，每个人都有天赋，但是家长和社会却把他们的天赋遮盖了，久而久之，这些天赋就消失了。至今我仍对我的父亲感激不尽，在我不顾学习，把全部精力投入绘画时，父亲没有一点儿阻止的意思，反而竭尽全力为我的绘画营造条件。"

不仅如此，在摆正自己的位置方面我们还要多听旁人的意见，因为当局者迷，旁观者清。尤其是自己不清楚自己的位置在何方时，旁人的意见无疑是黑暗路途的明灯。比如：唐太宗听从魏徵的谏言励精图治开创贞观之治；宋太祖听从赵普的意见杯酒释兵权维护宋朝长治久安；康熙听从他祖母孝庄太皇太后的意见智擒鳌拜开创康乾盛世。这些人都找准了自己的位置，从而实现了自己的人生价值，成就了一番伟业。

我们常说，尺有所短，寸有所长，宝贝放错了地方就是废物。每个人都有自己的长处，但意识到自己的长处是关键，意识到了之后，并努力去把它经营好，不断发挥自己的长处，才会给你的人生不断增值加分。但如果一根筋地专注于自己的短处，结果只会迷失自己，最终导致失败。

并不是说天道酬勤、勤能补拙不对，可是与其用过多的时间去补拙，何苦不试着把精力用在你很优秀的方面呢？

5. 寻找合适的人生定位从认清自己开始

我不是一个企业家，我只是一个科学家，即使年轻 20 岁，也不可能成为企业家和 CEO，更不可能成为企业领袖，因为我不懂经营，对财务一窍不通，也不擅长管理，与企业家差距甚远。

——王选

（现任北京大学教授，著名科学家，中国高科技产业自主创新的先驱者）

每个人都要经历从不成熟到成熟的心理发展阶段，而这就是逐渐认清自己的过程。

在一个人心理状态还不成熟，或者说还没有认清自己的时候，他看待问题总是片面而懵懂的。这个时候他难免会面临内心的挣扎，对自己的未来感到迷茫。

当我们能够认清自己，再去看待周围的事物时，就会有一种豁然开朗的感觉。其实，认清自己，不仅仅是了解自己的长处和短处，更要了解自己的内心，寻找自己心理活动的规律。

从前，有一只不知道自己是什么动物的小地鼠，它不断寻找途径，想要知道自己会什么。

开始的时候，它是先跟松鼠学爬树，因为它很羡慕松鼠可以爬在高高的树枝上，看远处的风景。但是让它失望的是，不管它怎么努力，总是没有办法像松鼠一样爬得又快又高，好几次摔跤还差点跌断腿。于是它放弃了这条路，后来它又跟小狗学赛跑，还没跑多远，就累得要命，甚至最后它还跟夜莺阿姨学唱歌，但它只要一开口，动物就会都跑光。

经历了这些以后，它觉得很难过，它觉得自己是森林王国里最没用的动物，只好挖个洞躲起来。直到有一天，浣熊妈妈家里失火了，但是浣熊宝宝逃生不及还困在屋里，由于火势太大，没人可以靠近，也无法救援。

就在这危急关头，小地鼠发现自己挖的洞与浣熊妈妈家不远，灵机一动，就挖地洞穿透浣熊家的地板，救出了浣熊宝宝。这个时候，从浣熊妈妈感激的眼神中，小地鼠才发现了自己的价值。

从这个童话故事中，我们可以发现"天生我材必有用"这句话的第二层意思，那就是发现自己的天赋特质后，最好根据这项特质去发展自己的优势，做自己擅长的事。以现代企业的术语来说，就是发现自己的核心价值。

美国女影星霍利·亨特一度竭力避免被定位为矮小精悍的女人，结果走了一段弯路。但是后来，在其经纪人的帮助下，根据自己身材娇小、个性鲜明、演技极富弹性的特点，对自己进行了正确的定位。她在出演了《钢琴课》等影片后，一举夺得戛纳电影节的"金棕榈奖"和好莱坞的"奥斯卡奖"。

卓别林刚开始拍片的时候，并没有找到自己的明确定位，导演要他模仿当时的著名影星，结果他一事无成，直到他开始成为他自己，才得意成功。

其实，每一个人都是独特的"这一个"，并且不是别人的从属和附庸。所以，我们需要认清自己。

只有认清自己，才不会在所有的问题上都追随众人，尤其不能稀里糊涂地追随众人；只有认清自己，才能给自己一个合理的定位，就能够让自己的能力发挥到最大限度，从而实现自己的理想；只有认清自己，你才会发现自己就是一个宝藏，拥有取之不尽的资源。

6. 内心的不满足是向上的车轮

不满是向上的车轮，能够载着不自满的人类，向人道前进。多有不自满的人的种族，永远前进，永远有希望。

——鲁迅

(曾任北京大学讲师，无产阶级文学家、思想家、革命家)

如果想要有一番作为，就必须知道不满足。有的人希望富甲一方，有的人希望可以走遍名山大川，这些理想都来源于心里的不满足，只有不满足才可以催人奋进，拥有属于自己的一片天空。

在我们的生活中，总有一些年轻人缺乏上进心，甘于平庸，他们每天都过着碌碌无为的生活，过着当一天和尚撞一天钟的生活，总是混一天算一天，得过且过；有很大一部分人染上了懒惰或者懈怠等坏习惯，对待工作总是敷衍了事，浪费光阴，每天都懒懒散散，浑浑噩噩；有一些人误入歧途，进行偷盗、抢劫等违法活动，最后走上了不归路……

像这样没有上进心的人就连本职工作也做不好，更别说什么成就了！所以说，人得学会不满足现状，这样才会改善生活，改变自己的命运！

明代的富豪沈万三，是一个非常不满足于现状的人。

在他小的时候，经常和小伙伴们一起去河边抓鱼，别人抓一条就会非常开心，但是他却不满意，总会多抓几条。

有一次，他在河边看见有人用渔网打鱼，每次都能抓很多上来，比他和小伙伴用鱼叉快很多，但是他买不起渔网。后来，沈万三就和打鱼的商量，能不能在渔夫休息的时候用他的渔网，打上来的鱼可以分给这个渔夫一半。

渔夫一听，他觉得自己不用干活就有鱼送上门来，也非常高兴，高兴地把渔网借给了沈万三。

从此之后，沈万三每天都比小伙伴们打鱼打得多。后来，那些小伙伴也学会了这个方法，借了渔网，此时沈万三还是不满足，他知道河的深处鱼更大、更多，但是自己没有渔船，没法去河中央抓鱼。

他再次找到那个渔夫，说要借他的渔船，这样，沈万三还是比其他小伙伴抓鱼抓得多。

小时候，沈万三的理想就是能抓到更多的鱼，这就是他理想的来源，正是因为他不满足只抓到很少的鱼，才刺激他产生了多抓鱼的理想，并且通过自己的努力实现了自己的愿望。

但他始终不满足，觉得应该获得更多的东西。

有一天，他在集市上看见一个员外家的大宅子非常漂亮，他很羡慕，觉得自己什么时候也要有这样一处宅子。

他又有了一个新的理想，就是拥有一间漂亮的大宅子。

当时，很多人盛传张三丰会炼金之术，找到他就可以学会炼金，但是张三丰却是神龙见首不见尾，没人见过他。

有一天，沈万三正在打鱼，看见有一个邋遢老道坐在岸边，沈万三想起市井间的传说，感觉这个邋遢道人就是张三丰。

于是，他上了岸就请道人去家里吃饭，道人也不客气，就跟着他来到家里。吃完饭，道人抹嘴就走，连"谢谢"也不说。就这样，一到吃饭的时候，道人就来到沈万三家里吃饭，连续吃了一个多月。

沈万三也不生气，想反正也只是吃点东西而已，万一这人真是张三丰，自己就可以实现买大宅子的理想了。退一步讲，如果此人真是简单的混吃混喝，也无所谓，自己以后肯定要做大事，多个朋友多条路。

一个多月后，道人才说出，自己要去其他地方了，为了感谢沈万三招待，就教了沈万三一门手艺，也就是炼金之术。慢慢地，沈万三开始发迹了。

故事中的沈万三是一个不满足于现状的人，当小伙伴都满足时，他不满足，内心的不满激发了他无穷的力量，这就促使他不断地朝着自己的目标前进。也正是因为这种努力，他才最终得以实现自己的理想，拥有了他梦寐以求的漂亮的大宅子，成了富甲一方的大商人。如果沈万三从小就满足于现状，就不会出现寻找张三丰的理想，也不会让一个邋遢道人在家里白吃白喝，也没有后来的富甲天下。

鲁迅曾经说过："不满是向上的车轮。"不满足于现状是促使我们不断向上的车轮，它可以载着那些不甘于平庸的人前进，然后实现自己的理想。总而言之，我们只有点燃理想的种子，才会成为一个有价值的人。

如果我们满足于现状，其直接后果就是导致我们停滞不前，也就没有办法实现自己的梦想，甚至可能被不断进步的社会所淘汰。

所以，我们一定要踢开走向梦想之路的绊脚石——满足于现状。只有永不满足于现状，才会产生前进的动力，才可以实现自己的梦想。

7. 实现理想的路上没有一帆风顺

世界上没有一条路是给我们准备好的，所有的大路坦途都是人走出来的。

——史铁生

所有通向成功的路上，都布满荆棘，没有一条路是一帆风顺的，我们所要做的就是选择坚持，不要放弃。当我们把理想之路上的荆棘斩光，把所有坎坷踩平，那理想才会离我们更近一步。

我们来看看下面这个故事：

战国时代，七国之间互相争夺城池，杀伐不断，各地连年混战，这时候，楚国大诗人屈原，正当青年，身为楚怀王的左徒，他看见百姓受苦，非常痛心。于是，屈原立志报国为民，树立了要救黎民百姓于水火的远大理想。

当时的秦国已经非常强大，经常为了一点小事引起战端，攻击其他六国。所以，屈原想到的办法就是联合其他各国一起对付秦国。

屈原经过努力，成功说服了齐国、燕国和韩国三国，但是还有赵国和魏国没有说服，屈原就打算继续努力，去游说这两国的国君，但却遇到了麻烦。

原来楚国的一些王公贵族看见屈原有如此才能，产生了嫉妒的心理。他们千方百计地阻挠屈原继续和赵国、魏国两国商谈，并在楚怀王面前说屈原的坏话，甚至说屈原想要叛国，到别的国家做官。

当时的楚国有很多内政和外交的大事都由屈原负责，楚国公子子兰很不服气，想尽办法给屈原出难题，甚至在屈原去往赵国的路上派人秘密通知秦国，让秦国在半路上抓住屈原。但都被屈原成功躲过。

在多方的阻挠之下，屈原成功说服其他五国，大家相互联合，一起对抗秦国。

怀王十一年，齐、楚、燕、韩、赵、魏六国齐聚楚国都城郢都，并且结下联盟，楚怀王更是成了六国联盟的领袖。因此，楚怀王更加器重屈原。

但以楚国公子子兰为首的一班贵族，经常在楚怀王的面前说屈原的坏话，说他独断专权，根本不把楚怀王放在眼里。时间一长，挑拨的人多了，楚怀王也开始怀疑起屈原来。而秦国此时也把屈原视为眼中钉。派张仪离间屈原和怀王。张仪来到楚国，将大批的金银珠宝送给公子子兰，让子兰帮助自己拆散六国联盟，如果六国联盟被拆散，那么楚怀王也就不会再信任屈原了。

子兰想了个办法，就说屈原收受秦国贿赂，随后就向楚怀王告状，楚怀王听了，半信半疑，但却在屈原的住所搜出很多金银珠宝。接着，就有了楚怀王就要和秦国联合的消息。

屈原知道这是张仪离间六国的计策，马上向楚怀王说明，但是楚怀王却不再信任屈原，屈原痛心疾首，如果楚国一旦和秦国联合，其他五国就会不再信任楚国，到时候谁也无法抵挡秦国铁骑，那时，势必会战乱再起。

屈原望着楚国恭敬地送走张仪，顿足长叹道："楚国啊，你又要受难了！"屈原想起日后刀兵再起，就忍不住难受。但他却没有放弃，自己是楚国人，就算死也不能看到楚国受难，而且屈原认为楚怀王肯定会醒悟过来，只要楚怀王回心转意，那么楚国就有救，自己也会有办法克制秦国的势力。

随着历史的车轮滚滚而来，我们虽然可以看到先贤的伟大之处，但是我们更应该看到他们为什么会得到如此成就。可以肯定的是：他们都在坚持，始终没有放弃！即便屈原到最终没有一个好的结果，但他的故事永远留在后人的心中。

其实，每个人在追逐理想和成功的道路上，总会遇到一些绊脚石。但每个人对待挫折时的态度却不一样，有的人会把挫折当做是不可逾越的鸿沟，遇见之后就此止步；有的人却把挫折当做自己的人生经验，通过此次失败，下一次就会有更充足的准备迎接挑战。

要知道，世界上没有一条路是一帆风顺的，也没有任何人会给我们准备一个没有任何坎坷的理想让我们去完成。我们要做的就是迎难而上，既然有理想，就努力实现它！

8. 树立正确的人生理想

志气太大，理想过多，事实迎不上头来，结果自然是失望烦闷；志气太小，因循苟且，麻木消沉，结果就必至于堕落。

——朱光潜

（著名学者、美学家、文艺理论家，曾担任北京大学文学院院长）

理想是人生中必不可缺的，有了理想我们才可以奋进，社会才可以进步，人类才可以发展。但是，不是所有理想都适合我们。我们就应该树立正确的理想，而不是树立那些无法实现的理想。

在生活中，有一些人好高骛远，经常给自己设立不切实际的理想。当朋友劝他脚踏实地、一步一步走时，他却对此不屑一顾，经常以一句"燕雀安知鸿鹄之志"来自欺欺人。

下面就有这样一个故事：

鬼谷子在收第一代门人时消息一传出去，有很多人前来拜师，通过种种考验之后，只留下三名。鬼谷子分别交给这三名求师的人一个几乎不可能完成的任务，让他们徒步走遍每一个国家的土地，并且记录每个地方的风土人情。

第一位弟子出发了，他一路走下去，不但没觉得累，反而觉得很快乐，因为他觉得自己欣赏到别人一辈子也无法欣赏到的风景，所以他一路走了下去。

第二位弟子，虽然没有第一位弟子那样开心，但他觉得非常充实，每天为了实现自己的理想而奔走，就算累了也不觉得有什么，反而觉得人生不应该太安逸，为了实现自己的理想，付出所有的努力，才是一个人应该做的。

第三位弟子觉得这简直太容易完成了，他觉得只要随便走走就可以拜在大名鼎鼎的鬼谷子门下，简直是天上掉馅饼。可是他又一想，想起还有两个人在和自己争夺。于是他就想比其他两个人完成得更好，完成得更快。一开始，他计算自己可以用一年的时间完成，但是他现在觉得要超过别人，一定要给自己树立一个更加难以完成的目标，他决定要在两个月内完成，于是，他开始飞速向前跑起来。在路上，他没有时间好好睡一觉，更没有时间停下仔细询问当地的风土人情。一个月后，他终于坚持不住，病倒了。这一病，就耽误了很长时间。

病好了，他的身体非常虚弱，再也无法长途跋涉了。于是，他只好停止自己的工作。一年后，鬼谷子见到了三位弟子，只有第三个人没有完成任务。

第三个弟子最后为什么会失败我们都可以看出来，就是因为他不切实际的追求！明明可以完成的任务却因为自己好高骛远而失败了，用两个月走完全国，而且还要记录，这在当时是不可能完成的任务。他这种完全不切实际愿望，最后的结果只能是失败。

在我们的生活中，就有很多人像第三个弟子一样，在追求理想的过程中，总是喜欢好高骛远，不切实际。不切实际的追求就像做白日梦一样，不可能实现。其实，我们应该看清自己的实际情况，根据实际情况的不同，发挥自己的特长，制定出略高于我们能力的目标，踮起脚尖或者用力蹦起来才能够得着的目标。

如果制定的理想不现实，最后会导致我们丧失信心，更有甚者会气急败坏，从此一蹶不振。

总而言之，我们要树立正确可行的理想。只有有了正确的理想，我们才可以实现自己的价值，实现理想。

9. 抓住机遇才能直达目标

在要求天才的产生之前，应该先要求可以使天才生长的民众。譬如想有乔木，想看好花，一定要有好土；没有土，便没有花木了：所以土实在较花木还重要。

——鲁迅

（曾任北京大学讲师，无产阶级文学家、思想家、革命家）

俗话说得好：机不可失，时不再来。意思是说，机会是不能失去的，一旦失去就不可能再回来了！再深入一点的话，就是让我们要善于抓住机遇，因为机遇也会像个气球一样悄悄溜走。

辛弃疾18岁金榜题名，其诗词已经家喻户晓，21岁上马抗金，他取得的成就让很多成功人士也望尘莫及，但是在抗金之初，发生过这样一个小故事：

当时的辛弃疾已经20岁，风华正茂，尤其是他的诗词，受到当时的皇上喜爱。由于辛弃疾的风头过盛，再加上年少轻狂，受到很多人的嫉妒。因此，一些人总会千方百计为难他。

有一次上朝，主战派和主和派两派再次交锋，争论不休。此时，辛弃疾拿出自己经过长时间努力而写就的一部抗金方略，其方略上仔细研究了金兵的各种优势和短处，并且把金兵惯用的战术都分析得非常透彻，且详细批注了破解方法。

方略一经拿出，朝堂之上顿时引起轰动，很多将军看见方略上的记载分析，顿时大喜，他们觉得方略上的记载很有用处，用此方法，定可以打败金兵，恢复往日山河繁华。

但主和派却极力反对，甚至恶言中伤辛弃疾，说辛弃疾主战只是为了自己立功而并非为了国家安危着想，辛弃疾非常气愤，但是却毫无办法，当时的皇上也是左右摇摆，主战派的各位将领只有顿足长叹，却没有办法。

后来，辛弃疾一气之下，请缨去失地组织义勇军抵抗，不花朝廷军饷，也不用朝廷赏赐，胜则不奖，败则重罚。就这样，辛弃疾终于踏上了征途。

时至如今，我们依然可以遥想当年，风华正茂的辛弃疾，一骑白马向北而去，手握长枪，腰悬宝剑的飒爽英姿，直到后来功成名就。

如果当时辛弃疾没有极力争取自己北上，错过了皇帝拿不定主意的机遇，皇帝一旦做出决定，如果是主战还好，如果是坚持以和谈为主，那么辛弃疾也就错失了北上的良机。

达尔文曾经说过一句话："机遇是会遇到的，但重要的是学会抓住机遇。当你无视而过的时候，你才会明白不是你没有得到而是你没有把握。"桑弗也曾经说过类似的话："不要以为机会会第二次来敲门。"所以，当机会来敲门时，我们一定要牢牢把握住，打开大门迎接机遇之神，把机遇紧紧地抓在手里。也只有这样，我们才能把握机遇成就我们的梦想。

从前，有一个猎人外出打猎。在走之前，别人劝他在枪里装上子弹，这样在打猎的时候就能节省时间了。可猎人却不当一回事，骄傲地说："打猎的地方还远着呢，到时候装一百发子弹也来得及。"

走着走着，猎人发现水面上浮着一大群野鸭，刚举起枪打，却想到枪里没有装子弹。于是，他急匆匆地装子弹。可没想到，他装子弹的动静太大了，野鸭受到惊吓，全都飞走了。

看到这个情景，猎人懊悔不已。心想：要是一开始我就装好子弹该多好啊！多么肥美的鸭子啊！

猎人再懊悔也是无济于事，因为他已经错过时机了……其实，机会就像是肥美的野鸭子，一不小心，它们就会飞得无影无踪。肯定会有人想：这猎人很愚蠢，当初为什么不听别人的话。但在我们身边，却有很多像猎人一样的人，让机遇从眼前溜走。

要知道，机遇总是更青睐那些有准备的人！所以，我们应该做好充足的准备迎接机遇的到来，抓住机遇。

10. 有了理想就要立即展开行动

我们每个人都知道，把语言转化成行动，要比把行动化为语言困难得多，但同时，也重要得多。

——金克木

（著名文学家、翻译家和学者，曾任北京大学教授）

法国作家司汤达的名著《红与黑》享誉世界，他在这本书里写到"言语的巨人，行动的矮子"这种人。他们总是把自己的理想说得如何美好，并且信誓旦旦地表示自己一定可以实现梦想。但他们只是在嘴上说说而已，却迟迟没有展开行动。

曾担任北大教授的金克木在一次演讲中，讲过这样一个故事：

金克木有一个学生，在北大中文系就读，这个学生才华横溢，在校期间曾创作了一些诗歌拿给金克木看。金克木看完之后，觉得这个学生是个可造之才，就非常耐心地指导他的写作。

经过一段时间的努力后，学生终于写出了几篇不错的诗，虽然只是短篇的抒情诗，但是在诗的字里行间，不难发现这个学生的确有这方面的天赋。金克木看到这几篇短诗非常好，就推荐到了他认识的一间杂志社发表。

短诗发表之后，虽然好评并不算多，但是金克木明白，因为这个学生笔间还有些稚嫩，假以时日，此人必成大器。

接着，学生又写了一些短诗交给金克木，金克木看见这个孩子正在以惊人的速度成长，没多长时间，已经在诗坛小有名气了。

尝到成功滋味的学生，却有了一个更大的理想，他想写一篇长篇叙事诗。他认为，世界上所有的大诗人都是因为写出了长篇史诗而成名，如果自己想要成为大诗人，也要这么做。

他把这个想法告诉了金克木，一开始金克木有些担心，他怕这个学生太年轻，即使有了深厚的文字功底，也很难驾驭那么长的史诗巨作。他劝学生慢慢来，但是这个学生却非常兴奋，挥舞着手臂向这位老教授描述自己的理想，金克木不忍泼他冷水，觉得以他的文字功底或许也可以试试，就算失败了，也算是长经验了。

自此之后，金克木就很少见到这个小伙子，在杂志上也没有看见他有任何新的作品。金克木觉得有些担心，如果这个孩子真的要创作长篇史诗，他还没有到不请教别人就可以完成的能力，如果他要请教别人，第一个应该是来找自己，现在却不见他来，他知道，年轻人肯定是遇上麻烦了。

半年之后，金克木偶然遇到这个学生，但这个往日潇洒英俊的少年，此时却双目无神，还有点不好意思见他。

经过交谈，金克木才了解了其中缘由，一开始年轻人打算闭门写作，非常努力地翻阅资料和创作，但是过了一段时间之后，他觉得这样很没有意思，他开始觉得烦躁，最后甚至开始讨厌写诗。

后来，他就放下手里的笔，跑去外面的花花世界。的确，这个世界上好玩的事情有很多，比他一个人闷在屋子里强多了，但是越玩这个小伙子越收不住，到现在，他的长篇史诗才只写了一页。

其实，理想和现实中间还有很长的一段路要走。如果我们只是空想，而不行动，到最后只能是一事无成。故事中的学生立志成为一名大诗人，虽然他才华横溢，但是由于他没有脚踏实地一步步去做，最终也以失败告终。

有人对成功人士做了一个调查，其调查结果显示他们都有一个共同的特点，那就是：只要确定了一件事，无论有多大困难，他们从来不找借口拖延，而是马上展开行动，并且孜孜不倦地朝着理想努力迈进。

因此，一旦确定了自己的理想之后，千万不要站在原地等待机遇降临，也不要告诉自己明天再开始行动，更不要等待他人伸出援助之手，而应该马上行动起来。只有马上行动起来，才可以真正实现我们的理想。如果我们畏首畏尾，瞻前顾后，到最后只会让理想的火花瞬间熄灭。

第五课

坚守自我，不盲从，才能与众不同

汪国真说过，悲观的人，先被自己打败，然后才被生活打败；乐观的人，先战胜自己，然后才能战胜生活。当你的想法和权威不同时，你能做到坚守自我不向权威示弱吗？带着独立的人格和真实的自我，走出属于自己的人生路。

1. 有鲜活的思想才能不同凡响

书籍里的道理是高贵的，老一辈的学者汲取了他周围的世界，经过推敲，在心里把它重新整理好，再陈述出来。它进入到他心里的过程是人生，从里面出来的却是真理；进去的时候是短暂的动作，出来的却是不朽的思想；进去的是琐事，出来的却是诗歌。它过去是死的事实，而现在则成了活的思想。——它既可以守，又可以攻；它一忽儿忍耐，一忽儿飞翔，一忽儿又给人以灵感。

——爱默生

宋代朱熹有这样的一句诗："问渠哪得清如许，为有源头活水来。"水之清澈，是因为有源头活水不断注入，暗喻人要心灵澄明，就得认真读书，时时补充新知识。只有思想永远活跃，以开明宽阔的胸襟，接受种种不同的思想、鲜活的知识，广泛包容，方能才思不断，细水长流。

名扬四海的北大，向来以提倡思想自由而被北大人津津乐道。是的，若非如此，便不会有如此多的大师在这里留下足迹。

有这样一个故事：

大梅禅师修了很多年禅，尽管他十分努力，但是一直没有悟道。

有一天，他去请教马祖禅师"佛是什么？"

马祖禅师回答："即心即佛。"大梅禅师恍然大悟。开悟后，大梅禅师下山弘扬佛法。

当马祖禅师听说大梅禅师开悟的时候，不太相信，心想："以前他修了那么多年佛法都未悟道，怎么一下子就开悟了呢？且叫一个人去试他。"

于是，马祖禅师派自己的弟子前去试探大梅禅师。这个人见到大梅禅师，就问道："师兄，师父说了什么话让你顿悟了呢？"

大梅禅师回答："即心即佛。"

这个人说："师父现在已经不说'即心即佛'了！"

大梅禅师惊奇地道："哦！那他现在说什么？"

这个人回答道："师父现在经常说'非心非佛'。"

大梅禅师听了以后，笑着说："这个老和尚，不是存心找人麻烦吗？我才不管他的什么'非心非佛'，我依然坚持我的'即心即佛'。"

这个人回去告诉了马祖禅师，马祖禅师激动地说："大梅真的悟道了。"

做人就应该有自己的主见，不要人云亦云，被别人牵着鼻子走路。只有坚持自己的思想，才能深入思考生命的意义，才能合理规划自己的人生。这样的人生，或许无关好坏，却容易显现非凡的特色。如果盲目参照他人生活，没有自己的思想，就会打乱自己的生活。

有人说，真正决定一个人强大与否的，不是身高，不是体重，更不是长相与穿着，而是鲜活的思想！可是，有人又问了：鲜活的思想从哪里来？

我们来简单地举例：要想有鲜活的思想，就必须做到无论是顺境还是逆境，不管是一马平川还是荆棘遍地，都要有一种勇气，并且落实到行动上。在这个过程中，我们会体验到酸甜苦辣，会从中得到一些感悟和不同于从前的心态。而这，就是思想了。

你有了思想，那所说的话总是鲜活的，有着不同于他人的魅力，甚至会从他人的身上再找到一些自己所需的东西。慢慢地，你的思想就会越来越丰富，甚至会让整个人看起来都不一样了。

相反，如果你一味地跟着他人的思想，依附他人，成为思想的寄生虫，那就永远无法体会到自己人生的精彩。

2. 只有不迷信权威，才能取得进步

路是脚踏出来的，历史是人写出来的。人的每一步行动都在书写自己的历史。

——吉鸿昌

孟子曰："尽信《书》，则不如无《书》。吾于《武成》，取其二三策而已矣。仁人无敌于天下，以至仁伐至不仁，而何其血之流杵也。"意思是说：不能一味地遵循书本里的内容和道理，要有怀疑批判的精神。

真理往往来自于那些坚持自己主见并为之付出努力的人。当我们羡慕甚至嫉妒那些人时，或许这些真理往往也只离我们一步之遥，只不过我们执着于前辈的经验，甚至被强迫执行了前人的方法，而与真理失之交臂。

不要迷信权威，要树立独立思考的科学精神，尽管人类历史上举足轻重的古代四大发明都是由中国人发明的，但有一个客观的事实就是，几乎所有的现代工业文明都是西方人的成果。不管是对思想哲学的探讨还是对科学技术的研究，中国学者更愿意相信前人的经验和大师的成果，甚至盲目地相信古人、迷信权威，普遍缺乏创新和探索精神。于是造成了我们的思想成果却是先被他人所用。

人们经常秉持的观点："别人都那样做，我也得那样做；某专家说应该这么做，我必须得这么做。"比如，据权威预测，房价将在未来上涨，于是人们纷纷贷款买房，结果正是那些热衷买房的人把房价抬上了天；据专家估计，某某股票会上涨，于是大家一窝蜂似的跑去买，没想到该股票竟大幅下跌，"套牢"了不少股民。

这些反常的市场现象，如实地反映出人们迷信权威的陋习，也在一定程度上显示了国人独立思考能力的薄弱。

通过翻阅历史，我们可以得出这样的结论：所有伟大理论的提出或伟大成就的达成，往往都是人们敢于打破权威的结果。从某种意义上说，人类就是通过不断地打破权威实现社会进步的。

在 16 世纪的时候，有一个人叫做布鲁诺，出生于意大利那不勒斯附近的诺拉镇。幼年时，他丧失了父母，再加上家境贫寒，最终靠神甫们收养长大。

这个穷孩子自幼好学，全凭顽强自学，终于成为当代知识渊博的学者。

他在学习的道路上，一接触到哥白尼的《天体运行论》，立刻就激起了热情。从此，他便摒弃宗教思想，只承认科学真理，并为之奋斗终生。

布鲁诺信奉哥白尼学说，所以成了宗教的叛逆，被指控为异教徒并被革除了教籍。

1576 年，年仅 28 岁的布鲁诺不得不逃出修道院，并且长期漂流在瑞士、法国、英国和德国等国家。他四海为家，在日内瓦、图卢兹、巴黎、伦敦、维登堡和其他许多城市都居住过。

尽管如此，布鲁诺仍然始终不渝地宣传科学真理。

布鲁诺指出，千千万万颗恒星都是如同太阳那样巨大而炽热的星辰，这些星辰都以巨大的速度向四面八方疾驰不息。它们的周围也有许多像我们地球这样的行星，行星周围又有许多卫星。生命不仅在我们的地球上有，也可能存在于那些人们看不到的遥远的行星上。

他以勇敢的一击，将束缚人们思想达几千年之久的"球壳"捣得粉碎。布鲁诺的卓越思想使与他同时代的人感到茫然，为之惊愕！

也是因此，布鲁诺在天主教会的眼里，是极端有害的"异端"和十恶不赦的敌人。最后在1600年2月17日，布鲁诺在罗马的百花广场上英勇就义了。

由于布鲁诺不遗余力的大力宣传，哥白尼学说传遍了整个欧洲。天主教会深深知道这种科学对他们是莫大的威胁，于是1619年罗马天主教会议决定将《天体运行论》列为禁书，不准人们宣传哥白尼的学说。

随着时间的推移，我们慢慢知道了：他是对的！他没有做错！至今，他的名字还依然在历史的长河中占有重要的位置。

可见，只有那些敢于怀疑权威甚至颠覆权威的人才有可能成为社会进步的推动者。而那些只知道迷信权威的人只能随波逐流，淹没在人类历史的长河中，永远无法取得伟大的成就。

股神巴菲特也曾说过："要相信自己的判断，我的投资就完全取决于自己的判断，只要是我感觉能够赚钱的股票就一定会大胆地购买。"股神巴菲特之所以对所谓的专家意见嗤之以鼻，是因为他"完全不相信有能够预测市场走势的人"。

有句话说得好："实践是检验真理的唯一标准。"如果我们要想取得人生的进步，就不能一味地迷信权威，在借鉴权威意见的同时，我们一定要保持自己的思想，永远不能放弃独立思考。而独立思考，是人类区别于动物的重要标志。

3. 不要让你的思想被权威意见所禁锢

真理是时间的孩子，不是权威的孩子。

——布莱希特

亚里士多德曾说过："两个铁球，一个10磅重，一个1磅重，同时从高处落下来，10 磅重的一定先着地，速度是 1 磅重的 10 倍。"

但伽利略大胆地对亚里士多德的学说提出了疑问。经过深思熟虑，他决定亲自动手做一次实验：他带了两个大小一样但重量不等的铁球，一个重 100 磅，是实心的；另一个重 1 磅，是空心的。伽利略站在比萨斜塔上面，望着塔下。塔下面站满了前来观看的人，大家议论纷纷。有人讽刺说："这个小伙子的神经一定是有病了！亚里士多德的理论不会有错的！"

实验开始了，伽利略两手各拿一个铁球，大声喊道："我要用实验告诉你们真理。"说完，他把两手同时张开。人们看到，两个铁球平行下落，几乎同时落到了地面上。所有的人都目瞪口呆了。

通过这个实验，我们知道：一些权威的话也不是全都对的，权威并不等于真理。就像当时的人们早已习惯了认为亚里士多德是正确的。人们在对某个事物做出评判的时候，往往容易被权威的意见所左右，或干脆把权威的话当做自己行事的标准。久而久之，人们难免会陷入一种"权威至上"的思维模式，令自己的思考能力囿于一种固定的框架，失去自己独立思考的能力。

可以说，迷信权威是阻碍个人发展最大的敌人之一。因此，在面对任何事情时，我们都应该首先打破权威的禁锢，要坚持自己的想法，勇于探索新的道路。只有这样，我们才能实现个人和事业发展的突破。

从前，有一个人想成为一个艺术家。于是，他就计划去明星报社应聘，然后再找机会实现梦想。可是，他没有被录用。

虽说，这次失败给了他不小的打击，但他还是为自己打气：我一定能行。后来，他临时找到一个替教堂作画的工作，虽然报酬很低，但可以勉强为生。

后来，他在马戏团干过，在很多地方都干过，但无论何时，他都不忘记自己的初衷——成为一个艺术家，并且他时时刻刻都告诉自己："我一定能行！"

在他前行的道路上，有讥讽他的，有反对他的，甚至有谩骂他的。一次，有一个艺术家很瞧不起他说："你不适合做一个艺术家！"但他没有灰心，从不把这些声音放在心上，而是长年累月地坚持。

最终，他成功了！等他衣锦还乡时，那些曾经讥讽、反对、瞧不起他的人纷纷前来，开始奉承他，说他的好话。

在社会中生存，人们总会不自觉地被社会的主流意识所局限，而这种主流意识通常来自于所谓的权威论断。受这种局限的影响，我们常常会形成一种崇信权威的思维模式，认为权威的就是对的，别人的就是对的。无疑，这无论是对个人来说，还是对整个社会发展来说，都是件非常可怕的事。

很久以前，英国哲学家罗素在一次讲学的过程中，故意在黑板上写下："2＋2＝?"然后，罗素这位名人兼权威请在场的听众做出回答。

尽管这是一道连小学一年级学生都能解答的问题，可是台下许多听众竟不敢正面回答。

在他们的想象中，这恐怕是罗素让大家思考很深奥的疑难问题。罗素见无人敢回答，便笑着说："2＋2＝4呀。"

罗素之所以先来这么一手，是在告诫人们：没有必要迷信名人或权威！否则，就会连非常简单的事实也不敢承认，还谈什么迈向成功呢！

其实，迷信名人或权威的人，往往缺乏自己的主见，容易轻信别人，原因之一是缺乏自信心。有些人对自己的看法常常盲目持怀疑态度，这样一来，别人的看法就会取而代之。他们缺乏思考，做事当然拿不定主意，这样对别人的意见也就只有盲从的份儿了。人应该是自己思想的产物，如果我们的思想一直被权威所左右，那我们岂非变成了众多权威的"傀儡"？

从另一方面讲，人们对权威的迷信是因为缺少必要的知识。因为你不了解某个领域，因此才会把研究那个领域的权威视为神明。所以，要打破权威的"垄断"，我们一定要努力扩充自己的知识，并通过深度思考把知识转化为自己对事物的正确认识。

要知道，人的可贵之处就在于有主见，有创见，不随波逐流，不看眼色行事，这种人才是有思想、干实事的人。更重要的是，你的思考是完全发自你内心的主观活动，而不仅仅是对权威意见的评判和反思。只有建立了自己的思想，你才能够掌握你自己的人生。

4. 敢于向强者挑战，建立新规则

人的一生中，最光辉的一天并非是功成名就那天，而是从悲叹与绝望中产生对人生的挑战，以勇敢迈向意志那天。

——福楼拜

花朵承受了风雨的击打，才会有更加美丽的身姿；野草经受了燎原的野火，才有来年的旺盛景象；雏鹰接受了狂风的吹打，才有遨游天空的优雅；仙人掌接受了沙漠的考验，才有生命的奇迹。万物之灵的人只有敢于向自我挑战，才能创造不断超越的奇迹。人生只有经历无数的挑战，生命才能焕发光芒，敢于挑战，便是成长。

有一天，龙虾与寄居蟹在深海中相遇，寄居蟹看见龙虾正把自己的硬壳脱掉，露出娇嫩的身躯。

寄居蟹非常紧张地说：龙虾，你怎么可以把唯一保护自己身躯的硬壳也放弃呢？难道你不怕有大鱼一口把你吃掉吗？以你现在的情况来看，连急流也能把你冲到岩石去，到时你不死才怪呢？

龙虾气定神闲地回答：谢谢你的关心，但是你不了解，我们龙虾每次成长，都必须先脱掉旧壳，才能生长出更坚固的外壳，现在面对的危险，只是为了将来发展得更好而作出的准备。

寄居蟹细心思量一下，自己整天只找可以避居的地方，而没有想过如何令自己成长得更强壮，整天只活在别人的荫庇之下，难怪永远都限制自己的发展。

在生活中，有很多像寄居蟹一样的人，自己活在他人的庇佑下，不去鼓励自身的发展，还去为别人的未来担心。有这个时间，我们为什么不用来强化自己，向更大的方向努力呢？即使不知道前方是风平浪静还是波涛汹涌，我们也要有"强者"的心态和勇气。

我们想想，如果于谦不给生命一个挑战，冒死相谏，何以有明朝由衰败到复兴的时刻？如果吴越之战，越王率残部败逃，那越国被灭的局面还有可能挽救吗？如果勾践不给自己的人生一次挑战，等待着灭国的来临，那还会有向吴国请降，保存越国的实力而复国的壮举吗？

而这，正是他们敢于向强者挑战的结果。只有给人生一个挑战，才能有所突破，创造生命的奇迹，有时候摔了一跤，并不意味着"你不行"，而是代表着你在向众人证明自己是如何站起，如何重新开始的过程。

从古至今的故事，都在告诉我们：只有敢于向强者挑战，才有资格和机会建立自己的规则。大的方面不说，就大自然的小动物，也正是在向我们证明这个道理。比如：柔弱的蚯蚓，没有强劲的筋骨、锋利的牙齿，却能够上食埃土、下饮黄泉，用柔弱之躯开辟出属于自己的一片土地，让生命焕发光彩。笨拙的蜗牛，没有宽阔的翅膀、雄健的利爪，却能够锲而不舍、坚持不懈，让渺小的自己坚定地站立在金字塔之巅，来俯视整个大地。

连这么小的动物都能明白这个道理并能做到，我们也一样能做到！因此，勇敢地向强者挑战吧！说不定，你就是下一个奇迹！

5. 人要有主见，切勿人云亦云

别人写的那是别人的看法，诗这东西主要靠理解。人云亦云，那是问心有愧的！

——冯至

（著名现代诗人、翻译家，曾担任北京大学教授）

在生活中，我们经常会遇到这样的情况：别人买什么，自己就买什么；别人干什么，自己就跟着干什么；就连别人吃什么，也要照着来……真是没有一点主见！

像这种没有主见的生活方式，正像拉磨的驴一样，没有目的，只知道绕着石磨不停地转，却不知道为什么转，只能受别人的支配，听取别人的意见，始终无法活出自己的精彩，不用说无法取得成就，就算有了一定的成就，也没有成就感。

试想，一个没有主见的人在做事情时，肯定会少不了别人的质疑、批评和非议，甚至会影响自己的人生。

泰戈尔曾说："我决不能劝告你们总是走我老路！我在你们这个年纪时候，也曾把船解开，让它从码头漂出去，迎接狂风暴雨，谁的警告都不听。"可见，主见的重要性。

有这样一则故事：

汉武帝刘彻是有名的一代明君，但在他登基之初，就遇到了一个大难题，就是各地藩王势力过大，直接威胁到了刘彻的江山。

一开始，刘彻在与大臣们商议削藩的事情时，众人七嘴八舌，说得刘彻没有了主见，不知道该如何是好。

有一天，在处理完政务之后，刘彻带着几名随从出了皇宫。因为削藩的事，刘彻心里非常烦闷，就来到集市上随便逛逛，舒解一下心情。

刘彻逛到一个算命的面前，被那个算命的吸引住了。那个算命的一身粗布衣服，头戴一顶书生帽，面前摆着一张桌子，桌子上是文房四宝，边上竖着一根竹竿，竹竿上挂着一块布条，上书"测字"两个大字。

刘彻本来不信鬼神，但是想到今天闲来无事，倒不如看看这算卦的到底灵不灵，于是走上前去，唤了一声："老先生，我想测字。"

算命的看也不看刘彻，直接把竹简和毛笔推到刘彻面前，让刘彻写一个字。刘彻拿起笔来，随手写了一个"削"字。

算命的看完这个字，抬头对刘彻说："此字不解也罢!"说完，起身就要走，刘彻不明白是什么意思，就追问算命的，为什么不能解这个字。

算命的站起身来，没有就此离去，望着南方说："削不削不在别人，而在你，只要你想削，办法总会有的。"

刘彻听完这句话，暗自想：今天是碰到高人了! 后来，他请算命的回宫做了自己的幕僚，而这个算命的就是东方朔。后来的"推恩令"，就是东方朔参与制定的。

东方朔简单的一句"削不削不在别人，而在你，只要你想削，办法总会有的"，道明了做人的原则，那就是：千万不要被别人的意见左右自己的思想和做法，要听从自己的意念，有自己的主见。也正是因为这样，汉武帝最后才顺利削藩，而没有引起天下大乱。

朱光潜教授告诫我们："做人要有主见，千万不要随波逐流，人云亦云。一个毫无主见的人，不但学术上会没有任何成就，而且事业上也不会取得成功。"

林语堂在创作之初，总喜欢写一些"幽默"、"闲适"的散文随笔等文章。虽然并没有因此取得多么骄人的成绩，但是林语堂却依旧乐此不疲。鲁迅先生读过他的散文随笔后，就好心地劝他："你不要搞什么'幽默'、'闲适'的散文随笔了，这样不如去翻译几部英国名著。"

但是，林语堂并没有听这位好朋友的忠告，他依然我行我素。终于，经过他的努力名声日隆，成为了我国首屈一指的散文大家。而他在美国用英文写的长篇小说也被译成中文，一出版就获得了大量好评。

了解林语堂的人都知道，他一生所做的译作少之又少。如果林语堂当年听了鲁迅的劝告，从事翻译工作而放弃创作，那他可能也会作出不凡的贡献，但是却不一定比现在的成就更高。

林语堂的故事让我们明白：对于他人的意见，就算是像鲁迅这样目光如炬的伟人，也千万不要一味地服从，我们要有自己的主见。因为只有我们自己最了解自己，别人取得再高的成就，再伟大的人帮我们做的抉择，也比不上自己做出的抉择更可靠。

因此，我们一定要有主见，要学会自己选择适合自己走的路，而不是让别人支配自己，千万不要让别人牵着我们的鼻子往前走。

6. 有勇气坚持自己的看法

一切事物都有几种看法，我所说的只是一种看法，你不妨有你自己的看法。

——朱光潜

（著名学者、美学家、文艺理论家，曾担任北京大学文学院院长）

生活中，没有主见和思想的人，总是浑浑噩噩地活在这个世上，仿佛只是一个有躯壳的人。而那些能够坚持自己的主见，不因他人的言语而轻易动摇的人，才是一个有灵魂、有思想、有血有肉的人。

从前，有太行、王屋两座大山，高达七八千丈方，方圆达七百里。它们本来位于冀州的南部、黄河北岸。

北山有个叫愚公的人，年纪将近九十岁了，住在两座大山的正对面。愚公苦于山北面道路阻塞，进进出出都要绕远路，于是召集全家人商量说："我和你们用尽全力铲平两座险峻的大山，使路一直通到豫州南部，到达汉水南岸，好吗？"

大家纷纷表示赞同他的意见。

愚公的妻子提出疑问说："凭您的力量，连魁父这样的小土山都不能铲平，又能把太行、王屋这两座大山怎么样呢？况且把挖下来的土石放到哪里去呢？"

大家纷纷说："把土石扔到渤海的边上，隐土的北面。"于是，愚公带领子孙中能挑担子的三个人，凿石头，挖泥土，用箕畚运送到渤海的边上。邻居姓京城的寡妇有个孤儿，刚七八岁，蹦蹦跳跳去帮助他们。冬夏换季，才往返一次呢。

河曲的一个聪明老人笑着阻止愚公说："你太不聪明了！凭你的余年剩下的力气，还不能毁掉山上的一根草，又能把泥土和石头怎么样？"

北山愚公长叹一声说："你思想顽固，顽固到不能改变的地步，还不如寡妇和弱小的孩子。即使我死了，还有儿子在呀；儿子又生孙子，孙子又生儿子；儿子又有儿子，儿子又有孙子；子子孙孙没有穷尽的，可是山不会增加高度，还愁什么挖不平呢？"河曲智叟没有话来回答。

山神听说了这件事，怕他不停地挖下去，向天帝报告了这件事。天帝被他的诚心感动，命令夸娥氏的两个儿子背走了两座山。一座放在朔方的东部，一座放在雍州的南面。从此，冀州的南部，汉水的北面，没有高山阻隔了。

　　暂不去讨论愚公移山实际上是否可行，但是愚公移山的精神已经传唱了多少朝代，愚公坚持自己，甚至于有些执拗行为，正是做事成功的关键，这正是我们需要学习的地方。

　　可是，总有人难以坚持自己的主见，甚至没有主见，更别说坚持了。有这样一篇寓言：

　　有一只狐狸一不小心就掉进深井了。由于想不出逃脱的方法，所以它就像囚犯般地被拘禁在井底，大喊救命。

　　此时，一只山羊路经此地，听到救命声就停下了脚步。当它看到井里的狐狸，就调侃道：井水的味道怎么样啊？你怎么还不出来了？

　　狐狸没心情跟它瞎掰，就没回应。但它转念一想，为何不借此机会救出自己呢？于是，狐狸极力夸赞水质之优美并鼓励山羊下到井底尝尝。原本不口渴的山羊被这么一说，还真有点口渴了。于是，它就跳进井里了。

　　果然，这井水很是鲜美。等到山羊解渴后，却发现自己和狐狸一样待在井里出不去了！正在埋怨时，狐狸不耐烦地打断了它，并且出了个主意说："你把前脚放在墙上，头部低俯。我跳到你的背上，便可爬出这口井。等我出去了，我再救你出去怎么样？"

　　听到狐狸如此好心的建议，山羊同意了。于是，狐狸跃登山羊的背上，抓住山羊的两只角，稳步地爬到井口，然后拔腿就跑。山羊没想到狐狸竟然忘恩负义，见死不救，便痛骂狐狸毁约，而狐狸则转身，慢悠悠地说道："真是一个笨蛋！假如你的聪明能像你的须子那样茂密，你就不会在摸清出路之前，就往井里跳，更不会让自己置于困境中！"

　　是啊，山羊不进行独立思考，就盲目地相信狐狸的话，结果让自己面临困境。事实证明：一味听别人的意见，缺乏自己独立判断的人，很容易乱了阵脚。因此，人应当有主见，才不会受非正确意见的影响。

7. 守住自己，不必羡慕他人

微小的幸福就在身边，容易满足就是天堂。

——海子

（毕业于北京大学，著名诗人）

现在的社会，有太多的诱惑，有太多的羡慕，有的人常常幻想着一觉醒来得到所羡慕的一切。古代有这么一则寓言：

猪说假如让我再活一次，我要做一头老黄牛，虽然工作累点，但是名声很好，让人爱怜；牛说假如让我再活一次，我一定要做头猪，吃完了睡，睡完了吃，不用出力，不用流汗，活得赛神仙；鹰说假如让我再活一次，我要做一只鸡，渴了有水，饿了有米，住有房子，还受到人们保护；鸡说假如让我再活一次，我一定要做只雄鹰，可以尽情地翱翔天空，云游四海，任意捕兔捉鸡。

这是挺有意思的一种现象，真所谓风景在别处。总是在羡慕他人，这大概是人们的一种共同天性，只是羡慕程度大小不同罢了。

小孩子总是仰慕大人的成熟稳重，大人也会顾念小孩子的清纯率直；女孩子向往男孩子的直爽坚强豪放，男孩子也会偷偷艳羡女孩子的可爱娇嗔灵动；普通人往往钦慕名人的卓越尊显，名人又何尝不垂涎普通人的平凡。

生活中，有些人既抱怨自己生不逢时，怀才不遇，抱怨上苍的不公，使名利与自己无份，富贵与自己无缘，却对自己已经拥有的视而不见。其实，一个人能够来到这个世界上生存就是一种福气。无论你是谁，身在何处，一定会有许多熟悉的或陌生的人在羡慕着你。试想我们在羡慕别人的时候，自己也是别人眼中的风景，那么，我们就会心平气和一些，心满意足一些。

战国时期，越国有个出名的美女，名字叫西施。她的一举一动都很美，引人无限遐想。但她患有胃病，疼痛时经常用双手捂着胸口，皱着眉头。即使这种病态，也没能掩盖她的美丽，反而使她显得更加妩媚。

同村有个长得很丑的女子，名字叫东施。虽然人长得不怎么样，但是很爱美。她以为西施之所以美，就是因为经常捂着胸口、皱着眉头的原因。

于是，东施也学着西施的样子，一出门就用双手捂着胸口，把眉头皱得紧紧的，走路一步一扭的，装出一副弱不禁风的样子，自认为很美。实际上人们看到东施矫揉造作、无病呻吟的样子，不但不感到美丽，反而感到恶心。所以同村的人，只要看到东施一扭出家门，有的人就赶快关上大门，有的人就连忙领着子女远远地躲到村外去了。

东施虽然长得不漂亮，但只要老实本分，不装模作样，人们也不至于会讨厌她。这个故事告诉我们：向别人学习要有正确的态度，一定要从自己的实际情况出发，不能盲目仿效，生搬硬套，否则因羡慕别人而丢失自我的话，只能收到适得其反的效果。因此，做人要守住自己，不去盲目地羡慕他人，做最好的自己，才是正途。

俗话说，这山望着那山高，这是人性决定的。那么怎么克服这种心态，才能守住真正的自己呢？

首先是要正确地认识自己，不低估自己，准确地给自己定位，最大限度地发挥自己的潜能与优势，遇到不顺心的事以豁达的心态对待，才能把命运掌握在自己的手中。

而有些人却不这样认识，喜欢拿那些我们认为比较完美的人生来作比较，比较人生差距，这样就会因为自己人生的缺憾而徒生烦恼。人就是这样，总是不切实际地希望能过上他人的生活。

其次是每个光鲜亮丽的背后都有一段血泪。那些我们所羡慕的人，有着他们的不如意。就像正面看孔雀开屏艳丽十足，后面看到的却是丑陋不堪！虚荣心促使人们只愿把风光的一面展示给他人，叫做神龙见首不见尾，有正面就有负面，就像人们常说的"要想人前显贵，必须人后受罪"一样。

人们追求完美，追求生活的高质量，本无可厚非，但是如果因此而脱离了自身的实际，去盲目地羡慕别人，是永远也不能真正模仿到别人的。所以，只有守住自己的本心，守住自己所拥有的，理清自己真正想要得到的，才能看穿迷雾，获得真正的快乐！

所以，在这个多姿多彩的世界，每个人都有属于自己的生活方式，实在是没有必要去羡慕他人。珍惜自己所拥有的一切，同时祝福别人的拥有，经营好属于自己的一份生活，同时也希望别人生活得更美好。唯有如此，才能酿造出一份没有遗憾的美好。

8. 把握好自己的人生天平

我们要讲平衡，不要走极端。

————温儒敏

（曾担任北京大学中文系教授）

人生就好似一个天平，人们在它的一边放上守住自我，在它的另一边放上外界的诱惑。只有处理好这两者在人生中的比重，天平才得以平衡，人生才会更有意义。

北京大学温儒敏所说的"平衡"，对现代人来说，至关重要，它包括工作的平衡、生活的平衡、心理的平衡等。如果平衡被打破，生活中的很多烦恼和痛苦就会随之而来。

春秋战国时期的范蠡，不但是治国的良相，还是一个潇洒的巨商。他出生在楚国，博学多才，素有大志，只可惜，刚开始时局动荡的年代，没有用武之地。

终于有一天，在楚国名士文种引荐下同赴越国任职，成为越王勾践的左膀右臂。范蠡向勾践献策美人计，助越王勾践卧薪尝胆，最后把吴王夫差打败。范蠡为越王勾践立下大功，成为越国开国元勋，但是他没有留下享受荣华富贵，而是急流勇退，离开勾践，表现出人生豁达的心态。

范蠡带着家人，抛家弃产离开了越国，到有山有海、有林有田的齐国海畔，在海边耕田，再创家业。他在当地购买了一些土地，还亲自饲养贩卖五畜。等有了一定的积蓄之后，就利用天时、地利之便雇人开盐田，搞渔业捕捞，还兼营杂粮等生意。范蠡善于捕捉市场信息。他对人温和友善，为人也慷慨大方，遇到天灾人祸时，他总是乐善好施，常开粥场赈济灾民。

他就是以这样的行事风格，在齐地种养经商，勤勤恳恳，在与家人的齐心合力之下，很快就积累了高达数十万的财产。齐王听说范蠡搞经济很擅长，便力邀范蠡进国都临淄做主持政务的相国。范蠡欣然答应。他大力发展经济，奠定了齐国经济与文化繁荣的基础。三年之后，齐国民富国强，而这时，范蠡又做出了一个惊人之举：他向齐王归还了相印，决定散尽家财再次远走他乡。他把财产分散给知交和那些贫苦的老乡，再一次抽身离去。

范蠡辗转来到陶邑，安顿下来。逍遥自在，便改姓更名为朱公。花甲之年的范蠡又开始做生意，从小买卖开始又一次重创家业。做起了贩马的生意，成功赚了一大笔钱。没过多久，他又在陶邑发家致富了。他富了就爱施舍，施舍不但不要回报，还喜欢帮助穷人一起致富。

鲁国穷士猗顿，做什么都摆脱不了贫困，就向范蠡讨教致富秘方。范蠡坦诚告诉他致富方法。并赠给猗顿二十头牛，猗顿开始起步，终于富甲一方，他还被司马迁在《史记》中列在范蠡、子贡、白圭等巨商富人之中。

范蠡种田、经商也样样能成功。他到哪儿就能在哪儿驰名天下。他出身贫寒，为越国称霸中原立下汗马功劳，却不留恋权位，在功成之时，名遂身退；他弃官从商，以治国之策治家，终于成为巨富而名闻天下；他又不贪恋钱财，在巨富之时，十九年三致千金。

有人请教他成功之道，他哈哈一笑，说："穷富之别，看的是你的心。只要有心，生财之道无处不有。"

很显然，范蠡在位高权重与平常百姓、贫穷与富裕之间掌握了平衡。在出将入相后，他能毅然放弃位高权重；在富裕后，他能一掷千金，毫不吝财。他在富有与贫穷、得到与失去中，找到了属于自己的平衡。

实际上，上帝是公平的，他给每个人的砝码一样多，任由你在人生的天平上随意摆放。当你选择左边上升时，右边必然会下沉，选择右边上升时，左边必然会下沉。得到的时候一定会伴随着失去，就像富裕后的成功人士，虽然开好车、住好房、从不缺钱花，但却很难享受平凡人的悠闲生活。又像奋斗者为实现理想努力拼搏时，蓦然回首却发现为实现成功却让自己满身伤痕；享受者回首往事，虽然每天都有精彩快乐，但对于未来，却是茫然一片。人生的天平就是这样，得失相随，祸福相依。

对于我们每个人来说，就是要做到人生天平没有倾斜。在这方面北大的王选教授就做得非常好，他说："中国古代有句话，上士忘名，将名利彻底淡忘；中士立名，靠自己的成就把名立起来；下士窃名，自己不行就窃取人家的。我做不到上士，因为我做不到忘名的地步，但是我不会为了立名而去窃名。"

王选教授声明赫赫，职衔很多，但他唯独对"老师"这个称谓情有独钟、看得很重。他的名片上，最常用的是"北京大学计算机科学技术研究所教授王选"。用他的话说："这张名片是永恒的。"这反映出他淡泊名利的处世哲学。他的很多作品在当时并不被接受，直到他去世之后，人们才发现他作品的伟大艺术成就。

北大教授季羡林说："希望每个人对我都好……那是根本不可能的。"因此，我们要看淡别人的赞美与嘲笑，因为这些都是用别人的好恶与标准衡量的，我们应该用淡然的心态对待，坚持自己的原则，甩掉为迎合他人而带给自己的包袱，放弃太在意别人的心态，用轻松地心态对待自己。

9. 心存善念，仁者爱人

人啊，你要有善良的心、丰富的心灵、高贵的灵魂，这样你才无愧于人的称号，你才是作为真正的人在世间生活.

——周国平

（北京大学毕业，著名哲学家、作家）

　　善是到达彼岸的风帆；善亦是走出黑暗的明灯，心存善念、与人为善，灵魂便得到洗涤，心存善良、与人为善，世界便更加美好。《三字经》写到"人之初，性本善"。然而，人生在世，免不了与人打交道。在错杂的人际关系中，最初的善会不断遭受到环境的冲击，而那些隐藏在深处的恶念就会慢慢出现。于是，人便有了善恶之分。但不管怎样，善良总归是人类的本性，遇到事情，总是以善为首，这也是心性使然。

　　曾国藩曾经说："善莫大于恕。"它的意思是说，最大的善念就是宽恕。善念是个有力武器，使我们在与不良环境对抗时稳操胜券，使我们在成长的过程中不忘人类本性。

　　秦穆公是春秋时代秦国国君，他是一个宅心仁厚、不计较小事的人。《资治通鉴》中有这样一个故事：

　　秦穆公曾经外出王宫而因此丢失了自己的骏马，他亲自前往去找他的马，看见有人已经把自己的马杀了还正在一起吃马的肉。秦穆公对他们说："这是我的马。"这些人都惊恐地站起来。

　　秦穆公说："我听说吃骏马的肉但不喝酒的人会死的。"于是，秦穆公给他们酒喝。杀马的人都惭愧地离开了。

　　过了三年，晋国攻打秦穆公，把秦穆公围困住了。以前那些杀马吃肉的人互相说："我们到了可以以死报答穆公给我们马肉吃、好酒喝的恩德的时候了。"

　　于是，食马者连同秦军击溃了包围秦穆公的军队，穆公终于解决了困难，并打败晋国，把晋惠公抓了回来，在食马者的帮助下，秦穆公最终取得了战争的胜利。这就是给人恩惠而得到福佑的回报。

　　是什么力量使那些食马者不计回报地帮助秦穆公打仗呢？当然就是秦穆公的善念之心。秦穆公看见有人宰杀自己的骏马，却没有发怒，依然守持着善念，不责怪，不辱骂，化嗔恨为和平，转暴戾为祥和。在善念面前，顽石也会点头，强盗也能被感化。

　　而在现实生活中，我们可能与他人处于不同的立场，就出现了善与恶的争斗。比如：遭到所谓的"恶人"的谩骂，或许我们会用言语反击，但此时，这样与那些轻贱我们的"恶人"又有什么不同之处呢？

　　白芳礼，一位平凡的老人，十几年如一日顶风冒雨奔波在街头，省吃俭用，用蹬三轮车积攒的35万元钱资助了近300名贫困学生的学费与生活费。

　　1913年5月13日，白芳礼在河北沧州的一个农村出生。他从小没念过书，一辈子也不识几个字。13 岁时，白芳礼离开河北老家，靠蹬三轮车糊口；新中国成立后，他成为运输场的一名工人，靠拉三轮车，他成了劳动模范。虽然不识字，他却很喜欢知识，尤其喜欢有知识的人。

1987 年，白芳礼老人做出了令全家震惊的决定：捐出多年蹬三轮车积攒下的 5000 元钱给老家的学校办教育；同时，继续在城里蹬三轮车助学支教。那一年，老人已经 74 岁。

老人一般都是在天津火车站迎送过往的旅客，并把注意力集中在有特殊困难的人身上。他在那辆破旧的三轮车上挂起了一幅写着"军烈属半价、老弱病残优待、孤老户义务"字样的小红旗，对部分乘客实行价格优惠。

2010 年 5 月，白芳礼老人被确诊为肺癌晚期，经过近两个月的住院治疗，于 7 月初出院回家休养。9 月，老人病情再度恶化，高烧的同时神志不清，已经处于昏迷状态，只能靠输液来维持生命。在经历了 20 多天的深度昏迷后，23 日早晨，这位"感动中国"的老人静静地走完了人生之路。

白芳礼从没想过要得到回报。捐助的款项，也大多是通过学校和单位送到受助学生手里的，老人从没有打听过学生的姓名。有人试图在老人那里找到曾经被资助的学生名单，但只发现一张他与几个孩子的合影——这是唯一的一张照片。当被问到对受他资助的孩子有什么要求时，老人的回答很朴实："我要求他们好好学习，好好工作，好好做人，多为国家做贡献。"

白芳礼老人的"善"正是我们需要学习的。俗话说：人心都是肉长的，存一份善念在心中，你可以感化人心，使"恶人"良心发现，即便不能感化对方，你也问心无愧。存善念常能给我们带来好结果。

心存善念，与人为善，绝不是一种简单的同情心，它是一种无形的相助，一种博大的爱，是一种纠正世俗的春风。只有以博大的胸怀去宽容别人、包容别人，我们才能拥有好的心态和处世之道，我们的生活才会幸福。

10. 诚信是安身立命不可或缺的品德

走正直诚实的生活道路，定会有一个问心无愧的归宿。

——高尔基

什么是诚信？诚信就是诚实和守信，是中华民族的传统美德，更是我们立身处世的行为准则，也是衡量一个人道德品行优劣的具体标准。自古就有人说，"人无信不立，业无信不兴。""君子一言，驷马难追"，可见诚信的重要性！诚信是做人的根本，我们只有讲诚信，才可以得到别人的信任，才可以在社会中立足。

有这样的一个故事：

有一次，曾子的妻子准备去赶集，由于孩子哭闹不已，曾子妻许诺孩子回来后杀猪给他吃。

曾子妻从集市上回来后，曾子便捉猪来杀，妻子阻止说："我不过是跟孩子说着玩的。"曾子说："和孩子是不可说着玩的。小孩子不懂事，凡事跟着父母学，听父母的教导。现在你哄骗他，就是教孩子骗人啊"。

于是曾子把猪杀了。曾子深深懂得，诚实守信，说话算话是做人的基本准则，若失言不杀猪，那么家中的猪保住了，但却在一个纯洁的孩子的心灵上留下不可磨灭的阴影。

因为对孩子的一句"玩笑话"，曾子做到了诚信，也树立起了父亲的形象。如果曾子因为可惜而没有杀猪，或许就会让孩子认为自己是个不讲诚信的人。孔子曾说："人而无信，不知其可也。"诚信是我们为人之本。如果连诚信都没有，那么他在社会上也就没有立足之地，一个人连立足之地都没有，又何谈实现理想呢。

从现在开始，我们要诚信做人，诚实做事，让诚信成为我们生活中忠实的舵手，载我们走向更好的明天。

11. 不盲从，要听从内心的想法

我所说的话都是你所能了解的，但是我不敢勉强要你全盘接收。这是一条思路，你应该趁着这条路自己去想。一切事物都有几种看法，我所说的只是一种看法，你不妨有你自己的看法。

——朱光潜

（著名学者、美学家、文艺理论家，曾担任北京大学文学院院长）

一个人想要做自己、有个性，首先要懂得尊重自己，尊重自己的意愿，尊重自己的想法，能够坚持自我，而不是盲目跟从。

有这么一则故事：

王戎小时候曾和伙伴们外出玩闹，正高兴的时候看见路旁有几株李树，枝上挂满了李子，一个个看上去都已经非常熟了，伙伴都兴高采烈地向李子树跑去，只有王戎站在原地一动不动，看着他们去李树下摘李子。

看着王戎站在原地，有一个同伴禁不住问道："王戎你怎么不过去摘李子啊？再不去摘都被摘光了，这些李子长得可真诱人啊。"

王戎只是在一旁笑着回答道："这些李子树上的李子摘下来肯定是不能吃的，你没看到这些路旁的李子都没人摘吗？如果李子很可口，就不会轮到咱们来摘这些李子啦，肯定早就已经被摘光了，所以说，这些李子肯定都是苦得下不了口。"

很快王戎的说法就被证明了是正确的，伙伴们摘完李子送入口中，果然这些李子又苦又涩，根本难以下咽。

后来，王戎因平定吴国有功，被封为安丰侯，并且有"竹林七贤"之一的雅称。

《论语·述而》有言："择其善者而从之，其不善者而改之。"意思是说，我选择他好的方面就学习，看到他不好的方面就对照着自己，如果自己也有那就改正。

当我们有了独立思考的能力和辨别是非的价值观之后，应该有自己的行为方式，有自己的习惯，有自己的作风，而不是一味地"从"于他人。

许多盲目跟从他人的人，在选择跟从之前，要去思考一下他人的想法或行为是否真的正确。而不是主观地认为对方有地位、有知识，就一定什么都对。

有时候，盲目跟从不但不会领你走向渊博、智慧的殿堂，反而让自己走进误区。盲从如同"邯郸学步"一般，是对内心的背叛，因为不敢反对或者不愿反对而盲目地追随别人的脚步，强迫自己接受错误的理念或者行径，盲从之人，终究会沦为笑柄。

北大有个非常胖的学者，叫傅斯年。有一次，罗家伦问他："你这个大胖子，怎么能和人打架？"傅斯年有力地回道："我以质量乘速度，产生一种伟大的动量，可以压倒一切！"

傅斯年不仅懂得尊重自己，不会因为别人的偏见否定自己，而且是一位从于内心的人，他不"从"于强权，不"从"于世俗之言，也正是他这样的精神，才有了今天在学术上的地位。不因体胖而自卑，傅斯年真正做到了把身体缺陷当成人生优势来看待，既不虚伪又有风度，这才是真实的傅斯年。

面对别人的嘲笑，傅斯年坚持自己；面对别人的耻笑，他不否定自己；面对强权，他不卑不亢，坚守自我。而这，就是蒋介石欣赏他的原因。

其实，每个人都有自己存在的价值，我们应该学习傅斯年这种精神，不要随意否定自己，而是应该尊重自己，不要让自己随波逐流，否则，就会成为一个如同鸡肋般的人，索然无味。

有个龅牙演员被导演相中了，让他去担任男配角，龅牙想：好不容易才能演电影，我得把龅牙给整了。这样出镜的话，就像其他明星一样光彩亮丽了。结果，当龅牙的牙齿整好信心满满来到片场时，导演反而不要他了，因为他失去了他的特色。

可见，做真实的自我要比盲目地跟从更值得关注。要是每个人都一样了，那世间岂不是少了很多美丽的风景。而做真实的自我，恰恰是一种个性，别人模仿不来的！

第六课

兼容并包，一个人的气度决定他的格局

　　心量太小，难成大器。成大器者切忌独断专行，要有兼容并包倾听不同声音的气度，心胸狭隘终将自食恶果。独断专行不如谋之于众，彰显人性的光辉与温暖，利落坦荡之人必有众人相助。

1. 英雄不问出处，不拘一格降人才

　　教员之教授，职员之任务，皆以图诸君求学便利，诸君能无动于衷乎？自应以诚相待，敬礼有加。至于同学共处一堂，尤应互相亲爱，庶可收切磋之效。不唯开诚布公，更宜樽以相属，盖同处此校，毁誉共之。同学中苟道德有亏，行有不正，为社会所訾詈，已虽现行矩步，亦莫能辩，此所以必互相劝勉也。

——蔡元培

（曾任北京大学校长，著名教育家、革命家、政治家）

　　所谓英雄不问出处，一个人是否具有能力和才华，绝不是根据其年龄和学历来评判的，更不是拘于形式，而是注重实际能力！比如：周文王渭水访贤，萧何月下追韩信，刘玄德三顾茅庐……

　　众所周知，曾任北大校长的蔡元培十分懂得延揽人才，可谓是不拘一格。在他担任北大校长的期间里，从不会因为性格、年龄、学历等条件来限制人才的选用。当时，北大本科生的平均年龄在 24 岁左右。

　　24 岁的梁漱溟，既没出国镀过金，也无国内大学文凭，因其勤奋好学，又有创见，便被蔡元培请来做北大讲师。梁漱溟当时和学生年龄差不多，甚至比学生（著名学者的冯友兰、顾颉刚、孙本文、朱谦之等人）还小。其中，还有一些梁漱溟少年时的朋友，如雷国能、张申府。

　　此外，徐宝璜教授年仅 25 岁，刘半农、胡适等人也仅有二十七八岁。这

105

些年轻教师给北大带来了前所未有的朝气。

纵观历史，凡成大事者，都能够不拘一格，招揽各类真正有才能之士，辅佐自己。如：秦国丞相文信侯吕不韦信任年仅 12 岁的甘罗，并为之重用。

有一天，丞相吕不韦从外赶回家中，眉头紧锁。甘罗见状，便上前询问："君侯，为何事而闷闷不乐？"吕不韦说："大秦和燕国交好，燕王把太子丹送来做人质，我便亲自邀请张唐去燕国任相。但是，张唐曾经攻打过赵国，去燕国必要经过赵国，张唐害怕被杀，坚决不肯去。"

甘罗人小鬼大，听后说："这事简单，您莫愁，此事交给我！"

虽然吕不韦觉得他年纪轻轻口气不小，但还是让他前去试一试。果然，甘罗用拒绝当时的秦国丞相应侯范睢而死于非命的例子，说服了张唐，让张唐心甘情愿地任相燕国。

对此，吕不韦对甘罗是赞不绝口，并把他推荐给了秦始皇，派甘罗出使赵国。甘罗不费一兵一卒就让赵王划出了五座城邑。秦燕之盟也随之解散。赵国有恃无恐地进攻燕国，结果得到上谷三十座城邑，让秦国占有其中的十一座。

甘罗年纪轻轻，就已经才智超群，实在是一个人才。如果吕不韦因为其年龄小，就不敢信任和重用，那真是秦的一大损失！

除此之外，还有曹操因"用人不疑，疑人不用"的原则，为自己赢得了"明公"的美誉。曹操之所以能够一统北方，最大的原因就是其帐下人才济济。为了招揽人才，他使用各种手段，有些是投靠的，有些是他打败对手俘虏的，但凡是能士，曹操都会不计前嫌并重用。

而当今社会，很多人过分注重学历，忽视了个人本身的能力和素质。因此，造成了一大批毕业生或步入职场的人选择"出国深造"，想给自己镀层金，好让"身价"再高一些。但其实，只要你有真本事，无论是你出于名校还是普通学校，总有一天会得到重用！当然了，如果此时的你是一名企业家或个体户，那也应该打破陈旧的"出身名门"的观念，综合考察一个人的能力，不要因为一个人的年龄、学历、出身等因素片面武断地否定一个人。

2. 对人才不求全责备

最糟糕的情况是抓住不放，小问题也会变成大问题。

——撒贝宁

（北京大学毕业，央视著名主持人）

"尺之木必有节目，寸之玉必有瑕疵。"一个人有才之人，是因为他在某方面有着过人之处，而并非他没有缺点却处处平庸。如果你总是盯着别人的缺点，就无法看到别人身上的优点！换句话说，如果你总感叹有才之人少，那是因为你没有一双善于发现优秀人才的慧眼！

春秋时期的卫国大夫子思，就是一位十分善用人才之人。

一次，他向卫侯推荐一个军事奇才，名叫苟变。此人精通兵法，善于韬略，能守能攻，并且战无不胜，守无不定，是一个难得的能统率大军的人才。

但卫侯并不认同，连连摇头对子思说："此人不可用，我已用过，他十分爱占小便宜，不守军纪，向农夫征收田赋的时候竟然白吃白喝百姓家的东西，还拿走人家不少东西。"

子思也对此不以为然，劝说道："苟变这人虽然有些小毛病，可如今乱世，诸侯纷争，正是能征善战之人的重要之际，平天下之乱，此人再合适不过了。君主，用人就如同木匠选才，要取其所长，弃其所短，一棵合抱粗的大树怎么能够因为它只烂掉了几尺，就把它扔掉不用呢？所以，微臣认为，不应该因为他擅自私拿佃户几个东西，就将此能够治世之人弃之不用啊！"

卫侯听罢，觉得子思言之有理，于是就接受了子思的推荐，重用苟变，任命为大夫。

从故事中，我们可以知道：不要因一些不影响大局的小节而斤斤计较，错过一个人才，那就因小失大了！世界上没有十全十美的人，我们应该纵观大局，忽略一些小缺陷！

俗话说得好：人非圣贤，孰能无过。善用人者，能够统筹大局，识得人才之才能，而不计其不足，任用时，用其所长，避其所短，让人尽其才，物尽其用。也就是说，对人才的选择标准，不要要求其各个方面都没有问题，而是要求其有自己突出的一面，在某一方面的才华过人，就足矣。

在这一方面，北大校长蔡元培就做得非常好！他对人才的挑选向来是着眼于此，不求全责备。只要在学术上和德行没有问题的人才，即使有些怪癖，也值得珍惜和栽培。但是，如果德行差的人，即使资历再深，蔡元培校长也绝不姑息迁就，一律辞退。

蔡元培认为：人才关键在于德行，能够认真对待学术，就可用之。他从不拘于小节，招揽人才时，都是着眼于大体，不会因为别人的议论而武断否定一个人，而是自己亲自考察，也正是他这种对人才不求全责备的态度，才使得北大创造了一次又一次辉煌。

1917 年，蔡元培想要聘任陈独秀为北京大学文科学长，反对声却一直不断。陈独秀为人耿直，言语犀利，刚正不阿，得罪了不少人。当然了，也有不少人怕他。不管怎样，校内校外有很多人讨厌他。但蔡校长看重陈独秀的能力和才华，认为陈独秀是很有想法和影响力的人，能够打开一个新的局面，能够担当重任，因此毅然聘用了他。

蔡元培也十分器重、维护和支持陈独秀，也正因为如此，陈独秀才能够在北大站稳脚，得以施展才华。陈独秀由于其主编的《新青年》提倡民主科学思想，遭到了军阀政府和保守派的嫉恨，后来被迫辞去北大文科学长之职时，蔡元培力挺，并且为他保留教授职位，希望能够挽留他，但陈独秀还是离开了北大，这让蔡元培很是遗憾。

不过，陈独秀在北大期间，还为蔡元培推荐了一个人才，那就是年仅 27 岁的胡适。

作为一个领导者，必须能够着眼于大处，明白人没有十全十美的，而是"用人之长，容人之短"。如果，蔡元培想选择一个全面的人才，那不仅没有今天的陈独秀，也不会有今天的胡适了。所以说，即便人才有些小毛病，或某些方面的缺陷时，用人者也应抱有宽广的胸怀，包容其过去的过错，给其新的机会，将其才能为己所用！

3. 对外来文化，取其精华，去其糟粕

我有一个很狂妄的僻见：我观察近几十年的世界政治，感觉到民主宪政制度只是一种幼稚的政治制度。最适宜训练一个缺乏政治经验的民族。向来崇拜议会式的民主政治的人，说那是人类政治天才的最高发明，向来攻击议会政治的人，又说它是私有资本制度的附属品：这都是不合历史事实的评判。我们看惯了英国国会与地方议会里的人物，都不能不承认那种制度是很幼稚的，那种人才也大都是很平凡的。至于说议会政治是资本主义的政治制度，那更是笑话。

——胡适

（曾任北京大学教授，现代学者，历史学、文学家）

清朝时期的闭关锁国政策，严重阻碍近代中国社会的发展，更使我国经历了一次血淋淋的惨痛教训。它让我们深刻认识到：盲目地排斥外来东西，不好好与外界沟通，选择与外界隔绝，那只能导致毁灭！

在当时，大量的西方文化涌入中国，大量的"洋货"充斥中国市场。西方的各种宗教信仰以及人文冲击着国人的眼球。新鲜事物的刺激，造成人们越来越盲目，甚至对传统文化的忽视……

蔡元培认为大学应该是海纳百川的地方，因此他极度反对墨守成规，抱残守缺，宗派习气，极力主张对中西文化兼收并蓄，融会贯通，对新旧文化要博采众长，将精华部分发扬光大。在蔡元培的带领下，北大以开放的态度办学，广采博收，囊括大典，吸收古今中外各种学术思想的文化成果。在英语系增设了法、德、俄及世界语等课程；物理系开设以居里夫人在巴黎大学讲课材料为主的近代物理；中国史学增加西洋史的课程并改为史学系等，以至增加音乐、美术、绘画、武术方面的活动，更允许李大钊进行关于社会主义学说的研究和教学，等等。

鲁迅先生更是用生动地比喻表达了自己对西方文化的态度："打开窗户，清新的空气进来，苍蝇、灰尘也跟着进来。"然而，由于清朝时期的封闭，使得我们在很多方面落后于西方。因此，不少人对西方文化过度崇尚与迷恋。虽然，无论是国家的发展，还是对个人而言，国外有很多值得我们学习和借鉴的先进文化，但这是建立在符合自身发展的基础上，并不是所有的都适合我们。

随着改革开放，无论是文化还是思想上，我们都受到西方文明很大的冲击，很多新鲜事物，一时间让大家迷了眼，乱了心，盲目地跟从。许多人会对外来文化产生一种跟风心理，只要是国外的就一定好，一定时尚、潮流，哪怕是明显的迷信或者错误的文化都会被一部分人推崇至深。

尤其是中国经济的飞速发展，越来越有钱的国人们，不断地走出国门，到外面开阔眼界。然而，随之而来的也有很多不好的现象。比如：中国人乐此不疲地欢度洋节，如情人节、圣诞节、复活节、感恩节，等等，许多商家为了赚取利益，更是在大力宣扬花费大量金钱来庆祝节日，在洋节期间举行大规模的促销活动；越来越多的人以喝洋酒、开洋车、住洋房为荣；中国已经成为奢侈品最大的消费市场。简朴、节约的中国传统美德渐渐被抛弃，取而代之的是奢侈和攀比。世界每一天都会诞生新的潮流，盲目地跟风只能让自己疲惫不堪，甚至迷失自我。

无论是西方的节日，还是高级奢侈品，这些都可以给我们的生活带来更多的乐趣和享受，但是一定要有一个度，不应该以金钱衡量，而是以真挚情感的表达和适当的消费。譬如，父亲节、母亲节这些非常符合中华民族尊老爱幼传统的节日，大家应该大力提倡、大力推广，由于中国人比较含蓄，所以平时很少会对自己的父母表达自己的爱或说一声"我爱你"，那么这样的节日就是一个好的表达机会。

在这个世界上，每个民族，经过了悠久的发展过程，都有着鲜明的属于自己特有文化形态和文化个性，而这种特有的文化便是民族亲和力和凝聚力的根源所在，也是民族存在并且传承的重要源泉。

在文化的接触与碰撞中，对待外来文化我们应该根据自己所处的社会状况以及自己社会的各种需要决定如何去对待它。以我们自己的文化为根本，客观地审视外来文化，接受外来文化里有益于自己的成分，分辨其中的好坏，取其精华，去其糟粕，从而大大促进自身文化传统更快更健康地发展。

4. 要有容纳不同意见的胸怀

你豁达了，也就收获了。

——黄侃
（曾任北京大学教授，著名的语言文字学家）

北大教授黄侃曾说过："你豁达了，也就有收获了！"的确，在这个多元化社会，言论自由是进步的前提，只有听取大家的意见和建议，才能从中提取有益的意见和建议，聚集大家的智慧，才会事半功倍。

而蔡元培正是因为对各种不同学派和思想的豁达胸怀，才能够让那么多优秀但是个性突出的人才为他所用。

蔡元培非常欣赏"万物并育而不相害，道并行而不相悖"，他认为：大学之说以称之为大，就是因为它可以包容各种文化和思想，是一个学术自由交流的地方。他在选择教师时主张"苟其确有所见，而言之成理，则虽在一校之中，两相反对之学说，不妨同时并行"。

他还认为：办好大学应该求大同存小异，每一个学科的教员，甚至同一个学科的教员之间，即使主张不同的学术观点，只要是合理的，都可以存在。对于学生而言，他们可以按照自己的观点和喜好进行选择，这样才能培养出具有个性的学生。

在担任北京大学校长时，蔡元培主张思想自由、学术自由，接受各种文化和不同的思想，只要是有益于学校发展和学术提高的，他都会欣然接受。治校的兼容并包思想体现在对待各种学术文化思想方面，这是他兼容并包主义的支柱和核心。

历史上有不少因故步自封而失败的例子：商纣王自高自大，一意孤行，最终落得个葬身火海；楚怀王闭目塞听，弃屈原的劝谏而不顾无奈客死他乡。反之，唐太宗虚心纳下，开创"贞观之治"；齐威王善于纳谏，门庭若市，赢得诸侯朝拜。这都是给我们指出要善于接受他人正确的建议。

魏徵是中国史上最负盛名的谏臣，以直谏敢言著称，即使在太宗大怒之际，他也敢面折廷争，从不退让，甚至说话很难听。

有一回，在上朝时，魏徵当众触怒了唐太宗，唐太宗十分生气，退朝后回到了宫中，大怒："太放肆了，竟敢如此顶撞我，我一定要杀了他！"

长孙皇后听闻后，立刻前去求情："陛下，魏徵之所以敢如此直言相谏，正是因为他知道您是明君，辨得是非，才敢冒死直言。"唐太宗听后，不但没有杀魏徵，反而升职嘉赏。

唐太宗不仅一直容忍魏徵，甚至有些敬畏他。一次，唐太宗准备好行装，想去秦岭打猎取乐，但又怕因此耽误朝政而惹来魏徵训斥，便又将此事推迟。后来，魏徵问及此事，太宗笑着答："当初确有这个想法，但害怕你又要直言进谏，所以很快又打消了这个念头。"还有一次，唐太宗得到了一只鹞鹰，甚是喜欢，一直把玩，刚要将它放在肩膀上，突然，远远地看见魏徵走了过来。于是，唐太宗赶紧把鹞鹰藏进怀中。其实，魏徵早已看见，所以他故意奏事很久，而唐太宗却一直不敢取出怀中的鹞鹰，致使鹞子闷死在怀中。

魏徵去世后，唐太宗李世民亲临吊唁，痛哭失声，并说："夫以铜为镜，可以正衣冠；以古为镜，可以知兴替；以人为镜，可以明得失。朕常保此三镜，以防己过。今魏徵殂逝，遂亡一镜矣。"

古语有云：为上者不可不从下，师以政宽人，方能长治久安。作为领导者，要鼓励大家有不同的建议和意见，这样才能调动大家的积极性和创造性。服众才能有信，特别对于一些反对的言辞要谨记："信言不美，美言不信。"不要觉得不好听就不听，学会分析是否正确，是否值得听取才是最重要的。领导者不能合理地应对分歧，那么必然会造成治下不安、属下不明的状况。

此外，在日常生活中，也要多听取他人的好的意见，使自己避免固执己见，才能少走弯路，少犯错误。当然，在虚心听取建议时，不要"亦步亦趋"。要学会取舍，去粗存精，舍害存益。

总之，无论是治国还是管理一个企业，包容不同意见，乐于听闻反对意见，都是管理者必修的课程。只有学会多听意见，你的思路才能拓宽，才能收到来自各方面的声音；要有海纳百川的雅量，虚心听取各种不同的声音，才能善于集思广益，博取众家之长，来补己之短。

5. 领导者最忌独断专行

一个人做事失败，虽不必由于有自满心，但有自满心的人，做事一定要失败。

——冯友兰

（北京大学哲学系教授，著名哲学家、教育家）

无数历史事件证明，再贤能的领导，一旦独断专行，是不可能正确发挥集体领导决策作用的，领导者需要的是威严和集思广益，而不是独裁。独裁的结果只有一个，那就是走向灭亡！

刘备虽礼贤下士，慧眼识才，很会笼络人心，但他却也犯下独断专行的大错。章武元年（公元 221 年），刘备为了替关羽报仇，不顾臣僚诸葛亮、赵云等人反对，决定进攻东吴。率领数十万大军顺江东下，连营扎寨七百里直抵猇亭。

而东吴却派出了毫无名气的陆逊为大都督抵抗刘备，并且派出的兵力也不多。开始的时候，陆逊采用迂回战术，避敌锋芒、静观其变。就这样与对方僵持了半年，从不与蜀军正面交锋。虽没有给对方造成大的伤害，自己也毫发无损。然而，如此长久的拉锯战，却使得异地作战的蜀军身心疲惫，军心涣散。加上赶上炎炎夏日，蜀军为了躲避酷暑，营寨移至山林之中，又将水军撤至岸上，采取兵家大忌的扎营办法——"舍船就步，处处结营"。陆逊抓住战机，果断出击蜀军主营，并且令将士们纵火连营七百里。蜀兵大骇而逃，土崩瓦解，死伤数万。这就是著名的夷陵之战。

蜀军的失败，可以说是刘备一人之责。他不听忠臣劝阻，独断专行，因怒而战，思路不清，妄自发动夷陵之战，致使蜀国国力大损，间接导致诸葛亮数次伐魏失利。

由此，我们可以得知：独断专行并非英明！一个心胸狭隘的人终将自食苦果；谋之于众并非示弱，一个磊落坦荡的人才会有众人扶持。一个懂得礼贤下士、听聚众意、聚集广思的领导者，才是一个有大将之风的领导者，这更是领导者自信和力量的体现！

所以说，在做决策之前，应该与他人商量，多方面接受信息，广开言路，开阔经营思路和拓展决策思维，唯有这样才能做出更为准确的判断。

蔡元培担任北大校长一职时，积极按照民主办学的指导思想进行改革。他实施教授治校的体制，不仅成立了教务处和总务处，还加强各科学长的职责，由学长负责各科的行政、教学工作。为了避免校长集权，按学校的行政、教务和事务方面分别设立各种相关的委员会，由有关教授分别领导，统一管理。大学的事务都由大学教授所组织的教育委员会主持，大学校长也由委员会选出。这样一来，学校的民主根基牢固，内部组织结构完备，无论外部形势发生怎样变化，也无论何人来任校长，都不能独断专行，祸害北大。

在现实生活，很多领导者容不得别人对自己有反对意见，听不得别人的半点指责，自以为是，狂妄自大！独断专行会不断地蚕食团队和企业的健康，让属下不敢提出意见，让团队和企业在运作的时候无法收听到来自各方各面的声音，这必然会让团队和企业在一名独断专行的领导者的带领下走向毁灭。反之亦然。

罗强毕业后就开办了一家销售公司，销售的范围涉及很广。一开始，他的员工只有几个人。不到两年的时间，员工就有了200多人。与同行业相比，他的公司不但没有延迟交货的记录，而且退货率也最低，受到了许多客户的青睐。

在公司里，他就像是一个超人或"尽职的员工"，不仅和员工打成一片，还经常与员工聚在一起，谈天说地，或谈谈公司的前景。即便是一个清洁工，都有发言的权利。在大家的努力下，公司营业额蒸蒸日上。接着，他把公司以股份制的形式发散给员工。

看来，一个公司的发展，靠的不是老板一个人，而是员工的尽职尽责啊！如果罗强什么都以"我"为主，那员工就不会真正地把公司当成自己的家，也不会如此卖力。其实，偶尔听听员工的意见和心中所想，也是一件不错的事，毕竟老板不是万能的，也不是对什么都懂。像罗强这样的领导，那真是一个"高明"的领导啊！

如果你是老板，你会选择"独断专行"的方式，还是"集思广益"的方式呢？

6. 接受监督也是一种气度

纯粹之美育，所以陶养吾人之感情，使有高尚纯洁之习惯，而使人我之见、利己损人之思念，以渐消沮者也。盖以美为普遍性，决无人我差别之见能参入其中……美以普通性之故，不复有人我之关系，遂亦不能有利害之关系。

——蔡元培

（曾任北京大学校长，著名教育家、革命家、政治家）

在职场中，似乎有这样的一个"潜规则"：老板有错，员工不敢说，而员工工作，老板却像一个摄像头一样监督着，生怕其偷懒或犯了错误。其实，这个"潜规则"存在着一些弊端，因为一个成熟或能快速发展的企业，需要老板和员工的共同监督！

即使不在职场中，也需要大家的共同监督！这样我们才会变得更好。当然了，能够接受监督也是一种气度！

关于监督方面，蔡元培是这样做的：在当时，他在北大建立了评议会——全校的最高立法机构。评议会由评议员若干人组成，校长是议长，评议员由各科学长和各科分别推举的教授代表二人组织，任期一年。评议员除校长和各科学长外，每五名教授选一名代表为评议员，一年改选一次。凡学校章程与条令的审核通过、学科废立、课程设置、教师的审聘、学校预决算等重大事项，都必须经过评议会的讨论决定，才能执行。北大评议会通过各科教授会组织法，随后分别成立了各学科教授会。

评议会是一个教授会，是蔡元培教授治校的重要体现，在实际操作过程中也确实可以"容纳众人意见"，具有民主讨论的风气。由校长、各科学长和教授代表组成的评议会，毕竟只有少数几个人，所以蔡元培决定组织来源更广、更有代表性的各科教授会。曾任过评议员的李书华教授回忆这段经历说："目睹开会时对于各议案的争辩，有时极为激烈。"

俗话说："金杯银杯不如口碑。"一个人的口碑不是自封的，而是别人评的；一个人的名望也不是吹嘘得来的，而是在别人的监督之下出来的……换句话说，一个具有魄力和凝聚力的人，应该将接受监督作为一种习惯，自然、真诚地接受他人的监督，而不是违心地假装。

试想一下：如果群众不监督领导，那贪污腐化的情况会有所改善吗？如果学生不监督老师，那老师的错误是不是要蔓延很久？如果孩子不监督父母，那父母所带来的坏习惯会影响自己吗？如果……

由此可见，不管是小到一个习惯，还是大到一个国家，都要敢于营造出监督的环境，人人都敢讲真话，才能避免不好的现象发生。

当然了，在监督的同时还需要接受监督！所谓"良药苦口利于病，忠言逆耳利于行"，能够真诚地接受监督，也是一种风度和气度的体现！

7. 多一些磅礴大气，才能成就大事

同我一起工作的同事一多半是十年浩劫中的对立面，批斗过我，诬蔑过我，审讯过我，踢打过我。他们中的许多人好像有点愧悔之意。我认为，这些人都是好同志，同我一样，一时糊涂蒙了心，干出了一些不合乎理性的勾当。世界上没有不犯错误的人，这是大家都承认的一个真理。

——季羡林

（曾任北京大学教授，历史学家、思想家、作家）

老子说过："大丈夫，处其厚，不居其薄；处其实，不居其华。"（《老子·三十八章》）意思是说：保持自己纯真朴实的本性，做人不要太圆滑，不要总是斤斤计较。一个心胸狭窄的人，凡事都跟人斤斤计较，必定不会受欢迎，没有他人相助，也很难成就大事。做大事者，无不胸怀大志，为人处事磅礴大气。

有这样的一个故事：

东汉著名的军事家和外交家班超，是一个胸有大志、不修细节的人。

当时，班超负责在西域联络并结交好其他国家，在西域三十六国除去龟兹都向汉朝称臣。为了能够牵制自恃武力强盛的龟兹，班超努力结交乌孙国。于是，乌孙国王派遣使者到洛阳拜见天子。汉章帝决定派卫侯李邑携带礼物随行护送。班超只好去结交，以图从中牵制。

李邑到了天山南麓时，听闻龟兹正在攻打疏勒，便吓得不敢继续前行。为给自己开脱，便上书朝廷，捏造事实，诬告班超无作为。

班超得知后，很是无奈："我离皇帝这么远，如今有人说我坏话，皇帝难免会相信。"他立刻上书陈奏此事。

汉章帝查清此事后，斥责了李邑，并下诏由班超督办此事，李邑听从班超差遣。大度的班超得知自己已无事，便不再与李邑计较前嫌，热情接待李

邑，改派别人护送乌孙使者回国，并且劝告乌孙王派王子去洛阳见汉王，并让李邑陪同前往。班超的属下对此很是不理解，问道："李邑如此诋毁将军，将军不但不责罚他，还派如此美差给他，放他回去，您就不怕放虎归山留后患吗？"

班超不以为然地说"圣上已经还我清白，只要我一心为朝廷服务，就不怕人说坏话。如若我还将李邑扣下，那显得我太过小气。再则，如果图一时痛快，公报私仇。即使我把他放回去，他不敢中伤于我。那也不是忠臣所为。"此话传到李邑耳中，李邑对班超十分感激，并且自愧不如！

古有班超如此大度之人，也有范雎心胸狭隘之辈。范雎，秦朝丞相，是一个极为小气和报复心理很强的人。太史公司马迁评价他"一饭之德必偿，睚眦之怨必报。"他妒杀"战神"武安君白起，举荐的郑安平降赵，降卒全数被杀，这两件事无疑对秦国有着极其大的负面影响。

其实，人生在世应该宽以待人，善以待人，多做好事，这样才能化解一些不必要的麻烦。我们应该把目光放长远一点，做人大气一点，只有这样才能赢得众人的尊敬和支持，才能成大事！

蔡元培虽才华横溢，但是他深知学术不同于政治，其兴衰变迁，不能简单对待，他知道海纳百川、有容乃大的道理，因而对于各种学术思想、主张之存亡消长，保持一种超然的态度。蔡元培自己的学术观点鲜明，支持新文化运动的观点亦很鲜明，但作为一校之长，他没有简单地对待他所不赞成的东西，而是让它们在与新事物的竞争中自然淘汰。

无论是在学术上，还是思想上，蔡元培总是能够保持一种睿智，一种大度，虚心听取各种不同的声音，然后再从中选择对的，排除错的。蔡元培兼容并包的思想，不仅吸引了众多新思潮代表人物加入北大，更让一些旧派教员折服，树立了自己的威信。

五四运动爆发后，蔡元培校长被迫离开北大，当局政府让北大的旧派写一下批评蔡元培的文章，然而就连大骂新派的黄侃也力挺蔡元培，坚决不肯与当局苟同，他对人说："余与蔡子民志不同，道不合；然蔡去余亦决不愿留。因环顾中国，除蔡子民外，亦无能用余之人。"

对于不同的观点，采取简单的批评和压制的方法是不可行的，因为真理是打不倒的。旧的观念正是在新的观念的冲击下而不断发现问题、解决问题，得到更好的观念。

可在生活中，总有人为了一些小的事情，就大发脾气，弄得双方两败俱伤，真是得不偿失！我们应该多一些包容，多一点理解，少去斤斤计较！自己的利益维护和形象的建立，不是靠吵架或者钩心斗角争出来的。这样的做法只会让彼此的冲突更大，显得自己的心胸狭隘。

所以说，让我们多一些长远的眼光，少一些狭隘的思想；多一些大气磅礴，少一些小肚鸡肠，这才是现代有为之人所必备的气质和胸怀！

8. 善于合作，任何人都不能离开团队

离开群体，个人在历史的大趋势面前是无能为力的。

——任继愈

（曾任北京大学教授，哲学家、宗教学家、历史学家，国家图书馆名誉馆长）

在这个世界上，任何一个人的力量都是渺小的，只有融入团队，只有与团队一起奋斗，才能实现个人价值的最大化，才能成就卓越的人生！

有这样一则经典的故事：

有两个饥饿的人得到了一位长者的恩赐：一根鱼竿和一篓鲜活硕大的鱼。其中，一个人要了那篓子鱼，另一个人要了那根鱼竿，于是他们分道扬镳了。得到鱼的人就在原地用干柴搭起篝火煮起了鱼，狼吞虎咽，还没有等品出鲜鱼的肉香，就连鱼带汤吃了个精光！很快，鱼篓空了。不久，他就饿死了。

另一个人则提着鱼竿继续忍饥挨饿，向海边一步步艰难地走去，可当他已经看到不远处那片蔚蓝色的海洋时，他的最后一点力气也使完了，只能眼巴巴地带着无尽的遗憾撒手人寰。

又有两个饥饿的人，他们同样得到了长者恩赐的那根鱼竿和那篓鱼。只是这两个人并没有各奔东西，而是商定共同去寻找大海，他俩每次只煮一条鱼，节省着鱼吃，经过遥远的跋涉，他们来到了海边。

从此，两人开始了捕鱼为生的日子，几年后，他们盖起了房子，有了各自的家庭、儿女，有了自己建造的渔船，都过上了幸福安康的生活。

这个故事告诉人们：懂得合作，才能借助团队的力量，共同克服困难！懂得合作的人，才会看到生的希望，过上幸福的生活。而不懂得和团队合作的人，一心只想着自己的人，那很容易走进死胡同，让自己处于麻烦的深渊。

俗话说："一只蚂蚁来搬米，搬来搬去搬不起，两只蚂蚁来搬米，身体晃来又晃去，三只蚂蚁来搬米，轻轻抬着进洞里。"而这，讲的就是团队合作的意识。

随着知识经济时代的到来，各种知识、技术不断推陈出新，竞争日趋紧张激烈，社会需求越来越多样化，使人们在工作学习中所面临的情况和环境极其复杂。在很多情况下，单靠个人能力已很难完全处理各种错综复杂的问题并采取切实高效的行动。所以，人们需要组成团体，让成员之间进一步相互依赖、相互关联、共同合作，从而开发团队应变能力和持续的创新能力，依靠团队合作的力量创造奇迹。

实际上，一个团队取得成绩的大小，取决于团队效力的高低，取决于团队成员相互之间的合作能力。这种能力简称为"合作力"。"合作力"是现代人应该具备的一种关键能力。

然而，现实情况并非这样，现在的很多年轻人根本就不懂得什么是合作力，更不知道如何取得合作力。表现在工作中，相互争抢成绩，常常把功劳据为己有，看不起同事，不积极参加集体活动，甚至指责别人，不是互相补台，而是互相拆台，结果弄得鸡犬不宁。

一起来看看寓言故事吧：

古时候，有三个和尚在一座破落的庙里相遇。

甲和尚触景生情，随口说道："为什么这个庙如此荒废凄凉呢？"

乙和尚说："一定是庙里原来的和尚不虔诚，所以诸神不显灵。"

丙和尚说："一定是原来的和尚不勤劳，所以庙破不整修。"

甲和尚又说："一定是和尚不敬业，所以信徒不多。"

三人你一言我一语，最后三人决定留下来各尽所能，看看能不能拯救这座庙宇。于是，甲和尚恭敬化缘，乙和尚诵经礼佛，丙和尚殷勤打扫。不久，庙宇果然香火渐旺，朝拜的善男信女日益增多，庙里达到了前所未有的鼎盛状态。

这时，三个和尚开始争抢功劳了。

甲和尚说："都是因为我四处化缘，所以信徒大增。"

乙和尚说："都是因为我虚心礼佛，所以菩萨才显灵。"

丙和尚说"都是因为我勤加整理，所以庙宇才焕然一新。"

为争功劳，三人日夜争吵不休，由于无心努力，以致庙里的盛况又一落千丈。等到分道扬镳那天，他们终于悟出了一致的结论：庙宇之所以荒废不是因为和尚不虔诚，也不是因为和尚不勤劳，更不是因为和尚不敬业，而是因为和尚不和睦。

这就是人们常说的："一个和尚挑水喝，两个和尚抬水喝，三个和尚没水喝。"本来应该是人多力量大的，应该是更容易喝到水的，但是人多了反而没水喝了。那么，怎么才能让三个和尚也有水喝呢，聪明的管理者有这样的做法。

假如挑水的路途很长，一个人从头至尾挑，自然容易疲劳，那就分工合作吧，来个接力挑水，即每个人挑一段路。第一个和尚从河边挑到半路，停下来休息。第二个和尚继续挑，然后又传给第三个和尚，第三个和尚挑到缸边灌进去，空桶回来再接着传。这样大家都不停地挑又间隔着休息，有水喝了。

但有人说了，这样虽能让每个人都劳逸结合但是也不能完全保证他们相安无事，不争相求功。这个时候老和尚发话了，说订个制度，三个人都去挑水，一天内谁挑得水多就奖励谁，奖品为晚上加菜，而挑得少的则只有白米饭，没有菜吃。制度一实施，三个和尚争先恐后地去挑水，很快水就挑满了。在这样的情况下，有得水喝，源自于奖罚分明，又避免了大家相互抢功。这样大家能够和睦相处，两全其美，而这就是管理的力量。

当然，每个团队都应该有一个管理者，这里老和尚就是个管理者。如果缺乏管理者，就叫做群龙无首，那么就会出现你不配合他、他也不配合你的局面，团队也就没有凝聚力，那团队的质量可想而知。

所以，当人们为一个共同的梦想而聚集在一起的时候，应该做的是团结互助、相互关爱。让团队中的每一个人都获得利益，实现共赢。学会与他人合作吧，这样才能发挥团队的精神，才能让工作收到事半功倍的效果。

9. 人脉就是实力

人脉就是钱脉，关系就是实力，朋友是最大的生产力。

——翟鸿燊

（北京大学客座教授，国学研究传播者）

什么是人脉？人脉即人际关系、人际网络，体现人的人缘、社会关系。这就好比是一棵小树苗要想长成参天大树，成为栋梁之材，必须要有粗壮厚实的根脉供给大地的营养，必须要有充足丰富的枝脉和纤细纵横的叶脉供给自然的空气、阳光和雨露。没有叶、没有枝、没有根，也就没有树。根脉、枝脉、叶脉的死亡最终导致了树的死亡。而栋梁之材的形成必须要有根深叶茂的生命支撑环境。

一个人要在社会上生存和发展，就必须与各种各样的人交往。常言道"一个好汉三个帮，一个篱笆三个桩"，"一人成木，二人成林，三人成森林"，

119

都是说出了人脉的重要性。

唐朝时候，郭子仪和李光弼都是安思顺的部下，但是二人有矛盾，关系并不好，甚至于两人坐在一起吃饭，也不互相看一眼，更是不说一句话。

后来，因为安禄山造反，皇帝任命郭子仪做朔方节度使，这样一来李光弼就成为他的部下。那时的节度使大致相当于战区司令长官兼行政长官，权力很大。自从郭子仪当节度使后，李光弼每天提心吊胆，惶惶不可终日，生怕引来杀身之祸，正当他想逃走的时候，皇帝已下命令，要他带领一部分郭子仪的兵进行东征。

李光弼心想郭子仪这次一定不会放过他了，于是跪着恳求郭子仪说："我死是心甘情愿的，只求你饶了我的妻儿。"

郭子仪连忙拉起他来，请他到堂上坐，说道："现在是国家大乱的时刻，哪里是计较私仇的时候！"接着，还分兵给他。两人相别时握手流泪，相勉报国。

后来，郭子仪还力荐李光弼担任河北、河东节度使。从那以后，二人亲密合作，戮力同心，一起攻破乱贼，再没有丝毫猜忌，终于挽救唐帝国于亡国危机，以至于后来唐肃宗对郭子仪说："虽吾之家国，实由卿再造。"

在人际关系中，如何处理彼此的关系，是一门学问。虽然郭子仪和李光弼有一些小矛盾，但在大是大非面前，郭子仪并没有拿自己的权利去压制李光弼，而是需要他并重用他。试想，如果郭子仪以小人之心，趁机除掉李光弼，那他在仕途中，失去的就不仅仅是一个人脉了。由此可见，不管从事什么职业，都要学会处理人脉关系。

在遥远的西晋末年，有个叫吐谷浑国的国家，国王阿柴膝下有 20 个儿子经常为一些事情明争暗斗，每个人都看不起对方，矛盾激化很深。为此，阿柴国王十分担心。他担心敌人利用 20 个儿子之间的不和制造事端，让他们自相残杀，导致这个国家不攻自破。经过长时间的苦口婆心、语重心长地教导儿子们要团结，不要互相攻击后，阿柴国王绝望地发现，他这样的教导基本没有什么成效，于是国王陷入冥思苦想之中，他要在自己去世之前将儿子们之间激化的矛盾解决掉。

经过一段时间的思考，他终于想出了一个可以让儿子们团结起来的好办法，预知自己将不久于人世的阿柴国王在他临死前，把儿子们召集到病榻前吩咐道："你们每个人都拿出一支箭来。"看到儿子们都拿箭在手，阿柴国王才气喘吁吁地对儿子们说："折断它。"虽然儿子们不明所以，但还是遵照老国王的旨意将各自手中的箭很轻易地折断了。看到了这种情况，阿柴国王又吩咐人拿来20支箭，捆成一捆儿放到地上严肃地对20个儿子们说："你们一个人一个人地过来将这捆绑在一起的20支箭折断。"

听完国王的吩咐，自恃勇武的老大毫不犹豫地走过来，拿起这捆箭，用力折起来，只是他用尽了全身力气，也没能将箭捆折断。二儿子很不屑老大的表现，嘲笑着走了过来，但是他也没有把箭折断，脸色通红地站到了一边。于是接下来，三儿子、四儿子直到最小的儿子也用尽了力气也没能将一捆20支箭折断。看完儿子们都没能成功的阿柴国王语重心长地说："一支箭你们每个人都能轻易地折断，然而当这些箭合在一起的时候你们就败下来了，这正像是你们兄弟一样，很容易想象，如果你们每个人都面对很多个对手的话，非常容易失败，但是如果当你们20个人团结一块，正像这捆箭一样，齐心协力的时候，将会产生无比巨大的力量，去面对一切困难，才能够保障国家的安全。这就是团结的力量。"

经过这一件事以后，儿子们终于醒悟过来国王的良苦用心，从此20个兄弟相互团结，度过了许多难以想象的危机。也是从这之后，在这个国度里始终流传着这样一个关于国王和20支箭的故事。

"众人拾柴火焰高""三个臭皮匠赛过诸葛亮""人多力量大"讲的都是人脉资源的力量。一个人如果想成就一番事业的话，那么就应该建立起广泛的人际关系，积累人脉资源。

对于商人来说，人脉就是钱脉。因为它能为你开启所需能力的每一道大门，让你不断地成长前进，不断地事业有成。也有人说："建立人脉关系就像一个挖井的过程，付出的是一次性汗水，得到的却是源源不断的财富。"由此可见，人们的确应该不断地积累人脉资源。

200多年前，胡雪岩因为善于经营人脉，而得以从一个倒夜壶的小人物，翻身成为清朝的红顶商人。200多年后的今天，翻看每一个政界、商界成功人物的成长轨迹，都是因为拥有了一本雄厚的"人脉存折"，才有了之后的"成就存折"。

一些青年朋友为人脉会花大量时间参加各种活动换名片，其实这是本末倒置。最能积累人脉的条件是：一要业务能力超棒；二要诚信诚恳做事认真；三要视野宽广见解独特，他人与之交往有价值；四要愿意帮人不自私。这四项是人脉快速积累的基础，是人脉成长的关键，那些无能、无主见、无观点的人是难以快速积累起高质量人脉的。

不管我们从事什么职业，只要学会处理人际关系，掌握并积累丰厚的人脉资源，那么你就在成功路上走了 85％ 的路程，在个人幸福的路上走了 99％ 的路程。

10. 不要轻视"小人物"

不要小看你身边的每一个人，辗转五次可以见到总统。

——翟鸿燊
（北京大学客座教授，国学研究传播者）

每个人的生命中都可能遇到贵人，这些贵人不一定真的尊贵，他可能是极其普通的朋友，甚至是陌生人。当然了，"贵人"也不一定是人，它可能是某个不经意的事件。

楚国的郢都有位学士，晚上写信给燕国宰相。因为光线太暗，就叫仆人举烛，一不留意，把"举烛"两个字，也写入了信中，等到燕国的丞相收到信后反复阅读，唯感"举烛"二字突兀而费解。他煞费苦心，久久琢磨，终于"顿悟"。他读懂了"举烛"二字，并解释说：所谓举烛，就是崇尚光明；崇尚光明，必得选拔贤能、委以重任。于是宰相就告诉了燕王，燕王大喜，并以此理念来治理国家。从而群贤毕至，使得燕国强盛起来。

除此之外，我们还知道李白的故事：传说，李白起初做学问很没有耐性，直到某日，看见一位老妇，居然想将一支粗铁杵磨成绣花针，才顿时醒悟，回头苦练，成为诗仙。

以上"举烛"的学士、磨针的老太太，这些普通人可知道自己无意中的行为，竟能造就了别人？而他们何尝不是燕国宰相、大诗人李白的"贵人"呢？所以说，不要轻视任何人，因为那些平凡人很可能就是你的贵人。

下面看这样一则故事：

战国四公子之一的孟尝君，以广交人才、善待宾客而闻名天下。因此，各地自认为有点本事的人，大多都投奔到他的门下，一时间他供养的食客达三千多人。

孟尝君真心对待每一位门人，从不厚此薄彼。当有人初来时，他还常常与来客促膝谈心，亲切地询问客人的家境，并提前安排侍从藏在屏风的后面，暗暗记录下他们的谈话内容。等到客人离开后，他就让人带着丰厚的礼品到来客家中，表达慰问之情。孟尝君对所有食客一视同仁、爱护有加，深受食客们的敬重，他们都认为孟尝君是自己最好的朋友，所以每个人都想找机会报答他的知遇之恩。

一天，先后来了两个想投奔孟尝君的人。经过交谈，大家发现这两位来客也没啥大本事，只是一个善于学鸡叫，到了以假乱真的地步；另一个则是个小偷，模仿起狗的动作来惟妙惟肖。很显然，这是两位微不足道的小人物。尽管这样，孟尝君还是打算接纳这两位客人，但是却遭到了其他食客的强烈反对。大家气愤地说道："虽然我们当中也有出身卑微的，但是也不至于像这种鸡鸣狗盗吧！与这样的人为伍，实在是让人难以接受啊！"但是，孟尝君还是坚持把他们留下来。

有一次，孟尝君率领众宾客出使秦国。秦昭王将他留下，想让他当相国。孟尝君不敢得罪秦昭王，只好答应。不久，大臣们劝秦王说："留下孟尝君对秦国是不利的，他出身王族，在齐国有封地，有家人，怎么会真心为秦国办事呢？"秦昭王觉得有理，便改变了主意，把孟尝君和他的手下人软禁起来，只等找个借口杀掉。

在当时，秦昭王有个最受宠爱的妃子，只要妃子说一，昭王绝不说二。孟尝君派人去求她救助。妃子答应了，条件是拿齐国那一件天下无双的白狐裘做报酬。

这可叫孟尝君作难了，在这危急关头，孟尝君无计可施，只好向他的食客们求助。正当大家都表示无能为力的时候，那个小偷站了出来，并大声说道："把衣服偷出来，我是很在行的！我去保证能取出来，并且万无一失。"

这个最善于钻狗洞偷东西的门客。先摸清情况，知道昭王特别喜爱那件狐裘，一时舍不得穿，放在宫中的精品贮藏室里。他便借着月光，装成狗的样子，逃过巡逻人的眼睛，轻易地钻进贮藏室把狐裘偷了出来。妃子见到白狐裘高兴极了，想方设法说服秦昭王放弃了杀孟尝君的念头，并准备过两天为他饯行，送他回齐国。

孟尝君可不敢再等过两天，立即率领手下人连夜偷偷骑马向东快奔。到了函谷关，正是半夜。按秦国法规，函谷关每天鸡叫才开门，半夜时候，鸡可怎么能叫呢？就在孟尝君急得团团乱转之时，那个善学鸡叫的人站了出来，决定施展他的长处，帮助孟尝君脱险，只听见几声"喔，喔，喔"的雄鸡啼鸣，远近村庄的鸡都跟着鸣叫起来。怎么还没睡踏实鸡就叫了呢？守关的士兵虽然觉得奇怪，但也只得起来打开关门，放他们出去。

当秦昭王的追兵赶到函谷关，孟尝君早已出关多时了。

这就是流传千古的鸡鸣狗盗的故事，在孟尝君最危急的关头，是两个微不足道的小人物救了他的性命，这得益于他在结交食客时一视同仁的态度。重视所有的人，从不轻视任何人，不分君子小人，不分地位出身。正是这样，危难之时毫不起眼的"小人物"成了他命中的贵人。

很多现实的例子都证明："小人物"绝对值得交往，假如平时给予他们帮助，你不仅能赢得他们的尊重，更能带来旺盛的人气，而且有可能在出乎意料的时候助你一臂之力，对你的人生前途起到意想不到的推动作用。

周朝的开国元勋姜尚，一生穷困潦倒，到八十岁时还一事无成。垂钓于渭水河边被文王姬昌所发现，破格重用。后来，辅佐武王发纣，创下周朝八百年基业。还有帮助秦王图强争霸的百里奚，原在楚国为奴，后被秦国用五张羊皮换回，才得以施展奇才。赵国重臣蔺相如原来也只是普通食客，后经举荐，随赵王赴会，智斗秦王，完璧归赵，才成为一代名相。

尊重"小人物"，说的就是尊重知识，尊重人才。它是一个民族、一个国家、一种社会制度文明和进步的重要标志之一。必须营造一个适宜于各种人才尤其是"小人物"健康成长的政治土壤和宽松的社会环境，让各种各类的"小人物"脱颖而出，茁壮成长，为国家的繁荣昌盛做出力所能及的贡献。

在生活中，我们总会遇到各种各样的人。在与他们交往时，我们千万不要戴着有色眼镜去看他们，而应该一视同仁地对待。这样，我们就能积累更多的人脉资源，更助于自己的事业发展。

第七课

忠实信仰，信仰是指航明灯更是精神支柱

人生最大的财富是信仰和信念的力量，人生是场不间断的战斗，而战斗的能量来自不竭的信仰。没有了信仰，人就会看不见未来，找不到出路，信仰是心中的神灯，思想的佛陀，为你守护着来之不易的快乐，带你走出暗无边际的黑夜。

1. 信仰是一个人真正的财富

我愿终身为华夏民族社会尽力，并愿使自己成为社会所永久信赖的一个人。

——梁漱溟

（著名思想家、哲学家、教育家，曾担任北京大学印度哲学教授）

信仰来源于对美好时光的期盼，对于人生理想的追求。每个人都需要信仰的力量，推动着我们不断前进，不断突破。信仰不分贵贱高低，没有绝对的概念和标准，只要我们认为值得追求，哪怕是像"夸父追日"那样认定了一个虚无的目标，我们也可以将它视为信仰，为之付出努力。

清代著名小说家蒲松龄一生一直都在参加科举，却屡试不第，直到71岁，白发苍苍的时候，才勉强考上"岁贡生"。为了生计，他不得不在朋友家的私塾做老师。他一边传道授业，一边笔耕不辍，最终创作出一部描写花妖鬼狐、辛辣嘲讽的小说集，也就是著名的《聊斋志异》，此书堪称中国古典文学短篇小说之巅。人民艺术家老舍有这样两句诗评价蒲松龄："鬼狐有性格，笑骂成文章"，可见蒲松龄的造诣之高。

在蒲松龄的书房，也就是聊斋的门框上，曾挂着他创作的自勉联一副：有志者，事竟成；破釜沉舟，百二秦关终归楚；苦心人，天不负；卧薪尝胆，

125

三千越甲可吞吴。这说明了蒲松龄对出世的信念和对美好生活的信仰。

蒲松龄信奉"学而优则仕"，他一生热衷科举，尽管一直不得功名，却从没有想过放弃。正是一生苦求功名的经历，才有《聊斋志异》这样的奇思妙想和对黑暗现实的深刻批判。

谁都应该拥有信仰。信仰看似来得很容易，实际上一点也不容易。只有内心的渴求激励人不断为之奋斗，它才能转化成为信仰。

孙中山先生被尊称为"国父"，这是对他一生为国、不断革命的真实写照。他是一名战士，毕生都在为革命而奋斗，他号召"驱除鞑虏，恢复中华，创立民国，平均地权"，他的一生都在为了一个理想而奋斗，这也是他的信仰，那就是"天下为公"。

1895 年 2 月 21 日，孙中山号召爱国人士，在香港成立兴中会，孙中山先生当选兴中会理事秘书。该会以"驱除鞑虏，恢复中华，创立合众政府"为宗旨。

这一年，孙中山回到故乡广州，创立农学会，并广征有共同理想的同志，积极准备，定于重阳节发动起义。由于叛徒泄密导致起义失败，孙中山个人也遭到清政府的通缉，不得不逃亡海外。

1900 年庚子国变，义和团起义失败，导致八国联军入侵北京，大肆洗劫。孙中山借机联系到当时的两广总督李鸿章，希望能允许筹划南方诸省独立，成立类似美国的合众国政府。李鸿章答应了与其会见，但其在日本友人的协助下却发现，这只不过是清廷为了逮捕他而设计的一个陷阱。

同年 9 月，孙中山号召革命同志在惠州三洲田发动起义，因为实力弱小不幸失败，孙中山不得不再次逃到日本。

1903 年夏，孙中山在日本青山开办革命军事学校，将革命宗旨做了改进，宣称"驱除鞑虏，恢复中华，创立民国，平均地权"。

这一年，孙中山离开日本，赶往美国檀香山，希望在华侨中发展革命同胞。由于美国当局的排斥，孙中山一度被美国移民局扣留在旧金山。经过旧金山致公堂的保释，并为其代聘律师，他这才逃过被交到清政府手里的厄运。

1905 年 8 月，在日本友人内田良平的牵线帮助下，孙中山的兴中会、黄兴与宋教仁等人的华兴会、蔡元培与吴敬恒等人的爱国学社、张继的青年会等爱国组织齐聚一堂，在日本东京成立中国同盟会，孙中山被公选为同盟会总理，领导爱国同志们发展革命。

1907 年 5 月，孙中山号令余丑等人在潮州黄冈起义，经过六日的奋战，终因寡不敌众而失败。6月，孙中山命邓子瑜在惠州七女湖发动起义，经过十余日，再次失败告终。

同年7月，孙中山经过越南赶赴广西，主持镇南关起义，又一次失败。更糟糕的是，这个时候孙中山被法国当局告知拒绝他入境。直到辛亥革命成功以后，孙中山才得以回到这个自己深爱着的国家。

孙中山先生一生历尽艰辛，辗转飘零。直到1911年10月10日，武昌起义胜利，各地纷纷响应，最终推翻清政府，成立中华民国。

说古论今，坚守信仰才是有志之士的成功之道。毋庸赘言，信仰的力量就是人生的最大财富。

大作家巴金曾经说过："支配战士的行动的是信仰。他能够忍受一切艰难、痛苦，而达到他所选定的目标。"战士的信仰是对保家卫国、保护亲人的追求，是对战争胜利、永不打仗的渴望。

其实，每个人都是一名战士，只不过我们的战场是在生活中，在工作中：家庭和睦、美满，工作顺利、职位高升，这些都可能是我们的战斗目标，我们必须一直为之奋斗。我们要靠着我们追求幸福、追求成功、追求美好人生的信仰，作为我们战斗的动力，鼓舞着我们不断奋斗。

总之，人生最大的财富，就是信仰和信念的力量。你追求圆满，你的动力便从这份信仰中不觉产生；你追求美好的生活，那么这份动力就从对美好生活的信仰中飘然而来。信仰的力量无法强求，却总在不经意间悄然而至；信仰的力量无形无状，却又充满生命的每一个角落。

2. 没有信仰，幸福就会缺失

每个人的精神上都有几根感情的支柱，对父母的、对信仰的、对理想的、对知友和爱情的感情支柱。无论哪一根断了，都要心痛的。

——柳青

（曾在北大西北临时大学俄文选修班学习，小说家、革命家）

作为人类最普遍、最深刻的精神活动和精神现象，信仰与幸福有着密不可分的关系。信仰可以是对内心的一份矢志不渝的守护，也可以是对理想的生活化和实践化。不过，信仰没有标准的答案。

今人不见古时月，今月曾经照古人。李白诗云："五岳寻仙不辞远，一生好入名山游"；杜甫曾叹："会当凌绝顶，一览众山小"；苏东坡写道："纵一

127

苇之所如,凌万顷之茫然"。无论李、杜、苏,他们一生游历四海,曾经得意,曾经失意,却从没有心生败意。他们忧国忧民,见过社会的种种黑暗,却从没有舍弃心中的美好和光明;他们都活在自己的梦想中,活在自己的信仰中,活在对美好的憧憬中;他们坚信自己能够改变自己的人生,能够为这个社会带来一些美好,他们无疑是幸福的。

信仰的作用决定了信仰是幸福的源泉。在有限的人生中,信仰是人创造和享受精神生活的主观凭借和心灵依托。所以它决定着人是否幸福或幸福的程度,人的幸福感常常依赖于心灵的完满,而心灵的完满则来源于信仰的确立。

信仰是心中的精灵和上帝,为你守护着来之不易的快乐,带你走出暗无边际的黑夜。心灵就像一个装满石子的水杯,只要你愿意,总还是可以装得下一点水分。心灵就在那里,不动不移,却需要我们处理好它和自己、和幸福的关系,我们只有将光明、热情、智慧满载于我们的心灵之中,才能让我们自己变得更坚强,信仰更坚定,从而人生更幸福。

苏轼是我国宋代著名的文学家,自称"东坡居士",唐宋八大家之一。二十岁左右的苏轼进京赶考,因才学出众获得主考官欧阳修的赏识,中了进士。"三年京察"之后,苏轼被授予大理评事、签书凤翔府判官。宋神宗登基之后,重用王安石,实行变法,由于苏轼、欧阳修等人与王安石政见相左,被贬出京城,由此,苏轼开始了一生的颠簸。

苏轼在杭州当了三年知州之后,又被调往密州、徐州、湖州等地做知州。后来因为"乌台诗案",他遭人诬陷被捕入狱,几次险些被杀头。

出狱以后,苏轼被下放到黄州做一名不起眼的小官差,因为官职低微,俸禄微薄,苏轼为生计所迫,带领家人开垦荒地,种田过活。他的别号"东坡居士"就是在这个时候起的。过了几年,苏东坡奉皇帝诏谕,去汝州担任小官。

神宗死后哲宗即位,王安石势力倒台,司马光重新上台,当上了宰相,这一年,因为苏东坡与司马光政见甚合,便被召入朝中做官。在短短的两年内,就从一个小太守被提拔到了翰林学士知制诰,可谓平步青云。

由于他不喜欢新旧政党之间的相互倾轧,就自陈愿往杭州担任太守。这一次,他在杭州修建了苏堤,受到百姓爱戴。苏轼也很快乐,常常自比于白居易。可惜好景不长,王安石再度上台,苏东坡被流放到偏远的颍州。

在以后的人生中,苏东坡可谓历经宦海沉浮,几次入朝为官,又几次被贬出京城，甚至一度在偏远的海南被流放许多时日。苏轼做官虽然是不成功的，但是在文学上却成了大家，这和他的宦海生涯不无关系。

苏轼一直心怀"为官报国"的抱负，起起落落之中，未曾退出官场，"历典八州，行程万里"。然而，无论遭贬抑或被提拔，他无不淡然处之，苏轼是快乐的。

苏轼是幸福的，他的幸福来源于他淡然的心态。"一人之下，万人之上"的权利不是苏轼的梦想；"采菊东篱下，悠然见南山"的隐退也不是苏轼的风格，也许他所信仰的人生，就该有起起伏伏，欢喜悲伤，这样才足够地丰富和精彩。他一只脚在官场里，一只脚在田园上，既能满足自己为官为民的理想，又能贴近自然，贴近文学。他的路走得很艰辛，却因为心中那份信仰而幸福。

可以看出，真正的幸福并不在于主体所追求的信仰是否达到，而在于为追求这种信仰所进行的奋斗之中。当个体投身于自身所追求的信仰时，他不仅能体验到生活的充实感，而且能超越现实、超越自我，使生命获得一种连续感、延伸感，从而体验到一种至高无上的幸福感。追求信仰的过程同时也是人自身潜能不断展开、创造力不断发展、朝着自由全面发展的过程，在这一过程中，人会领略到永久的幸福。

3. 相信美好，信仰源于对生命的热爱

一切外在的欠缺或损失，包括名誉、地位、财产等等，只要不是影响基本的生存，实质上都不应该带来痛苦。如果痛苦，只是因为你在乎，愈在乎就愈痛苦。只要不在乎，就一根毫毛也伤不了。

——周国平

（北京大学毕业，著名哲学家、作家）

信仰是源于对生命的热爱，一个热爱生命的人，心中会有一份信仰，怀揣着对美好人生的一份情感，在奋发向上追求美好人生的路途中，带着对生命的责任和对事业的敬畏，在信仰的支撑下，无论生命的环境有多么恶劣，生命是处于怎样卑微的局面，他们仍然会负重前行，坚定信心，信仰是他们精神力量的源泉。

海伦·凯勒是美国著名作家和教育家。她在一岁多的时候，因为发高烧，脑部受到伤害，从此以后，她的眼睛看不到，耳朵听不到，后来，连话也说

不出来了。在沙利文老师辛苦的指导下，海伦用手触摸学会手语，摸点字卡学会了读书，后来用手摸别人的嘴唇，终于学会说话了。她的坚强意志和对美好生活的追求感动了很多人，她写了很多书，她的事迹还被拍成了电影。她把爱散播给所有不幸的人，带给他们光明和希望，最有名的作品是《假如给我三天光明》。在不幸中依然相信美好，这就是海伦·凯勒的信仰。

1936 年，和她朝夕相处五十年的老师离开人间，海伦非常伤心。她知道，没有老师的爱，就没有今天的她，她决心要把老师给她的爱发扬光大。于是，海伦跑遍美国大大小小的城市，周游世界，为残障的人到处奔走，全心全力为那些不幸的人服务。1968 年，87 岁的海伦去世，她终生致力服务残障人士的事迹，传遍全世界。

有人曾如此评价她："海伦·凯勒是人类的骄傲，是我们学习的榜样，是人类善良的表现，相信她的事迹能成为后世的典范。"马克·吐温说："19 世纪出了两个了不起的人，一个是拿破仑，一个是海伦·凯勒。"

有些人一旦陷入了逆境，就难以自拔，万念俱灰，这是人生最大的悲哀，这就是没有信仰的结果。其实，人生就像一个四通八达的迷宫，成就自己的路很多，引诱自己的歧途也很多，还有很多走不通的死路，有捷径也有弯路，有小路也有坦途。如果我们不小心走进了死胡同，不要自怨自艾，误入歧途也不要自暴自弃，我们一定要想着回过头来，重新来过，毕竟后边的路还有很长，终有一条通向光明。坚信美好就在前方，我们只需勇往直前。

宋代著名婉约派词人柳永，自幼聪明，7 岁便是乡里的神童，才名传遍崇安城。但是他的命运却被他自己的一句词彻底地转了方向。柳永因为惹怒了皇帝，基本上没有通过仕途博取功名的希望了。而当时通过科举走向仕途，是知识分子实现命运转变的主要途径。

故事的经过就是，柳永曾经做过一首词，词牌为《鹤冲天》，其中有"忍把浮名，换了浅斟低唱"一句，也就是这么一句把皇帝惹恼了，说："此人好去'浅斟低唱'，何要'浮名'？且填词去。"

就这样，柳永戏谑地称自己是"奉旨填词柳三变"，他并没有因为仕途无望就自暴自弃，反而更加努力，最终成为北宋著名的词人。

信仰所在，便是憧憬理想、热爱生命之所在，便是感受生活的爱之所在。信仰是滔滔大江的河床，没有它就只是一片泛滥的波浪；信仰是熊熊烈火的引索，没有它就只是一捆冰冷的柴薪；信仰是巍巍大厦的栋梁，没有它就只是一堆散乱的砖瓦；信仰是远洋巨轮的主机，没有它就只是瘫痪的巨架……

所以，浮沉于茫茫的人世，不能没有信仰。

我们一定要坚信，即使你现在困弱不堪，只要你坚守信仰，美好一定会"闻香而来"。一切终究是美好的，我们只需要勇敢地追求。

4. 人永远比想象的要坚强

世界既完美，我们如何能尝创造成功的快慰？这个世界之所以美满，就在有缺陷，就在有希望的机会、有想象的田地。换句话说，世界有缺陷，可能性才大。

——朱光潜

（著名学者、美学家、文艺理论家，曾担任北京大学文学院院长）

古语云"功崇唯志，业广唯勤"，意思是说，功劳高是由于有大志向，事业大是由于勤劳。你相信自己有多厉害，你就能攀登到多高；你能扛住多少，那么你便能得到多少。人生痛苦是难免的，同时也是短暂的，我们何不把那些痛苦的经历当做人生的一种磨炼，让我们自己变得更坚强，更不容易被打倒呢？

天汉元年（公元前100年），当时中原地区的汉朝和西北少数民族政权匈奴的关系时好时坏。匈奴政权新单于即位，汉武帝为了表示友好，派遣苏武率领一百多人，带了许多财物，出使匈奴。不料，就在苏武完成了出使任务，准备返回自己的国家时，匈奴上层发生了内乱，苏武一行受到牵连，被扣留下来，并被要求背叛汉朝，臣服单于。

最初，单于派人向苏武游说，许以丰厚的俸禄和高官，苏武严词拒绝了。匈奴见劝说没有用，就决定用酷刑。当时正值严冬，天上下着鹅毛大雪。单于命人把苏武关入一个露天的大地窖，断绝食品和水，希望这样可以改变苏武的信念。时间一天天过去，苏武在地窖里受尽了折磨。渴了，他就吃一把雪，饿了，就嚼身上穿的羊皮袄。过了好几天，单于见濒临死亡的苏武仍然没有屈服的表示，只好把苏武放出来了。

单于知道劝说苏武投降没有希望，但越发敬重苏武的气节，不忍心杀苏武，又不想让他返回自己的国家，于是决定把苏武流放到西伯利亚的贝加尔湖一带，让他去牧羊。临行前，单于召见苏武说："既然你不投降，那我就让你去放羊，什么时候公羊生了羊羔，我就让你回到中原去。"

与同伴分开后，苏武被流放到了人迹罕至的贝加尔湖边。在这里，单凭

131

个人的能力是无论如何也逃不掉的。唯一与苏武做伴的，是那根代表汉朝的使节和一小群羊。苏武每天拿着这根使节放羊，心想总有一天能够拿着回到自己的国家。这样日复一日，年复一年，使节上面的装饰都掉光了，苏武的头发和胡须也都变白了。

十几年过去了，当初下命令囚禁他的匈奴单于已去世了，就是在苏武的国家，老皇帝也死了，老皇帝的儿子汉昭帝继任皇位。这时候，新单于执行与汉朝和好的政策，汉昭帝立即派使臣要把苏武接回自己的国家。

汉朝使者到了匈奴地区，扬言说，汉朝的天子在上林苑中射到一只大雁，雁的脚上系着帛书，帛书中清楚地写着苏武在北方的沼泽之中。单于只好把苏武等九人送还。

为了表彰他不辱汉节的功绩，昭帝封他为典属国，秩中二千石，赐钱二百万，公田二顷，宅一区。宣帝时，他被赐爵关内侯，后复为右曹典属国。苏武留胡节不辱的爱国精神，也受到后人们的敬仰，他的事迹被编为歌、剧、故事，广为流传。

或许苏武没有想过自己能够坚持多少年，他只身一人能在北海边牧羊十几年靠的就是对投降变节的不屑，对大汉王朝的忠诚。苏武有自己的信仰，他是一个坚强的人，甚至这份坚强，连皇帝都会感动。

人们自认为脆弱，自认为前方困难重重，如山似海，那是因为我们缺乏了自信，缺乏了坚定地信仰，没有勇气面对前方，所以只能徐徐退却，东躲西藏最终一事无成。敢于面对问题，问题才会迎刃而解，是谓"车到山前必有路，船到桥头自然直"，自认脆弱，那么必然不堪一击。

5. 潜意识的神奇魔力

我们降生在这多彩多姿繁华绚烂的世界上，唯一的目的就是好好活下去，活给自己看，也活给爱自己的人看，更要活给那些瞧不起自己的人看。

——台静农

（北京大学毕业，著名作家、文学评论家）

人类的潜意识具有超越一般常识，几乎可称之为全然未知的超意识能力。举凡人类的直觉、灵感、梦境、催眠、念力、透视力、预知力等都是潜在能力的具体表现。而这种能力一直就密藏在我们的脑里，是一种超越时间、跨越空间，与无限境界相连接的能力。

有人常以"奇迹"或者"超能力"来解释某种神奇的力量，其实指的就是潜意识的力量，任何人只要懂得开发这股与生俱来的能力，几乎没有达不到的愿望。

潜意识是一种很神奇的力量，默默地激发着人们的意志，让我们不断地寻找生命的意义，不断询问着我们为何物来，向何方去。我们没有办法分辨潜意识的真假，只有不断地想象。心理学上讲，潜意识也是一种催眠术，它最突出的表现就是自我暗示。它很神奇，也很可怕，主要看你如何运用。

我们要学会释放自己的潜意识，相信自己能够成功，从而不断地激励自己，暗示自己，让信仰的光芒指引着我们前进的方向。有一句老话叫："水不激不奋，人不激不跃。"潜意识就像雄壮的瀑布一样，形成巨大的落差，既能激人上进，也能推人下水，让我们的灵魂都随之振荡。

美籍物理学家钱致榕来华时谈起他中学时代的一段经历。那时很多学生作弊，不求上进。一位责任心很强的老师就从 300 个学生中挑选 60 人组成了"荣誉班"，他也位列其中。

老师宣布，他们被选出来是因为学校考察后发现他们是非常聪明并且能够在未来有所成就的人，因此，听到这些话，被选上的同学都十分高兴，对前途充满信心。荣誉班的学生个个都踏实勤奋，结果后来大多都取得了成就。

多年后，钱致榕回到学校，拜访了荣誉班的班主任，这才得知，当时被挑选出来的 60 个人都是随机抽取的而已。

由于学生被告知他们是"很有发展前途"才被挑选出来的，这就使学生在潜意识里产生了强烈的自信心，因而自尊、自爱、自强而终于成才。也就是说，当一个人的思想与一种强烈的一定要达成目标的炙热愿望和坚持不懈的耐力相结合，开始产生行动力时，便会开始发挥出一种强大的能量，这种能量可以与宇宙的能量相通，而协助你达成你人生所想要达成的目标与理想。

在人类的本性中，有一种强烈的倾向，就是希望能变成自己想象中的样子。佛经也说："我们一切的表现，完全是思想的结果。"可见，思想具有决定命运和结局的力量。

换句话说，每一种思想，只要持之以恒，百折不挠地加以贯彻，都会梦想成真。思想是一种能量，它具有无限潜在的发挥力量。思想确实可以把你带进一种状况，或是带出一种情况。你可以随意而思，也可以摆脱环境而想。比如说，当一个人反复地强调"我要当大官"，那么他会有两个结局，或者他最终成为了心系百姓的大官，或者他成了为了升官加爵而不择手段的坏人。

潜意识需要自律，他不需要我们刻意地告诉自己要干什么，只需要浅浅地自我暗示，让自己明白自己想做什么，自己该做什么，这样才是一个成功的开端。

春秋时期，一位将军带着自己的儿子一同出征。由于儿子初征疆场，寸功未立，因此只能做父亲的马前卒。为了帮助儿子尽快立功，父亲送给儿子一个精致的箭囊，箭囊里边只插着一支箭。父亲郑重地对儿子说："儿子，这是咱们家传的神箭，只要佩戴在身边就能拥有非凡的力量，攻无不克，战无不胜。唯独记着一点就是千万不能拔出来，否则就没有神灵护佑了。"

儿子看着这个精美的、厚厚的牛皮箭囊，铜镶的边沿泛着幽幽的金光，连箭尾都是用上等的孔雀翎做的，于是非常欢喜！他挎上箭囊，幻想着自己用这支神箭射杀敌军首领的英姿，心里的底气陡然上升。不出所料，背着箭囊的儿子，一马当先，勇不可当，杀敌无数。

战斗结束之后，儿子实在控制不住，就将"神箭"拔出。刹那间儿子惊呆了，原来这是一支断箭！他十分气馁，心想自己一直挎着断箭在打仗，战时的勇气瞬间化为乌有，儿子垂头丧气地睡下了。

第二天，儿子没有挎着箭囊出征，结果惨死在敌军的乱刀之下。

"家传神箭"只是一种自我暗示，它只不过是在激励人们一旦投入战斗，就要心无杂念，这才是战无不胜的关键。在我们的潜意识中，情绪对我们的影响最深。

爱默生说，潜意识的力量在所有人类诞生以前它就已经存在了，是它创造了整个宇宙，未来人类生存的疆界将不再仅仅只是宇宙的边界，而是人类的潜意识，而所谓的上帝也不过是潜意识的化身。

总之，世上从来没有一帆风顺的美事，只要你了解到潜意识的运行规则，就会发现生活中有太多的地方都能实践这种规则。

6. 多给自己正面的力量

当失败降临的时候，也是我们最应该感到庆幸的时候，因为我们结束了一条不可能走到尽头的路，从而回到了正确的轨道上来。

——沈兼士

（曾任北京大学教授，中国新诗倡导者之一）

人就是一个磁体，宇宙就是一个磁场，世界上有一种神奇的法则叫：吸引力法则，你向宇宙要什么，宇宙就给你什么，所以有一种积极的、健康的、催人奋进的、给人力量的、充满希望的能量，这个能量会促进你快速成功，这就是"正能量"。

如果一个人有正能量场，就会不由自主地散发出健康、快乐的气息，这不仅会影响自己，还能感染他人。给别人一个微笑，让别人感受到你的快乐。情绪是能传递的，当你的正能量外放时，它就能驱赶走空气中不和谐的因子，把快乐的事物吸引到你身边来。

从古至今，正能量激励着千千万万人，帮助他们走出困境，拨开云雾。

唐朝中后期，唐顺宗为了惩治宦官专权发动了永贞革新，但因反动势力根深蒂固致使失败。而参与其中的王叔文被贬为渝州司马，不久病死。柳宗元、刘禹锡等六人都被贬为边远州的司马。

逆境中，刘禹锡并没有就此颓废。他积极乐观、从容淡定，好像不是被贬了，而是得了休养生息的假期。

按当时的规定，他应住衙门里三间三厦的屋子。可是，和州策知县是个见利而为的小人，目光势利，他见刘禹锡被贬而来，自无好处，便多方刁难。先是安排刘禹锡住在县城南门，面江而居。刘禹锡见房子面对大江，不但没有埋怨，反而很高兴，特撰写一联贴于房门："面对大江观白帆，身在和州思争辩。"

他这个举动气坏了策知县，他又令衙内书吏将刘禹锡的住房由城南门调到城北门，由三间缩小到一间半。这一间半房子位于德胜河边，附近还有一排排杨柳树，自是别有一番风趣。刘禹锡见了这个环境，也没有计较，依然安心住下，读书作文。因景生情，他又写了一副对联贴在新居："杨柳青青江水边，人在历阳心在京。"

策知县见他自是悠然自得，又把他的住房再度调到城中，而且只给一间仅能容下一床一桌一椅的房子。半年时间，刘禹锡连搬三次家，住房一次比一次小，最后仅是斗室。便想这狗官实在欺人太甚了，遂愤然提笔写下《陋室铭》一文，并请人刻于石头上，立在门前。

人间沧桑，策知县早已化作黄土泥沙，而刘禹锡所作的《陋室铭》一文，却是光照历史，流传千古，至今仍是一篇脍炙人口的佳作。

十年后，刘禹锡奉旨回朝。他得知自被贬后，皇上用了不少谄媚卑鄙的小人，正义之心难以与之相容。一日，他到玄都观重游，有感而发，写下了《元和十年自朗州召至京城戏赠看花诸君子》。诗里讽刺道："紫陌红尘拂面来，无人不道看花回。玄都观里桃千树，尽是刘郎去后栽。"

当时，刘禹锡的诗文已经颇有一番名气了。那些奸恶的小人立刻抓住了这个不放，说他藐视朝廷、看不起同僚。皇帝听信谗言，再一次把刘禹锡贬职到连州当刺史，后又任命他为江州刺史。后来他又到了苏州，颠沛周折，但他从未低头妥协。一次次的政治压抑和打击，激起了他更为强烈的愤懑和反抗，并从不同方面强化着他的诗人气质。

无情岁月十四年，梦得依是本色人。刘禹锡不畏权贵，以戏谑的轻松姿态又在玄都观写下："百亩庭中半是苔，桃花净尽菜花开。种桃道士归何处？前度刘郎今又来。"

刘禹锡是乐观向上的，正是因为他对未来充满希望，才会越挫越勇。他是快乐的，因为他懂得"自古逢秋悲寂寥，我言秋日胜春朝。"在人生的低谷他没有一蹶不振，而是凭借着自己身上源源不断的正能量，为后世留下诗文800多篇，被称为一代诗豪。

"沉舟侧畔千帆过，病树前头万木春。"这是一种男儿的伟大志向，也是他散发出来的正面的能量。可见，正面的力量是多么的强大。给自己一个信仰，释放出正能量，你就是强者。

7. 有一种虔诚的信仰叫爱国

唯有民魂是值得宝贵的，唯有它发扬起来，中国才有真进步。

——鲁迅

（曾任北京大学讲师，无产阶级文学家、思想家、革命家）

如果说，世界上只可以有一种信仰，那一定是对祖国的热爱。从我们出生的那一刻起，这种信仰就被注入灵魂当中，伴随我们的一生。

爱国信仰是做人的根本。

我们为什么要爱国？一句话，国家养育了你！这好比问我们为什么要爱父母，因为父母生你养你，你与他们有了不可改变的血缘关系。同理，人与国家也是一种天然的血缘关系。你在这个国家里出生、成长，国家给了你特定的种族遗传、生活基础、社会关系、价值观念、文化修养。你的身躯、你的精神是国家塑造的。国家民族的个性已经深深地融在你的血液里。国家的名誉、利益和你的名誉、利益紧紧地连在一起。于是你与祖国就有了情感上的依存，有了利益上的一致。

有人说爱父母叫孝，爱祖国叫忠。忠孝二字是人类的基本道德，是人类对自己的父母和祖国的回报，是天然的法则，又是最起码的道德标准，无论哪个民族概莫能外。乌鸦反哺，羔羊跪乳，动物且然，况于人乎？于是我们就有了一种无法割舍、无法忘怀、如影随形、伴随终身的恋国之情。

国破则家亡，国盛则家旺。

周恩来总理曾经立下誓言"为中华之崛起而读书"。他也是这么做的，拥有伟大志向，用尽毕生之力为祖国和人民奉献自己。

虔诚的爱国者不是喊喊口号，而是真正为这个国家、民族贡献出自己的一分力量。

郭钦光原名郭书鹏，自幼家里贫苦，但他很勤奋，热爱读书。他在家人和乡亲的帮助下来到京城求学。

当时他正在上中学，是袁世凯和日本政府签订丧权辱国的"二十一条"的时候。他自幼就有着报效祖国的愿望，在反袁斗争期间他经常参加爱国宣传和演讲活动，面对反动军警的包围和恐吓，他毫不畏惧，从不退缩。

他告诉大家：国危而俗偷，不如早死，胜于撑两目以俟外人之屋我国。

终于，"五四运动"在无数个像他这样爱国青年的呼声中爆发了。他积极参加游行队伍，用自身的行动感染着周围的人。

可是，他不幸地患上了肺病，但他仍旧没有停止自己的爱国行动。在曹儒森的住宅游行的时候，他被曹家人和卫兵殴打，吐血倒下，后来被送往医院抢救，但他的病情已经恶化到了晚期，于5月7日永远离开了他热爱的祖国。他当时才24岁。

他是五四运动中牺牲的第一位热血青年，也是学生中的唯一一个。

就这样，郭钦光被国人记住了，这个为国捐躯的青年，用自己的实际行动甚至是生命证明着自己对祖国的热爱和忠诚。

爱国，并不是要我们每天喊口号，游行，而是要求我们心怀祖国，无论在做人还是做事的时候，都要以爱国的大方向为指导，顾全大局，不违背国家的利益，不违背自己的良心。什么时候都不要忘记：国家兴亡，匹夫有责。

陈天华在日本留学时，听到沙俄军队侵占我国东北，腐败无能的清政府又要同沙俄私订丧权辱国条约的消息后，他悲愤欲绝，立即在留学生中召开拒俄大会，组织拒俄义勇军，准备回国参战。

回到宿舍后，他咬破自己手指，以血指书写救国血书，在血书里陈述亡国的悲惨，当亡国奴的辛酸，鼓舞同胞起来战斗……他一连写了几十张，终因流血过多而晕倒，可嘴里还在不停地喊："救国！救国！"

爱国既是信仰，也是一个民族和人民共同的精神支柱。它是推动社会前进的巨大力量。爱国，体现了一个国家的凝聚力。换句话说，如果宗教信仰能帮助人解决心理上的需求和安宁，那么爱国主义就是一个人前进道路上的领路者。

现在的我们，生活在和平的年代是相当幸福的！但我们也要时刻记住：落后就要挨打！为了祖国的繁荣、个人的强大，我们不能停止奋斗，因为国家的命运与我们紧密相连。

8. 信仰迷失的悲剧

悲剧将人生的有价值的东西毁灭给人看，喜剧将那无价值的撕破给人看。

——鲁迅

（曾任北京大学讲师，无产阶级文学家、思想家、革命家）

信仰的迷失是众多悲剧产生的原因，比如一个民族没有信仰，就会破坏环境，发动战争；一个政治家没有信仰，就会机关算尽，祸国殃民；一个企业家没有信仰，就会贪得无厌，损人利己……

《公羊传》中有一个故事，在春秋时期，宋楚两国交兵，楚军包围了宋国都城，以为城中没有粮草供给自然会弃城投降，这是楚军的策略，但是对楚军而言，他们的情况也并不乐观，军中所剩粮草仅够维持七天，粮草尽便只能撤回。所以战争的关键点便是双方都不了解对方的底细，谁撑到底便决定了这场战争是谁赢。

宋国大夫华元与楚国大夫司马子反会面时，华元首先告知对方，城中已经穷困到极点，乃至"易子而食，析骸而炊"。

子反问："为何要把实情透露出来？"

华元回答："君子见人之厄则矜之，小人见人之厄则幸之。"意思是，相信子反是君子，不会乘人之危。

于是，子反随即也告诉华元，七天之后楚兵粮食将尽，如果还没攻下城池，就将撤兵。

子反回营后，将他们对话的内容告诉楚王，楚王大怒，责备他透露实情，子反回答道："区区小宋国都能做到不欺诈，何况我们楚国人！"

后来楚王与子反一起撤回军队，归国。

这便是古人的信仰，即便是在关于输赢的战争面前，两军会谈也不做欺诈，为的是城中百姓安危，君子的作为便是不乘人之危。而反观现在，诚信缺失，欺诈盛行，人与人之间缺乏信任感，食品安全事件频发，对物质享受的追求达到极致，金钱与地位变为唯一的评价标准……

信仰的迷失，让我们失去了敬畏之心，让我们做人做事没有了良心和底线。人生没有信仰，人的生活变得没有目标，只是为钱活着，这样就很容易迷失自己。

对个人而言，信仰是活着的理由，心理学家证实，信仰能使人在生活的道路上遇到任何困难都能够坚忍不拔，战胜困难，无论处于任何环境都能以积极上进的思想对待生活。而信仰的迷失往往会造成生命的悲剧。

海子原名查海生，生于1964年，在农村长大。1979年15岁时考入北京大学法律系，大学期间开始诗歌创作。

从1982年到1989年，这7年的时光中，海子以他莫大的热情，洋洋洒洒地创作出了近200万字的作品。

然而，这样一个总是吟唱着"从明天起做一个幸福的人"，"面朝大海，春暖花开"的人，却在25岁的美好岁月中，用卧轨结束了自己的人生。

平生落寞孤独的海子，死后引起了世人极大的注意。

在这样一个缺乏精神和价值尺度的时代，一个诗人自杀了，他迫使大家重新审视、认识诗歌与生命。海子那一种燃烧自己青春激情方式的写作，或许是把他自己推进这个在写作与生活之间没有任何距离的黑洞里去的。海子的死让我们猜测种种，但我们发现了，这位诗人的信仰，在一定程度上是迷失的，他执着于自己的方式，沉迷在自己的世界，他的信仰是孤独无依的。

信仰一旦走错方向，就会衍生出无数的心魔。他不能忍受自己信仰的世界被摧毁，一旦这个世界倒下了，他也就倒下了。海子是脆弱的，他的信仰给了他对于明天的希望，却没有告诉他今天亦应该勇敢地活着。没有今天，又哪来的明天呢？

当代古兰经经注学家麦卡利姆·设拉兹认为，任何人在生活中都会遇到许多困难，而在克服这些困难时，只有宗教信仰能赋予人强大的精神力量。也正是因为此，我们发现在有信仰的人中，自杀现象很少，灰心、失望、自杀等消极现象往往发生在那些没有信仰的人身上。

人，千万不要迷失了信仰，做一个勇敢的人，好好地活着，找回属于自己内心的信仰，那是我们的价值所在。

9. 活着就是修行，责任为重

写教材一不要为名，二不是逐利，唯为教学和他人参考之用，切记认真，马虎不得。

——傅鹰

（曾任北京大学教授，物理化学家、化学教育家）

修行是一种精神、一种生活态度，它不为浮华的目的，只为当我们老去时，能获得灵魂永久的宁静。换一种说法，修行就是一个人对自我人生的自觉负责。懂得修行的人才懂得自觉负责自己的整个人生，会主动担负起应负的责任。在家庭中肩负起家庭责任，在社会中肩负起社会责任，而从来不觉得是负担和麻烦。这也正是道德和修为的体现。

邓稼先，中国的两弹元勋，1924 年出生于安徽怀宁县一个书香门第之家，第二年他就随母亲来到北京，在担任清华、北大哲学教授的父亲身边长大。在父亲指点下，他打下了很好的中西文化基础。1935 年，他考入志成中学，与比他高两班、同是清华大学院内邻居的杨振宁结为最好的朋友。邓稼先在校园中深受爱国救亡运动的影响，1937 年北平沦陷后在父亲的安排下，他随大姐去了后方昆明，并于 1941 年考入西南联合大学物理系。1948 年至 1950 年他去了美国普渡大学留学，获得了物理学博士学位。

1950 年 8 月，邓稼先在美国获得博士学位九天后，便谢绝了恩师和同校好友的挽留，毅然决定回国。同年 10 月，邓稼先来到中国科学院近代物理研究所任研究员。1958 年秋，二机部副部长钱三强找到邓稼先，说"国家要放一个'大炮仗'"，征询他是否愿意接受这项必须严格保密的工作。邓稼先义无反顾地同意，回家对妻子只说自己"要调动工作"，不能再照顾家和孩子，通信也困难。从小受爱国思想熏陶的妻子明白，丈夫肯定是从事对国家有重大意义的工作，表示坚决支持。从此，邓稼先的名字便在刊物和对外联络中消失，他的身影只出现在严格警卫的深院和大漠戈壁。

邓稼先不仅在秘密科研院所里费尽心血，还经常到飞沙走石的戈壁试验场。他冒着酷暑严寒，在试验场度过了整整 8 年的单身汉生活，有 15 次在现场领导核试验，从而掌握了大量的第一手材料。

1964 年 10 月，中国成功爆炸的第一颗原子弹，就是由他最后签字确定了设计方案。他还率领研究人员在试验后迅速进入爆炸现场采样，以证实效果。他又同于敏等人投入对氢弹的研究。按照"邓—于方案"，最后终于制成了氢弹，并于原子弹爆炸后的两年零八个月试验成功。这同法国用 8 年、美国用 7 年、苏联用 10 年的时间相比，创造了世界上最快的速度。

1972 年，邓稼先担任核武器研究院副院长，1979 年又任院长。1984 年，他在大漠深处指挥中国第二代新式核武器试验成功。翌年，他的癌细胞扩散已无法挽救，他在国庆节提出的要求就是去看看天安门。1986 年 7 月 16 日，国务院授予他全国"五一劳动奖章"。同年 7 月 29 日，邓稼先逝世。他临终前留下的话仍是如何在尖端武器方面努力，并叮咛："不要让人家把我们落得太远⋯⋯"

"科学兴国，匹夫有责"，邓稼先一生都在为祖国无私地奉献，他把科学的兴亡作为自己的责任，为科学奉献了自己一生。

负责是一种雷打不动的美德，是一股可以超越一切的力量。在一个有强烈责任心的人看来，负责不仅是一种行动，更是一种负责到底的精神，它可以让人超越时间和空间的限制，忍受生活的艰辛和不如意，也会将要负责的事负责到底，以换得问心无愧的平静。责任心是促进我们每个人进步、推动社会发展的动力。一个人如果没有责任心，就会失去人们的信任，失去立身之本，最终无所成就。

张琳非常喜欢排球，出生在体育世家的她从小就受到了很好的启蒙教育，并且期望能够考入体校，投身到国家的体育事业中，但阴差阳错，她却考进了工商管理系。张琳对事一向认真负责，尽管她不喜欢这个专业，可还是很认真地学习，成绩优异。毕业后张琳被保送到美国麻省理工学院，攻读MBA，在当时来说，能在麻省理工学院攻读 MBA 对许多学生来说是可望而不可即的。后来，她经过不断的努力，又拿到了经济管理专业的博士学位，并且是以优异成绩获取的。

如今张琳已是证券业界的风云人物，但她却心存遗憾地说："老实说，至今为止，我仍不喜欢自己所从事的工作。如果能够让我重新选择，我会毫不犹豫地选择体育。但我知道那只是一个梦想，而我能做的，只是做好现在的本职工作⋯⋯"

有次记者会，有人问道："既然你不喜欢你的专业，为何你学得那么棒？既然不喜欢眼下的工作，为何你又做得那么优秀？"张琳自信地回答："既然我现在在做这个工作，这就是我的责任，我就应该认真对待。不管喜欢不喜欢，那都是我自己必须面对的，就必须尽心尽力、尽职尽责，那不仅是对工作负责，也是对自己负责。有责任感可以创造奇迹。"

张琳把工作当成一种必须承担的责任担在肩头，全身心地投入其中，才可以把自己不喜欢的职业做到如此出类拔萃，她这样做不仅是在对工作负责，更是在负责自己的人生。

在今天，我们每个人都生活在一定的人群范围或集体中，犹如同乘一艘船在驶向彼岸的航程中，需要上下齐心合力，各司其职，各尽其责，一旦不负责任的思想流行起来，比作洪水猛兽也一点不为过！生活中，我们常常被安排到自己并不十分喜欢的工作和领域中，这时，任何的抱怨、消极、懈怠都是不足取的，只有心怀责任，在高度责任感的驱使下，我们才能赢得令人瞩目的成就。

我负责任、你负责任、他负责任，大家都负责任，才是对自己负责，对他人负责，对社会负责，我们这个社会才会是和谐的、安全的社会，我们的生活才会是幸福的。负责不仅是端正态度，更要做出成绩，不仅要做到，而且要做好，这才能体现"人"的含义。我们每个活着的人都应该具有责任感，让我们人人都有一份责任心，让我们都做一个负责人的人，做一个为自己修行的人！

10. 命运不会厚此薄彼

生活中其实没有绝境。绝境在于你自己的心没有打开。你把自己的心封闭起来，使它陷于一片黑暗，你的生活怎么可能有光明！

——俞敏洪

(北京大学毕业生，新东方教育科技集团董事长兼总裁)

世界上没有随随便便的成功，也没有无缘无故的失败。尘世锁屑，红尘纷扰，总难免遭遇凄厉的狂风、淋漓的冷雨，但是，这并不是苦难，而是恩赐，是命运对我们生命的打磨或锤炼。

中国有句俗语，叫"人比人，气死人"。这就好比刘翔不会去和泰森比拳击的道理一样，每个人都有自己傲人的一面，为什么一定要拿自己不太理想的一面和别人的强项较劲呢？上帝是公平的，他不会厚此薄彼，如果他没有给你倾国倾城的美貌，一定会在其他地方补偿你，比如智慧。只是他的补偿往往很隐蔽，要你自己去用心体会、发掘。所以，不要总是羡慕别人开跑车，冯巩说的好，"跑车能弥补得了跑人吗"？

《牛津格言》有这样一段话："如果我们仅仅想获得幸福，那很容易实现。但我们希望比别人更幸福，就会感到很难实现，因为我们对于别人的幸福的想象总是超过实际情形。"

的确，生活中有太多的人在哀叹自己"生之多艰"，羡慕甚至嫉妒别人顺利得没有天理。看着别人有钱，嫉妒；看着别人有权，诅咒；看着别人有闲，郁闷；看着别人晋升，委屈。还有些人羡慕影、视、歌、运动明星，看到他们整天被包围在鲜花和掌声里，就愤愤不平，认为世界上就数自己最不幸。

其实，人生失意无南北，名人也有名人的失意。

贝多芬开始构思并动笔写c小调第五交响曲是在1804年，那时，他已写过"海利根遗书"，他的耳聋已完全失去治愈的希望。他热恋的情人朱丽叶塔·齐亚蒂伯爵小姐也因为门第原因离他而去，成了加伦堡伯爵夫人。

一连串的精神打击使贝多芬处于死亡的边缘，但贝多芬并没有因此而选择死亡。他在一封信里写道："我不能想象我什么都没有创作就离开这世界。"贝多芬在一生中最痛苦的时期，展开了一次旺盛的创作高潮：降E大调第三交响曲（《英雄》）尚未写完，c小调第五交响曲（《命运》）已开始动笔。

1807年《命运》完成并出版之前，活泼浪漫的降B大调第四交响曲已在1806年上演，同场首演的还有F大调第六交响曲（《田园》），G大调第四钢琴协奏曲和为钢琴、合唱与乐队写的幻想曲。在此期间，完成的著名作品还有：C大调第二十一钢琴奏鸣曲（《华尔斯坦》）、f小调第二十三钢琴奏鸣曲（《热情》），俄罗斯弦乐四重奏三部，贝多芬自己钟爱的唯一一部歌剧《菲黛里奥》和三种《莱奥诺拉序曲》，贝多芬唯一的小提琴协奏曲——D大调小提琴协奏曲（这也是世界小提琴经典作品），C大调弥撒曲等。

这些作品都堪称是皇皇巨著，每一部后来都成为垂世之作，这是贝多芬留给全世界宝贵的精神财富。

命运常常是公平的，给你一种遗憾，也会给你一种完满，藏在别人光鲜的背后或许也是心酸，所以不要总是去羡慕别人，而是应该去体会属于自己的幸福。

很多人羡慕成功人士，尤其是那些曾经和自己一起寒酸过的人。如果有人说，美国阿拉斯加州有个人发现了一个史上最大的金矿，把整个阿拉斯加都买下来了，你也许只是一笑置之，不以为然，因为那离我们太遥远。但若是你的一个老同学、老邻居、老朋友——你们俩昨天还一起去菜市场买过菜，一块儿跟菜贩子砍过价，而今天，他却——突然发达了，"人模狗样""招摇过市"，你立刻就会适应不了，愤愤不平：他有什么了不起？凭什么就发达了？

每个人都想出人头地。你喜欢做一样事情，你努力了，没有成功，请不要抱怨谁对你不公，因为，上天给了人同等的机会，你不成功，只能说你的能力不够，或者你根本就不适合这一行业。

一个自以为很有才华的人，一直得不到重用，为此，他愁肠百结，异常苦闷。一天，他去拜访一个大师，向大师倾诉自己的苦恼后，愤愤不平地问大师："命运为什么对我如此不公?"大师听了沉默不语，捡起了一颗不起眼的小石子，把它扔到乱石堆中，然后说："你去找回我刚才扔掉的那个石子。"结果，这个人翻遍了乱石堆，也没有找到刚才那颗石子。大师又从手指上取下一枚戒指，扔进了乱石堆，结果，他很快就找到了那枚金光闪闪的戒指。大师虽然没有再说什么，但是他一下子醒悟了。

所以当自己还是一颗石子，而不是一块金光闪闪的金子时，就永远不要抱怨埋在乱石堆里不被人发现。

是金子就会发光，是星星就会闪亮。你若是金子，放到哪里都会体现出你的价值，除非你将自己深深埋起来。

诗人卞之琳说："你站在桥上看风景，看风景的人在桥下看你。"不必羡慕他们，他们或许更应该羡慕你。你可以选择成为更有境界的他们，但时刻要记得保持内心的平衡。如此，无论成败进退，你都不会为外物所累、所伤。

11. 走出虚荣的死胡同

伟大的人是不会滥用他们的优点的，他们看出他们超过别人的地方，并且意识到这一点，然而绝不会因此就不谦虚。他们的过人之处越多，他们越能认识到他们的不足。

——傅鹰

（著名化学家，曾任北大教授）

《易经》中有"白贲无咎"的话，意思是不虚荣、不装饰的人才是真正意义上的人。托马斯·肯比斯曾说："一个真正伟大的人是从不关注他的名誉高度的。"可在千百年来，没有人能够摆脱虚荣，甚至被虚荣心折磨得死去活来的人大有人在。

当一个人虚荣时，就会错误地认为自己比别人强、比别人富有、比别人聪明、比别人漂亮，他（她）就会变得自负，不可一世，可实际上比他（她）显现给别人的要低劣得多、差劲得多，可出人头地的欲望却让他（她）做出超出自己能力、财力、实力的事情，背着别人的时候，他（她）会显得窘迫、空虚和无奈，其结果什么也得不到，所以虚荣者其实是自讨苦吃。

虚荣心强的人，最大的特点就是喜欢与人攀比。客观地讲，比也有比的好处：比可以催人奋进，激励斗志。俗话说"独木难成材"，那些单独生长的树木，由于有着充分的生存空间，因而往往生出很多横丫斜节，成不了良材。那些长得高、大、直的良材，往往都出自成片的丛林。原因就在于丛林中的树为了得到充分的阳光，都必须攀比，都必须一心一意地向上发展。

由树木想到我们人类，从某种程度上说，攀比的心理同样不可或缺，否则我们就会像丛林里的灌木那样，越长不高，就越得不到阳光，甚至渐渐失去生存空间。

应该说，这个世界上每个人多多少少都有点爱慕虚荣，即使是我们一度认为天真纯洁的孩子们，也会有虚荣心。不过，凡事都有限度。一个人不满足于现状，不甘落后，在特定情况下有一定的积极作用不假，但哲人说："人活着累，一小半源于生存，一大半源于攀比。"纷纷扰扰的大千世界，有人攀比外表，有人攀比金钱，有人攀比地位，甚至有人攀比配偶和孩子……但比来比去，一味的攀比带给人们的往往是无尽的烦恼和痛苦。

所以，我们应该把握住攀比的尺度，否则走进了攀比的死胡同，可就很难掉头了。

看过莫泊桑小说《项链》的人都知道其女主人公，就是爱虚荣惹的祸。玛蒂尔即小说女主人公为了虚荣心，向有钱的女友借了一串项链去参加舞会，晚上她成了最漂亮的女人，那串项链让她大出风头，可舞会结束后发现项链不见了，她只能借巨资买了条项链还给朋友，然后自己和丈夫花了十年时间攒钱还贷，终于还清了借款，可她自己却比实际年龄老了十岁。令人可笑的是，她花十年工夫攒钱还钱，却不知自己借的是假项链，为了这一晚上的虚荣，她花费了十年的心血。

虚荣使人沮丧，虚荣心就像沟壑一样永远难以填满。为了虚荣，有的抢劫偷盗，有的贪污挪用，有的欺瞒诈骗，等等，这些都只能一时满足其虚荣，可到头来丢了名、丢了爱、丢了家，最终还是丢了自己。

不难看出，当今社会普遍存在的虚荣心其实是世人对名对利的变态追求。虽然它貌似注重荣誉感，实际上却是对道德荣誉的背叛。

改变虚荣的毛病，最简单的方法就是：做一个真实的自我！要多交一些谈精神谈人生和淡泊名利的朋友，加强自己的内涵，而不要与虚荣心或是好胜的人过密来往；不要与人攀比，不要逞强，不要不切自身实际地超越别人，不要吹牛皮；要常常自问：追求虚荣对自己有多大益处，让人察觉打肿脸充胖子会是什么情景，生活是一时的快乐还是永远的快乐？这样就会慢慢控制自己的虚荣心，培养出良好的个性。

第八课

思想自由，我不同意你的说法，但我尊重你说话的权利

每个人对事物的认识看法不可能完全相同，在一个多元化的社会中，尊重不同的观念和见解，听从不同的声音和意见，这是成功者必备的素质。做人要有海纳百川的雅量，集思广益，方能博众彩之长。

1. 信言不美，美言不信

言人之所言，那很容易；言人之欲言，就不太容易了；言人之不敢言，那就更难了。我就是要言人之欲言，言人之不敢言。

——马寅初

（曾任北京大学校长，当代经济学家、教育学家、人口学家）

老子《道德经》里有句话，叫"信言不美，美言不信"，意思是说：真实的话往往不好听，好听的话往往不真实。的确，词语表面上的动听、浮华并不真实，也不能代表什么。

每个人都被上帝赋予了不同的人生，也会产生无数种性格，如：有人磊落，必然有人阴暗；有人大方，必然有人小气。在这种复杂的人群中，我们很难分辨好与坏，但记住一点："巧言令色，鲜矣仁。"那些满脸都是伪善神色，满口都是讨人喜欢的花言巧语的人，是不值得交往的，因为他们根本没有仁德。那些值得交往的君子通常是话语谨慎，做事行动敏捷，也就是《论语·里仁》里所说的"君子欲讷于言而敏于行"的意思。

无论是在现在，还是在古代，人们都十分忌讳那些"甘言厚币"之人。人们往往在有所图的时候才会甜言蜜语、厚赠钱财，实际上是贿赂他人，诱使人徇私枉法，表面上却做出一副看似友好的假态。

在春秋时期，秦国的秦穆公正要攻打郑国的时候，秦国的大夫杞子派人

跟秦穆公报告说他有一个能轻而易举地占领郑国国都的方法，那就是：郑国人让他掌管国都北门的钥匙，只要秦穆公悄悄派兵前来，就可以得逞。

秦穆公觉得建功立业的机会这次真的来了，因此得知此事后异常兴奋。他又去向蹇叔征求了意见，蹇叔是当时秦国的一位老臣。

蹇叔说："大王您细想想，我军到那地方时，肯定已经精疲力竭，如果郑国国君稍有防备，我们恐怕就在劫难逃了吧？所以大王，我觉得在战术方面，这样的战术是不可行的。因为郑国离我国有千里之遥，如果您想要让军队占领它，我觉得这样是不可行的。况且此段路程如此之远，期间郑国一定会得到消息的，如果这样，我军的辛劳就付之东流了，恐怕还会有人叛变的。"

可虽如此，秦穆公却没把蹇叔的话放在心上，他让孟明视、西乞术和白乙丙三位将领从东门出发进攻郑国。

蹇叔得知秦穆公的决定，很是伤心，对孟明视说："我不想看着大军出发，却看不见他们回来啊。"西乞术和白乙丙是蹇叔的两个儿子，他们都随军出征，蹇叔对儿子哭诉道："晋国人一定已经在崤山埋伏好了，我军到那一定会腹背受敌。你可知道崤山有两座山头，北面的山头是周文王避雨的地方，南面的山头是夏王皋的坟墓？你们一定难以从两座山头之间逃脱，唉，我只能等着去那里拾你们的尸骨了。"

秦穆公听闻此话，心里不高兴，就派人对蹇叔说："如果你中寿就去世，没有活到现在的话，我估计两只手都不能合抱住你坟头的树了。"

孟明视他们果然在崤山中了埋伏，晋军把他们团团围住，使他们进退两难。最后孟明视、西乞术、白乙丙三员大将全都被活捉，秦国的士卒也死的死，降的降。

君王不能抵御溢美之词，轻信战争能顺利打赢，而蹇叔的言论虽是事实，但却让秦穆公感到难堪，所以执意要伐郑。不仅如此，他还派人讥讽蹇叔为何不早点死去，自己最后只落得个崤山大败。

这也是很好地证明了"信言不美，美言不信"这句话。魏徵的一篇《谏太宗十思书》，至今广为流传。魏徵善于进谏，而唐太宗也乐于纳谏，且政治修明。魏徵在进谏中有好几次都使唐太宗很不悦，但他都没计较，虽然偶尔口头上说要惩治魏徵这个"乡巴佬"，但他却终究没有打压魏徵。唐太宗在魏徵死后还评价他为"帝王人镜"，忠言虽逆耳，却利于行，魏徵也因此在唐太宗心中占据了不可替代的位置。

现实生活中，我们常常碰到，有的人说话说得天花乱坠，很动听，很华美，但是到头来是让你上当受骗。相反，"信言"是真实的、素朴的，不用"包装"，它往往没有那种外表的美，这就是"信言不美"了。

信言是真诚的流露，美言是虚伪的开端。孔子曾教育学生要交诤友不交损友。诤友，能勇敢指出朋友的缺点过失；损友，则美言连篇，对朋友的错误姑息迁就。

当别人夸赞你的时候，听听也就罢了，而那些批评声才是你真正需要去反思的。所以，我们一定要坚持"信言不美，美言不信"的原则，虚心接受别人的建议。

2. 己所不欲，勿施于人

学者们常说"真理愈辩愈明"，我也曾长期虔诚地相信这一句话。但是，最近我忽然大彻大悟，觉得事情正好相反，真理是愈辩愈糊涂。

——季羡林

（曾任北京大学教授，历史学家、思想家、作家）

"己所不欲，勿施于人"出自《论语·颜渊篇》，是孔子经典妙句之一，这句话的意思是说：自己不想要的东西和结果，切勿强加给别人。

无论何时何地，把意愿强加给别人都是不对的。我们自己再喜欢的事也不可以强加于人，每个人的价值观念不同，居住地域、生活经历不同，个性倾向性如兴趣、爱好、动机、理想、抱负、信念、世界观不同，于是对满足自己需要的事物也会千差万别，呈现出很大的个性差异，所谓"萝卜白菜，各有所爱"。

大禹接受治水任务时，刚刚和涂山氏的一个姑娘结婚。当他想到有人被水淹死时，心里就像自己家里亲人被淹死一样痛苦不安，于是他告别妻子，率领 27 万治水群众，夜以继日地进行疏导洪水的劳动。经过 13 年奋战，三过家门而不入，他疏通了 9 条大河，使洪水流入了大海，消除了水患。

到了战国时期，有个叫白圭的人，跟孟子谈起大禹治水这件事，他夸口说："如果让我来治水，一定能比禹做得更好。只要我把河道疏通，让河水流到邻国去就行了，那不是省事得多了吗？"

孟子谈起这件事说："让洪水流到邻国，邻国难道不会让洪水再流回来吗？有仁德的人是不会这么做的，这么做只会造成更大的灾害。"

白圭只为自己着想，不为别人着想，这种是"己所不欲，要施于人"的错误思想，是难免要害人害己的。大禹治水把洪水引入大海，虽然费工费力，但这样做既消除了本国人民的灾害，又消除了邻国人民的灾害。这种推己及人的精神，才值得称颂。

东晋大臣庾亮有一匹很凶的马，人们于是劝他："赶紧去市场上卖掉吧，不然就砸到自己手里了。"

没想到虞亮却说："我去卖掉，自然会有人买去，对我来说是减轻了伤害，但那样的话，它会伤害它的新主人。我难道要因自己的不安全就要嫁祸他人吗？"

庾亮的所言就体现了这种高尚的品格。他没有因为自己会受到伤害就将这种伤害转移给别人，而是将危险留给自己，他的这种"己所不欲，勿施于人"的品质让我们感到敬佩。

所以说，要做到"己所不欲，勿施于人"，关键在于：我们对待他人时要做到"将心比心，推己及人"。谁都不愿意干自己不爱干的事情，更不喜欢让他人来强迫自己做不爱做的事情。自己是这样，别人也是这样。如此，将心比心、推己及人后，自然就能做到"己所不欲，勿施于人"了。为别人着想，别人也会为你着想，真诚才能换真心，若人人都能做到这一点，世界一定会和平、安宁。

3. 倡导民主，不搞"一言堂"

多提些问题，少谈些主义。

——胡适
(曾任北京大学教授，现代学者，历史学、文学家)

北大校长蔡元培在北大推行一种教授治校的方案，即学校由教授自己来管理，并赋予教授很大的权力，他们有权决定考试内容、学科选择等，这在大学的领导体制上有不凡的创新之举，也是史无前例的。

蔡元培授意在北大成立了评议会，用来决定学校的大政方针，并因此成为学校最高的立法机关。这个评议会由选举产生成员，这些成员大部分是学校里的教授，并且，他们在一年任期满后还可以通过选举而连任。

学校的每个系都成立一个教授会，同样是通过选举产生成员，并在这些成员中选举一人为主任。教授会和评议会一同来决定学校的教学、教务工作，校长并不参与意见，只是给他们起后勤保障作用。

　　蔡元培先生对后人的影响是伟大的，他对思想、言论自由的捍卫之心深深鼓舞着后代。梁漱溟先生曾说过："核论蔡先生一生，既不以某一种学问见长，也无一桩事功表现，亦没有什么其他成就，只在开出一种风气，酿成一大潮流，影响到全国，收果于后世。"也正是如此，蔡元培的学问、为人并没有到达很高的层次，但他在北大历史上的影响仍然是无人可及的，原因就是他秉持了这种自由民主、兼容并包的办学理念，并且始终坚持贯彻了7年之久，直到他离开北大。他的这种教育制度使北大的混乱局面得以改变，师生品行不检等为社会所菲薄的气象消失了，学生们也不再求官心切，而是改为专心研究学术。

　　要想倡导民主自由，就首先要自身保持思想自由，蔡元培作为学校的思想领袖，就很好地做到了这一点。

　　宋蔼龄、宋庆龄、宋美龄，被称为"宋氏三姐妹"，在那个特殊的历史舞台上，"宋氏三姐妹"随同她们的丈夫，以个人的突出才华和贡献改变了中国历史，同时也影响了世界历史，对中国妇女的解放作出了突出贡献。这三个不凡的姐妹身后有一位"不凡的父亲"——宋耀如。

　　在当时，大多数的中国传统家庭男子都以家长自居，他们的话像法律一样具有威力，不管对与错都可以强加在孩子头上。或者说他们的话本身就是法律，不管孩子理解不理解愿意不愿意，都要执行。而孩子的要求不管对不对，提出的愿望应该不应该，则全凭家长的一句话："对"或"不对"和"行"或"不行"。在"一言堂"式的家庭中，小孩基本不能按照自己的意愿去发展。

　　但宋耀如的家庭不是这样的。他为女儿们准备了一个崇尚平等、自由、独立、创新、坚韧、爱国的思想大熔炉，让女儿们从坠地之始就享有男女平等、个性自由、独立自主的权利，鼓励女儿们从小就勇于追逐梦想，为女儿们搭建了一个与绝大多数当时中国女性不同的成长平台。

　　宋耀如作为一家之主从不搞"一言堂"，主张家庭民主，在家中不论大人小孩都可以自由发表言论。而且当孩子的要求和大人的愿望相反，孩子均可以据理力争并最后使父母满足自己的要求。

　　在这样家庭成长起来的"宋氏三姐妹"难怪都能成为当时的一段传说。

　　因为真正的民主是要给人平等、畅所欲言的权利。所以，无论是在学习、工作或家庭生活中，大家都要秉持相互交流的观念，谁都不能以己独大。正如韩愈《师说》中所说"弟子不必不如师，师不必贤于弟子"。之后还要倡导

"术业有专攻"的理念，给每个人机会，让他展现自己精彩过人的一面。

在学校里，育人应以授业解惑为首，治理则以民主自由为尊。而在社会中，朋友之间相处要平等相待，尊重对方；工作当中，领导要虚心接纳下层的意见。家庭中尊重长辈，但也要尊重小孩的意见。如果只是"一言之堂"，未免独断专行。

在现代社会，仍有很多人喜欢搞"一言堂"，把自己的话当成"圣旨"一样让别人去执行，这简直就是人们所说的"强盗思维"。想改变这一现状，就要求领导者不仅要受众人监督，还要开放思想，鼓励言论自由；还要求被领导者坚持民主理念，勇于维护自己的思想言论自由。也就是说，无论是领导人，抑或是被领导者，都必须坚守遵循民主的理念。

只有把民主放在首位，海纳百川，才能服众，从而事事成功。

4. 宽容对待反对者

容忍是一切自由的根本：没有容忍，就没有自由。

——胡适

（曾任北京大学教授，现代学者，历史学、文学家）

韩信曾受胯下之辱。后来他衣锦还乡，并没有降罪让他受辱之人，而是给他中郎将的官位。身边的人都很不解，向韩信问道："将军为何不惩治此人，还封位给他呢？"

韩信说："此人是个壮士，他当年侮辱我时，我就可以杀了他的，可是我不愿为此而丢失性命。大丈夫死也要死得有价值，而且正是因我忍下了当时的屈辱，才能保留性命，成就现在的自我啊！"

韩信所言极是！那些反对者其实是有很大功劳的，他们相当于助你成功的另一只手。当你败在别人之下，想的不应是秋后算账，而要宽容谅解对方。其实在你弱小的时候，反对者相当于一面镜子，让你更好地看清自己。

《韩非子·说林下》中有一段话："刻削之道，鼻莫如大；目莫如小。鼻大可小，小不可大也；目小可大，大不可小也。举事亦然，为其不可复也，则事寡败也。"它的意思说：在雕刻人像时，鼻子应该稍微大一些，等到完成后，如果觉得大，还可以削小，反之，要是小了就没有办法了；而眼睛则要小一些，因为眼睛改大可以，改小就是不可能的了。《菜根谭》中所说："处世让一步为高，退步即进步的主张；待人宽一分是福，利人实利己的根基。"

这句话启示我们，在为人处世方面，一定要宽容大度些，这样才能有合作的机会；对待敌人，也要友善，从而赢得更多的支持者。

娄师德肚量大在历史上是有名的，当时娄师德是宰相，他的弟弟也被任命为代州刺史。在临行前弟弟向兄长辞别，娄师德说："我的才华并不出众，只是侥幸才能做到宰相。而你，现在又要去做职位很高的地方官。我们实在是幸运得有点过分，我怕别人会嫉妒我们的，怎么办？"

他的弟弟却说："从今天开始，我要冷静地处理问题，即使有人把口水吐到我脸上，我也不会还嘴，就把口水擦去就是了。我一定会更加自勉的，请兄长放心。"

娄师德摇摇头，正色道："我最担心的就是这点。唉，如果人家拿口水唾你，一定是人家对你不满意了，对你发怒了。此时你虽然不说什么，只是把口水擦了，也说明了你对对方不满，因为不满而擦掉，这样反而会更激怒对方的。所以你不能把唾沫擦掉，要任它干了，还要微笑着承受！这样才是处置充盈之道啊！"

狄仁杰成为朝廷重臣，并不知道其实是娄师德向武则天推荐了他，他还瞧不起娄师德，认为他不过是普通的武将，并多次排挤他，但即便如此，娄师德从来不放在心上。

之后武则天觉察此事，召狄仁杰进宫，对他说："你怎么看待娄师德这人呢？"狄仁杰回答："娄师德这个将领相当谨慎，但贤能与否，属下难以定断。"

接下来武则天又问："那你觉得他有发掘人才的眼光吗？"狄仁杰回道："虽然属下与他共事一段时间，但不曾发现他有此才能。"

武则天笑道："朕正是通过娄师德的推荐才任命你为宰相的啊！所以他当然有举贤之能了。"之后她便拿出娄师德推荐狄仁杰的奏章，递给狄仁杰。狄仁杰看后，备感羞愧，叹息道："娄公盛德，我为所容乃不知，吾不逮远矣！"

娄师德始终保持宽容、谦虚的作风，因此受到武则天的信任。俗话说得好："做人留一线，日后好相见。"确实是这样，我们对待任何人，无论是反对者还是怨恨的人，都应该留给别人一线生机，不应该赶尽杀绝。只有留给别人面子，才能最终解开仇怨，使他们拥护我们。

俗话说"仁者无敌"，其实质就是宽容善待别人。孔子云："过也，人皆见之；更也，人皆仰之。"一位哲人也说过一番耐人寻味的话："天空收容每一片云彩，不论其美丑，故天空广阔无比；高山收容每一块岩石，不论其大小，故高山雄伟壮观；大海收容每一朵浪花，不论其清浊，故大海浩瀚无比。"哲人之言无疑是对宽容最生动直观的诠释。

宽容，可以让社会变得更加和谐。人与人交往，若能够在事情发生时，对别人宽容一些，别大事小事都得理不让人，学会得饶人处且饶人，那么，就不会有不应有的后果，也不会有不和谐的事情发生了。

所以，我们应该放弃怨恨，真正从心底去原谅这些"可爱"的反对者。

5. 敞开胸怀，给大家表达自己意愿的权利

敞开胸怀，给大家表达自己意愿的权利沟通的 5 个基本要素：点头、微笑、倾听、回应、做笔记。

——翟鸿燊

（北京大学客座教授，国学研究传播者）

蔡元培对人非常宽宏大度。别人如有长处，他总是公开赞扬；别人如有过错，他总肯原谅。在他担任北大校长时，可以看到对聘请教授采取兼容并蓄的态度。

当时，北大有提倡白话文的胡适和钱玄同，有极端维护文言文的黄季刚和刘申叔，有拖着长辫子的辜鸿铭，有朴学大师章太炎，有洪宪六君子之一的刘师培，有戊戌维新的梁启超，有讲昆曲的吴梅，蔡元培都让他们各本所学，尽量地发挥各人特长，在我国大学教育方面留下美谈和典范。

他提出了"学为学理，术为应用"，"学为基本，术为枝叶"的观点，指出："教育者，养成人格之事业也。""思想自由"、"兼容并包"，是蔡元培任北京大学校长时提出的办学方针。

他认为大学的性质在于研究高深学问。大学是"囊括大典，网罗众家"的学府，应该广集人才，容纳各种学术和思想流派，让其互相争鸣，自由发展。

蔡元培无论是对待"教授治校"还是"学生自治"，他都敞开胸怀，让人看到了一位长者的风范，让我们见识到了真正意义上的现代大学；他一生凛然正气，万世师表，在对待北大学子上，他给予大家表达自己意愿的权利。

可见，要敞开胸怀，就首先要做到大度。大度是一个心态的问题，只要是我们的内心存有大度之道，时常念及大度之词，是可以把自己修养得更有风范的，而且心态上也会更加富有朝气。只有我们有了好的心态，我们才能

敞开胸怀。

敞开胸怀的人是快乐的，因为他们的视角在广阔的天空和无垠的宇宙，而不在世间种种烦琐的事情上。试想一下，一个人的心胸广阔得可以盛下漫天的星星，还有什么盛不下呢？

周厉王姬胡为人暴戾而又刚愎自用，以严酷的政策来治理国家，使得人民怨声载道，背地里纷纷咒骂他。大臣召公好心劝告他说："人民已经不堪忍受了。"姬胡很生气，为了堵住人民的口，派了巫师监视百姓言行。这可能就是中国历史上第一个特务机构了。

姬胡的特务治国的策略，弄得亲友熟人在路上遇到了都不敢互相招呼，只能看上一眼。整个国家人人自危，陷入极权专制的恐怖之中。

从此，就没有人敢议论了，但是诸侯也很少来朝拜了。几年过后，整个国家都没有敢张口议论国事的人了。人们在路上相见，也不敢说话，只是以互递眼色示意。厉王对此却十分满意，还对召公说"你看，他们都不敢多嘴了，是寡人消除了人们对我的议论！"

姬胡自以为得计，得意扬扬地对先前劝过他的召公说："我有办法叫百姓不敢诽谤我，现在没人再敢说我坏话了。"

召公再次劝谏说："这样堵住人民的嘴，就像堵住了一条河，河一旦决口，要造成灭顶之灾；人民的嘴被堵住了，带来的危害远甚于河水，治水要采用疏导的办法，治民要让天下人畅所欲言，然后采纳其中好的建议。这样，天子处理国政就少差错了。"姬胡听了不以为然，嗤之以鼻，仍然一意孤行，实行暴政。举国上下都是敢怒不敢言。3年后，人民最终不堪忍受，自发地拿起生产工具作为武器攻入王宫，把昏君放逐到一个叫彘（今属山西）的地方。

周文王、周武王开创的强盛西周王朝就在周厉王的暴政下开始衰败了，不听召公之言"防民之口，甚于防川"，仍旧把民众逼得"道路以目"，这种做法实在可怕。周厉王得此悲剧，原因就是他不愿意广开言路，不愿意别人议论他的得失，而是封杀舆论。也正是这种做法导致他落得逃离王国、客死异乡的悲惨下场。

大禹治水就是采取了"疏"的办法，从而治水成功。言论就和洪水一样，如果你无视它，或者一味地堵住，都不能从根本上解决问题，最终只会祸及自身。只有广开言论，才能吸取更多人好的意见，从而使社会长治久安。

因此，做人要胸怀广阔，能够接受别人的意见，有利于事业，也能够弥补自己学识的不足。心胸狭窄、鼠目寸光、锱铢必较的人是不会有所作为的。

6. 接纳有个性的人的存在

生是一种偶然，由父母至祖父母至高祖父母，你想，有多少偶然才能落到你头上为人。上天既然偶然生了你，所以要善待生，也就是要善待人。

——张中行

（曾任北京大学教授，著名学者、散文家）

一样的米养百样人，一样的世界养千万种人。作为社会的一个个体，大家应该学会包容、接纳与自己不同的个性、思维、建议的人的存在。其实，正是那些有个性的人，才使你的人生增加了更多的明亮色彩，给你的思维带来莫大的冲击；正是那些有个性的人，才让你真正地认识世界，认识世界中的个体。

那么，什么才叫有个性？

"个性"是一种特质，是一种不会因潮流的改变而改变的东西，更是一种你有别人却没有的东西。在某些时候，个性是由于生活状态环境的不同、天生性格的差异和所学专业知识，从而形成的一种个人喜好；在某些时候是一种气质，如：高贵的、朴素的或端庄的、优雅的……个性是由时间的推移、岁月的沉淀，而慢慢培养出来的一种品格；个性是一种修养，是一种对别人的礼貌或不卑不亢的态度等；个性又是一种自我的坚持，并不会因为别人持与自己不同的意见，而改变自己的初衷；个性又是真实的人性，清楚地知道自己要什么，不要什么，不会跟随他人的脚步，而是"标新立异"。

比如：著名哲学史家汤用彤是一位相当有个性的人，在他得知自己的著作《汉魏两晋南北朝佛教史》获大奖时，竟然桀骜不驯地说："我的书不需要别人来评审，一直都是我给学生打分数！"

如果是一般人得知自己获奖的话，肯定会手舞足蹈，甚至会到处宣扬自己的优秀、努力等。汤用彤却没有像一般人那样，而是用高傲的态度来面对。在他心里，即便是别人不赞同他，他也会觉得无所谓，因为他已经努力了自己该努力的，做了自己该做的。

俗话说得好：我思故我在！一个人只有会思考，能判断，才是一个具有独立人格的人，才可能成为一个有个性的人。试想，如果你只是跟在别人的背后，模仿别人——别人做什么，你也做什么，别人吃什么，你也吃什么，别人想什么，你也想什么，那你只能是一个附属品，一个毫无价值的附属品。

你连独立的人格都没有，还能谈什么个性？

近年来，中国画家陈丹青的名字频频出现于主流媒体上，这主要是由于他不同寻常的创作经历、对艺术的执着追求以及那不同于常人的个性。

1976年9月，陈丹青到西藏画画。他创作了一幅油画，名字叫《泪水洒满丰收田》。其画面鲜明的色彩对比和人物表情，令人感触颇多。没多久，这幅画就在中国美术界传开了，甚至为他带来了很多赞誉。与此同时，全国研究生招考也在那时开始了，他也报名参加，并得到录取通知书了。

1982年，陈丹青受美国亲戚的邀请，到美国进行深造。对他来说，能够看到西方画家的作品，那真是巨大的诱惑和享受。

2000年，陈丹青选择回国。刚一回国，就被清华大学特聘为艺术学院教授。他的存在，给国内艺术界带来一股新鲜的空气，再加上他那富有个性的艺术理念和教学方式，让大家耳目一新。同时，他注重因材施教，鼓励大家释放自己的个性，尽量发挥自己的特长，从而激发起自己的创作灵感。

在人们的眼里，他是一个"爱说话、能说话、到处说话"的人，在公共事务的诸多领域，他都能说出与他人不一样的见解。如：对国内的艺术教育，他提出自己的建议，得到业内人士的认同和教育部门的重视。

可没多久，他的"个性"就与其他人，甚至是和国内的教育理念发生了冲突，导致人才的流失。在愤怒和惋惜中，陈丹青辞去清华大学教授的职务，做起了自由画家。

他不但热爱绘画，还非常喜爱音乐，2002年他出版了随笔集《陈丹青音乐笔记》。他的文笔很出色，内容没有框框，文字清新，带有复古的气息。另外，他还出版了文集《纽约琐记》、《多余的素材》、《退步集》，受到广大读者的喜爱。

在当时，陈丹青自豪地说："据我的编辑告诉我，我每套书都会脱销，都会上排行榜，包括痛骂我的人，他们也都会在文字上认同我。可是，我的画现在却得不到这些人的认同，而且现在我也没有画出我心目中想画到的那种程度。"

在陈丹青为自己骄傲的同时，他又多了一些谦逊。或许，这就是他的"个性"吧。无论他的个性好坏，他那种都散发着人文气息和特立独行的风范被广大人群记住了！

其实，有个性的人比比皆是，其中不乏恃才傲物和"空放大炮"的人。在面对这些个性的人时，我们应该选择去接纳，而不是反对或拒绝。要知道，每一个富有个性的人身上，都有一些值得我们学习和我们没有的东西。

7. 让思想百花齐放

知教育者，与其守成法，毋宁尚自然；与其求划一，毋宁展个性。

——蔡元培

（曾任北京大学校长，著名教育家、革命家、政治家）

孔子、孟子、老子、荀子等太多的思想大家都诞生于春秋战国时期。那个时候百家争鸣，不仅留下了很多的学说，还丰富了中国古文化。可以说，这一笔宝贵的信仰财富正是那个时代思想撞击下的产物。

儒家、道家、墨家都是以说服对方为目的的，即使一方受重用，也不会封杀其他学说。因此，才会涌现出源源不绝的大师。

在《庄子·天道》中记载了这样一个故事：

孔子希望周王室的图书馆能收藏他编写的著作。孔子的弟子子路就对他说："老子曾经是图书馆的馆长，老师，要不咱们找找他吧？"

孔子听了他的建议，找到老子商量这件事，但老子却没有同意帮助他。于是，孔子为了争取便对他说起自己的著作。老子却有些不耐烦地说："请你讲重点吧，这样说太慢了。"

孔子说："重在仁义。"

老子又问他："你所说的仁义符合人的天性吗？"

孔子答道："是的，君子必须仁义，不仁就站不住脚，不义就活不下去。不用怀疑，仁义必然是真正的人性。"

老子说："那把你所谓的仁义跟我说说吧！"

孔子道："仁义就是心存善念，愿万物安乐；无私的爱世间所有人，不带私心杂念。"

老子笑着回道："天地、万物、人，都有自己的天性，都按照各自的天性去生存，这本来就很好，很幸福，你们要强迫他们仁爱，不就是存心要搞乱人心吗？简直是太自私了！仁义虽好，但绝对不能人为地、强制地去规定，非要如此，必定会乱了真性情啊！"

儒家不断地宣扬仁爱的理论，希望诸侯能够以仁义治国，安抚天下；而道家则反对仁义，认为仁义违反了人的天性，而这个礼坏乐崩的社会已经没得救了，越折腾越坏事。而儒家和道家之争，在当时只是一方面，还有包括儒墨之争、道法之争、兵墨之争等很多思想也在不停地冲突、发展中。真可谓是"千帆共竞，百舸争流"。

早在两千多年前，文明开化之风就蔚然盛行，当时的诸子百家辉煌壮阔，各持其说，争鸣激荡。各学术团体并不受制于政治，它们都是相对独立的。所以，幽深微妙的思想才能不断迸发出最绚丽的光辉。各家纷纷著书立说，议论时事，阐述哲理，从不同的社会集团的利益出发，各成一家之言。但是他们并不依附于政治或是某个政治权势集团，只是秉着"用我则留，不用我则去"的原则。

当然，面对错误与偏颇的思想，我们要有所选择，但选择并不意味着一刀切，而是要用更为智慧的方式去引导、去教育、去扶正、去融合、去保留独特的个性，这样我们的思想才不会只剩下不蔓不枝的主干。

1951 年，国内关于京剧问题的发展出现了争论，一派主张全部继承；另一派认为京剧是封建主义的，主张全部取消。1951 年 4 月，毛泽东为中国戏曲研究院题词："百花齐放，推陈出新。"他主张京剧还是要，不单是京剧，各种戏曲形式都要去其糟粕，取其精华，加以继承。

当代教育家、革命家、政治家蔡元培先生在北大任教时就提出"兼容包并，思想自由"的方针，他是想借此把北大办成学术自由的摇篮、百花齐放的发源地。从此这个方针也就成为了北大的无形校训。

蔡元培认为只有从思想上变革才能一改北大的"老爷"式学堂传统，所以他对北大的整顿是从文科开始入手的。他的第一个举措就是请人，他把一批像李大钊、刘半农、周作人、胡适等新学方面的先驱者聘请到学校，还包括自然科学方面的李四光、翁文灏等科学家，开设北大的理科组。同时，一些学术上造诣很高，但在政治上非常保守的学者甚至吹捧封建君主制的人也被他选中，其中有辜鸿铭、黄侃、钱玄同、刘师培等。

从此，北大的校园里有了保守派、激进派，亦有维新派，三教九流、诸子百家汇聚一堂。老学究们的背后拖着长辫，心里眷顾着帝制，但仍然能与思想激进的新人物同席笑谈和激烈辩论。蔡元培先生看到此景象，很是欣慰，因为他觉得这才是真正的大学。

蔡元培先生似乎是预知未来的，他高瞻远瞩，请来各种人物、各种思想，让学生们自己选择，自己理解，从而使思想百花齐放，进而迸出火花。正是如此，思想才能延续下去，救国救民的思想才能出现。

如果我们压抑排斥所有非主流的思想，那么在提倡妇女守节最严酷的明代，我们就听不到被禁锢人民唱出的为爱情献身的动人吴歌；如果我们打压清理所有非主流的思想，那么玩物广泛的王世襄，就不可能成为一个精熟民俗文化的大方之家；如果我们要求所有人都文理兼善，那么数学仅考十五分的钱锺书，便不可能进入清华，而终成令人高山仰止的文化昆仑……

所以说，让思想百花齐放是一件必要的事，也是一件刻不容缓的事！

8. 打破条条框框，拥有开放性的思维

教育是帮助被教育的人，给他们能发展自己的能力，完成他的人格，于人类文化上能尽一分子责任；不是把被教育的人，造成一种特别器具，给抱有他种目的人去应用的……教育是要个性与群性平均发达的。

——蔡元培

（曾任北京大学校长，著名教育家、革命家、政治家）

传统儒家思想教育人们以"中庸之道"行事，"君子取道甚迂，行不由径"等根深蒂固的思想，在潜意识中影响着人们。这种思想还表现在教育方面，缺少一种开放性的思维方式。

胡适留学归国后，立即被聘为北京大学的教授。当时，北京大学是国内唯一一所略有历史，略具规模，而又正逢蔡元培掌校，决心进行改革的大学。

胡适怀抱发展高等教育的志愿来到北大，可谓如鱼得水，正可一展他的抱负。他首先提倡把北京大学办成研究型的大学，着手创办研究所。他是哲学研究所的第一任主任，提倡选科制，以利于发挥学生的主动性。他提倡教授会制度，在各系（当时叫做门）成立教授会；再由各系教授会推举代表组成大学的评议会，于是，就形成了教授治校的制度。在蔡元培的支持下，他的各项建议都先后逐一落实，将北大造成一个新型的大学。

他对中小学教育的改革也有相当的主张和积极的贡献。如提倡启发式的教学法，编撰新式教科书，等等。尤其是胡适亲自主稿的中国新学制，在中国实行了三十多年。

胡适于 1929 年在上海出版的《基督教年鉴》上发表一篇英文论文，叫做"今日的中西文化问题"。其中用了一个英文词 wholesale westernization，这个词可以解释为整个地西化，因此也可以译作全盘西化。在中文文献里，明确提出全盘西化主张的是著名学者陈序经先生。陈先生在 1928 年，在广州中山大学的一次讲演中提出了全盘西化的主张。但陈先生当时名气不大，又限于

广东一隅，影响有限。当 1935 年初，在批判十教授的中国本位的文化建设宣言时，陈序经以其全盘西化的主张与之相对抗。此时，胡适是明确与陈持同一立场的。故后来批判全盘西化论时，人们皆以胡适为靶子。

胡适赞成全盘西化，是为了反对折中主义（陈序经也是如此）。从前，几乎所有批判全盘西化的人都不曾平心地了解全盘西化的真意义，都是先把全盘西化歪曲成是全部废除中国固有的文化而以西方文化取代之。无论胡适还是陈序经都说过，这是批判他们的人强加给他们的！

可见，在开放的文化心态下，在同其他民族文化的交流中，自己民族文化的一切优秀的东西决不会丧失。因为在文化的竞争中，同样是循着优胜劣败的规律，真正好的东西是用不着担心它的命运的。

在古代，这样的例子也是很多的。

齐桓公提拔管仲之后，管仲就一心想为齐国效力，成就齐国霸业，他也从不掩饰这样的野心。

有一次，齐桓公问管仲："先生，我尤其酷爱打猎，我怕影响到齐国的霸业，你说会吗？"

管仲不假思索地给出了否定的回答。

齐桓公又问："那我爱喝酒的嗜好呢？"

管仲仍旧给出否定回答。

齐桓公又继续问道："那我的好色呢？"

管仲仍面不改色道："不会的，都没有影响。"接着他又说道，"我认为下面这三种情况对霸业的影响最大。第一，得贤不能任；第二，用而不能终；第三，与贤人谋事而与小人议之。您的那些嗜好都不是什么大毛病，我认为不能重用贤才，宠信小人、佞臣，才会影响国家的安危。"

齐桓公听了受益匪浅，不禁感叹道："先生果然高于众人之上。"

也许在今天，管仲的观念并不会得到众人的认可，但是在当时，的确是很好的，因为管仲辅佐齐桓公九合诸侯，一匡天下，真的成就了春秋霸业。管仲认为好逸恶劳、趋利避害是人的本性，人不应该强行压抑这样的思想，这也就有些类似于以人为本的理念。

管仲还提出了"仓廪实而知礼节，衣食足而知荣辱"的观点，他认为充裕的物质才能使人们在道德上有所节制。这与孔子的"克己复礼"相比，要轻松简明多了。

封建人物管仲实在是很开明，在当时是实属难得的。他一反历代以来重农轻商的观念，鼓励商贾流通，使"天下之商贾归齐若流水"，也正是他的改革奠定了齐国称霸的基础。管仲秉着他这种开明的政策，一举打破了夏商周奴隶制度下种种不合理的条条框框，并为齐国的强盛谋求到了出路。

汉武帝"罢黜百家，独尊儒术"，儒家学说在一定程度上推动了历史的进程，但也有不利的一面，就是也极大地束缚了人们的思想，使人们只对儒家顶礼膜拜，从而把天命看得过于重要。

明末清初的大思想家顾炎武，提出了"理学，经学也"的概念，抨击了自元宋明以来兴盛的理学，特别是朱氏理学实乃伪理学。之后，王船山也曾说："吾心之知，有不从格物而得者。"这也就从侧面呼应了顾炎武的学说，在王船山、顾炎武、黄宗羲的努力下程朱理学遭到批判，"经世致用"的思想理念也就随之兴盛起来。所以说，在思想上，开放性的大局观才是正途。

每个人都有自己的思维方法，这是建立在经验、常识和知识的基础上。在生活中，最常见的思维方法就是基于逻辑的定向思维。如：马路上围着一群人，在那里七嘴八舌地讨论着什么，路过的人立刻会意识到那可能有人在打架或是一场车祸，而事实也许是施工挖到古墓了。这里不论是哪种结果，对看到的人都没有什么影响，但是类似的定向思维对于研究而言却是影响深远。

总之，我们应该常常提醒自己：打破条条框框，用开放的思维对待一切。

9. 动心忍性，莫做一时之争

我来这里是为了教出更多更出色的学生报效国家的，而不是和人吵架斗嘴的，小事能忍则忍，得过且过吧，不能因小失大。

——林语堂

（曾任北京大学教授，著名学者、文学家、语言学家）

林语堂教授在北京大学执教期间，由于他为人诙谐幽默，加上学贯东西，知识渊博，深得学生们的爱戴。然而，让林语堂怎么也没想到的是，自己为人谦和低调，竟然成了一个同事的眼中钉。这个同事对林语堂讲课的方式大为诟病，觉得身为教授，教授学生们知识，就应该满脸严肃一本正经地进行，而林语堂却一边讲课一边开着玩笑，经常逗得学生们哄堂大笑，没有一点体统。

林语堂教授知道原因后，简直哭笑不得，同事讨厌自己竟然是因为这个。

更让人难以接受的是，这位同事还到处讲自己对林语堂授课方式的不满，几乎每一个北大的老师都知道了这件事，这让林语堂心里很不是滋味儿。令人无奈的是，每次两个人在校园里偶然相遇的时候，那个同事都会把头高高昂起来，不屑地从林语堂身边走过去。然而，尽管同事做得如此夸张过分，林语堂却从来没去和同事进行争辩理论，而是踏踏实实地准备自己的教案，竭尽全力地为学生讲好每一堂课。

那个同事过分的做法，引得有些教授为林语堂打抱不平，大家纷纷表示要去给林语堂讨一个公道，林语堂却大度地摆了摆手，阻止大家说："我来这里的目的是为了教出更多更出色的学生，而不是为了和人吵架斗嘴的，这种小事能忍则忍，得过且过吧，不能因小失大。"

在随后的很长一段时间里，林语堂的大度并没有换来那位同事的理解，对方甚至更为挑衅责难，但是林语堂面对这些都是淡然一笑，丝毫不放在心里，仍旧把精力放在认认真真地按照自己的方式给学生们上课。

几年之后，林语堂诙谐幽默而又蕴含智慧的教学方式得到了全校师生的认可，成为了全校最受学生们欢迎的教授，而当初那个看不上林语堂的同事也不得不承认林语堂的教学方式和个人修养之高明。

显然，林语堂是一个懂得控制情绪的智者，懂得忍一忍风平浪静的真理。当面对他人的挑衅和责难时，一般人肯定会血气上涌，不顾一切地和对方争辩理论。可是，这样一来，不仅会将自己的精力白白浪费在毫无意义的事情上，而且会让彼此之间的关系更加恶化，从而给自己前进的道路上设置更多的麻烦和障碍。

所以，我们不应该放纵自己的愤怒情绪，而应该放眼未来，为了长久的成功，做合理的克制和忍让。忍让，是大智大勇的表现，它不计较一时的高低、眼前的得失，而是胸怀全局、着眼未来；忍让，是一种美德，它能以宽广的胸怀、无私的心灵去容纳人、团结人、感化人、包容人，创造出和谐美好的世界。

10. 目中无人，必酿大祸

友谊是两颗心的真诚相待，而不是一颗心对另一颗心的敲打。

——鲁迅

（曾任北京大学讲师，无产阶级文学家、思想家、革命家）

明代冯梦龙所著《东周列国志》第九十六回："赵奢子赵括，自少喜谈兵法，家传《六韬》、《三略》之书，一览而尽；尝与父奢论兵，指天画地，目中无人，虽奢亦不能难也。"目中无人即目空一切、狂妄自大，眼里没有别人，也看不起别人。

老子曾说："以其终不自大，故能成其大。"历史上，自大的人留给我们的教训是血淋淋的。有道是："明者自谦，愚者自傲。"要想生存下去，就必须保持谦虚谨慎的态度，一旦你狂妄自满，逾越雷池，那么灾难就离你不远了！

齐高帝萧道成有一个孙子名叫萧子显，天生聪明，博学能文，爱山水、好饮酒。真可以称得上是一个"雍容闲雅、简通宾客、风神洒落、不畏鬼神"的人。

在做吏部尚书时，萧子显相当高傲，见到宾客从不与人交谈，只是挥手示意，因此有些士族地主内心里对他很不满。梁武帝对他加官晋爵，委以信任，但是也很不认同他这个毛病。

萧子显离世后，他的家人上奏请求谥号，准备安葬，梁武帝赐了"恃才傲物，宜谥曰骄"的诏书给他，这句话的意思就是最适合他的谥号是"骄"，这简直是在愚弄萧子显。

萧子显是相当有才气的，这无可厚非，他撰写了很多历史著作，例如：《后汉书》、《普通北伐记》、《贵俭传》、《晋史草》、《齐书》、《南齐书》等，而这些书中只有《南齐书》保留了下来，它也是著名的二十五史之一。萧子显本来可以因才气和撰写的史书名垂青史的，但是却因为他的自负名声大跌，连对他信任有加的梁武帝都看不过去，最后他只能因为一句"恃才傲物，宜谥曰骄"成了历史的笑谈。

恭维是改变不了历史的，历史永远都是直白、公正的，无论是什么人，在历史的记载中都是符合原型的。即使成就再大，只要恃才傲物，都不会受到人们的敬仰。恃才傲物者如果过于自负，丧失了应有的理智，就会变得目中无人，最后一定会为自己带来麻烦。

有这样的一个故事：

有一条船上，有两个人，一个是哲学家，一个是船夫。

望着清澈的河水，哲人忍不住问船夫："你懂哲学吗？"

船夫摇摇头，回答："不懂！"

听到这里，哲人叹了口气，说："唉，你已经失去了半条生命。那，你总懂得一点音乐吧?"

船夫依旧摇摇头,说:"怎么会懂呢? 你看我们祖辈都在船上生活,哪有这个条件?"哲人鄙夷地看着船夫说:"那又失去了一半生命。"

船夫继续摇着船桨,没有回答哲人的话。就在这时,船突然漏进了水。眼看就要沉下去,船主问:"你会游泳吗?"

"当然不会! 我可是一个哲学家!"哲学家惊恐万分,抓狂地回答。

"那很可能你要失去整条生命!"船夫严肃地说。

故事告诉我们:任何人都不是"万能"的,多少会有一些属于自己的软弱和缺陷。你有别人不懂的,不会的,但与此同时,别人也有你不懂的,不会的。不要因为自己懂一些别人不懂的,就沾沾自喜,更不要目中无人。其实,你的目中无人已经暴露了你的愚蠢。

第九课

推崇理性，以理性面对生活的一切

感性是一瞬间，而理性则是永恒。感性是冲动和混乱，理性是规则和有序。感性能丰富生活，以理性生活并非等同于无趣和冷血，而是在感性的同时保持冷静的自我，少走弯路，更易达到预定的目标。

1. 莫因一时疯狂毁一世明智

遇事必须深思熟虑。先考虑可行性，考虑的方面越广越好。然后再考虑不可行性，也是考虑的方面越广越好。正反两面仔细考虑完以后，就必须加以比较，做出决定，立即行动。

——季羡林

（曾任北京大学教授，历史学家、思想家、作家）

所谓"行成于思毁于随"，意思是说：我们在行动之前应该多想想，这样的做法总是利大于弊的。导致人际关系变差的原因之一就是——"一时之气"！在情绪激动、愤怒的时候，多会发生疯狂之事，此时人的情绪化严重，理性被降到最低，也往往以心情看待问题，敲打也无济于事。

其实，在情绪不稳定时，最好先冷静下来，稍后再做决定，否则就会因小失大。

章武元年，关羽被害，此时张飞正镇守阆中重镇，惊闻此事，血泪衣襟，旦夕号泣。帐下诸多将领不停地敬酒以劝慰将军，但没想到醉酒后的张飞，怒气更盛。

张飞命人鞭打犯了一丝过失的士兵，甚至于将他们鞭打致死，以至于军中上下都万分恐惧。刘备听闻，就劝他说："翼德，这些士兵都是一直追随在你身边的人，你竟然鞭打他们，这样下去，迟早会惹祸上身，你应该宽容地对待士兵。"张飞依然如故，根本没有把刘备的话听进去。

后来，张飞为了替兄报仇，在军中下令，三军将挂孝伐吴，限三日内置办好白旗白甲。第二天，属下范疆和张达入帐请求宽限时日。张飞大怒，厉声道："为二哥报仇迫在眉睫，我恨不得现在就攻打逆贼，你们居然敢违抗命令？"说完，便把二人鞭打五十。还责令二人明日必须置办妥当，否则决不手软，以军法处置。

此时的范疆和张达已经被打得满口出血，但还被要求明日就得置办妥当，所以异常悲愤，正在范疆不知所措时，张达满脸愤恨道："与其他杀我，不如我杀他。"

于是，二人密谋趁张飞夜里大醉酣睡帐中时杀掉张飞。他们俩得逞后就连夜拿着张飞的首级，逃往东吴。

虽然张飞的悲剧与其时局因素有关，但最直接原因则是因为他脾气暴躁。在关羽被害之后，他没有反思，反而以鞭打手下来泄恨。而他的三日内置办三军白旗白甲的出格命令，更把手下逼得走投无路奋起反抗，最后自己落得悲惨下场。

纵观历史，从"义释严颜"和"计挑张郃"中可以看出，张飞并非一介莽夫，实乃粗中有细。但他在遇到关羽被害的伤心事后，异常悲愤，以致忘掉了平日里治军的本事。张飞戎马数十年，明知道他下令三日内置办白旗白甲之事根本不可能办到。然而，盛怒之下，张飞已经没有"义释严颜"的冷静了，报仇占据了他整个思想，以致丧失了他本该有的理性。

对于愤怒，如果不根据其特点对症下药，找准正确的调节方法，那不仅控制不了感觉体验，反而更增加了某些交感神经的激活水平，促进愤怒的突发性，其后果不堪设想。

换言之，人难免会受到亲情、友情等复杂社会关系的约束，这些约束使我们无法保持理智。正如泰戈尔所说："全是理智的心，恰如一柄全是锋刃的刀，它叫使用它的人的手上流血。"

因此，想要对自己的人生负责，想要正确应对愤怒的情绪，就要理智，或者强迫自己不要做任何决定，只是单纯地发泄和哭泣。在冷静下来之后，再做决定和选择。要知道，世界上没有后悔药可吃。不要因一时，而毁一世！

2. 有利有弊，凡事皆有好坏两面

做过许多年补充兵，做过短期正兵，做过三年司书，以至当流氓。

——沈从文

（著名文学家、考古学专家，曾担任北京大学中文系教授）

事物都是有两面性的，如：拥有与失去，欢乐与悲伤……看似互相矛盾，互相对立，实则上却互相关联在一起，差别只在一念之间，走错一步便会截然不同。

春秋末期，文种是当时著名的谋士，立下了赫赫功劳。越王勾践打败吴王夫差，就是在他和范蠡辅助下达成的。

文种和范蠡在军事方面都很有才能，但文种却没有范蠡的理智。当眼前有成功和荣誉时，他把未来想象得太过于美好，却没有想到美好的背后也存在着危机。也就是文种没有看到事物的两面性，没有辩证地进行思考，所以才造成被迫自杀的惨剧。

东汉建立，在刘秀当皇帝时，赤眉军尚未平定，他便派大将军冯异率军西征。当时赤眉军首领假装战败，设计引冯异追击，并在路上设下埋伏，大破其军。

冯异费尽千辛万苦，终于突围，回到营寨后，召集部队。当时战线拉得很长，双方都难以分辨敌我，只能靠服装来辨认。冯异就想出了一个计策，让自己的一部分士兵把眉毛化成赤色，换上赤眉军的装束，混入赤眉军中。而后，剩余部队由冯异带领强攻赤眉军营寨，而那些混入的士兵在里面迎合他们，并在敌军营地纵火，引起骚乱，就在这样的内外夹击之下，冯异最终一雪前耻，在崤底彻底打败赤眉军。

胜仗归来，刘秀颁布诏令说："冯将军虽然在回溪失利，但最终获胜于渑池，可谓失而复得，应当论功行赏，以表战功。"

刘秀有"允冠百王"之称，他是东汉的开国皇帝，还被誉为最会打仗、最有学问、最懂用人的帝王。当时冯异大败之后，他并没有让冯异班师回朝，而是给冯异戴罪立功的机会，这才有了崤底大捷。事后，他又给这件事做了公正评价，不愧是一个明智的人。

刘秀大兴儒学、推崇气节，他在位的 33 年，正是后汉"风化最美、儒学最盛"的时代。所有这些都源于刘秀理性地看待事物，好坏兼顾。这也是他为何能在乱世之中如启明星般崛起、成为中兴之主的原因。相比文种只看到功名利禄、勾践气量小而只能共苦不能同甘要略胜一筹。

道德经有云："天之道，损有余而补不足，是故虚胜实，不足胜有余。"意思是：平衡便是这天下间的规律，强盛的事物要削弱从而弥补弱小的事物，所以虚多于实，不足胜过有余。老子的这些话告诉我们矛盾双方是对立统一的，并且这也是大千世界的客观规律。所以，当我们像文种一样处于优势地位时，须居安思危，千万不要陶醉于此。

有这样一个小故事：

在美国，一位刚新婚的军官接到命令，要一个人前往靠近沙漠的地方驻防，他非常疼爱自己的娇妻，不想让娇妻跟着自己吃苦，他很清楚那里的条件不是一般的差，但是他的妻子执意要跟着。

不管怎样，两个人在一起比什么都好，处于新婚燕尔的他们在一个小村落找了一间栖身的小木屋，周围住的都是不懂英语的印第安人，所以双方无法交流。更尴尬的是这里白天酷热难耐，风一年到头吹个不停，日子一长，开始的豪情渐渐没了，妻子觉得极其无聊。一次，趁丈夫外出参加部队演习，她就给母亲写了信，诉说苦处，并说她将要回家。

母亲很快回了信，意味深长地告诉女儿："有两个饿得发昏的乞丐晚上望窗外，一个看到的是泥巴，一个看到的是美食。"寂寞的新娘并不是真的愿意撇下自己的丈夫，想了想，便对自己说："那我就去寻找那美食吧。"从此，她改变了以往的生活方式，她与周围的印第安人交朋友，真正地走进他们的生活，并向他们请教怎样编织东西和制陶。慢慢地，新娘还迷上了印第安文化，不仅如此，她还开始研究沙漠，最后成了一名沙漠专家，写了一本有关沙漠的专著。

可见，凡事都有两面性，利弊是相生相克的，好与坏也是取决于如何看待它。你把它往好的一方面看，那它就会朝着好的一方面走。相反，如果你把它朝坏的一方面看，那它真的会如你所愿，变得越来越糟糕。

3. 理智对待自己的负面情绪

我深深地感觉到，一个人如果失掉快乐，那就意味着，他同时也已经失掉了希望，失掉了生趣，失掉了一切。

——季羡林

（曾任北京大学教授，历史学家、思想家、作家）

情绪是一种复杂的心理现象，具有多形式、多结构和多功能的特征。情绪既具有独特的主观体验色调，又具有鲜明的客观外部表现；既可以以心理状态的形式构成其他心理活动的背景，又可以以心理特质的形式蕴含在人的个性结构之中。

随着社会的快速发展，人的接触面越来越大，与外界的联系也越来越多，在这个时候，我们产生情绪的概率也会相应增加，不管是好情绪还是不好的。如果不把握好情绪的话，那负面情绪就会滋生，甚至影响我们的生活，使人做出自我毁灭的行为。

一位心理学家想知道人的负面情绪之恐惧心理对行为会产生什么样的影响，就做了这样一个实验：

刚开始的时候，他让十个人穿过一间黑暗的房子。在他的悉心引导下，这十个人很顺利地穿了过去。

接着，这位心理学家打开房内的一盏灯。在不那么明亮的灯光下，让这几个人往下看。这一看，他们就吓得浑身发抖。原来，这间房子的地面下是一个大水池，水池里十几条鳄鱼，水池上方搭着一座窄窄的小木桥，而他们就是从小木桥上穿过来的。

这时，心理学家问他们："现在，你们当中还有谁愿意再次穿过这间房子呢？"

没有一个人回答，时间过了很久，有三个胆大的人站了出来：第一个人小心翼翼地走过去，前行的速度要比第一次慢一些；第二个人颤抖着身体踏上小木桥，还没走到一半，由于害怕，就慢慢爬了过去；第三个人还没走几步就趴在桥上了，一步也不敢往前走了。

接着，心理学家把房间里所有的灯都打开了，房间很亮，把一切看得都很清楚。细心的人这时发现小桥下方装有一张安全网，网线很细、颜色极浅。

"现在，谁愿意通过这座小木桥？"心理学家问。这回，又有五个人站了出来。

"你们为什么不愿意呢？"心理学家望着剩下的两个人，这样问道。

两个人互相看了一眼，同时问："这张安全网牢固吗？"

实验表明了负面情绪之恐惧情绪对人们行为的影响：当人们心存恐惧的时候，就迈不开行动的脚步，就会退缩、畏缩。相反，如果人们没有这种恐惧的话，那就会大步向前，顺利地渡过难关。

可以说，负面情绪是一种很短暂爆发的力量，在情绪激烈的时候，人根本就找不到自己的方向，他的脑海里只会有一个想法，再也容不下别的念头。

在生活中，我们经常会遇到这样的人：遇事非大喜则大悲，他们容易因小事而大发脾气；不过，同样，也极容易因喜乐而手舞足蹈。他们快乐时表现出来的天真烂漫让很多人为之开心；但是，在他们情绪不好时，他们的行为却也令人避之不及——周围的人，很难适应这种大起大落的情绪发泄，纷纷敬而远之，故使他们很难维持自己的人际关系。

苏轼是豪气澎湃的大文豪，在他的作品里，千思奇想，无所不容。但《江城子·密州出猎》中的词句却与他本人的性格大相径庭，这也正是他的高明之处。平日里"左牵黄，右擎苍"的快乐并非是苏轼有意假装的，他对亡妻的哀悼也是真情实意的，两种感情似乎不能相容，但是苏轼却能很好地处理这些负面的情绪，他在怀念妻子的时候写下文章悼念，但回归生活却不再伤感。他在该怀念的时候怀念，从不把悲伤带进平日的生活，他知道妻子不会愿意他沉沦的。苏轼身上有负面情绪，但他却控制得很好，以诗词寄托感情，表达感情，而又不过火，所以在善于管理自己负面情绪方面，苏轼可谓是一位高手。

还有这样一个关于庄子的传说：

在庄子快死的时候，他的弟子想要厚葬他，因此四处筹钱，为他的后事忙碌。庄子知道了，对弟子说："我死了，棺材就是天地，陪葬的玉石珠宝就是日月星辰，上天把世上万物都赐给了我，难道这些还不够安葬我吗？"

弟子却不认同，担心地说："老师是很高明，可我们担心会有老鹰、乌鸦吃了您的尸首呀！"

庄子却笑了，说道："不埋葬会被乌鸦吃掉，埋葬则会被虫蚁吃掉，这有什么区别呢？所以何必从乌鸦的嘴里抢来给虫蚁吃呢？"

弟子沉默不语，最终只得放弃了厚葬庄子的打算。

其实庄子也是怕死的，只是庄子知道淡然面对生死，他明白死不仅是一个自然的过程，更是自由和解脱，因此他能够如此洒脱、如此风趣地面对死神。

庄子一生都知道该如何去调理自己的情绪，连面对死亡都洒脱自然，但他也曾哀伤过，在他的好朋友惠子死后，他就悲伤地感叹道："世上再也没有任何人能像你一样和我辩论了啊！"此时全然没了面对自己死亡的淡然。真性情的庄子，不会让悲伤压抑住，也不会让恐惧淹没自己。他的洒脱的根源就是他能够理智地对待负面情绪。

其实，我们只有把负面情绪控制在可以承受的范围内，正面情绪才会显露出来。所以说，当我们出现负面情绪的时候，要及时调整好心态，重新审视自己，向现实和自我挑战。发现身边的亲人、朋友出现负面情绪的时候，我们应该及时伸出温暖的手，予以安慰、鼓励和扶助，这样才能保证我们家庭和睦、工作愉快、生活满意。

4. 释放压力，善待自己

态度决定成败，无论情况好坏，都要抱着积极的态度，莫让沮丧取代热心。生命可以价值极高，也可以一无是处，随你怎么去选择。

——卞之琳

（曾任北京大学教授，诗人、文学评论家、翻译家）

每个人都会面对一些压力，压力也并不可怕，但压力累积到一定程度时，我们就会感到很难受。就像气球一样，如果不断往自己体内灌输气体，无处释放，那结果只会是爆炸了！

其实，当遇到压力时，最明智的办法是采取一种比较积极的态度来面对。有一则小寓言：

有一种小虫子很喜欢捡东西，在它所爬过的路上，只要是能碰到的东西，它都会捡起来放在背上，最后，小虫子被身上重物压死了。

在生活中，有些人的所作所为像极了小虫子，总是贪求太多，把重负一件一件披挂在自己身上，舍不得扔掉。假如我们能学会取舍，学会轻装上阵，学会善待自己，凡事不跟自己较劲，甚至学会倾诉发泄释放自己，是不会被生活压垮的。

在加拿大魁北克有一条南北走向的山谷，它没有什么特别之处，唯一让人意外的是，山谷的西坡长满了松、柏、女贞等树木，而山谷的东坡却只有雪松。时至今日，也没有人能解释这个谜团。

直到1993年，一对夫妇来到山谷，才明白了一些道理。

那年冬天，伴随着严寒的降临，这对夫妇的婚姻也走到了不可挽回的边缘。在离婚之前，他们决定一起来次浪漫的旅行。于是，他们选择了这个山谷。

到达山谷后，这对夫妇先支好野营的帐篷，然后欣赏这漫天的美丽雪花。这时，他们惊奇地发现，由于特殊的风向原因，东坡的雪总比西坡的雪大一些，且更加浓密。不一会儿工夫，雪松上就落满了厚厚的一层雪。当雪积到一定程度，雪松那富有弹性的枝丫就会向下弯曲，直到雪从枝上滑落。于是，反复地积、反复地弯、反复地落就成了一个重复的动作，但雪松还是完好无损。

突然，妻子高兴地对丈夫说："我知道东坡为什么只有雪松了！是因为别的树不会弯曲，才被雪摧垮了！"

听到妻子的话，丈夫似乎是明白了什么，说："是啊！对于一些外在的压力，我们应该通过正面的努力去战胜它！有时，我们也应该像雪松那样先学会弯曲，作出适当的让步，以求反弹的机会。"

适当的弯曲不是倒下和毁灭，而是为了生存和更好地发展。生活给每个人都会带来压力，升学、就业、跳槽、爱情、婚姻等，压力一个接一个而来。可在压力面前，有的人就像是雪松，能屈能伸，从容洒脱；有的人就像是一些杂树，一筹莫展，从此放弃自己的生命。

其实，雪松承受的压力并不比其他的树小，可它懂得给自己释放压力，不让压力累积。由于它的善于释放压力，不但没有被压垮，还为自己争取了更大的生长空间。

古人说的好："文武之道，一张一弛。"我们要学会习惯，学会忍耐和宣泄，释放压力犹如打太极，以柔克刚。太极借助的是打力，那我们就借助压力，不断鞭策自己，从而使自己得到释放。

总之，我们要善待自己，放松自己，快乐生活。

5. 顺境、逆境，淡定是王道

根据我个人的观察，对世界上绝大多数人来说，人生一无意义，二无价值。

——季羡林

(曾任北京大学教授，历史学家、思想家、作家)

淡是一种示现于外的状态，定一种一心不乱的心境，一个人看事比较淡，不慌不忙，这种人，大都心里有定见，有主心骨。同样，一位一心不乱的人，对很多事也会表现得很淡定。正是心的定，才有行的淡。因此要想淡定，更多的要从定下心来开始修炼。所谓"禅心已定粘泥絮，不逐春风上下狂"。淡与定相表里，定是因，淡是果。

谢安，字安石，东晋名士。在他任丞相之时，前秦的苻坚率领八十万大军，直逼建康，投鞭断流，挟统一北方之势，志在必得。谢玄，谢安的侄子，在淝水前线作战，当时朝廷上下，一片惶恐，或逃或降，各怀心思，东晋王朝岌岌可危。当前线捷报传来，众人都很高兴，唯有谢安但如从前，继续和客人下棋。客人忍不住问他，谢安却不动声色地回答："小儿辈大破贼寇。"

难道谢安对此一点也不关心吗？当然不是，当时谢家未来和东晋存亡都寄托在淝水之战上，听到胜利的消息谢安理应兴奋异常才是，但是他却毫无喜容，这也正是他的过人之处。因为他想到，此次虽战役大胜，但后续的交战还有很多，还有很多问题都没有解决，包括追击、俘虏、失地等。胜利了也不能松懈，要将继续奋斗。起初，谢安运用的就是"风声鹤唳，草木皆兵"以静制动来动摇敌人军心的心理战术。后来再加上"围棋赌墅"和"小儿辈大破贼寇"的神态，更加让东晋下至士兵百姓，上至将领官员，都被其感染而情绪镇定，因此，当时全国上下没有被胜利冲昏头脑，也没有因敌我实力过大而慌乱。

平常心就是谢安的诀窍，是极其简单的，并非什么玄机奇妙的东西，也不是什么深不可测的学问，不过是看水是水、看山是山的简单心态。往深里说，就是处逆境时泰然、遇顺境时淡然的本领。

谢安和谢玄在淝水之战前下的那盘棋也给我们人生带来了很大启示：如果你走得顺，占了先机的时候，稍微随意一点对大局可能影响不大；反过来，如果走得不顺，任何一步都很重要，此时则是力求最好，不错过任何积累反转能量的机会，直至最后彻底逆转，成为顺境。想要战胜逆境，就要比对方看得多，否则只能以失败告终。

苏轼涉足官场多年，历经政治风雨，饱经风霜，他的无喜无悲、乐观淡定的心态，支撑着他在一贬再贬后，仍能笑看人生。不过，东坡居士的淡定，还远不及一个叫佛印的人。

苏轼在瓜州任职期间，和金山寺的主持佛印相交莫逆，经常一起参禅论道。

有一天，苏轼在静坐时突然有所感悟，提笔就写了一首小诗："稽首天中天，毫光照大千。八风吹不动，端坐紫金莲。"苏轼觉得很是不错，就派书童送给佛印鉴证。

佛印从书童手中接过诗作一看，笑了笑，提笔写了两个大字，就叫书童拿回去了。苏轼见书童回来了，想到佛印禅师一定会赞赏他修行的境界，急迫打开诗作，却看见上面赫然写着"放屁"两个大字，不禁怒火中烧。暗自腹诽道："这死秃驴，居然辱骂于我。"立刻起身，慌忙乘船过江，找佛印理论去了。

苏轼到金山寺时，看到佛印早已恭候在此了，苏轼勃然大怒，质问道：

"佛印大和尚！我俩本是至交，我是为了修行才写诗的，你可以不夸赞我，但何必恶语中伤呢？"

"东坡，何人骂你？何出此言啊？"佛印若无其事地反问道。

苏轼指着诗作上的"放屁"二字给佛印看："你好好看看，这上面文字出自何人之笔？难道你想抵赖？"

佛印大笑："你不是说'八风吹不动'吗？怎么'一屁'就过江了？"苏轼呆立半晌，终于恍然大悟。他不得不承认：淡定如山，山外还有山。

苏轼一生风雨飘摇，人生态度多变，虽然他没有佛家不动如山的本事，但他也是相当淡定的，否则是支撑不了自己多舛的命运的。其实，世上的事大多是庸人自扰。逆境、顺境都是人生的一种表现形式，没有必要过多地去顾虑。

谢安的棋局转逆为顺，也不为所动；苏轼的一生波澜四起，但也谈笑面对。孟子曰："行有不得，反求诸己。"身处逆境之时多从自身找原因，面临顺境时多想想远虑近忧。此为王道也。

总之，要做到淡定，关键要围绕两点下苦功。一是给自己的志向、目标加上一个适度的顶端；二是理清那些不必要的欲望，尽可能地将之摒弃。我们要疏离盲目的物质追逐，确立对社会的责任和对他人的关爱，用一颗淡定的心面对世界。

6. 学会隐忍，盛怒之下伤人伤己

对待一切善良的人，不管是家属，亦是朋友，都应该有一个二字箴言：一曰真，二曰忍，真者，以真情实意相待，不允许弄虚作假；对待坏人，则另当别论。忍者，相互容忍也。

——季羡林

(曾任北京大学教授，历史学家、思想家、作家)

忍一时风平浪静，退一步海阔天空！忍一片地，得一片海；忍一次鄙夷，得一次胜利。愤怒犹如一座"活火山"，只要将火山口盖住，耐心地等待，它就会自己悄悄地溜走。但是一旦你给它行一个方便，它就能喷出更多的怒气，这些怒气一旦爆发，不仅会伤害别人，更会伤害到我们自己。

孔子有言："士不可以不弘毅，任重而道远。"在一路荆棘中，唯有学会承受，学会隐忍，韬光养晦，才能厚积薄发，铸就成功的辉煌。隐忍之道其实就是自我控制，在充分认清自己的实力之后，做到收放自如。隐忍不等于一味的忍让，何时该忍，忍到什么程度，这就要看每个人的修为和境界了。隐忍也不等于害怕，它只是战略上的忍让，但心里要十分清楚自己忍的是什么，等待的是什么，需要的是什么！

韩信幼年贫苦，很小的时候就失去了父母，主要靠钓鱼换钱维持生活，屡屡遭到周围人的歧视和冷遇。但是韩信抱负远大，他专心研究兵法，练习武艺，相信会有自己的出头之日。所以，他习惯佩带宝剑，加上韩信身材高大，属于比较扎眼的人。

一次，一群恶少当众羞辱韩信。有一个屠夫对韩信说：有本事的话，你敢用你的配剑来刺我吗？如果不敢，就从我的裤裆下钻过去。于是，韩信当着许多围观人的面，从那个屠夫的裤裆下钻了过去。史书上称为"胯下之辱"。

胯下之辱对一个男人来说是奇耻大辱，韩信是一个破落的贵族，而谁都知道一句话，士可杀而不可辱，韩信为什么接受这样一个奇耻大辱？他究竟是英雄还是懦夫呢？历史评论家柏杨先生有个说法很有意思："不要认为弯下膝盖就是懦弱，这其中分两种情况：第一种是心胆俱裂，'扑通'一声跪下来，这是懦夫；还有一种是先弯一下，然后往上一蹦——因为人只有蹲下来以后才能跳得高，这是英雄。如果是别人惹你一下，你就一下扑上去，一口咬住死死不放，这算是什么？是螃蟹！而韩信就是这样的英雄。"

如果说韩信当时不是忍气吞声，承受胯下之辱，而是奋起反击，甚至一怒之下将其杀死，那么韩信一定会被抓到衙门里去，轻的判个十来年，重了就判死刑，这样何来日后的"明修栈道，暗度陈仓"？何来"井陉之战，背水为阵"？何来"垓下合围，四面楚歌"呢？可以说，韩信之所以成功与他早年备受欺辱是分不开的。那些曾经对他的讥笑、嘲讽、辱骂，其实都充当了他奋发的动力，给予的耻辱，是变相的鞭策。正是那些刻画在心里的伤痕，用疼痛时刻提醒着他，不能松懈，不能气馁，不能放弃。

韩信成就一番伟业回到家乡后，先是拿重金酬谢当年救他的老婆婆，接下来便是去寻找那个叫他钻裤裆的人。所有人都以为韩信必是要去雪胯下之辱，怎料到，他竟然感谢当年侮辱他的人，因为韩信认为，虽然老婆婆救了他的命，可真正成就他一番事业的是那个叫他钻裤裆的人。

在实际生活中，"忍"可以让我们思想变得有条不紊；"忍"就像夏日的凉风，丝丝吹来，冷却我们发热的大脑。"忍"就是我们成功处理问题的节点。当我们愤怒时，如果我们能使心情保持平静、态度保持温和，这样遇到事情就能抑制感情，从而保持冷静，才能使我们的生活大道变得更加平坦。

那是一个残酷的年代，战火纷飞，他举起锄头，汗水滴在干涸的大地上，瞬间化为灰烬。烈日下，他只是一个奴隶。屏弱的越国被强盛的吴国击败，越王勾践更沦为了吴王奴仆。面对妻儿离散，勾践隐忍着，面对吴王对自己尊严的践踏，勾践隐忍着，面对越国人民身陷战败痛苦中，勾践还是隐忍着。他为的是有朝一日能剑指吴国，击败吴王，光复越国。因此为奴二十年后，他领三万雄兵围困吴王于姑苏城中，统领吴越，在春秋的历史上写下了凝重的一笔，这是出人意料的一笔。

但，这绝非偶然。这二十年来，勾践放弃了曾为王，以及作为男人的全部尊严和欲望，博取吴王的同情与怜悯，卧薪尝胆，励精图治，终于成就一方霸业！

苦心人，天不负，卧薪尝胆，三千越甲可吞吴，出人意料却在情理之中。忍让是一种气度，能大忍的人必然能做大事。忍耐，是为了磨炼坚韧的性格；忍耐，是为了获得更大的成功；忍耐，是为了铸就永恒的辉煌。

忍耐虽然让我们暂时痛苦，却能让我们获得心灵上的解脱。所以它不仅是一种境界，更是一种智慧，既不至于迁怒于人，又能让自己不生气，还能轻而易举地化解矛盾。不过，忍是让我们躲避一时之气的方法，但是要想一世不生气，那么除了忍耐还要将容与忍结合起来处世，从心里学会宽容，这样才是一个聪明人。

7. 为人低调方可修炼自己

谁的经历不是平凡而又平凡？内心经历的不同才在人与人之间铺设了巨大的鸿沟。

——周国平

(北京大学毕业，著名哲学家，作家)

在生活中，无论做什么事情，首先要懂得低调行事。低调，是一种人生态度。它是一种平和豁达、超然洒脱的态度，并不是消极的与世无争。一个人首先应该学会低调，低调才可以成就大事。

有道是：地低成海，人低成王。低调做人无论在官场、商场还是政治军事斗争中都是一种进可攻、退可守，看似平淡实则高深的处世谋略。

在美国总统竞选史上，林肯是第一个用低调取胜的人。

当年他参加竞选时，坐在一辆耕田用的马车上，每到一个地区都和选民们亲切地说："大家肯定想知道我到底有多少财产吧，那么我告诉大家，我有一个妻子和五个女儿，都是无价之宝。此外，还有一个租来的办公室，室内有桌子一张、椅子五把。我本人既穷又瘦，没有什么可依靠的，我唯一的依靠就是大家。"

凭借这样的真诚和淳朴，林肯赢得了选民的拥戴，成功当选为美国第十六任总统。可见，低调是一种豁达，更是一种智慧。

低调，又是面对种种压力和诱惑，表现出的一种精神放松，进而达到拼搏而不被虚荣所累，既能融入社会，又能超越社会；既会工作，又会生活；拿得起，又放得下。

羊祜出身于官宦世家，是东汉蔡邕的外孙，晋景帝司马师的献皇后的同母弟。但他为人清廉谦恭，没有一点官宦人家奢侈骄横的恶习。

在他年轻时，曾多次被举荐，但他都一一谢绝了。就在曹爽专权时，他和王沈一同被任用。王沈很是开心，还劝说羊祜和他一起去就职，但羊祜却不为所动，淡淡地回答："让我委身侍奉别人，这是不可能的!"后来，曹爽被人杀害了，他的属官都被免职了，王沈也位列其中。

后来，王沈对羊祜说："我真后悔当初没有听你说的话，以后我一定记住了。"

羊祜听了，并没有夸耀自己有先见之明，反而说："这不是我预料到的事，恰巧而已。"

因为羊祜有辅助之功，所以在晋武帝司马炎称帝后，就任命他为中军将军。但他坚持不肯就职，于是就只由原爵晋升为侯，其间设置郎中令，备设九官之职。对于王佑、贾充、裴秀等前朝有名望的大臣，他总是十分谦让，不敢居于他们之上。

因为他都督荆州诸军事等功劳，加官到车骑将军，地位与三公相同，但他上表坚决推辞，说："我入仕才十几年，就占据显要的位置，因此日日夜夜为自己的高位战战兢兢，把荣华当作忧患。我身为外戚，事事都碰到好运，应该警诫受到过分的宠爱。但陛下屡屡降下诏书，给我太多的荣耀，使我怎么能承受？怎么能心安？现在有不少才德之士，如光禄大夫李熹高风亮节，鲁艺洁身寡欲，李胤清廉朴素，都没有获得高位，而我无能无德，地位却超过他们，这怎么能平息天下人的怨愤呢？因此乞望皇上收回成命!"但是皇帝没有同意。

晋武帝咸宁三年，皇帝又封羊祜为南城侯，羊祜坚辞不受。羊祜每次晋升，常常辞让，态度恳切，因此名声远播，朝野人士都对他推崇备至，以至认为应居宰相的高位。晋武帝当时正想兼并东吴，要倚仗羊祜承担平定江南的大任，所以此事被搁置下来。羊祜历职二朝，掌握机要大权，但他本人对于权势却从不钻营。他筹划的良计妙策和议论的稿子，过后都焚毁，所以世人不知道其中的内容。凡是他所推荐而晋升的人，他从不张扬，被推荐者也不知道是羊祜荐举的。

有人认为羊祜过于缜密了，他说："这是什么话啊！古人的训诫：入朝与君王促膝谈心，出朝则佯称不知——这我还恐怕做不到呢！不能举贤任能，有愧于知人之难啊！况且在朝廷签署任命，官员到私门拜谢，这是我所不取的。"

羊祜平时清廉俭朴，衣被都用素布，得到的俸禄全拿来周济族人，或者赏赐给军士，家无余财。他临终留下遗言，不让把南城侯印放进棺柩。他的外甥齐王司马攸上表陈述羊祜妻不愿按侯爵级别殓葬羊祜的想法时，晋武帝便下诏说："羊祜一向谦让，志不可夺。身虽死，谦让的美德却仍然存在，遗操更加感人。这就是古代的伯夷、叔齐之所以被称为贤人，季子之所以保全名节的原因啊！现在我允许恢复原来的封爵，用以表彰他的高尚美德。"

羊祜是成功的，因为他一生都是低调的，上至一国之主，下至黎民百姓，都对他表示敬佩。羊祜的参佐们赞扬他德高而卑谦，位尊而谦恭。

是的，他为人善始善终，既可以在卑微时安贫乐道，豁达大度，又能在显赫时持盈若亏，不骄不狂，修炼到如此境界，是值得我们研究和学习的。

在生活中，我们要懂得谦卑，把它作为为人处世的黄金法则。只有懂得低调，我们才能得到别人的尊重，受到世人的敬仰。

低调做人，高调做事，是一门精深的学问，也是一门高深的艺术，遵循此理能使我们获得一片广阔的天地，成就一份完美的事业。

低调，是一种境界。有内涵、有修养、有本事的人，才敢于向别人低头，因为他知道自己的实力，他更懂得丰满的谷穗总是低垂着头的道理。他也有充分的自信，从不在乎自己低一点而被别人瞧不起。如果用乐观旷达、积极向上的心态去看待一切，那么坏机会也会成为好机会。如果用消极颓废、悲观沮丧的心态去对待一切，那么，好机会也会被看成是坏机会。所以，做人切勿患得患失，而应乐观旷达。

低调，更是一种心态。强中自有强中手，高人背后有高人。世上没有最高，只有更高。高是动态的、抽象的、永无止境的。但谁也不可能总是站在巅峰上，因此何不把自己看低一点、随和一点、自谦一点呢？

富兰克林曾说了一个道理，就是"愚人之心在口中，智者之口在心中"。可见，一个人不管名有多显、位有多高、钱有多丰，不管取得了多大的成功，也都应该低调做人，加强自身的修养，以一个好的姿态生活。

8. 肯低头的人，才不会被矮门撞到

唯诚可以感人，唯虚可以接物。

——马一浮

（曾在北大任教，现代著名思想家）

俗话说："肯低头的人，才不会被矮门撞倒。"一个人只有高瞻远瞩，懂得识时务，才能暂时躲开不利的处境。打个比方，如果敌人把你追到一堵高墙之下，没有可以前进的道路，但是你发现墙脚下有一堵小门，难道你非要束手就擒吗？宁为玉碎不为瓦全？俯下身子爬过矮门才不失为明智之举。

《三国志·蜀志·诸葛亮传》裴松之注引晋习凿齿《襄阳记》中记载："识时务者，在乎俊杰。此间自有伏龙、凤雏。"这里所说的"俊杰"，并非是那些能认清时代潮流的，无坚不摧、勇往直前的大英雄，而是那些懂得观察形势，在对己不利的情况下能屈能伸的人。只有做到这点，才能成为出色的人物。

一次，富兰克林到一位前辈家拜访。

一进门，他的头就撞在了门框上，疼得他都快掉眼泪了。前辈看到他这副样子，笑着说："很痛吧？可是，这将是你今天来访我的最大收获！一个人要想平安无事地活在世上，就必须时时刻刻记住'低头'。这也是我要教你的事情，不要忘记了。"

于是，富兰克林把这次拜访看成最大的收获，牢牢记住了前辈的教导，并把它列入他一生的生活准则之中。

民间有句谚语："低头的稻穗，昂头的稗子。"意思是说，越成熟、越饱满的稻穗，头垂得越低。只有那些果实空空如也的稗子，才显得招摇，始终把头抬得更高。

是啊，一个成熟的成就的人，必须懂得低头和忍让！这是一种聪明的处

世之道，是人生的大智慧！

有人问古希腊哲学家苏格拉底："你是天下最有学问的人，那么你说天与地之间的高度是多少？"

苏格拉底毫不迟疑地回答："三尺。"

那人笑了："先生，除了婴儿之外，我们每个人都有五六尺高，如果天与地之间只有三尺，那不是把苍穹都戳破了？"

苏格拉底也笑了："是啊，凡是高度超过三尺的人，如果想立于天地之间，就要懂得低下头来。"

故事中所说的"记住低头"和"懂得低头"，就是要告诉我们：不论你的资历和能力怎么样，在如此大的世界里，你只是渺小的一员。当我们想要走得更远、站得更高时，就应该在生活中保持低姿态，把自己看轻些，把别人看重些。

其实，生活又何尝不是如此。那些自认为怀才不遇的人，总是看不到别人的优秀；那些愤世嫉俗的人，总是看不到世界的美好……相反，那些懂得低头的人，生活总是一帆风顺。

所以说，我们应该学会适当低头。这并不是说我们不如别人，而是表现了自己的一种气度。比如：当我们遇到不讲理、难以沟通的人时，不妨低头，不与他争辩，暂时同意他的话，这样才不会因为争辩而陷入困境。

9. 有耐心才能成大器

有些路看起来很近走去却很远的，缺少耐心永远走不到头。

——沈从文

（著名文学家、考古学专家，曾担任北京大学中文系教授）

在通往成功的道路上，有耐心的人比没有耐心的人更容易成功。耐心比能力更重要，耐心的价值往往在于再坚持一下。

古往今来，成大事者都不是一帆风顺的，都是经历过艰难曲折的。司马迁在《报任安书》中举出许多例子："文王拘而演周易；仲尼厄而作春秋；屈原放逐，乃赋离骚；孙子膑脚，兵法修列；左丘失明，厥有国语；不韦迁蜀，世传吕览。"就连司马迁本人，也是在遭遇宫刑之后发愤著书，才有"史家之绝唱，无韵之离骚"的《史记》传唱于世。如果他们在面对这些困难挫折时没有耐心，那么如何能在中国历史上留下光辉篇章呢？

我国清代戒烟英雄林则徐，为了克制自己的急躁情绪，在书房里挂了一条横幅，写了两个遒劲的大字"制怒"。影片《林则徐》中有这样一个镜头：

钦差大臣林则徐审问洋人颠地时获悉，粤海关监督豫坤和洋人内外勾结，破坏禁烟。林则徐听后怒不可遏，把茶碗摔碎，这时他一抬头，"制怒"二字跃入眼帘，他由此警觉，沉住气，控制住了情绪。第二天，他若无其事，依然热情地接待豫坤，经过巧妙周旋，终于让豫坤乖乖地交出了修建虎门炮台的银两。

从林则徐制怒的故事里我们可以得到一个启示：沉住气，怒是可以克制的。通过加强自身修养，就可以逐步达到"每临大事有静气"的境界。

如果把事情摞一摞、拖一拖、忍一忍，熬过怒火刚起的最初几分钟，激情就不会爆炸，这样就会使怒慢慢平息下来。

同样的道理，对于一个成功的企业家来说，一定不要怒而决断、怒而行事。"三思方举步"，这才是一个人避免失误的妙招之一！

新东方董事长俞敏洪小时候学习成绩不是很好，经过三年的努力，才考上大学。到了大学，他依然是班里的差生，因为是农村孩子，衣着寒酸，他也不爱说话，不爱与人交往，因此与同学们脱节，以致经常被人嘲笑。

有一次上体育课，体育老师竟然以"大补丁"称呼他。英语老师也经常嘲笑他，他没有人喜欢，没有交过女朋友，甚至一段时间患上了肺结核，休学一年。

虽然如此，俞敏洪并没有放弃读书，而是更加努力地弥补自己的不足。他不顾别人的嘲笑，每天坚持学习。每天很早就起床学习英语，疯狂识记英语单词，学习语法，废寝忘食地练习口语。白天就在图书馆，大量阅读，扩展自己的知识面，直到宿舍关门才会回来。他在持之以恒的努力下，竟然在大学期间读了800多本书，学习成绩也突飞猛进。

即使如此，俞敏洪的成绩仍然和班里的同学差距很大，但是相比刚入学时，他已经进步了，他也感到很满足。在毕业典礼上，他说了这么一段话："大家的成绩都比我的优异，我是我们班的落后生。但是我要告诉同学们，我会一直坚持努力下去的，决不放弃。一件事情你们用5年干成，我要用10年，也要努力去成功。总之我会付出比你们更多的努力去做事情。即使最终我失败了，我也会淡然处之，保持心情愉快，要让身体健康，即使活到80岁，我也要把你们送走了以后我再走。"俞敏洪清楚地知道，只有永远不停止努力，耐下心来，才能赶上其他人。他说到了也做到了。

从北大毕业后，俞敏洪留校当了老师，在北大任教的第三年，流行出国热，他也萌生出国的想法，后来他就去考托福，得了高分。但当时美国突然紧缩留学政策，由于他当时在北大上学期间的成绩并不优异，加之经济原因，赴美留学的梦想在努力了三年半后付之东流。

后来，俞敏洪由于开设校外学习班，不得不离开北大。

从北大出来后，他创办了新东方，当时资金缺乏，工作条件也相当恶劣，他每天早出晚归地努力，仍然到处碰壁，但是他没有放弃。就这样，一眨眼就过了二十年，经过他的努力，新东方也在不断地壮大，在中国的培训教育机构中首屈一指，俨然成为了行业的"老大"。俞敏洪也经常向人们传授他的成功经验，时常忙碌在各大演讲台上，为年轻人树立榜样。

俞敏洪的经历向我们证明了：耐心比能力更重要，能沉得住气的人才能成大器。虽然刚入北大时是"特困生"，但只要努力，一样也可以成为成功人士。

因此，面对百味人生，面对世事百态，我们需要潜藏的是不平之气。只有有耐心，才能走得远；只有沉住气，才能成大器。

第十课

内心向善，慈悲心方能度一切苦难

君子所以异于人者，以其存心也。君子以仁存心，以礼存心。仁者爱人，有礼者敬人。爱人者，人恒爱之；敬人者，人恒敬之。推己及人是儒家遵守的法则，与人为善、心怀慈悲，这才是君子所为。

1. 给予比接受更幸福

向人索求的越少，给予的越多，就越是接近于成功者的品质。

——林语堂

（曾任北京大学教授，著名学者、文学家、语言学家）

著名演员宋丹丹曾说：我忽略了一个生活中重要的原则——给予比接受更为幸福。我总是忙着给予，忙着让自己幸福。我不会也不太懂得接受，我忽略让他人给予，也就是忽略他人得到幸福的权利。

在生活中，我们也忙碌着各种事，忘记给予父母一句问候，忘记给予朋友在失落时的安慰，忘记给予孩子童年时期需要的快乐，忘记给予……还美其名曰：我忙，我累，我苦闷，我也不快乐！但其实，懂得给予的人，才真正懂得快乐，懂得生活。

有个小男孩家里很穷。在生日那天，妈妈给他买了一块小蛋糕，因为没有钱，只买了一小块，只够小男孩一个人吃。贪吃的小男孩狼吞虎咽地吃着蛋糕。等把蛋糕吃了个精光，才发现妈妈一直看着他笑。

小男孩儿吮着手指问妈妈："妈妈，你把最好吃的蛋糕给我吃了，你却没有，你为什么不哭呢？"

妈妈轻抚着他的头说："傻孩子，只有你吃了，妈妈才开心呀！"

183

小时候，我们都曾经被妈妈这样疼爱过。她把最好的东西留给我们，看着我们高兴的样子，她会更高兴。小时候我们对幸福的要求是：得到，认为得到了就幸福了。长大后，我们才明白，给予比接受更幸福。

一天，教授和学生一起去散步。教授对那些学生非常好，他愿意把自己的知识全部传授给他们。也因此，他常常被学生亲切地称为"学生们的朋友"。

在散步的途中，他们看到小路上放着一双旧鞋，就猜测这鞋子是在附近田地劳作的某个穷人的。

这时，学生扭头对教授说："我们来逗逗这个人吧！我们先把他的鞋藏起来，然后躲在那些灌木丛后，等着看他找不到鞋子的窘态吧。"

"我年轻的朋友，"教授答道，"我们永远都不应该把自己的快乐建立在损害穷人的基础上。既然你有钱，可以通过帮助穷人，让自己得到更大的快乐。在每只鞋里各放一枚硬币，然后我们躲起来，看看他对这个意外发现会有什么反应。"

学生照教授的吩咐做了，随后他们俩躲进附近的灌木丛里。

不久，那个穷人干完活，穿过田地来到他放外套和鞋子的小路上。他一边穿外套，一边把一只脚伸进鞋里。由于碰到了硬硬的东西，他弯下腰来想摸摸究竟是什么，结果发现了那枚硬币。

他面露迟疑地凝视着那枚硬币，然后翻过来，看了又看。接着，他看了看四周，可是连一个人影都没有。

他把钱放进口袋，去穿另一只鞋。当他发现另一枚硬币后，更是备感惊异。

他大为感动，跪倒在地，仰望上苍，感恩不止。他嘴里念及自己患病无助的妻子、食不果腹的孩子们，现在这些雪中送炭的慷慨救助将会使他们免于一死。

那名学生站在那里深受感动，眼中满是泪水。"现在，"教授说道，"与你先前预谋的恶作剧相比，你难道没有感到更快乐吗?"

年轻人回答道："您给我上了一堂终生难忘的课。我现在终于领悟到这句话的真谛：给予比接受更幸福。"

如果你是一个只懂得享受幸福、接受幸福的人，那么你一定不懂得幸福的真正含义；如果你是一个懂得给予别人爱和幸福的人，你将得到世上最多的爱和回报。把别人的幸福当做自己的幸福，把鲜花奉献给他人，才是最幸福的人。

给予是一种快乐。每一个懂得给予的人都会在这种真心而无私的给予中，得到别人的尊重和敬仰，实现着自己的价值，感受着"给予别人，快乐自己"的乐趣。

2. 善事不关乎钱

我曾经说过，中国人对于快乐概念是"温暖、饱满、黑暗、甜蜜"——即指吃完一顿丰盛的晚餐上床去睡觉的情景。一个中国诗人也曾说"肠满诚好事，余者皆奢侈"。

——林语堂

（曾任北京大学教授，著名学者、文学家、语言学家）

我们经常在媒体中看到社会名流组织的公益组织和救助活动，所以大多数人的潜意识里都认为：做善事，是有钱人才能做到的事。如果自己生活有各种压力、朝不保夕，哪里有能力去做善事！

有这种想法，实在是对行善、公益的一种误解。其实，行善不仅仅是用钱去救助别人，它的范围很广，有钱去修建寺院，施棺葬尸，赠医施药，印造经文，买物放生；没钱，你可以不去杀生，爱护生灵；解除与他人的恩怨，化解仇恨；替他人隐恶扬善；扶助老人、小孩以及失明人、残疾人过马路或上下车；让座给孕妇、老人；出言安慰病危或开导轻生之人；容人之过错……这都是行善，做这些事，只需要我们有一颗善良的助人的心，不需要一分钱。

在《阿阇世王授决经》上记载了这样一个故事：

阿阇世王用了一百斛麻油灯供佛，从他的宫门点到佛陀讲经说法的地方，这中间的距离足足有6里路。

有一位穷苦的老婆婆，因为感叹家人的命运和贫穷，也想布施，但是她哪里能像阿阇世王那样大量布施，她只有两个铜钱，只能买二两油。可能是被老婆婆的虔诚感动了，卖油的人又送了她三两油。

老婆婆拿着半斤油，心想这点油应该不到半夜就点完了，于是她在心里发了一个誓愿：如果我将来能成为像佛陀一样的圣人，希望我点的这一盏油灯通宵都不会熄灭！

那天夜里，国王所点的灯时明时暗，只有那位贫穷老婆婆的灯光一直亮，有一位目连尊者想用袈裟扇灭那盏油灯，可那盏油灯更加明亮。

佛对目连尊者说："这盏油灯不是你的力量可以熄灭的，这位老婆婆所点的油灯是她发了常人难以做到的誓愿，所以油灯燃的是她的心力，怎会轻易熄灭呢？"

行善是一种修行，既然说它是一种修行，就是心灵上的滋养，并非用钱买得来的。所以，行善并非用钱而是用心。比如一个百万富翁施舍 1000 元和一位穷困潦倒的人施舍 100 元，哪个人做的善事更大呢？其实没有可比性，如果真的要做个比较，穷人在自己都穷困潦倒时还能有心愿去帮助别人，这种善心更加难能可贵。

刘备临终遗言说"勿以善小而不为"，是想让儿子刘禅进德修业，有所作为。不要轻视小事，小中有大。小水滴不断滴下，力可透石；小火星足以燎原；小小的一句话，足以影响一国之兴衰；一丝小小的微笑，给人信心无限；每日一件小小的善行，足以广结善缘；"善小"不是"不足道"的，"小善"也含有大义。

北宋的陈希亮父母早逝，只能与哥哥相依为命。哥哥生性贪婪，侵吞了全部家产，只把三十万的借据留给了十六岁的陈希亮。

这时的陈希亮想要外出寻师，专攻学问。于是，他把那些欠款的人都找来，当面把借据烧毁了。然后背起书囊竹箱，离开家乡，不远千里寻师访友。

后来，陈希亮学有所成，金榜题名，回乡探亲。

这时，他的哥哥年事已高，身体状况很差，两个年幼的侄子还未成年。陈希亮不计前嫌，主动承担起服侍兄长、教养侄儿的责任。

当年与陈希亮一起外出游学的还有一位叫宋辅的同乡，但宋辅在外求学时不幸染病身亡，他家里还有老母亲、孀妇和幼子，生活也很艰难。陈希亮也主动承担起了照顾宋家的义务，把宋母一家接到自己家中。他对宋母十分孝敬，一早一晚都行问安礼，还将自己的女儿许配给宋辅的儿子。

但是，由于陈希亮俸禄不多，清廉自守，自己已有四儿一女、二位侄儿，家庭已是十分拮据，如今又添了宋母全家，负担之重更不用说。

尽管如此，陈希亮宁可缩减自己儿女的衣食，节约家庭的不必要开支，也要把两个侄儿和宋辅之子抚养成人。他亲自教习他们吟诵诗书，与自己的儿子等同对待，让他们都有出外寻师访友的机会。

最终，他的两个侄子和宋辅的儿子都进士及第。乡亲们感戴他的为人，亲切地称他的家门为"一门三俊"。

陈希亮一生为官清正廉洁，所任之处，百姓无不夹道欢迎；任满离去，父老皆洒泪送别。他最终因辛劳过度而逝世。著名文学家苏轼，自称平生不为人作行状墓碑，却也为他破例写下了《陈公弼传》，生怕陈希亮的事迹失传于后世。

行善不存功利之心，便没有大善和小善之别，更不会有钱多和钱少而见功德之大和小之分。也许，你做不到像陈希亮那么无私，但是你可以从身边的小事做起，对待身边的人友善，处理好每一件力所能及的事，能为别人欢呼、鼓掌，能为社会尽一份绵薄之力，这都是在行善。

一位热衷公益事业的企业家曾经这样说：我们做善事并不是要从中获得什么好处，真正的福气，是我们做善事之后，获得了内心的平安。

3. 悲悯之心济苍生

你早已成我灵魂的一部分，我的影子里有你的影子，我的声音里有你的声音，我的心里有你的心；鱼不能没有水，人不能没有氧气；我不能没有你的爱。

——徐志摩

（曾任北京大学教授，现代诗人、散文家）

鲁迅先生的"无穷的远方，无穷的人们，都和我有关"，范仲淹的"先天下之忧而忧，后天下之乐而乐"，都是对悲悯之心的最好诠释。

一个具有悲悯情怀的人，总是悲悯万物，博爱众生，自觉地关注民生疾苦。一提到悲悯众生，我们会想到封建君主，似乎这是他们才需要肩负的责任，和普通人没有任何关系。但其实，这种想法是错误的！悲悯之心是指可以一个人敢于直面惨淡人生，懂得思考生命意义，愿意捍卫人性尊严的情怀。只要有这样的心念，无论是君王还是普通百姓，都是一个有悲悯之心的人。

有这样一则故事：

一个游客跟随导游参观一所古宅，这个古宅里居住的是大户人家，建筑高大，院落别致。

不过，他发现这所古宅与他所看到过的其他古宅有一点不同，这所古宅的屋檐特别宽。他很好奇，便去问导游：这里面是否有什么典故？

导游对他说：古宅的主人是个乐善好施的人，他的日子过得温饱无忧，但是他每每看到在外流浪无家可归的人，便心生怜悯，给他们一些施舍。于是在建造自己的房子的时候，他就要把屋檐建宽一点，这样流浪汉或路人就可以在屋檐下避雨歇脚了。

游客对这独特的宽屋檐的故事心生感慨，就把这个故事记录下来了。

每个人都应该有这样一个心灵屋檐，有兼济苍生的情怀。

如果世上没有这些悲悯之人，世界会失去一种瑰丽的色彩。悲悯情怀历来久盛不衰，因为它蕴含了人世间至诚至善的真理。

五代十国时期，吴越国君钱镠十分迷信风水之说。

这天，有个风水师向钱镠进言，说西湖的存在，实在破坏吴越国的风水，建议填平西湖，以保基业千秋万代。

谁也没有想到，一向迷信的钱镠却拒绝了风水师的建议。他对臣子们说："如果西湖真的危及吴越基业的话，我也情愿选择留下西湖，福泽百姓。我虽然酷爱风水之说，但绝不能做如此祸及万民的暴行。"

后来，北宋南下吴越，大军压境，兵临城下，宋太宗下了通牒：如果不赶快割让国土，便让大军踏平吴越国境。继任的吴越王钱俶为了保全国民，于是同意将"三千里锦绣山川"和十一万带甲将士，悉数献纳给北宋中央政权，避免了杭州一代遭受生灵涂炭的兵燹之灾。

这件事在历史上第一次实现了强盛的割据王国与政权的和平统一，被史家称为"伟大的投降者"。

自古以来，封建国王都是以江山社稷为重，社宗基业怎可轻易易手他人？钱俶也不例外，他是一个投降者，并要承受多少人的质疑和反对。钱俶对不起他的先祖，却对得起吴越的百姓。他的投降为百姓免除了战争之灾，还保住了西湖宝地。钱俶固然没有宋太祖、宋太宗那般一统全国，得立史册，但是他的悲悯之心却让吴越百姓永远地记住了他。他的功德像佛道一般泽被万民。他不是一位伟大的君主，却是一个伟大的人。

对于天下苍生来说，不需要侵略，不需要战争，他们需要的是安宁的生活。他们需要的也是拥有悲悯之心能够保住他们安宁的国主。

包拯铁面无私，在得知自己的侄子犯法之后，不顾众人劝阻，大义灭亲，斩首示众，以正国法。怎能说他这不是一种悲悯之心。人都有私心，戏文里包拯的嫂子如同母亲一般把他养大，最终他却将嫂子的亲生儿子送上断头台，这要经历怎样的挣扎。如果不是有着坚定的信仰，他是做不到的。他的信仰便是心系苍生，还人公道。

可见，悲悯之心是世间大爱，无论权贵，无论钱财。像钱俶、包拯这样的人，是以他们的仁爱之心惠及天下，仁爱之举泽被苍生，因而他们成了人们心目中抹不去的记忆。

悲悯是一种大爱，它源于同情而高于同情。积德行善、修炼德行，是大爱的必然，是大爱的使然！因此，我们都要抱有悲悯之心，以此来温暖整个世界。

4. 懂得感恩，才懂得施恩

多花时间成长自己，少花时间苛责别人。

——翟鸿燊
（北京大学客座教授，国学研究传播者）

人只有懂得报恩，愿意施恩才能真正感到快活和舒适。可以说，衡量一个人的美德，不是看他的地位、财富和权力，而是看他有没有感恩之心，有没有施恩之举。

在这个世界上，总会有人向你伸出援手，让你摆脱生活的困境；总会有人为你指点迷津，让你明确前进的方向；总会有人甘愿用肩膀、身躯把你擎起来，让你攀上人生的高峰……

在面对他人的施恩之举，我们是不是应该心存感激，懂得感恩呢？

春秋时期，宣子在首阳山附近打猎，便住在了翳桑。这天在打猎归来的路上，他看见一个人虚弱地躺在树下，就走上去问他："你怎么啦？"

那人说："我已经三天没吃东西了。"

宣子就将食物送给他吃，可那人却留下一半。

宣子问："他为什么要留一半？"

那人说："我到现在离家已经三年了，不知道家中老母是否还活得安好。现在这儿离我家很近，我要把食物留下来给她。"

宣子让他把食物吃完，另外又为他准备了一篮饭和肉。

后来，这个人做了晋灵公的武士，他叫灵辄。一次，灵公派灵辄去杀宣子，灵辄却在搏杀中反过来抵挡晋灵公的手下，帮助宣子脱险。宣子很是感激地问他："为何这样做？"

灵辄回答道"我就是你曾经救过的那个饿汉。"

宣子非常感慨，再问他的姓名和家居时，灵辄却不告而退。

灵辄的故事成了知恩图报的典范，杜甫在《奉赠韦左丞丈二十二韵》中所写"常拟报一饭，况怀辞大臣"便是在夸赞灵辄高风亮节，记住别人对他的恩情懂得报恩，不忘记回报。宣子赵盾是幸运的，他在首阳山下不经意间施舍点食物，救他人一命，同时就换回了自己一条命。同时，这也是必然的，没有那一饭之恩，灵辄大概也不会还他一命。

生活中，谁都可能遇到"恩人"，也都可能遇到仇人。因为有人愿意帮助你，也有人不愿意帮助你，甚至不喜欢你。而我们对待这两种人，就要明白一个道理：对于别人给我们造成的伤害，我们不要记在心上，要尽快淡忘掉；对于别人给予我们的恩惠，我们要时刻记在心上，并在条件许可的情况下，回报别人的恩德。

如果我们能够以宽容的心来对待别人对我们的伤害，以感恩的心来对待别人对自己的恩惠，人世间就会减少许多仇恨，增加更多的人间真情。

魏国边境靠近楚国的地方有一个小县，一个叫宋就的大夫被派往这个小县去做县令。

两国交界的地方住着两国的村民，村民们都喜欢种瓜。这一年春天，两国的边民又都种下了瓜种。

不巧这年春天，天气比较干旱，由于缺水，瓜苗长得很慢。魏国的一些村民担心这样旱下去会影响收成，就组织一些人，每天晚上到地里挑水浇瓜。

连续浇了几天，魏国村民的瓜地里，瓜苗长势明显好起来，比楚国村民种的瓜苗要高不少。

楚国的村民一看到魏国村民种的瓜长得又快又好，非常嫉妒，有些人晚间便偷偷潜到魏国村民的瓜地里去踩瓜秧。魏国村民很生气，决定也去踩对方的瓜地来报复。

宋县令忙请村民们消消气，让他们都坐下，然后对他们说："我看，你们最好不要去踩他们的瓜地。"

村民们气愤已极，哪里听得进去，纷纷嚷道："难道我们怕他们不成，为什么让他们如此欺负我们？"

宋就摇摇头，耐心地说："如果你们一定要去报复，最多解解心头之恨，可以后呢？他们也不会善罢甘休，如此下去，双方互相破坏，谁都不会得到一个瓜的收获。"

村民们皱紧眉头问："那我们该怎么办呢？"

宋就说："你们每天晚上去帮他们浇地，结果怎样，你们自己就会看到。"

村民们只好按宋县令的意思去做，楚国的村民发现魏国村民不但不记恨，反倒天天帮他们浇瓜，惭愧得无地自容。

这件事被楚国边境的县令知道了，便将此事上报楚王。楚王原本对魏国虎视眈眈，听了此事，深受触动。后来，就主动与魏国和好，还送去很多礼物，对魏国有如此好的官员和国民表示赞赏。

魏王见宋就为两国的友好往来立了功，也下令重重地赏赐宋就和百姓。

宋就"报怨以德"的行为恰好"转败而为功，因祸而为福"。这就像老子说的"报怨以德"，当别人对你做了错事的时候，我们不能效仿，而是应该用有德行的办法，让他知道改正错误。不然会让彼此间的缝隙愈演愈烈，只有这样才能化解掉怨仇，不然只能让彼此间的缝隙愈演愈烈。

正所谓："冤冤相报何时了，得饶人处且饶人。"要知道，任何仇恨都不会是永恒的。假如如果你记恨、仇视、报复一个人，结果只能导致让他更加记恨、仇视、报复你。你敬人三分，别人自会敬你一丈。

所以说，懂得报恩的人，大多是愿意施恩的人；能够忘仇的人，大多是乐于助人的人。衡量一个人的美德，不是看他的地位、权力和财富，而是看他有没有感恩之心和施恩之举。而且感恩的最好方式，就是施恩于更多的人。你帮助我，我帮助他，他帮助你，这样，我们的世界，才会变成美好的人间。

5. 宽容别人，就是善待自己

对学生发火不多，但也有几次。这说明我的修养还不够，还得加深修炼。

——张岱年

（曾任北京大学教授，中国哲学史学会会长、名誉会长）

人生苦短如白驹过隙，我们是要宽厚待人，潇洒从容地过，还是凡事斤斤计较、患得患失，带着怨愤思心地过，全由我们自己选择。

当然，我们都愿意轻松快乐地过，所以我们应该选择前者。这里有一个关于一位老人的真实故事：

老人年轻时，在一所高中教书，这本是让他引以为傲的工作，却给他带来了苦难。在那个波谲云诡的年代，他被一群人揪出来批斗，带头的是他的学生。老人被关进牛棚写检查，他蹲在地上，洋洋洒洒几大页。第二天交给学生看，满纸文言文，学生愣是没读懂。

学生恼羞成怒，认为老人是在嘲讽他，便把老人押到台上，对他说："如果你拒不交代问题，下场就跟这个碗一样。"他将瓷碗摔碎在地，右脚猛地一

191

端，老人跪倒在碗碴上。这位学生看着往日的老师跪在自己面前，没有一丝羞愧反而煽动旁观的人，对老人极尽谩骂与侮辱。

那段日子里，老人身心备受摧残，但他顽强地挺了过来。

岁月如烟云流过，云开月明，老人的问题得到平反落实，又重新回到了教师岗位。他依然兢兢业业教书育人，闲暇时，专心于文学创作，将悲伤的心情挥洒在洁净的纸上，心情也渐渐变得恬淡如水。

一晃很多年过去了，学生的儿子又成了自己的学生。在老人的精心培育下，孩子高考中榜，成为村里第一个考上大学的大学生。可是高昂的学费让学生犯了愁，他走家串户去借钱。由于他往日的行径得罪了很多人，没有人愿意借钱给他。眼看开学的日子一天天临近，学生寝食难安，愁得病倒在床上。

老人听说这件事后，让家人把自己多年的积蓄给学生送了去。学生羞愧难当，带着自己的儿子跪倒在老人面前："老师，我有罪，我对不起您……"

老人淡淡地说："我只是不想让孩子因交不起学费而失学，希望他以后有出息，走出一条正道来。"对于过往之事，只字未提。

学生的儿子毕业后，事业上发展得很顺利，还有了自己的公司。但他一直感念老人的恩德，把他挣来的钱拿出一部分资助贫困学生。逢年过节，不管多忙都要打电话问候老人，被村里人传为一段佳话。

很多人不理解老人的做法，当年他所受的侮辱本可能是深入骨髓的恨意，他却原谅了这个曾经侮辱过他的学生。只有老人自己知道，当他选择放下，选择宽容，那段岁月的痛苦便被一同放下了。他的宽容让一个孩子有了机会奔向自己的前程，也让社会多了一个乐善好施的人，何乐而不为呢？

很多人都觉得记住那个伤害自己的人，并在自己强大后给以还击，是对自己的负责任，是雪耻的表现。其实恰恰相反，真正地爱自己应当宽容他人。当你在心里埋下仇恨，纠缠于往事的枝枝叶叶，只会让自己伤得更深。要知道，你赔上的除了时间，还有健康、情绪以及当下的生活。

北宋名相韩琦担任大名府府尹的时候，有人送他两只玉杯，说："这是耕地的农民从坍塌的古墓中找到的，没有一丝斑痕，完美无瑕，可以算是传世之宝了。"

韩琦欣然收下，拿了很多钱酬谢献宝人。后来，凡是设宴招待客人，他都要专门摆一张桌子，铺上精美的绸缎，然后放上玉杯，用来给尊敬的客人斟酒。

有一次，韩琦设宴招待漕使，正要用玉杯来斟酒劝客时，一个差役失手把玉杯碰到地上跌碎了。大家都愣住了，差役吓得跪在地上等待发落。韩琦却面色不变，对众人说："世间一切东西的存亡兴废，都有一定的命数时限在那里。"

在场宾客们都不禁赞叹起韩琦的宽厚来。

后来，韩琦统领定州军政，曾经夜间写信，让一个士兵拿着火把在身边照明。那个士兵东张西望，心不在焉，火把烧着了韩琦的胡子，韩琦急忙用袖子掸灭，继续写信。待写好之后，才发现士兵已经换人了，韩琦怕亲兵队长会鞭打那个士兵，连忙喊来亲兵队长，对他说："你不要追究他，他现在一定知道怎么拿火把了。"

被侍吏烧了胡须之后，韩琦不但没有生气，反而担心侍吏受到责罚，这样的好人，不佩服都不行。

无论是玉杯被毁还是胡子被烧，韩琦都表现出了一个士大夫应有的气度，就像西晋文学家潘岳说的"乾坤以有亲可久，君子以厚德载物"。宽容别人是一种心态，也是一种涵养和处世修为。

荀子曾说："君子贤而能容众，知而能容愚，博而能容浅，粹而能容杂。"意思是说，宽容是一种豁达，人非圣贤，孰能无过。对于别人的过失，应当宽容他，善待别人善待生活，这样不仅可以给别人带来温暖和快乐，往往也可以产生比他人更好的效果。

原谅别人就是善待自己，只有走出灰暗的心境，才能迎来一抹明媚的阳光，开始另一段美好人生。

6. 凡事肯替别人想，是一等的学问

考虑别人与自己一样多的人就是好人。

——王选

（现任北京大学教授，著名科学家，中国高科技产业自主创新的先驱者）

如果凡事能够多为他人着想，多从对方的角度考虑问题，就会减少很多不必要的矛盾，也会为自己赢得更多的朋友。相反，如果只为自己考虑，那不仅不能解决问题，反而会使矛盾加深，这样的人也是交不到朋友的。

处事多为别人考虑，并不是在牺牲自我，反而与爱自己是一致的。人的本质具有社会性，人在为别人考虑的时候，其实是在更全面地爱自己。

在人际交往的过程中，有的人总是处处碰壁，尽管他们已经很努力地与他人沟通、交流，可是，仍旧常常引起别人的误会，与他人产生隔阂。他们常常感叹："人与人之间的交往怎么如此复杂？怎么都做不对。"

实际上，虽然人们之间的交往没有固定的公式可循，但是也没有想象中的那么复杂，这里面的原则是要多为他人着想。只要你能够多为他人着想，你就能与他人建立起良好的人际关系。看看下面的事例：

小熊和小鹈鹕都住在森林里。一天，两只小熊捕鱼后往家走，半路上遇到了一只鹈鹕。小熊便热情邀请小鹈鹕说："我们捕到了这么多鱼！到我们家来做客。今天中午我们炖鱼吃！"

鹈鹕高兴地满口答应。果然，小熊刚到家，小鹈鹕就跟着来了，并坐在饭桌旁。

"随便吃，别客气！"两只小熊热情地招待客人。

小鹈鹕也不见外，毫不客气地大吃大喝起来。不一会儿，桌上的鱼没有了，因为鱼全跑到小鹈鹕的肚子里去了。

两只小熊你看看我，我看看你，又摸了摸叫得咕噜噜的肚子。

"咦？你们的肚子怎么还咕噜噜地叫啊？你们没吃饱吗？"

"鱼都被你吃光了，我们还没吃呢！"一只小熊不满地说道。

"你们可以再去捕一些嘛！你们的本领那么高！"鹈鹕一边说着，一边打了个饱嗝。

自那以后，小熊们再也没邀请过鹈鹕到家里吃饭。有时，小鹈鹕在路上看到小熊们去捕鱼，便问："晚上你们炖鱼吗？"

小熊们也不搭理。为此，小鹈鹕感到很疑惑。

现实生活中，总有像小鹈鹕这样，只为自己着想，从来不为他人着想的人。也因此，他们的人际关系常常是一塌糊涂。

人际关系是互相的，你怎样对待他人，他人也会怎样对待你。虽然说人要活出个性活出自我，但也必须是在多为他人考虑的基础上。只有这样，才能相互和谐相处，才能建立起互帮互助的良好人际关系。

孔子曾说过"己所不欲，勿施于人"，是说不要把自己不喜欢的事情再强加给别人，而要设身处地为别人着想，也就是从别人的角度考虑事情。

孔融是东汉文学家，字文举，为当时著名的建安七子之首，很有文才。他也是当时比较正直的士族代表人物之一，刚直耿介，傲岸一生。

孔融家里有五个哥哥，一个弟弟。有一天，家里吃梨。一盘梨子放在大家面前，父亲让四岁的孔融先拿，只见他不挑好的，不拣大的，而是拿了一个最小的。

父亲看了，心里很高兴，别看这孩子才四岁，还真懂事，就问孔融："这么多的梨，让你先拿，为什么不拿大的，而是拿了一个最小的呢？"

孔融回答说："我年纪小，应该拿个最小的；大的留给哥哥吃。"

父亲又问他："你还有个弟弟哩，弟弟不是比你还要小吗？"

孔融说："我比弟弟大，我是哥哥，应该把大的留给弟弟吃。"

他父亲听了，哈哈大笑说："好孩子，真是一个好孩子！"

孔融四岁时就知道让梨了，他上让哥哥，下让弟弟，怪不得父亲如此称赞他。

遇事能够为他人着想，是对他人的一种尊重，对他人的一种爱护。

替他人着想是一种情感的付出，一种友谊的珍惜，一种爱的奉献，一种善良的感恩，一种成功的智慧，一种人生的经营，还是一种合作的沟通。

昔日，范仲淹在开封任职时，曾让他的儿子纯仁将五百斛麦子解送到姑苏。纯仁在半路上遇见父亲的故友石曼卿先生。

那时石曼卿正遇落魄光景，家中有丧事，三年尚未埋葬。纯仁知道了，马上将麦子卖掉，把所得钱财全部接济给石曼卿。后来又听说石曼卿还有两位女儿，因为家贫没有出嫁，便将运麦子的船也送给了他。

纯仁返回开封后，把事情告诉父亲说："在丹阳遇见了石曼卿先生，他有丧，三年未葬，又有二女未嫁，卖麦所得的钱，全都助了他，还不够。"

范仲淹就说："何不连船也给他呢？"

纯仁回答："船也给他了。"

这真是父子同心啊！儿子纯仁果然不负父亲取名"纯仁"的厚望。

这是流传千古的佳话，听上千百回也不觉乏味，范氏父子博施济众，处处替别人设想的可贵做法，着实令人赞叹！

总之，无论是在工作中，还是在生活中，都要理解他人，宽容他人，用人心打动人心，要经常设身处地地为他人着想，要学会站在他人的立场来看问题。

凡事多替别人考虑，生活中就会少一些责怪和挑剔，少一些矛盾和仇恨，人们之间就会多一些友善与支持，多一些和谐与文明。多替别人考虑的人，他生活的天地会变得无比广阔；多替别人考虑的人，也会得到别人的人情和关怀。真诚换真诚，如果人人都多替别人考虑，整个世界会变得更加和谐、美好！

7. 把自己的快乐分享给他人

让自己快乐，是一种美德；让别人快乐，是一种功德：人际交往，最忌讳的是一脸死相。

——翟鸿燊

(北京大学客座教授，国学研究传播者)

或许我们会有这样的体会：当我们看到一部好电影的时候，就会介绍朋友一起看；当我们听到一首好歌的时候，就会介绍朋友一起听；当我们吃到一道美食的时候，就会邀请朋友一起品尝……

这就是乐于和别人分享的心理，当和别人分享时，就会有了双倍的快乐。

一位犹太教的长老，酷爱打高尔夫球。在一个安息日，决定偷偷去高尔夫球场，想着打9个洞就好了。由于安息日犹太教徒都不会出门，球场上一个人也没有，因此长老觉得不会有人知道他违反规定。

然而，当长老打第2个洞时，却被天使发现了。天使到上帝面前告状，上帝听了，就跟天使说，会好好惩罚这个长老。第3个洞开始，长老打出超完美的成绩，几乎都是一杆进洞。到打第7个洞时，天使又跑去找上帝："上帝呀，你不是要惩罚长老吗？"上帝说："我已经惩罚他了。"

直到打完第9个洞，长老都是一杆进洞。因为打得太神乎其技了，于是长老决定再打9个洞。天使又去找上帝了："到底惩罚在哪里？"

上帝只是笑而不答。

打完18个洞，成绩比任何一位世界级的高尔夫球手都优秀，但长老高兴了一下子就蔫了。天使很生气地问上帝："这就是你对长老的惩罚吗？"

上帝说："正是！你想想，他有这么惊人的成绩以及兴奋的心情，却不能跟任何人说，这不是最好的惩罚吗？"

没有人分享的人生，无论面对的是快乐还是痛苦，都是一种惩罚。因为我们的生活需要伴侣，快乐和痛苦都要有人分享。不单单是快乐，我们任何好东西也要学会和别人一起分享，我们的东西被分享后虽然变少了，但是由此得到的快乐却是无穷的。东西还可以再有，但是快乐失去了就再也回不来了。

但有很多人却不这么想，他们觉得在自己的世界里面，只要过得开心就可以了，他们觉得，只要自己幸福快乐，那么一切都会变得幸福了。不过事实并非如此，只有学会了把快乐和别人分享，才会更加快乐。

我们一起来看看下面这个故事：

清朝的大贪官和珅除了爱财，也很好色，家里娶了十六房姨太太，可是他还是不满足。

有一天，他走在街上又看见一位年轻美貌的女子，和珅又动起了歪心思，花重金请了个媒婆，让他为自己说媒。

由于和珅的名声在外，女子的家人不敢得罪和珅，而且觉得女儿嫁入和府自己也有面子，就答应了媒婆，同意了女儿嫁给和珅。

和珅的原配夫人非常不高兴，但是却没有办法，整天闷闷不乐。

这件事传到纪晓岚耳朵里，纪晓岚当时一笑，想到了让和珅难受的办法。

纪晓岚先让自己府里的一个丫鬟逐渐接近和珅的原配，等和夫人混熟了，就把惩治和珅的办法告诉了这个丫鬟。这个丫鬟按照纪晓岚给他出的主意，告诉了和夫人，和夫人听了，将信将疑。

之后，和夫人就换上了诰命夫人的官服来到皇宫面见乾隆皇帝，向乾隆诉说了这件事，乾隆忙于公务，当然不会管这些小事，但是听和夫人说完，皇上觉得非常有趣，就答应了她的请求。

当天，皇上传召和珅，告诉和珅，你要纳妾可以，但是你却不能说出去，也不能带着你的小妾一起出去，不许让别人知道你和她的关系，否则就是抗旨。

和珅听了虽然不理解皇上的意思，但是也没多想，觉得无所谓。

就这样，和珅如期将小妾迎进门，第二天一早，和珅就想带着这个漂亮的小妾出去炫耀一番，但是却想起皇上的圣旨，只好作罢。

就这样过了两个月之后，和珅终于知道了皇上的用意，自己非常难受。

这个故事的真假我们无从追究，但我们可以通过这个故事看出，虽然自己得到了心爱的东西，但是没有人知道，这就相当于很大的惩罚了。同样的道理，人逢喜事却不能与他人分享自己的快乐，这便是最大的不快乐了。

在生活中，我们就应该向别人敞开自己的心扉，也把自己的快乐和他人分享，同时，也不要拒绝倾听他人的心声。这样一来，在倾诉和被倾听的过程中，我们不知不觉间，就和别人建立起了良好的关系，也增进了友情。

北京大学客座教授翟鸿燊对此感受非常深，他曾经在课堂上说过："让自己快乐，是一种美德；让别人快乐，是一种功德；人际交往，最忌讳的是一脸死相。"

有句话叫：如果你把快乐告诉一个朋友，你将得到两个快乐；而如果你把忧愁向一个朋友倾吐，你将被分掉一半忧愁。

把我们自己的快乐带给别人，把我们自己的笑意留给他人。只有这样，我们才会比别人活得更快乐、充实。否则的话，我们只会缩在自己的小圈子里，永远无法体会到真正的快乐。让我们学会与人分享快乐，善于分享快乐，让分享快乐为每个人点燃一盏心灯！

8."乐善"方能"乐"

帮助了别人，你也会很快乐。

——徐光宪

（现任北京大学化学系教授，著名的物理化学家、教育家）

常言道："赠人玫瑰，手有余香。"帮助别人有一种成就感，还有助于和周围的人和睦相处，得到别人的喜欢与尊重，自然也感受到满足快乐。

对于快乐，北京大学化学系教授徐光宪说："我相信，人可以掌握自己的生命；快乐是一种相对的情绪，要有一个参考坐标系；快乐不快乐，就看你的坐标原点怎么定。"在徐光宪眼里，"帮助了别人，你也会很快乐"。他把快乐的坐标原点定位在"助人"上，他的人格同时也就定位在了高尚上。

如果把快乐的坐标原点定位在"整人"上，那他的人格定位就偏离了快乐。你一定听到过很多年轻人所谓"找乐"的做法吧：他们相约到某一路段，故意设置些小障碍，使不留心的过路人摔得人仰马翻，他们则因有人"中招"而在一旁哈哈大笑。这种"损人为乐"的恶搞，反应的是怎样的无聊空虚的内心世界啊。在这样的年轻人面前，举手之劳的"助人为乐"是多么"难能可贵"！

可见，快乐的坐标怎样定位是何等重要！

然而事实上，只有真正的乐善行为，才能给自己带来真正的快乐以及意外收获。比如，你的帮助给别人带来快乐的同时，自己也能感到快乐，得到尊敬，而这不就是"赠人玫瑰"时手上的"余香"吗？

韩信小的时候家中贫寒，父母双亡。他虽然刻苦读书、拼命习武，却还是无以为生，被生活逼得迫不得已，只好到别人家混饭吃，为此，常遭别人冷眼相待。韩信咽不下这口气，就来到淮水边垂钓，用鱼换饭吃，经常吃了这顿没下顿的，饥一顿饱一顿的生活。

淮水边上有个为人家漂洗纱絮的老妇人，人称"漂母"，她看见韩信可怜，就常常把自己的饭菜分给他吃。并且天天如此，从来没有间断过。韩信深受感动，他感激地对漂母说："您真像我逝去的母亲，我将来一定报答您。"

漂母生气地说："谁要你报答！我是可怜你啊，好男儿志在四方，可你连肚子都混不饱。我只希望你活得像个顶天立地的男人。"漂母的话像一声惊雷震撼了韩信，他收拾起宝剑兵书投军。

后来，功成名就后的韩信被封为淮阴侯，他始终没忘漂母的一饭之恩，于是派人四处寻找，最后携带千金想赠送给漂母。

"我不能收你这么贵重的礼物，"漂母说，"我没有要你报答我。"

韩信诚恳地说："在我最饥饿最穷困的时候，您给我吃的；在我最彷徨最无助的时候，您教诲了我。是您让我有了今天的成就！您曾经教育我做一个好男儿，好男儿就要信守诺言，这也是您的教诲啊！您不要我的报答，等于让我食言啊！我怎么能做那样的事！"

品德高尚的漂母，让人尊敬，她施恩不图报的思想，更是让人钦佩。

古人的事例就像一面镜子，我们不但要学会感恩，而且还要学会在帮助别人之后，不求回报。任何一个人，如果这样做，哪怕仅是做了自己举手之劳的事，只要能给别人带来帮助，就会让我们的生活因你我的互相关爱而变得更加幸福。

北齐时，有个叫李士谦的人，家庭非常富有，虽然他很崇尚节俭，但为人非常慷慨，经常周济老百姓。有一年闹春荒，许多人家粮食不够吃的，李士谦就从自己家拿出一万石粮食给了乡里的缺粮户。

到了秋天收获季节，因为年成不好，庄稼歉收。借了粮的人无法偿还，纷纷到李士谦家，求他延期偿还。李士谦对大家说："我借粮给你们是为了帮大家度过饥荒，本来就不是为了求利。既然今年收成不好，借的粮食就不用还了。"并且，他还请来一些欠粮的人到家里吃饭，怕大家不放心，在吃饭时当着大家的面把全部借据烧毁了。

第二年风调雨顺，粮食丰收了，许多人自发地挑粮来还，李士谦坚决不收，还粮的人只好又挑了回去。李士谦乐善好施30年，去世时，他的居住地赵州一带，万人空巷，有近两万人为他送葬，哭声憾天动地。

帮助别人不是一种责任，没有人会强求，但是帮助别人是一种快乐。当你向别人伸出援助之手时，我们的生活就会多了温情，少了不和谐，你就能体验到爱别人和被别人爱的快乐。

为别人，更为自己，再多些善行善举吧，世界会因你的善行而更有温情，你的人生会因你的善举善而更加完美。

9. 与人为善天地宽

你要包容那些意见跟你不同的人，这样日子比较好过，你要是一直想改变他，那样子你会很痛苦。

——海子

（毕业于北京大学，著名诗人）

俗话说：德人即德己，善待他人其实就是善待自己。只有与人为善，才能拓展自己的心灵天地。

正如歌中唱的："只要人人都献出一点爱，世界将变成美好的人间。"而爱心则来源于人善良的本性。只有心地善良的人，才能与人为善。"与人为善"这个词出自《孟子·公孙丑上》，其本意是汲取别人的优点，与他人同做善事。后来它的语意有了引申和发展，指的是以善意的态度对待和帮助他人。仔细想来，"与人为善"含有三层意思：

首先要宽容大度。即事事处处为他人着想，胸襟宽阔，豁达大度，不计小怨。当与他人发生冲突时，要有包容之心，多检查自己，少责怪他人，即使是别人错了，也不要得理不饶人，针锋相对，硬要争个输赢，弄到反目为仇，处处树敌；当自己因误解和诬陷而受到委屈时，要自我劝解，忍辱负重，委曲求全，让时间去澄清事实。不要暴跳如雷，怒发冲冠，大吵大闹，兴师问罪；当有人做了对不起你的事、甚至伤害了你时，不要耿耿于怀，以牙还牙，挟嫌报复。而应容人之过，谅人之失，捐弃前嫌，以德报怨，主动拆掉心中的围墙，消除彼此之间的怨恨，化消极为积极，化冲突为和睦，化对手为朋友。做到和睦相处，团结共事。比如下面的这个故事：

东汉时的司马徽是一位心地善良的知名学者。

有一天，邻居家迷失了一头猪，由于司马徽家有头猪和他走失的猪很相似，就误认为是他家的。司马徽也不争辩，就说："是你的你就拿去。"

邻居毫不客气地把猪赶回家。过了一些日子，邻居从其他地方找到了自己的猪，很惭愧地把误认的猪送还司马徽。司马徽不但没责怪他，而是说邻里间发生这些误会不奇怪，还称赞他知错能改、懂道理。邻居听了非常感动。后来司马徽被人们尊称为"水镜先生"，这是对他清雅、纯明品性的赞扬。

其次是要常怀善意。当见到别人的成绩和进步时，要为之高兴，扬人之善。并见贤思齐，虚心向别人学习，取人之长，补己之短。当见到别人的缺点和错误时，要以善意的态度，真心诚意地予以帮助，使其克服缺点，改正错误，与之共同进步。当遇到自己的利益和别人的利益发生冲突时，要站在别人的角度为人着想，把别人的利益看得更重。

有这样的一个故事：

明朝礼部尚书杨翥居住在京城，平日里骑驴上朝或外出。由于驴子非常好使，他很是喜欢，每天回朝，亲自给驴子喂草细心照料。

杨翥的邻居是一位老头，老来得子，夫妻俩非常高兴。但小孩子有个特点，一听到杨翥的驴子叫，就哇哇地哭个不停，搞得全家人都不得安宁。可是杨翥是朝廷大官，这家人怕得罪杨翥，也不敢向杨翥说这个事。眼瞅着那孩子一听到驴子叫就哭，几天下来，饮食也明显地减少，老两口最终还是把这件事告诉了杨翥。

杨翥听后二话没说，随即就把心爱的驴子卖掉了，从此每逢上朝或外出都靠步行。

再次要乐施善举。要常怀爱心，无私奉献，助人为乐。当别人遇到烦恼和不顺心的事时，要主动亲近，好心劝慰，释人之惑，使其消除烦恼，从苦恼走向欢乐；当别人身处危险时，要解人之危；当别人生活遇到困难或遭遇不幸时，要伸出援助之手，解囊相助，雪中送炭，扶人之困，济人之难，帮助别人点亮心中的明灯，使其渡过难关。

有则故事是这样说的：

婆婆和媳妇的关系很不好，婆婆对媳妇横挑鼻子竖挑眼，甚至不惜调拨儿子和媳妇的关系。媳妇对婆婆不满意，经常在背地里说婆婆的坏话。

有一次，婆婆生病了，正赶上儿子出了远门。媳妇侍候得不耐烦了，于是去找巫婆。她打算向巫婆要一些慢性的毒药，把婆婆慢慢毒死。

巫婆明白了媳妇的来意之后，给她一包自制的毒药，并嘱咐她把毒药放进好吃的饭菜里，面带微笑服侍婆婆吃下。一天三次，服侍得越周到越好，以免婆婆起疑心。半年之后，婆婆就会慢性中毒而死。媳妇高高兴兴地回家了，她按照巫婆的嘱咐，给婆婆做好吃的饭菜，一日三餐耐心周到地服侍婆婆吃饭喝药。

一个月之后，媳妇又来到巫婆那里。她一进门就哭着给巫婆跪下，说："求您救救我婆婆吧，我不想她死了。"巫婆笑着问她怎么回事。原来媳妇的热心周到让婆婆很感动，婆婆改变了原来的态度，经常夸媳妇又能干又孝顺。她觉得拖累了媳妇，坚持下床帮媳妇做事。媳妇发现原来婆婆并不是那么可恶，是自己错怪了她。她很后悔当初要毒死婆婆，于是来向巫婆要解药。

巫婆告诉她："我给你的本来就不是什么毒药，只是一些帮助消化的杂粮粉而已。真正的药是周到的服务和好吃的饭菜。"

这则故事从另一个角度说明了主动亲近、助人为乐对改善人际关系的巨大作用。我们要真诚地、发自内心地喜欢别人、善待别人。只有这样，当我们善待家人时，就能"善"出了一个温馨的家庭；当我们善待他人时，就可以"善"出一个和谐的社会。

善良是生命的黄金，善良是世上稀有的珍珠。那么如何才能培育出一颗"善待众生"的心呢？有位哲人提出了"养心八珍汤"的处方：慈爱心一片，好肚肠二寸，正气三分，宽容四钱，孝顺常想，奉献不拘，老实适量，回报不求。

古代圣人也说与人相交"里仁为美"、"睦乃四邻"，意思是说一言一事皆须有益于人，便是善人，指出衡量人们做事好坏的原则是以道义为标准。善是人的品格，它并不只存在于学识广、官位高的人身上，人都是有感情的，当你能够以一颗真诚的心来善待他人，同情、关爱和帮助他人，能够设身处地替别人着想时，别人一定会受到感动，从而与你建立深厚的感情。

而这，就是与人为善天地宽的道理。当一个人做到了"与人为善"，那么，人际关系就会得到改善，生活就会得到安宁，团结就会得到增强。当人人都做到了"与人为善"，那么整个社会风气就会更加清新，世界就能演奏出美妙和谐的乐章。

第十一课

慎思明辨，要会选择敢放弃

与人，见贤思齐，择其善者而从之；摒弃他人的缺点，并反省自己，做到见其不善者而改之。与事，懂得取舍之间的智慧，慎思明辨，擦亮眼睛，人生是个不断选择的过程。

1. 近朱者赤，近墨者黑

如果你觉得你的命不好，就去与那些命好的人在一起，你的命就会得到改善。

——翟鸿燊

(北京大学客座教授，国学研究传播者)

物以类聚，人以群分，同类事物常常纠合在一起，同类人也是这样。判断一个人怎样，从他的朋友身上就能看出这个人的影子。如果你的周围是一群鹰，那么你自己也会成为一只展翅翱翔的雄鹰；如果你的周围是一群山雀，那么你也许永远也看不到海阔天空。

由此可见，朋友的行为对我们的影响是多么深。假如你真正的挚友很多，可以帮助你走上光明大道，你就成为了一只雄鹰；假如你择友不当，则会导致自己走上邪门歪道，甚至走上违法犯罪的深渊，你就成了一只永远飞不起来的山雀，你的终身幸福将毁于一旦。

孟子小的时候非常调皮，母亲为了让他受到好的教育，花了大量的心血！最初，他们居住在墓地旁边。小孟子经常和邻居家的小孩一起学着大人们跪拜哭嚎的样子，玩起办理丧事的游戏。孟子的母亲看在眼里，急在心头，心想：这样可不行，不能让孩子住在这里学习这个！于是孟子的母亲就带着小孟子搬到市集旁边去住。

到了市集居住一段时间，小孟子又和邻居的小孩，玩起商人做生意的游戏。一会儿向客人鞠躬表示欢迎，一会儿端出茶水招待客人，一会儿又和客人讨价还价，表演得惟妙惟肖！

孟子的母亲知道了，又皱起了眉头，这个地方也不适合我的孩子居住！于是，他们又搬家了。这一次，他们一直搬到了学校附近。此后，小孟子开始变得懂礼貌、守秩序、喜欢读书了。

这时，孟子的母亲才满意地点头说："这才是我儿子应该住的地方呀！"

后来，大家就用"孟母三迁"来表示人应该要接近好的人、事、物，才能养成好的习惯！有人说："内因决定外因，外因是事物发展的外部条件，而内因是事物发展的决定性因素。"但是要看到：外因影响着的内因，外因对内因的能动作用是不容忽视的。

俗话说"常在河边走，哪有不湿鞋"，对于平常人来说，能做到出淤泥而不染的人是极少的。

有一次，戴不胜请教孟子如何做才能让君王向善的问题。孟子深思熟虑地说："我给你打个比方吧。比如说有一位楚国的官员，很希望孩子能会说齐国话，那么他是找齐国人当老师好还是找楚国人当老师呢？"

戴不胜张口回答："当然找齐国人来教他好了。"

孟子认真地说道："假如找一个齐国老师教他，可是他周围的环境却有许多楚人在影响他，这些人都说楚国话，势必会干扰他，在这样的实际环境，即使你严加管教，恐怕也是很难学会齐语的。反之，如果把孩子带到齐国的环境里学习楚语，即使很长时间的严格要求，恐怕也难把楚语学好。你为了让君王向善，想举荐薛居州这样的好人住到王宫中去，让他去影响君王，让君王向善。如果王宫中的人，无论年龄大小还是地位高低都是好人，像薛居州那样的，君王自然就向善了。相反，如果在王宫中的人，都不是像薛居州那样的好人，那么只有一个薛居州能把君王影响多少呢？"

孟子用"近朱者赤，近墨者黑"的道理说明周围环境对人影响的重要性，是想告诫国君多注意身边亲信的考察和选择。如果身边用的多是好人，那么国君也就会多做向善的事了。相反，如果国君身边多是小人，那么国君也就很难洁身自好了。

一个人在结交朋友的时候，一定要去选择那些乐观正直、积极上进的朋友，这样，潜移默化之中，他也就会向做乐观正直、积极上进的人去努力。相反，如果他选择了和品质有缺点的人在一起，那么他的品质有可能会变得更坏。

因此，在交朋友的时候，要慎重地选择，不能盲目地无差别地与任何人都结交。要记住"与君子交友，犹如身披月光；与小人交友，犹如身进毒蛇"，"近朱者赤，近墨者黑"的道理，多与"赤者"交往，拒绝"墨者"的无理、违背原则的要求，这样才会在人生的道路上不断前进。

2. 认真衡量，当机立断

如果你考虑正面，又考虑反面之后，再回头来考虑正面，又再考虑反面，那么，如此循环往复，终无宁日，最终成为考虑的巨人，行动的侏儒。所以，我赞成孔子的"再，斯可也"。

——季羡林

（曾任北京大学教授，历史学家、思想家、作家）

当一件事情到手的时候，考虑一下，再考虑一下，就可以了。如果第三次再考虑一下，很可能就会犹豫不决，再也不会去做了。可以说，做事谨慎是必需的，但是过分的谨慎就变成了小气。

因此，孔子主张，何必三思而后行，再思就可以了。

在一个寒冷的冬天，先生穿着棉长袍给学生授课，当讲到论语"三思而行"的时候，先生兴致勃勃，一屁股坐在讲堂前边取暖的火桶上，引经据典、举一反三、眉飞色舞、聚精会神地侃侃而谈起来，想给学生讲清楚"三思而后行"是如何如何重要、如何如何有道理。

这时，火桶里的炭火燃烧得正旺，不经意间火烧着了先生那过膝长的棉长袍衣角，由于先生过于专注讲课，竟然丝毫没有察觉。

下面的一个学生看见了，却是不敢作声，心里嘀咕："先生刚刚还在说，叫我们不管遇见什么事情都要三思而后行，这件事我也要好好地想想，看看要不要告诉先生。哎！还是继续听先生讲课吧！"

过了会儿，棉大衣已经燃烧了半个巴掌大一块了，正凑巧这时，一阵穿堂风吹过半开着的教室门，把燃烧的青烟吹散。先生还没发觉，仍然在兴致勃勃地讲他的"三思而后行"！

这时学生看见有点心慌了。"该不该告诉先生呢？"学生脑子里进行着激

205

烈的斗争，"先生不是告诫我们遇事一定要三思吗？是不是要我们遇事思考三次呢？嗯！是这样，我才思考了两次。"

又过了一阵子，看见先生的棉大衣快燃到小腿边了，可先生还是慷慨激昂、唾沫四溅，越说越来劲、越讲越激动，完全沉浸在他讲的"三思而后行"的重要性里去了。下面的学生看见了又想了一想："现在可以告诉先生了吧！我已经考虑三次了，是该告诉先生了！"于是马上举手说道："报告先生，你的棉大衣着火了！"

先生低头一看，急忙站起来，一边扑灭大衣上的火，一边埋怨那个学生道："都燃了这一大块才说，看见了，怎么不早点告诉我呀！"

学生委屈地辩解道："先生，刚才不是你教我们一定要三思而后行吗？我就是考虑了三次才说的呀？"听到这话，先生瞪着眼，鼓着拳头，狠狠地瞪了那个学生一眼，无话可说。

虽说做事要冷静思考，用头脑做事，面对问题不慌张，沉着而果断地处理问题，但也要视情况而定。像故事中的情形，如果学生再犹豫，那就要酿成大祸了。所以，有的时候考虑得过多也未必是好事。

在人的一生中，各种各样的选择会层出不穷地出现，例如选择得失、取舍、好坏、对错、进退、美丑等很多种，但无论是选择什么，都应该对选择内容认真进行权衡、判断，在认真思考之后，不能犹豫，要当机立断，作出正确的选择。

有个农民养了一头驴，由于毛驴全心全意地为主人干活，所以主人很喜欢它，经常为他准备精良的草料，安排舒适的睡觉地方。

一天，主人需要出门远行，就把毛驴委托给一个朋友照管。受主人所托，朋友很热情地对待毛驴，为毛驴准备了鲜嫩可口的青草。主人本来要求一晚给毛驴一捆青草，可是朋友出于好心，就多加了一捆青草，每天都放两捆青草给驴吃。

可是第二天早晨的时候，朋友惊讶地发现，昨晚给毛驴的两捆青草一根也没动。朋友感觉奇怪极了，以为青草不够好，毛驴不喜欢吃。在当天晚上，他又换了两捆更加鲜嫩的青草。又一夜过去了，这次朋友早早就去看毛驴，发现两捆草依然一根也没动。朋友见此情况，一下就着起慌来。于是急忙骑着马去找毛驴主人，向毛驴主人说明了详细情况。毛驴主人听到朋友的诉说，也感到十分困惑，就急忙随着朋友赶回来。

可怜的毛驴已经三天三夜没吃东西了，当主人赶到的时候，它已经奄奄一息了。听到主人的呼唤声，它慢慢睁开眼睛，留恋地看了看主人。

毛驴主人一下明白了，他的毛驴是被朋友的好心迷惑住了。因为朋友给它两捆同样的鲜嫩的青草，而毛驴却不知道先吃哪一捆好，于是东瞅瞅，西瞧瞧，很是拿不定主意，结果整晚一口也没吃上。不大一会儿，驴子就饿死了。

在这个寓言中，毛驴的犹豫不决造成了被饿死的悲惨下场。常有人犯和毛驴一样的错误，在面对如何选择时，常常会犹豫不决。正像季羡林老先生所说的成了考虑的巨人、行动的矮人。

在面对人生，要有当机立断的决心，也要有永不后悔的气魄。很多事情其结果都可能和自己想的不一样，难道可以重来吗？如果不一样，最好的办法就是接受，然后迈过去，朝前走。有时候，甚至可以不在乎结果，你去做了，努力了，就问心无愧了，至少体验了过程之美。在这个速度制胜的社会里，做事绝不能优柔寡断，看准了，想好了，就要当机立断。有时，人的成功和成败，靠的就是这一点当机立断！

3. 取其精华，弃其糟粕

要运用脑髓，放出眼光，自己来拿！

——鲁迅

（曾任北京大学讲师，无产阶级文学家、思想家、革命家）

每个人的身上都有熠熠闪光的地方，但是亮点是不同的，也许你擅长的，别人不及你，但是同样，别人的优点也是自己身上所欠缺的。

论语中说道："三人行，必有我师焉。择其善者而从之，其不善者而改之。"孔子是想通过这句话告诉人们：在虚心向他人学习时，一定要注意辨别是非，辨别出他人身上哪些长处对自己有帮助，哪些短处要克服。

学习就像一个过滤器，无论是学习书本知识，还是向他人学习，或者是学习国外先进的技术与知识，都应该有所选择、有所辨别，得到精华，滤去糟粕。

那么，如何得到精华，滤去糟粕呢？

鲁迅先生在《拿来主义》一文中教给我们："要运用脑髓，放出眼光，自己来拿！"要批判地继承。在汲取外国文化重要性的认识上说："没有拿来的，人不能自成为新人，没有拿来的，文艺不能自成为新文艺。"因此可知，不但要向别人学习，而且必须向别人学习，才能不断地提高自己。但是在借鉴别人的东西时，要通过自己的大脑，有选择、有目的地吸收，而不能毫无选择地一股脑接收。

因为选择性地汲取营养是一个辛劳的过程，致使许多人在学习知识时，常常会不去辨别而全盘接受。下面来看古代的一则故事：

有个书生学习的时候，总是会把书中的文章大声读出来，看似学习很刻苦，也读了很多的书。但是，他在读书的过程中，却从来不去动脑筋，不去思考书中的道理，就这样浅尝辄止地读了很多书，自认为懂得了很多道理。

一天，他参加朋友聚会。在聚会时，大家聊得很开心。正当大家兴致很高的时候，有一位客人忽然指着桌子上的梨与大枣，非常感慨地说道："世界上真是很少有两全其美的事情啊！就拿吃水果来说吧，虽然吃梨子对牙齿很好，但是会伤及胃口，而吃枣子能健胃消食，但是吃多了会损伤牙齿。"

朋友们听了这位客人的话，感觉很有道理，纷纷向他竖起了大拇指。可是，就在这时，这个人为了表现自己的聪明，抢着说："这很容易解决嘛！吃梨子时只咀嚼不咽，就不会伤胃了；吃枣子时为了不伤牙齿可以整个吞下去啊！"

一边说着，他一边从桌上的盘子里拿起一颗大枣放进嘴里，囫囵着咽了下去。大家惊讶极了，担心他噎着，急忙劝道："千万别吞，卡在喉咙多危险呀！"

这时，旁边一个喜欢开玩笑的人说道："你真是囫囵吞枣呀！"这话把大家逗得笑翻了天。

这个故事便是"囫囵吞枣"的由来，故事中的这个人被一代一代的后人耻笑，原因就是他学习知识时不会分辨什么是"精华"，什么是"糟粕"，而是毫不思索地整个接受，断章取义。

对于"取其精华，弃其糟粕"，蔡元培先生做得非常好。在当时，他制定了北大的办学方针——"兼容并包、思想自由"。

他之所以强调这几个字，是因为他知道每个人都有自己的优点，每个人身上都有自己的独到可取之处，但同时每个人也有缺点，也有不应该被学习、被发扬之处。所以，对于不同的思想学说要互相包容，彼此宽容。但是身处其中的学生进行学习的话，就要懂得扬弃了。

正因为对要学人之长有着深刻的认识，所以蔡元培在聘请辜鸿铭作为北大的教授后，就教育北大学子要选择性地学习辜鸿铭先生的长处，摒弃他的短处。了解辜鸿铭的人都清楚，他既是学贯中西的大家，又是民国时期主张君主立宪的代表人物；他既能用德语、法语、日语等七国外语阐述自己的主张，但是他又崇尚清帝，认同清王朝，脑后还一直拖着清王朝那标志性的长辫子，他不认同革命，把革命者看做洪水猛兽。

以上这些例子都一遍遍地告诫人们：在向别人学习时，一定要对学习内容进行甄别，一定要做到"取其精华，弃其糟粕"。

古人说："尽信书不如无书。"讲的也是这个意思。是的，但凡懂得学习的人，首先就懂得分辨好坏。

如果注意我们身边的成功人士，就会发现他们对事物不是简单地进行学习，而是在学习之前认真选择，他们会选出有价值的进行学习，丢弃那些没有价值的东西。即便他们并没有多么出色的学习能力，也会取得惊人的进步。

但并不是所有人能够认识到这一点。大家常犯的一个通病，就是往往只看自己的优点和他人的缺点，而看不到自己的缺点和他人的优点，或者是孰多孰少一些。总爱拿自己的长处比他人的短处，不会向别人学习。在与人相处中，往往表现为对优于自己、强于自己的人不服气；对有缺点、有错误的人鄙视、嫌弃；严于责人而宽于责己。这样，既堵塞了向他人学习提高自己的道路，也会造成人际间的不和谐，甚至于造成冲突。

俗话说："尺有所短，寸有所长。"它揭示了世界万物都有"长短"的客观事实，同时也启示人们要善于发现、发挥万物的长处，而规避万物的短处。正像人们常说的："梅须逊雪三分白，雪却输梅一段香。"

因此，一定要学会博取众人之长，补充自己之短，遇事在不懂的情况下，要不耻下问，一定不要不懂装懂，自欺欺人，做掩耳盗铃的傻事，更不可以妄自菲薄，盲目照搬。同时，也要通过观察别人不断地改进自己，做到"取其精华，弃其糟粕"，这样才能在人生的道路上走得又快又稳。

4. 放弃也是一种选择

幸福和快乐是一种相对的感受。如果为失去一件事物而懊悔苦恼，那么，失去的就不仅是那件事物，还有心情、时间和健康。

——徐光宪

（现任北京大学化学系教授，著名的物理化学家、教育家）

人生好比是一份试卷，有大量的单选题。有时，A 或 B 你都想选，但它会告诉你：你必须学会选择放弃！

当你选择放弃悲伤，那你将会得到快乐；当你选择放弃痛苦，那你将会得到幸福；当你选择放弃寒冷，那你将会得到温暖；当你选择放弃自私虚伪，那你将会变得诚实高尚……学会放弃吧！只有放弃，你才会在人生的道路上轻装上阵！

一条从雪山走来的小河，跳下陡峭的崖壁，战胜山石阻挡，穿过繁茂的森林，流过绿油油的草地，终于一路向前来到了山脚下。然而，平坦的脚下是一望无际的沙漠。望着干涸的沙漠，战胜过无数困难的小河流胆怯了。因为它清楚地知道，要想穿过沙漠就必须付出惨重的代价，甚至让自己不复存在。

虽然前途不可预料，但不甘心放弃的小河流还是暗自思忖："我既然已经越过了重重障碍，那么也就有可能越过沙漠，只要我有足够的信心和勇气。"

于是，它下定决心穿越沙漠！勇敢的小河流开始了向沙漠进军，它小心翼翼地流进沙漠，沙漠太浩瀚了，流入不长的距离，小河就发现河水的三分之一在泥沙当中不见了。虽然它感到莫名的恐慌，但是它并没有止步，仍然尝试着前进。试了一次又一次，得到的结果都一样，更为可怕的是越向前河水消失得越快。

可怕的结果让小河绝望，垂头丧气的它无奈地想道："我要葬身在这茫茫沙漠了！或许我永远也无法到达传说中的浩瀚大海了。"

这时，一种低沉而有力地说话声在小河的耳边响起："小河流，这么快就失去信心了？这种方法不行，你可以换一种方法试试啊！为什么不借助风的力量呢，让它带你跨越整个沙漠吧？"

被说话声吓了一跳的小河流诧异地看了看四周，当它发现是沙漠在跟它说话时，就抱怨地说："如果不是你挡住了我的去路，也许我早就见到浩瀚的大海了。让风带着我过沙漠和让我去送死有什么区别？我可不想这么做。"

沙漠摇了摇头，耐心地说道："你不能到达浩瀚的大海的原因，并不是因为我挡住了你的去路，而是因为你的思维单一固化，不知道灵活变通。但是如果你改变想法，变通途径，让风儿带着你飞过去，你就会顺利到达目的地。而你唯一需要做的，就是放弃现在的样子，让自己变化成另一种形态——水蒸气，飘散到空气中，让风助你一臂之力越过沙漠。"

小河流暗自思忖着沙漠的话，心想："让我放弃自己现在的模样，那不是等于叫我自杀吗？这种奇怪的方法我可从来没有听说过，沙漠是不是在骗我啊?"沙漠似乎看出了小河流的心思，解释道："风可以把水蒸气吹到天空，越过沙漠，在合适的时间、地点，把水蒸气以雨水的形式降落下来。这样，你又变成现在的模样，就可以继续奔向你梦寐以求的浩瀚大海了。"

"那我还是原来的河流吗?"小河流疑惑不解地问道。

"当然，经过了形式的改变，你可以说是原来的河流，也可以说不是。但是你的本质却从来没有改变。归结到底，你依然会是一条河流，依然会以一条河流的形式到达你想要去的地方。"沙漠的一番话让小河沉思起来，它想起了自己的过去，隐隐约约地记得自己在变成河流之前的事，那时也是风把它带过高山，带到内陆，然后以雨雪的形式落下来，慢慢地变成了现在的模样。小河流于是听从了沙漠的话，它鼓足勇气，向风敞开了怀抱。

在风的吹拂下，在烈日的照耀下，小河慢慢地化作了水蒸气，随着风开始了它生命中的新旅程。

在这生死存亡的危急关头，小河如果不进行选择，不放弃原来的模样，那么它的命运就会到此为止，永远也不可能到达它梦绕魂牵的大海。要知道，坚持对的选择是智慧，坚持错的选择是愚蠢。让人高兴的是，小河做出了自己的正确选择，最终到达了大海，实现了自己最初的梦想。

这则寓言揭示了一个深刻道理：学会放弃。当一条路走不通时，最明智的选择是要果断地放手；当鱼和熊掌不能兼得时，果断地放弃将是一种智慧的选择。

同样的道理，想要闻到野花的清香，就必须放弃城市的舒适，到野外去踏青；想要得到永久的掌声，就必须学会放弃眼前的虚荣，扑下身子努力去做。如果双手握紧了东西，那么你就将什么也拿不下了；而当你想要获得更多更好的东西时，必须先把自己手中的东西放掉。

人生苦短，时不我待，如果一个人想要得到更多，那么就必须学会放弃更多。那些什么都不想放弃的人，什么都想抓住的人，是不可能收获什么的。最终的结局就是一生都碌碌无为，对生命造成最大的浪费。

智者说：勇于放弃者精明，乐于放弃者聪明，善于放弃者高明。学会放弃吧！放弃失落带来的痛楚，放弃屈辱留下的仇恨，放弃心中所有难言的负荷，放弃耗费精力的争吵，放弃没完没了的解释，放弃对权力的角逐，放弃对金钱的贪欲，放弃对虚名的争夺……只有这样，才能让整个身心沉浸到轻松和宁静中。

5. 不同的选择缔造不同的人生

我很赞赏北大博士生的一句话："在大学、研究生期间，不要致力于满口袋，而要致力于满脑袋。"满脑袋的人最终也会满口袋，我是相信这点的。

——王选

（现任北京大学教授，著名科学家，中国高科技产业自主创新的先驱者）

山石的坚持，最终成就了它的粗犷，而卵石的脱离，最终也成就了它的圆润。人生往往如此，在一步步的选择中，最终人们都会形成自己独特的人生。

西汉时期，霍去病屡立战功，获得了高官厚禄，但是他常常把个人的安逸享受搁在一边，一心以国家利益为重。取得河西战役的重大胜利后，汉武帝论功行赏，在长安奖励他一座豪华住宅，并叫他去看看是否满意。但是霍去病谢绝了汉武帝的好意，没有去看房子，而是气概豪壮地说："匈奴未灭，何以家为！"

此后，这句豪言壮志就是霍去病光辉一生的写照。霍去病在面对国家的责任和显贵的待遇之间作出了自己的人生选择。

唐朝著名学者陆羽，从小是个孤儿，流落到寺院，被智积禅师抚养长大。陆羽虽然从小在庙中长大，但是却不愿终日诵经念佛，而是喜欢读书学习。陆羽稍稍长大一点后，就执意要下山求学，然而老禅师却坚决反对。

禅师为了阻止陆羽下山，也是为了更好地磨炼他，便叫他学习冲茶。在钻研茶艺的过程中，陆羽碰到了一位好心的冲茶技艺高超的老婆婆，老婆婆不仅教会了他复杂的冲茶技巧，还教会了他不少读书和做人的道理。当陆羽最终将一杯热气腾腾的苦丁茶端到禅师面前时，禅师终于答应了他下山求学的要求。后来，学有所成的陆羽撰写了广为流传的《茶经》，把我国的茶艺文化发扬光大！

宋仁宗时期，范仲淹因坚持提倡改革被皇上贬官邓州，遭受了政治上的不如意。面对这一无情打击，范仲淹没有消极颓废，随波逐流，放纵自己，更没有降志曲节，与邪恶势力同流合污，而是选择了心忧国家，继续为国家为人们着想，留下了"先天下之忧而忧，后天下之乐而乐"的千古绝唱。

从以上的例子可以看出：人生伴随着选择，不同的选择注定了不同的人生。现在的生活由过去的选择决定，将来的生活又由现在的选择决定。正如佛家所讲的因果循环，现在所得到的结果，往往是由于当初的选择种下了"因"。

先后被聘为北大讲师的周树人（即鲁迅）与周作人是亲兄弟，他们都知识渊博、才华横溢。然而，在历史的紧要关口，两个人的选择不同，造就了两人迥异的人生。

众所周知，鲁迅先生以文章为武器，用犀利的文字像匕首一样插进黑暗的反动势力心脏，无情地揭露着他们的罪恶，鞭挞着他们的灵魂。同时，不断用文字唤醒中国人民的反抗意识，不断用文字鼓励中国人民奋勇直前。因此，他被后人敬仰、纪念、崇拜。只要一提到周树人，人们都会被他那铮铮铁骨、甘为孺子牛的牺牲精神所深深折服，即使从没有见过面的共产党人方志敏也把他视为最值得信任的同志。然而，周作人却背上了汉奸的千古骂名，是由他最初的不同选择所致。

选择很难，尤其是做出正确的选择更难。对此，我国古代圣人有着深刻的认识，孟子就做过专门的论述。

他说：鱼是我所喜爱的，熊掌也是我所喜爱的，如果这两种东西不能同时都得到的话，那么我就只好放弃鱼而选取熊掌了；生命是我所喜爱的，大义也是我所喜爱的，如果这两样东西不能同时都具有的话，那么我就只好牺牲生命而选取大义了；生命是我所喜爱的，但我所喜爱的还有胜过生命的东西，所以我不做苟且偷生的事；死亡是我所厌恶的，但我所厌恶的还有超过死亡的事，所以有的灾祸我不躲避。

如果人们所喜爱的东西没有超过生命的，那么凡是能够用来求得生存的手段，都可以采用；如果人们所厌恶的事情没有超过死亡的，那么凡是能够用来逃避灾祸的坏事，就变得都可以干了。只要采用某种手段就能够活命，可是有的人却宁死也不肯采用；采用某种办法就能够躲避灾祸，可是有的人怎么也不肯采用。为什么会这样呢，因为他们所喜爱的有比生命更宝贵的东西；他们所厌恶的，有比死亡更严重的事情，那就是"义"与"不义"。不仅贤人有这种本性，人人都有，不过贤人能够不丧失罢了。

一碗饭，一碗汤，吃了就能活下去，不吃就会饿死。可是轻蔑地、呵斥着给别人吃，过路的饥民也不肯接受；用脚踢着或踩过给别人吃，乞丐也不愿意接受。

如果见了巨大优厚的俸禄却不管是否合乎礼义就接受了，那么这样的优厚俸禄从大处来讲对我有什么好处呢？我只是为了住宅的华丽、大小老婆的侍奉和熟识的穷人感激吗？先前宁肯死也不愿接受赐予，现在为了住宅的华丽却接受了；先前宁肯死也不愿接受富贵，现在为了大小老婆的侍奉却接受了；先前宁肯死也不愿接受施舍，现在为了熟识的穷人感激自己却接受了。这种做法应该让它停止，因为这就叫做丧失了人所固有的羞恶廉耻之心。

人放弃捷径通途，不是偏爱崎岖曲折，而是为了通达成功之路；放弃安逸舒适，不是不会享受生活，而是为了坚守自己的志向；放弃功名富贵，不是为了选择贫困穷寒，而是为了追求自己的理想；放弃生存，不是为了获得死亡，而是为了维护自己的人格和尊严。

在面对选择的时候，命运的好坏就取决于个人如何选择。人生就是这样，不同的选择缔造了不同的人生。所以，要慎重对待每一次选择，开启拥有幸福美满人生的正确道路。

当然，在人生的道路上，每次选择的决定性作用是不一样的，有时候选择的决定性强一些，有时候选择的决定性就弱一些。但不论是哪种情况，都要慎重对待每一次选择，哪怕是非决定性选择。只有更多地做出正确的选择，才会在量变中达到质变，过上幸福快乐的生活。

6. 鱼与熊掌不可兼得

献身于科学研究就没有权利再像普通人那样活法，必然会失掉常人所能享受到的不少乐趣，但也会得到常人享受不到的很多乐趣。

——王选

（现任北京大学教授，著名科学家，中国高科技产业自主创新的先驱者）

人生在寻找得的同时，总要付出一些代价，正确地认识得与失，人就会在得到的时候，懂得必然的失落；也会在失落的时候，懂得如何从失落中找回自我。豁达的人懂得超脱；真情的人懂得奉献；幸福的人懂得放下；智慧的人懂得舍得。

孟子在《鱼我所欲也》里说："鱼，我所欲也；熊掌，亦我所欲也。二者不可得兼，舍鱼而取熊掌者也。"是的，当鱼和熊掌必须要我们舍弃一种的时候，才是最考验一个人智慧的时候。

有个聪明能干、自尊心强的青年人，处处都显示出比别人强的能力。他有个梦想，就是想成为一名大学问家。为实现自己的人生，他一直不懈地追求着，但是，许多年过去了，尽管他在许多方面都取得了很大的成绩，可是在成为大学问家的道路上，始终没有明显的进步。于是，苦恼的他就向一位智者求教。

智者听了他的讲述后，安排了一次爬山活动，并对他说："爬到了山顶后你可能就知道应该如何去做了。"

第二天一大早，他们就开始爬山了。山上有许多奇形怪状的小石头，晶莹漂亮。喜欢收集石头的青年人高兴极了，不停地捡着石头。智者看见了，就让他把捡到的石头带着。当他们爬到半山腰的时候，早已累得气喘吁吁的青年人对智者说："不能再带石头了。不然，恐怕到不了山顶就累趴下了。"

智者微笑地说："是呀，的确很累，那该怎么办呢？"

青年人毫不犹豫地说："扔掉这些石头吧！"

智者回答道"是啊！背着石头怎么登山？你早就该扔了！"

这句话像一声霹雳震醒了青年人，他霎时惊呆了，立即有了感悟，旋即放下石头，快速向山上奔去。

智者通过实践教育了青年人，使他懂得了必须舍弃才能得到的道理。如果什么东西都想要，都舍不得丢弃，那么最终会捡了芝麻，而丢了西瓜，甚至于一无所有。在这个故事中的青年人，如果不能够及时放弃石头，那么他就无法爬到山顶。石头固然美丽，但不是青年人的追求目标，而是阻止他前进的绊脚石。当青年人勇敢地抛弃它时，也是他的最终目标能够实现之时。

同样道理，在人生路途上的种种欲望，都是实现目标的阻碍。如果被欲望分心，对我们的既定目标产生干扰，那么必然就会影响既定目标的实现。

有人说，取是一种本能，舍是一门哲学。一个没有能力的人，常常取不足；一个没有开悟的人，常常舍不得。

一天，小男孩被父亲放在收藏架上的花瓶吸引住了。在好奇心的驱使下，这个顽皮的小男孩把手伸进了花瓶中。这可不是一个普通的花瓶，而是一个价值连城的古董，印着精美青花的元代花瓶。然而，让人感到糟糕的是，当小男孩想把伸入花瓶中的手收回来时，却发现无论如何也拔不出来了，套用一句时髦的话说就是不小心被套住了。

急于脱手的小男孩大声呼喊，闻声赶来的父母看到后，心里非常焦急。父亲帮助他试拔多次，但都无果而终。无奈之下，父亲便想到了司马光砸缸的办法，就想把瓶子砸碎，帮儿子的手拿出来。但是，花瓶太名贵、太稀有了，父亲舍不得，很是犹豫不决。

很大一会儿过去了，看着小男孩痛苦的样子，父亲便决定在孤注一掷前，进行最后一次尝试。如果还不行，也就只能忍痛砸瓶了，毕竟救孩子是大事。于是，父亲耐心地对儿子说："孩子把手伸直，五指并拢顺到一块儿，然后使劲往外拔，就像这样。"父亲一边说着，一边用手给儿子做示范动作。不料，小男孩听了父亲的话，大声叫了起来："不行，不行啊，爸爸！我不能伸开手。如果我把手伸开了，那枚硬币就会掉到里面去了。"

父亲哑然失笑，长舒了一口气，终于明白了儿子的手拔不出来的原因。

小男孩因为舍不得那枚微不足道的硬币，才无法把手拿出来。正所谓舍与得，不能舍也就不能得。现实生活中有太多这样的故事，由于不愿意做出舍弃，结果却因小失大，失去了更多有价值的美好东西。

舍与得虽是反义，却是一物的两面，是矛盾的统一。凡事在舍之前，总是要先取得，才能有舍，在取多了之后，常常得舍弃，只有这样才能再取。人刚出生的时候，只知道索取。要取得维持生命成长的东西，例如食物、水等物质；而后在成长中，又要学习知识，获取自身内涵的增长；等到长大后，则必须有取有舍，或取功名利禄而舍悠闲自在，或取熊掌而舍鱼，或取权利地位，而舍安逸享乐；等到年老后，则更要懂得舍弃，并且是舍多于得。不知道舍、不服老的人，往往会把自己也赔进去。如此看来，人生真的是愈取愈少，愈舍愈多。所以要少年时取其丰；壮年时取其实；老年时取其精。少年时要舍其不能有；壮年时舍其不当有；老年时舍其不必有。就像登山履危、行舟遇险的时候，先要抛弃不必要的行李。

在很久以前，一个土财主家乡发了大水，贫穷的人们都因为没有所要带去的东西，而顺利游在水中最终获救。有个土财主却把家中的金银财宝缠满了全身，竭尽全力地在水中挣扎，并向远处的一个小船呼救。

船上的人大声喊他，并让他把身上附带的重物扔掉，那样的话他就不会沉下去，以便赢得别人划船去营救他的时间。但这个守财奴却不舍得扔掉自己的金银财宝，最终溺水身亡。

假如他能把身上重重的包袱舍去，那么他得到的便是生命。于是，佛祖感慨地说：舍得舍得，有舍才有得。

虽然故事的真实性没有办法考证，但讲述了一个有关"舍得"的道理。人活在世上，无非也就是一舍一得的重复循环。舍得既是一种生活的哲学，更是一种处世与做人的艺术。舍与得就如天与地、水与火一样，是既对立又统一的矛盾体，万事万物均在舍得之中。只有真正理解参悟到了"舍得"二字，那么也便知道了"不舍不得，小舍小得，大舍大得"这个朴素的哲学道理。

总之，舍得，是一种精神；舍得，是一种领悟；舍得，更是一种智慧，一种人生的境界。人的一生是否幸福，关键是看自己是否懂得取舍。

7. 化烦恼为菩提

你如果向我埋怨天公说，人生是多么苦恼啊！我说，人们并非生在这个世界来享幸福的，所以那并不算奇怪。

——朱光潜

（著名学者、美学家、文艺理论家，曾担任北京大学文学院院长）

佛陀告诉我们，人生里的烦恼既是不能避免，唯一的方法就是"化烦恼为菩提"，不但不会让烦恼成为障碍，反而会转烦恼为菩提，使自己在烦恼中觉悟。而这，才是人生里烦恼的真正含义。

大人物有大人物的悲辛，小人物有小人物的烦恼，都是不可避免的。也就是佛经所说："人生有八万四千种烦恼。"如果把所有的烦恼都背在身上，我们就会因负荷过重而被压得喘不过气，也会使我们心烦意乱，无法安心做事。对于那些烦恼事，我们只要记得就可以，但必须放下。只有把它们剔除，才能轻装上阵，才能保持心灵的平静和思路的清晰，最终取得成功。

有这样一个小故事：

两个不如意的年轻人，一起去拜访师父："师父，我们在办公室里被欺负，太痛苦了，我们是不是该辞掉工作？"

师父闭着眼睛，隔了半天，吐出五个字："不过一碗饭。"就挥挥手，示意年轻人退下。

刚回到公司，一个人就递上辞呈，回家种田，另一个没有辞职。日子真快，转眼十年过去了。回家种田的以现代方法经营，加上品种改良，居然成了农业专家。另一个留在公司的，也不差。他忍着气，努力学，渐渐受到器重，成了经理。

有一天，两个人遇到了。

农业专家说："奇怪，师父给我们同样'不过一碗饭'这五个字，我一听就懂了，不过一碗饭嘛，日子有什么难过？何必要一直在公司？所以我辞职了。"他问另一个人："你当时为何没听师父的话呢？"

"我听了啊,"那经理笑道,师父说:"'不过一碗饭',多受气,多受累,我只要想:不过为了混碗饭吃,老板说什么是什么,少赌气,少计较,就成了,师父不是这个意思吗?"

两个人又去拜访师父,师父已经很老了,仍然闭着眼睛。隔了半天,答了五个字:"不过一念间。"

所有烦恼,都是放不下的执着。当你决定放下,你不会失去任何东西,失去的只有烦恼。如果烦恼一直驻留心间,那一定是你自己在扰动,而并非烦恼本身不走。

很多时候,并不是烦恼在扰乱我们,而是我们不肯放下烦恼的执念,只要能放下,一切烦恼都消除了。学会快速地放下那些让自己烦恼的事,其实不论发生什么事,不管目前有没有能力解决,不管是否对我们造成了某种威胁,我们都应该先放下,不要为它苦恼,安下心来,再一步一步地解决,这样烦恼消除了,问题也就更容易解决了。

叔本华说:没有人生活在过去,也没有人生活在未来,现在是生命确实占有的唯一形态。这话很有道理!我们应该活在当下,不为过去的不愉快而独自伤神,不为那些遗憾而伤脑筋,也不为未来的事情庸人自扰。一个懂得放下的人,思维会变得敏捷,神情变得欢快,表情热情洋溢,心灵会变得轻松快乐,这样的人无疑是生活的智者。

其实,天下没有什么东西是永恒的,也就是说,根本没有什么事情是恒常不变的,烦恼也是这样。只要你看透了这一点,就明白了放下的道理。烦恼就像是取水,只要你放下心中的烦躁,耐心等待,事情总会发生变化。

一个街头卖字的中年人这样陈述自己的烦恼:"我每天都坐在这里,很是不高兴,经常烦恼,生活的压力让我无法呼吸。回到家,夫人也总是抱怨说我阴沉着脸,没有一丝生气;孩子也不与我亲近,不愿意和我说话,说我这种样子会影响他的心情……

"那天,我又同往常一样出摊,正在担心今天会不会有人买我的字或找我代写书信时,大街上的一个情景顿时让我的烦恼烟消云散。

"我当时正呆呆地望着来往的人群们,突然发现一个坐在轮椅上双腿残废的男人朝我这边移来。我对他很是好奇,正当我打量他时,不小心与他的目光相遇了,他迎上我的目光,露出微笑,并没有像我想象的他会表现出自卑害羞的样子,他还用愉快的语调和我打招呼:'你好,先生!'我以同样的微笑回应了他。

"此时，我才发现自己是如此幸运。还有什么值得烦恼的呢？比起他，我可以说是很幸运的，我的生意好坏又算得了什么呢？我重新端正自己，以微笑面对路过的每一个人，有人买我的字，我就耐心地回答他们的询问。回到家里，我很高兴地跟夫人打招呼，她惊喜地看着我，愣了半天，似乎不敢相信眼前这个男人就是她的丈夫；我还主动和儿子交谈，给他讲故事，他很开心。放下这些担心，我的心情格外晴朗，人也变得很有精气神。"

有时候，我们的生活中未必有烦恼，都是自己强加给自己的。就像这个街头摆摊的中年人一样，其实烦恼并不存在于他的身上，他家庭和睦，有自己固定的生意，可他仍感烦恼，这不就是自己强加给自己的吗？当看到残疾男子的笑脸时，他才如释重负，放下了心中的烦恼，于是他的生活才变得如此美好。

在当今社会，人们生活节奏的加快，人的心理发生变化，急躁、易怒、烦恼重重，想要做到完全放下，的确很难，但越是这样，我们就越应该放下一切，还自己一个轻松惬意的生活。

放下可能给我们造成烦恼的事，是理智之人的智慧，这种放下，并不是逃避责任，不是消极遁世。如果不放下过往的琐事、烦恼，只会让它们随着时间弥漫在你以后的生活中，令你烦恼终生。所以，无论生活多么繁重，我们都应在尘世的喧嚣中，找到这份不可多得的静谧，在疲惫中给自己心灵一点小憩，让自己属于自己，让自己解剖自己，让自己鼓励自己，让自己做回自己……

8. 看淡一点，放下不等于忘记

人能忘，渐渐地从剧烈到淡漠，再淡漠，终于只剩下一点残痕，有人，特别是诗人，甚至爱抚这一点残痕，写出了动人心魄的诗篇，这样的例子，文学史上还少吗？

——季羡林

（曾任北京大学教授，历史学家、思想家、作家）

我们执着什么，往往就会被什么所骗；我们执着谁，常常就会被谁所伤害。在人生的旅途中，总会有一些过客，他们来了，走了，不留一点儿痕迹。此时，我们不要太执着，不要患得患失，而是要看淡一些，珍藏那些美好的记忆就够了。

过去的一切，无论是伤痛还是快乐，都是我们人生的财富。所以，无论我们失去什么，都不要失去好心情。

季美林在德国哥廷根留学期间，曾与一位德国姑娘有过一段爱情经历，这曾给他带来过前所未有的幸福与快乐。

有一家叫迈耶的德国人家，就在季美林居住地附近。迈耶太太生性活泼，能说会道，热情好客，迈耶为人憨厚朴实。他们有两个女儿，大女儿名叫伊姆加德，皮肤白皙，金发碧眼，身材苗条，活泼可爱，年龄比季美林小一些，还没有嫁人。

当时季美林的好友是迈耶家的租客，迈耶一家很是热情好客，所以他的好友经常邀请季美林去他家做客，久而久之就与迈耶家熟悉了。由于季美林彬彬有礼、年轻英俊，迈耶一家也很喜欢他。

当时季美林正在写博士论文。每次，都需要打印好再交给教授。当时打字机还是很稀有的，正巧伊姆加德有一台，而且她很愿意帮助季美林。就这样，季美林几乎天天晚上到她家去。在以后的岁月里，都是由伊姆加德帮助季美林打稿子的。

两人日久生情，季美林经常去迈耶家，偶尔是打字，偶尔是参加宴会。伊姆加德生日那天，邀请了很多客人，当然季美林是必不可少的。伊姆加德在每次知道季美林要来家里时总是打扮得漂漂亮亮的，在安排宴席座位时，迈耶太太也特意让季美林坐在伊姆加德的旁边。就这样，一对异国青年相爱了。

但是，季美林是一个有妻子、有儿女的人。每当季美林回到寓所，内心便充满矛盾与痛苦。在很长一段时间里，他一直被幸福与痛苦、欢乐与自责的矛盾心理折磨着。最后，他终于狠下决心，还是自己来咽下这个苦果，要不伤害或少伤害别人。

季美林毕业回到祖国，伊姆加德等待了一生。在季美林90岁生日那天，他收到了伊姆加德从哥廷根寄来的一张照片，此时的她虽已经满头银发，但端庄恬静，面带微笑。季美林看到了这个，一直牵挂也愧疚的心，终于得到了慰藉。

出于道义和责任，季美林没能与伊姆加德终生厮守，但放下不等于忘记。有次接受记者专访时说，季美林先生说："估计世界上没有几个人能想到伊姆加德。如果我也不会想到她，那么世界上就没有人记得她了。"这些话时常让人感动得潸然泪下。

　　放下长久的相伴，记得美好的瞬间；放下心中的芥蒂，记得曾经拥有的美丽；放下心中所有痛苦的东西，而记得美好的事物。

　　我们不要让过去成为现在生活的压力，而是让它成为回忆，不再去比较，不再去后悔，也不再去期望。

　　范小米和金小明相恋已经5年了，小米一直以为他们可以相守到老。可是，正当她对他们的未来充满憧憬时，金小明却提出了分手。顿时，小米崩溃了，她觉得天都要塌下来了，她质问小明这到底是问什么，可他只是简单地说不爱她了。小米还在执着地问着原因，可金小明却很不耐烦地说"不为什么"。

　　小米每天都在哭，哭得歇斯底里的。她很痛苦，就给远方的妈妈打电话，诉说着自己的痛苦，说她放不下小明，电话那头的妈妈静静地听着女儿诉说。等到女儿的哭声渐小时，妈妈说道："孩子，妈妈跟你讲讲我和你爸爸的故事吧！"女儿变得很安静，耐心地听着。

　　妈妈说："我想你对你爸爸都没有印象了吧？因为在你很小的时候，他就离开了我，与另一个女人生活在一起了。那时，我也很痛苦，吃不下，睡不着，但没有办法，我还有你，所以我必须撑下去。后来，我带着你离开了与你爸爸生活的城市，来到了这里，重新开始生活。但偶尔，我还会想起那时我们在一起的快乐时光，只是那种怀念已经很淡定，没有了过去的那种悸动，反而有一种解脱的感觉。"

　　女儿一言不发地听着。

　　妈妈继续说："小米，你要知道，既然对方已经不爱了，就不要再纠缠了，那只是无谓的挣扎，放下才是你最好的选择。放下并不等于忘记。等你渐渐老去时，回想起曾经的美好，仍会觉得此生无憾。"小米听了妈妈的话，顿时领悟。

　　人生路上很多事，很多人，看淡就好！如果可以，就让那些我们认为重要的继续活在我们的记忆中。但不要用这种东西形成对我们的束缚，整天沉溺其中，看不到生命的灿烂和辉煌。

　　可以说，人生犹如一部戏，我们每个人都是戏里的主角，每个人都不可能把自己的角色演得淋漓尽致，而不留一丝遗憾。虽然放下过去我们会遗憾，但至少我们不会迷茫了，因为曾经的美好总在我们脑海里不断闪现，曾经的伤害让我们成长，当我们回首过去时，才知道是什么让我们变成了如今成熟的自己。将过去的留恋埋在心底深处，怀着对未来的期盼，把握每个现在吧。

时光一点一点流逝，从不曾留恋地回头。但我们感受着，经历着，活在每个当下，可以做到的，就是尽自己最大的努力，去追赶时间的脚步。我们还有很长的路要走，没有人可以预料我们下一秒会是怎样，但是这一秒却很真实，只有把握现在，才有资格站在时间的前端，对着未来骄傲地挥手。

当初有些事，让我们刻骨铭心；曾经有些人，令我们难以释怀。我们一路走来，告别一段往事，走入下一段风景。路在延伸，风景在变幻，人生没有不变的永恒。走远了再回头看，很多事已经模糊，很多人已经淡忘，只有很少的人与事与我们有关，牵连着我们的幸福与快乐，这才是我们真正要珍惜的地方。

所以说，放下不等于忘记，而是给自己更多的空间去呼吸。

9. 放不下是因为想太多

只有苦中作乐的回忆，才是最甜蜜的回忆。

——林语堂

(曾任北京大学教授，当代著名学者、文学家、语言学家)

有些事，是人们想要忘记的无法放下，于是就带着种种的放不下，像背着一个包袱一样，艰难地生活着，既压抑又辛苦。那么为什么放下那么难呢？归根结底就是心还放不下，想得太多。

有一位名叫法门的人前来献佛，他两手拿了两个玉石，佛祖对他说："放下！"法门放下了左手的玉石。佛祖又说"放下！"法门又放下他右手的玉石。然而，佛祖还是对他说："放下！"

法门无奈地说："我的手中已经没有任何东西了，还要放下什么呢？"

佛祖接着说："从一开始，我都没有叫你放下玉石，我要你放下的是你的六根、六尘和六识。当你把这些东西放下时，那就再没有其他可放下的了，并且你也将从生死桎梏中解脱出来。"

法门顿时领悟，原来佛祖让他放下是这个意思。

放下心间的一切，乃是真正的放下。有些事之所以放不下，是因为心中有太多杂念。佛祖所说的"六根、六尘和六识"，也就是我们的心。放下，说的容易，做起来却很难。

人们有时想方设法地迫使自己放下过去痛苦的情感，放下别人对自己的伤害，但那些却始终都在，如影随形，挥之不去，使我们的生活痛苦不堪。

其实想要放下并不是不可能的，只要心里放下，真正释怀，就不会再在意那些事，心里也就永远放下了。世事变幻，祸福无常，当遇到一些突发事件时，唯有放下杂念，从内心放下执念，才能放下心灵的包袱，轻松前行。

有一次，佛祖在讲到断爱时，给弟子们打比方说："比如有一个人，他在旅行时遇到了大洪水，他所处的河岸边充满了危机，但彼岸非常安全，他想渡河，附近却无船可乘，他便采集草木枝叶，扎了一个简单的木筏，顺利登上了彼岸。上岸后，他想："这个筏子真是太有用了，这么丢了太可惜了，我不如背着它上路，以后再渡河就不用着急了……"

接着，佛祖说："这个人的行为非常愚蠢，因为他不能断爱。"

"那么他应该如何处置呢？"有弟子问。

佛祖说："正确的做法是把筏子拖到沙滩上，或者停泊在一个水流平静和缓的地方，然后继续行程。因为筏子是用来渡河的，不是用来背负的。世人呀！你们应该明白好的东西尚应舍弃，何况是不好的东西呢？"

所谓断爱，就是割舍。佛经上说，"断爱近涅槃"，"涅槃"就是修成正果，对于普通人来说就是有所转机，有所成就。相反，不懂得割舍，像那个扛着船前行的人一样，只能是因爱负累，因爱生害。

回头看一看，我们是不是也在负筏而行？生命不能太负重，越是追求，就越是要随时随地断绝自己的渴爱……总之，放不下，就永远跨不出那个坎。

学会放下，是一种生活的智慧；放下，是一门心灵的学问。人生中的有些东西既然已经失去，不妨就让它失去。要努力地从心里去放下它。如果不能从心里放下是因为我们不能释怀，不能直接面对它们，不能勇敢地跨越它们，那些事在我们心里筑起了高墙，使我们过于在意。只要我们不再为失去而耿耿于怀，就能心里放下得失，这样便不会再有不安和彷徨，就会得到心灵的安然。

世间的事物变化无常，我们不必对心爱的事物难以割舍。毕竟喜爱一种事物的初衷，并不是因为失去它时要伤心。人生在世，有些事情是不必在乎的，有些东西是必须清空的。

要知道，任何选择都有缺陷，没有什么决定是两全齐美的。如果你总是希望样样占全，那么你永远也做不出什么决定。所以说，只有该放下时就放下，你才能够腾出手来，抓住真正属于你的快乐和幸福。

10. 舍不得也得舍，不舍得未必得

得之，我幸；不得，我命。

——徐志摩
（曾任北京大学教授，现代诗人、散文家）

舍得一词，来自佛家语，是禅的一种。舍得哲学也是历来被推崇的为人处世哲学。纵观身处的这个社会，对照自己，作为凡夫俗子的我们，有着太多的欲望：对金钱，对名利，对情感……这没什么不好，欲望本来就是人的本性，也是推动社会进步的一种重要力量。与此同时，欲望又是一头难以驾驭的猛兽，常常使我们对人生的舍与得难以把握。对于某些东西有时你以为得到了，过些时候，又可能失去更多；有时你以为失去了，过些时候，却有可能获得更多。

在现实生活中，人们的生活总是与他人紧密相连，人与人之间互相配合，相互协作，才能创造出美好的生活。一个人如果自私自利，只顾自己，不顾社会，不顾他人，这个人是不可能在社会上立足的。

凡是有人群的地方，对自私自利者都是嗤之以鼻，对其侧目；而那些舍弃一己之利，处处为他人、为集体着想的人，却能始终得到人们的欢迎和敬仰。

俗话说：不行春风，难得秋雨，是啊，只有用自己的真诚的付出才能换得别人对你的信任和支持。

有一个人很是迷茫，他找到一个智者倾诉他的心事。他说："对于一些事一些人，我总是很舍不得。"智者说："不舍得未必得，舍不得也得舍。"他说："但是我就偏偏舍不得这些事和人。"

于是，智者把一个茶杯递给他，让他拿好，然后就往里面倒热水，一直倒到水溢出来。迷茫者被烫到马上松开了手。智者说："每个人都有很多舍不得的东西，其实这些东西是都可以舍得的，只是没到一定程度，如果这些东西碰及你的痛处，我想你一定会舍得放弃的。"迷茫者若有所思地点了点头。

事实确实如此，有些东西不是你舍得不舍得的问题，而是舍不得也得舍。放下是一种智慧，一种选择，也是一种觉悟。

然而人生在世，很多事要放下，并非说说那么简单。

据说人死后，离开阳界到阴界接受阎王爷重新发落。如果这个人在世时好事做得多，允许转世仍然为人；好事做得少，只能托生为动物；做过坏事的，不能转世，只能在阴界做鬼；坏事做得太多的，不但不能转世，就是在阴界当鬼都不行，要放在油锅里煎熬，以示惩处。

有两个人离开阳界，来到了阴界，战战兢兢地站在阎王爷前等待发落。阎王爷拿起《功过簿》翻了翻，说："你们俩在世时没有做过什么坏事，准许转世仍然为人。"

这两个"人"听说能转世为人，非常高兴。

"不过，"阎王爷又说了，"有两种人间生活，供你俩选择。一种是'舍'，一种是'得'。"

"'舍'就是放弃，付出。'得'就是索取，得到。"

其中的一个想："得"好啊！别人都给予我。手一举说："阎王爷，我要过'得'的生活。"

阎王爷看一看另一个，说："你只好过'舍'的生活了，要放弃，要付出。"

另一个说："只要能转世为人，我愿意。"

阎王爷嘿嘿一笑，说："好了，你俩投胎转世为人去吧！"

于是这两个阴界的"人"，又成为阳界的人。一个过上了"舍"的生活，一个过上"得"的生活。

大家想想，这两个人过上了什么样的人间生活？

先说"得"的生活，是索取、得到，别人都给予他。选择"得"的那个人最终变成了乞丐，一个到处乞讨的人。而"舍"的生活呢？是放弃、付出，给予别人。选择"舍"的那个人最终变成了富人，一个乐善好施的富人。

很多时候，生活中的悲剧并不是注定的，造成这种悲剧的结果是我们自己。如果我们一味追求"得"，那就会失去更多。相反，如果我们追求"舍"的境界，那得到的会更多。

从故事中，我们明白：有些事情，不是人力所能控制的。但我们必须做到"舍不得也得舍"，如果硬要执着，受伤的总归是自己。

这是一个关于一心一意、想要登上世界第一高峰的登山者的故事。

在经过多年准备之后，他开始了旅程。由于他希望自己独得全部的荣誉，就决定独自出发。他开始攀爬，但是时间已经有点晚了，但他还是没有停下来准备露营帐篷，而是继续向上不断攀爬。直到周围变得漆黑一片，这位登山者什么都看不见。

山上的夜晚显得格外黑暗，因为，月亮和星星又刚好被云层给遮住了。即便如此，他仍然不断向上。就在离山顶只剩下几尺的地方，他滑倒了，并且迅速跌了下去。他不断地下坠着，在这极其恐怖的时刻里，他的一生，无论好坏，一幕幕地不断浮现在他的脑海里。当他一心一意地想着，此刻死亡快速地接近他的时候。突然间，他感到束在腰间的绳子重重地拉住了他。他被吊在半空中……此时，他一点办法也没有，只好大声呼叫："上帝啊！救救我！！！"

突然间，天上有个低沉的声音回答他说："你要我做什么？"

"上帝！救救我！！"

"你真的相信我可以救你吗？"

"我当然相信！"

"那就把束在你腰间的绳子割断。"

短暂的寂静之后，登山者决定继续奋力抓住手里那根救命的绳子。搜救队第二天发现了一具冻得僵硬的登山者遗体。他的尸体挂在绳子上，他的手也紧紧地抓着那根绳子，他距离地面仅仅十尺。

登山者在该舍时不舍得，最终只能丢弃生命。其实，既然灾难已经降临了，那不如换种方式，舍弃了那根绳子，而且离地面的距离并没有很高……就算是摔下来，也不会丢掉性命的。

在生活中，很多人就像这位登山者一样，因为在该舍面前不舍得，葬送了自己的前程，乃至性命。

人生是没有完美的，在你得到一些东西的时候，必须要舍弃一些东西；人生有时是无奈的，没有绝对的公平，所以在该舍的时候必须要舍。人生路漫漫，生命却短暂，要想活得幸福快乐，必须学会舍的艺术。

一个人想得到什么，就要先懂得舍，在舍中，你会生活在快乐里，会拥有心灵和财富的富有。该舍时必须得舍，舍不得也得舍，这样在舍得的过程中，自己得到的将是比原来付出更多的东西，除了更多的物质，还有很多无形的东西，比如，别人的尊重、信任、合作等，这些财富都将帮助你取得更大的成功。同时，一个人的幸福要靠自己去把握，只有学会该舍则舍才能获得快乐，才能开启一片新天地，重新找到人生的天平，获得圆满的人生。

舍得，是一种精神；舍得，是一种领悟；舍得，是一种成熟；舍得，更是一种智慧，一种人生的境界。让我们学会珍惜，懂得舍弃吧：舍弃虚伪去获得一份真实；舍弃无聊去获得一份充实；舍弃浮躁去获得一份踏实。把工作也当成是一件愉快的事情，把与人交往看成是美好的享受，这样的人生才是快乐的人生。这样的生活，才是和谐美满的生活！

第十二课
时时自律，自我约束方得自在

　　君子自律，小人弗能。人内受七情六欲之诱，外受功名利禄之惑，而保持本我之心不变，故在能自我约束。成事多艰，概因诱惑之多，甄别君子与小人，就要看他是否能有约束自我之心。

1. 给自己一个反省的空间

　　德育实为完全人格之本，若无德则虽体魄智力发达，适足助其为恶，无益也。

——蔡元培
（曾任北京大学校长，著名教育家、革命家、政治家）

　　每个人身上都存在着这样或那样的缺点，但这并不可怕，可怕的是我们不懂自省，反而百般掩饰！这样的做法无疑是让蛀虫在自己身上蛀洞，最终只能毁了自己。

　　比如：西楚霸王项羽直到生命的最后一刻还在大喊："天亡我，非战之罪也！"正是不知反省，执迷不悟，才导致他一步步走上绝路；清朝统治者，沉醉于"天朝上国"的美梦中，认为自己的国家战无不胜，不知反省自己，最终只有割地赔款。

　　反省像一把手术刀，割在自己身上会很痛，但一味心疼自己而不向病灶部位下手，我们很可能全身溃烂；反省得越深刻，越及时，肌体就会越健康，生命也会永葆活力。

　　通常情况下，我们犯了错误的第一反应是：这不是我的错。我们很少从自己身上找原因，很少自我反省。

　　但其实，借口只是自我欺骗的谎言，理由只是心灵慰藉的麻药，只能让

227

你一错再错，终究在迷途中无可挽回。不摔跤的人生，是苍白无力的，没挫折的命运，是没有悬念的。倒下了，别指望着别人来搀扶，唯有自己爬起来，才能体味疼痛的感觉，领略站立的幸福，别轻易钻进自己编织的网。

人们常说"成功源于自我分析""失败是成功之母""检讨是成功之父"……这都是在说明一件事，自我反省、自我分析、自我检讨与成功有莫大的关系。

东汉时期，太中大夫宋弘就是一个很自律和懂得自我反省的人。

光武帝曾经向宋弘了解国内通博之士，宋弘便推荐了沛国的桓谭，称他才学广博，几乎可以赶上扬雄与刘向、刘歆父子。

光武帝于是任命桓谭为议郎、给事中。此后光武帝每次宴会，总是叫桓谭弹琴，因为他很喜欢那种美妙的轻音乐，宋弘知道后，心中便不高兴，懊恼当时推荐了桓谭。

有一次，宋弘伺得桓谭从宫中退出，便派了一名属吏去传唤桓谭。

他自己整整齐齐地穿上朝服，坐在大司空府堂上，桓谭进来后，宋弘并不请他入座，斥责道："我之所以推荐您，是希望您以道德辅佐君王，但你现在几次向皇上演奏郑卫淫声，损害了《雅》、《颂》正音，这不是忠正之士应当做的。你能够自己改正吗？还是叫我依法纠举呢？"

桓谭也知道这样的行为是辜负了宋弘的一片苦心，跪了下来。他一再叩头认错，过了好久，宋弘才让他离开。后来，光武帝大会群臣，又叫桓谭弹琴。桓谭看见宋弘也在座，便显得非常不安，弹得也不像平常那样熟练自如。

光武帝奇怪，便问其中的缘故。宋弘便离开座位，摘下官帽，对光武帝说："臣下之所以推荐桓谭，是希望他能够以忠正之节引导君王，可是现在他叫朝廷耽迷于郑卫淫乐，这是为臣的罪过。"

光武帝一听，马上向宋弘道歉，让他戴上帽子。此后，便不再让桓谭担任给事中的职务了。

宋弘共推荐贤士冯翊、桓梁等三十余人，其中有一些人相继担任了公卿大臣。

宋弘懂得反省，才会勇于在皇帝面前说自己举荐错了人；光武帝知道这件事主要是自己的过错，反过来向宋弘道歉。正是这样的君明臣贤，才有了东汉风化良好的时期。

善于反省，是自我进步的表现。我们要时常检视自己的短处，审察自己的言行，掸掸心灵的"尘埃"，剔剔思想的"污垢"，才能自觉地知其短而补其短，明其长而扬其长，趋利避害，成就自己。当然我们还善于以他人的视角认识自身的短处，借他人的帮助纠正自己的错误，多听批评意见，让真诚、善意的批评者帮助自己认识缺陷，修正不足。

孔子的弟子曾子是个特别注重自身修养、严格要求自己、努力提高自己的人。

他说："吾日三省吾身，为人谋而不忠乎？与朋友交而不信乎？传不习乎？"意思是说：我每天多次自我反省：替别人办事，是不是尽心竭力了？和朋友往来是不是做到诚实了？老师传授的学业是不是复习了？

曾子对自己的要求是："君子已经学习了，怕的是学得不够多；已经学多了，怕的是不注意学习了；已经温习了，怕的是不理解；已经理解了，怕的是不能用于实践；已经能够用于实践了，最宝贵的是谦让。君子学习，达到五条就可以了。"

曾子每天进行反省……不断地反省，使他的修养不断提高，终成一代名人，成为后人的楷模。除了以上因自省成功的人，还有：齐国贤臣邹忌常常反省，能在众人的赞扬声中清醒地认识到自己的不足，认识到齐国的政治弊端，及时采取措施，最终"战胜于朝廷"；唐太宗李世民以魏徵为镜，反省自己对百姓是否尽心尽力，对国家是不是无私奉献，对官员是不是以身作则，终为一代明君，开创了贞观盛世。

可见，一个人经常反省，可以很快成为一个了不起的人，受到人民的景仰。因此，我们应该停下脚步，给自己一个自省的空间。

2. 人的价值，在遭受诱惑的一瞬间被决定

发明不是发财，是为人类。

——胡适

（曾任北京大学教授，现代学者，历史学、文学家）

诱惑是一种奇怪的东西，会让人为之疯狂，甚至癫狂。它之所以存在，是因为人的一生不断地被欲念刺激。人存于世上，要面对的是物质上的诱惑、精神上的诱惑……而这，也是世间对我们的考验。

一位年轻人问老者："我怎样才能成功地攀登到梦想的山巅？"

老者微微一笑，从地上捡起一张纸，叠只小船放在身边的小河，小船不

喧哗、不急躁，借着水流，一声不吭地驶向前方。途中，蝴蝶、鲜花向它搔首弄姿，它不为所动，默默前行……

老者说："人的一生，金钱、美色、地位、名誉，诱惑太多。选定了奋斗目标，途中因思谋金钱而驻足，因贪恋美色而沉沦，因渴求名誉而浮躁，因攫取地位而难眠，故难以像小船一样，不为诱惑所动，向着既定目标默然潜行。这就是为什么有些人做事往往半途而废，不能成功的原因。"

年轻人恍然大悟，打点起行囊，迎着风向山顶爬去。

拒绝诱惑，往往升华出一个灿烂的灵魂。

人生，总是充满了重重考验。诱惑，更是无缝不钻，稍不留神自律，就会被其侵蚀。只有时刻警醒自己，方能不为所动。

哲人说，聪明的人不仅要打扮自己的外表，更要装饰自己的心灵。如果一个人经不住物质的诱惑，只在乎自己是否有华丽的外表，而放弃了对自身素质的提高，那么这个人就像一只虚设的花瓶，瓶中也只能是毫无生机的花。

可人在喧闹的繁杂中容易丢失自己，而战胜诱惑，注定要忍受寂寞，寂寞是从物欲的陷阱里解脱出来的小憩。了却繁杂，寻觅一个清静的所在，独享片刻自在和轻松，心不被物欲所役，身不为世俗所驱，让人格升华，让情感净化，让心田润泽。

东汉时，南阳太守羊续为人谦和、生活朴素，平时穿着破旧衣服，盖的是有补丁的被子，乘坐着一辆破旧马车。餐具是粗陋的瓦器，吃的粗茶淡饭。

府丞焦俭是他的下级，为人也很正派，与羊续关系很好，他看自己的上级生活太清苦了，听说羊续喜欢吃生鱼，就买一条鱼送给羊续。焦俭怕羊续拒收，就笑着说："大人到南阳时间不长，可能不知这就是此地有名的'三月望饷鲤鱼'，所以我特意买一条送给您，平时您把我当做兄弟，所以这条鱼只是小弟对兄长的一点敬意，您知道的，我绝非阿谀逢迎之辈，因此，务请笑纳！"

羊续见焦俭这么说，觉得不收下倒是见外了，于是笑着说："既然如此，恭敬不如从命。"

等焦俭走后，羊续便把这条鱼挂在室外，不去碰它。

第二年三月，焦俭又买了一条鲤鱼，心想一年送一条总可以吧，知道买多了，羊续不会要。到羊续府上，焦俭刚说明来意，羊续便指着那条枯干了的"三月望饷鲤鱼"，说："你去年送的还在这里呢！"

焦俭愣住了，摇摇头叹口气，带着活鱼走了。

故事放在今天，可能会觉得羊续固执，甚至觉得可笑。可对于羊续来说，"为人谦和、生活朴素"就是人生信条。他拒绝焦俭的好意，实则是坚持自己，拒绝诱惑。如果他没经受鱼的美味，那还会有第二次、第三次，那么就上了"诱惑"的当，脱离了原本的"廉洁"和"朴素"的为人之道。

从这点看，他的精神是值得我们学习的。鱼儿上钩，是贪吃诱饵。人一生下来，就注定要面对一个万象纷呈的世界，滚滚红尘中难免有扰人的尘埃。并且，诱惑通常以机会的面貌出现，等到你已经放松了警惕，开始抓住它的时候，它才露出狰狞的面目。

一个人能够拒绝诱惑不是因为他有多么高明，而是因为他清楚自己的方向。符合方向的事就做，不符合方向的事即便机会再诱人也不做，这样就会把诱惑和风险一起挡在了门外。

所以，我们应该在诱惑面前，多一分清醒，少一分放纵！这样，我们就能活在自己的幸福之中。

3. 别成为惰性的奴隶

我哪里是什么天才，只不过耐烦罢了。

——沈从文

（著名文学家、考古学专家，曾担任北京大学中文系教授）

所谓惰性，是指因主观上的原因而无法按照既定目标行动的一种心理状态，它是人懒惰的本性；不易改变的落后习性；不想改变老做法、老方式的倾向。当一个人有惰性心理时，做事就会迟迟不行动，一拖再拖。

比如，当某人考试成绩不理想后，心里计划要好好学习，在下次考试中取得好成绩。但每次准备学习的时候，都因为离考试时间还久远或今天约好朋友出去玩等借口未开展学习，最终下次考试依然未能取得好成绩。

比如：明知道锻炼身体的重要性，还是没去健身房，整晚坐在沙发上做手指运动：换电视台。许多人的新年计划都很意气风发：不再拖拉，早睡，戒烟……但不久就发现，只是又一次美好的愿望。

这，就是惰性带来的一个简单的负面效果，不仅做事拖拖拉拉，爱找借口，虚度时光而碌碌无为，还致使人的计划、理想、抱负就在这拖拉与借口中变成了泡影。

常常有人说自己天生懒惰，其实，根本就没有与生俱来的懒惰。

古代有一个非常聪明的县令，懂得如何教百姓养成好习惯，并且非常注重培养人民的勤勉与细心。

他常说："如果大家只抱怨或者期待他人帮自己解决问题，那么好事就不会降临到你们身边，老天爷只赐福给那些将命运掌握在自己手里的人。"

一天晚上，趁其他人都睡了，他把一块大石头放在通往皇宫的路上，躲在一边观察会发生什么事情。

首先，迎面而来的是一个农夫，马车上载满了谷物。

"是谁这么粗心大意？"他边说边把马车转向，绕过石头。

"为什么这些懒人不把石头移走？"尽管他不断地抱怨其他人的懒惰，却也没有将这块石头搬走。

过了一会儿，一位年轻的士兵唱着歌走近了。他心中还想着自己在战场上的英勇，并未看到石头，直到石头差点将他绊倒。

他生气地举起剑，咆哮着责骂过路人的懒惰，竟然没有谁把它搬走。于是，他也跨过石头走远了。

时间一天天地过去了，许多人打此经过，但依然没有人设法移动这块石头。

直到一天晚上，一个贫穷的书生正好经过。

他看到了这块石头，自言自语："这么黑的天，如果有人经过这里会被石头绊倒的。我要把它挪开。"

书生开始搬石头，石头很大，赶路的他又非常劳累，移动起来很艰难，但是他最终还是将它移到了路的旁边。但让他惊讶的是，石头移开之后，下面竟然有一个盒子。盒子上面写着一句话："送给挪开石头的人。"他打开盖子，里面装满了金子！

当农夫与士兵以及其他人听到消息后，马上聚集到曾经放石头的地方，在附近仔细寻找，希望也能发现一块黄金，但他们失望了。

县令对他们说："我们经常会遇到障碍与重担。如果选择绕过，可能会因此失去成功的机会，懒惰的代价往往是失望。"

有人说过，一个懒惰心理的危险，比懒惰的手足，不知道要超过多少倍。而且医治懒惰的心理，比医治懒惰的手足还要难。懒惰就像一个慢性的自杀。它就像生锈一样，比操劳更能消耗身体，在不知不觉中，在你还沉浸在自欺欺人的借口当中时，它已经慢慢地腐蚀你全身的细胞。

懒惰也是很奇怪的东西，它使你以为那是安逸，是休息，是福气，但实际上它所给你的是无聊，是倦怠，是消沉；它剥夺你对前途的希望，割断你和别人之间的友情，使你心胸日渐狭窄，对人生也越来越怀疑。

总之，没有一个懒惰的人能够轻易成功，成功都是给勤奋努力的，有准备的人。如果看到障碍就赶紧清除的话，那一路上就会顺畅，其他人也会因此受益。

诸葛亮少年时代，从学于水镜先生司马徽。他学习刻苦，勤于用脑，不但司马徽赏识，连司马徽的妻子对他也很器重，很喜欢这个勤奋好学、善于用脑子的少年。

那时还没有钟表，计时用日晷，遇到阴雨天没有太阳，时间就不好掌握了。为了计时，司马徽训练公鸡按时鸣叫，办法就是定时喂食。

为了学到更多的东西，诸葛亮想让先生把讲课的时间延长一些，但先生总是以鸡鸣叫为准，于是诸葛亮想：若把公鸡鸣叫的时间推后，先生讲课的时间也就延长了。于是他上学时就带些粮食装在口袋里，估计鸡快叫的时候，就喂它一点粮食，鸡一吃饱就不叫了。

过了一些时候，司马先生感到奇怪，为什么鸡不按时叫了呢？经过细心观察，发现诸葛亮在鸡快叫时给鸡喂食。先生开始很恼怒，但不久还是被诸葛亮的好学精神所感动，对他更关心、更器重，对他的教育也就更毫无保留了。而诸葛亮也就更勤奋了。

诸葛亮通过自己的努力，终于成为了一个上知天文、下识地理的饱学之人。

一个人如果没有与困难做斗争的顽强精神，没有坚强的意志，就必然会为惰性找到借口。我们要经常检查自己，督促自己，克服自身的惰性、动摇性，养成不畏艰险、不向困难低头的坚韧性格。

因此，我们应该自觉严格要求自己，扔掉惰性。同样的道理，只有那些真正懂得人生的价值和意义，把生活看做是一种责任、一种使命、一种创造的人，才能真正自觉地鞭挞自我，克服惰性。

4. 遵守诺言就像保卫你的荣誉一样

信用难得易失。费 10 年功夫积累的信用往往会由于一时的言行而失掉。

——任继愈

（曾任北京大学教授，哲学家、宗教学家、历史学家，国家图书馆名誉馆长）

　　古人讲"修身、齐家、治国、平天下"，而"修身"的第一要务就是要讲诚信，守诺言。每一句话，每一个举动都必须以诚信为根本，正所谓："言必信，行必果"，违"信"则不可言，违"义"必不可举。

　　可在生活中，总会有些人为了获取某种利益，为了取得一项资格，为了得到一份爱情，随时随地都可以承诺。他们认为"一句简单的承诺不伤皮不伤肉，不必当一回事儿"。这简直是在拿自己的人格开玩笑！甚者，有些人已经到了可悲的地步，我们不得不求法于契约、录音、录像、证人、公证、信托这样的外力的约束和证明。

　　其实我们应该明白，投机取巧所获得的利益是暂时的，唯有遵守诺言，才能为自己挣得荣誉。

　　李苦禅是现代著名的花鸟写意画大师，他疾恶如仇，为人一身浩然正气，十分重视诚信，遵守诺言。有一位老朋友请他为自己做一幅画，李苦禅慨然应允十日内送老朋友一幅"百莲图"。但后来因为生病，没有按时画好。

　　谁知几天之后，那位老朋友突然病故。李苦禅听到这个消息后，痛心不已。他立即挥毫，作"百莲图"一幅，并郑重地题签上名字，盖了印张，随后把画拿到后院，肃立焚烧，以祭奠老朋友的在天之灵。

　　从此，他经常让儿子提醒自己答应了别人的事情，他对儿子说："今后若再有老友索画，要及时提醒我，做人可不能失信啊！"

　　人们常说"君子一言驷马难追"，做不到的就坚决不要承诺，承诺了就一定要做到。如果碍于情面，答应了别人的要求后却又做不到，最后会把自己弄得狼狈不堪，失信于人，这样的损失是没有必要的！

　　人离不开诚信，就像孩子离不开母亲的关怀。在古代，虽然做学问会出现不同的学派，但是各个学派无一例外地强调了遵守诺言的重要性。儒家强调"民无信不立"，墨家也说"言必信，行必果"，法家则有"小信成则大信立"的信条。

　　由此，我们可以看出遵守诺言、信守承诺、诚信待人的重要性。一个人遵守诺言并不是为了向别人炫耀什么，也不应该是为了得到什么好处，而是因为遵守了自己的人生准则。

　　无论你是对金钱还是情感，对现在还是未来许下了诺言，都应该遵守你的承诺，不折不扣地完成。古代的人为了实现自己的诺言，能够用一生去兑现，甚至不惜牺牲生命，因为在他们眼里，承诺是重于任何事物的。事实上也是如此，官员如果遵守诺言就能得到百姓的认可，从而令行禁止；领导如果遵守诺言，就能够有效激发下属的忠诚度和昂扬斗志，朋友之间互相遵守诺言，才能使友谊更坚固更长久。

战国时期，魏国国君魏文侯对诺言的遵守令各诸侯国十分敬佩。

魏文侯十分喜欢打猎，有一次他派人告诉狩猎场的管理人员，第二天要和一众文武前去打猎。谁知道第二天刮起了大风，左右侍卫都劝阻魏文侯不要去了，但是当时已经有几位官员在狩猎场等候了。魏文侯对侍从说：不能失信于人，别人已经赴约了，自己不能因大风天气单方面取消活动。

于是，魏文侯自己驾着马车来到狩猎场，说明因大风天气取消本次狩猎活动。

无论在哪个年代，遵守诺言总是人之为人的根本，生命因为遵守诺言而变得凝重美丽。孔子说"民无信不立"，孟子"言而有信，人无信而不交。"古人的话语证明了诚信在中华民族博大精深的传统文化中，占有不可撼动的位置。

人生在世，贵在遵守诺言。有修养和品位的人都知道这个道理，当然也会身体力行。否则就会受到良心的责备，同时也会失信于人，甚至受到别人同样的"礼遇"。

春秋时期，作为五霸之一的晋文公重耳，准备扩张势力，攻打原国，他命令出征部队只带10天的军粮，10天攻打不下，就不再攻打，部队立即撤退。原国坚守城池，进行了顽强的抵抗。

到了第10天，前线传来消息说：再有3天就能攻下原国了。晋文公身边的大臣也苦谏说："原国的粮食已经吃完了，兵力也用尽了，我们再坚持几天，一定会有转机的。"

晋文公不为所动，他知道自己10天之内已经不能攻下原国，说道："信用，是立国的根本，百姓的依靠，为了得到原国而失信于天下，那是得不偿失。"于是下令撤退，就这样，晋国军队按晋文公的命令撤退回国了。

原国的国君听到这个消息后，对晋文公的诚信和仁义深深打动，于是他率领全国百姓自愿投降了晋国。卫国人知道这件事情以后，也自愿归顺了晋国。孔子记载下了这段史实，并且评价说："攻原得卫者，信也。"即晋文公攻克原国、得到卫国的原因，是诚信啊。

守信所带来的并不仅是道德的崇高，也会使人们走向成功。人成功的方法可以有很多种，但是失去准则被人唾弃的失败只有一种。

那些"为目的不择手段"的人急功近利，为了眼前短暂的利益而放弃诺言，或根本没有这样的意识，随意承诺也轻易失信。尽管昔日的烛光摇曳变成现在的霓虹闪烁，昔日瓦屋茅房变成如今的高楼大厦，可是有些东西不该变。面对如今的社会，面对选择与诱惑，我们要坚持像守卫自己的名誉那样，遵守自己的诺言。

5. 良心是我们每个人心头的岗哨

一个人最伤心的事情无过于良心的死灭。

——郭沫若

（曾任北京大学教授，著名文学家、诗人、历史学家）

老一辈经常教育我们：做人得讲良心，那什么是良心呢？良心就是被现实社会普遍认可并被自己所认同的行为规范和价值标准。简单地说，良心就是要求你在做人做事的时候，既要对得起自己，也要对得起别人，它是道德的基本形式，也是一个人的自律。

也有的人认为，良心就是人天然的善良心性，是每个人生而有之的。他是一个人内心的是非感，是一个人行好事、做好人、存好心的责任感，还是引起一个对做坏事的内疚和悔恨的根本意识。

通常，一个有良心的人能够克制、消除自己的非分之想和过多的欲望，不做过分的事情，不贪恋不义之财，从而达到自律、修身的目的。良心与公正、仁慈和义务等概念有密切关系，这是一个对外的概念，是一个有良心的人对他人苦难的同情帮助，也就是一个人仁慈、大义和同情心的体现。

当然了，良心并非强制一个人将"好人好事"当做义务来履行，而是让这种观念变成一个人自发的行为，就是要使人爱其所爱，恨其所恨，具有是非感与正义感，也就是具有孟子所说的"恻隐之心"。

春秋时期，宋国有个人希望为自己谋得一些私利，便想方设法赚来一块美玉，把它送给一位叫子罕的大臣，以求得他的帮助，但子罕断然拒绝。

送玉的人说："大人，这块玉我叫老玉匠看过，是块真正的美玉，我这才敢把宝贝献给大人。"

子罕听罢，笑了两声说："不贪心的戒律是我的宝贝，价值连城的美玉是你的宝贝，若我收下这块玉，大家都没有宝贝了。你还是自己留着吧，这样对彼此都好。"

有一年，宋国发生了饥荒，子罕便觐见宋平公，希望国家可以拿出储备的粮食，救济百姓，也建议大夫们都把粮食借出来。

当时，子罕将自己家族的粮食借给百姓，也不要求别人归还，同时还以那些没有余粮的大夫们的名义，借给百姓粮食。也因此，宋国人平安度过了灾年。

晋国的叔向评价子罕"施而不德，乐氏加焉"，他认为子罕施舍灾民而不求偿还，实在是一位大善人。

我们可以毫不夸张地认定，良心是道德秩序的保证，是时间的真善美和大碍的唯一保障。人们做什么事情都逃不出自己的良心，良心对人们的行为起着判断、指导和监督的作用，它以内在的标准和尺度衡量着对错的界限，一方面劝导、鼓励人们积极向善，多做善事，另一方面通过促使人们进行深刻反省，从而阻止人有意作恶，让人心生忏悔，不敢恣意妄为。

良心是神圣的，就像王阳明所说的"良知在人，随你如何，不能泯灭。虽盗贼亦自知不当为盗，唤他作贼，他还忸怩"，它是一个人人格的体现。虽然人们的观念有所差异，但是每个人心中良心的标准是相同的，有些事不能做就是不能做，有事必须做就是必须做，这些道德的界限不会因为人的不同而不同，它应该是每个人的人生信念。世上之所以有道德就是因为生活在世界上的人们有良心。

良心对一个人的约束有两个结果：要么从自己善的作为中获得精神的快慰，要么对自己恶的行动悔恨交加。如果一个人做了坏事却大言不惭，不知悔改，并认为天经地义，那么这样的人就是道德上的"坏人"，是需要外界的约束力来进行教诲和惩戒的。反之亦然。

春秋时期，吴国延陵人有个重礼讲义的人叫季札，受命去西边访问晋国，出于礼节随身佩戴着一把宝剑。路过徐国的时候，拜访了徐国的国君。

徐国国君借过季札的宝剑细细观赏一番，心里很是喜欢。他虽然嘴上没有说什么，面色中却透露出十分希望得到的神色。季札因为与徐国国君一见如故，本来有意要献给徐国国君的，但是因为有出使晋国的任务，按照当时的礼仪，出使的时候，没有佩带宝剑是失礼之举，只好闭口不提。

季札在晋国待了很长时间，但他心里一直没有忘记，等完成了出使任务就把宝剑送给徐国国君。可万万没有想到，徐君却先一步病死了。

后来，季札完成任务在回国的路上再次路过徐国，他解下宝剑，要送给继位的太子。随行的官员阻止他说：这把宝剑用在登基的时候献礼是不合时宜的。

季札认真地说："我不是赠给现任国君的。从前我经过这里，徐国国君和我一见如故，我把宝剑给徐君观赏，他很是喜欢，但是碍于礼仪没有向我索要，我因为有出使的使命，也就没有献给他，但是在我心里已经答应给他了。如今可以送给他了，他却不在了。但是不把宝剑献上，这就是在违背自己的良心。因为爱惜财物而丧失良心，有道义的君子是不会这么做的。"

说完，他解下宝剑，准备送给继位的太子。徐国太子感念他的重情重义，但又不愿空费他一番心思，白白损失宝贝，于是告诉他说："先父并没有留下遗命要我接受这把宝剑，所以我不敢接受。"

谁知季札听后没有收回宝剑，他走到徐君的墓边，将宝剑挂在了坟墓边的树上就走了。徐国人很赞美季札的这种品德，后来就编了一首歌谣，赞颂他："延陵季子兮不忘故，脱千金之剑兮带丘墓。"

良心是一种自由的品行，是一种让你自发地约束自己的意识，良心的最直接体现就是自律。你可以逃过别人的眼睛，但是你逃不过自己良心的审问，这就是良心对一个人道德约束的彻底性，它让你那些投机、乖张的想法无处可藏，必斩除之而后快。

在一个人的行动之中，良心对他的行为进行监督、控制和调节。良心的作用是无时无刻的，正是通过对行动的不断监督，才能够对一个人的行为进行控制和调节，对合乎道德标准的情感、意志和行为方式予以支持、鼓励，对违背道德的行为等则予以制止和调整，良心还能够及时提醒和纠正人们在一些情感、行为上的偏私，所谓"良心发现"，就是这个道理。

有人认为生米煮成了熟饭，良心就不再起作用了。其实不然，在行为结束之后，良心仍然会对这个人起着相当重要的作用。一些人的行为符合道德的标准，或者做出了有益于别人、获得良心认同的事情，就会得到欣慰、自豪或者满足的心情，如果做出了违背良心的事情，则会受到良心的谴责，感到不安、惭愧、内疚甚至悔恨。

正如我们之前所说，良心是一个人的基本道德，是一个人道德上的核心人格，"没有良心"的人，肯定是道德人格上有严重疾病的人。因此，我们应该加强自身道德的建设和良心的守护，为自己的行为树立一个正确的价值观念。

6. 战胜自己的弱点是伟大的开始

征服自己的一切弱点，正是一个人伟大的起始。

——沈从文

（著名文学家、考古学专家，曾担任北京大学中文系教授）

人性弱点的存在是必然的！一个说自己没有弱点的人，是还未发现自己的弱点，这是他人生的失败；知道自己的弱点而不去战胜，则是他更大的失败。

当我们不断完善自己的修养，战胜“命定的”人性弱点时，我们也就拉开了成就伟大的序幕。

1928 年，26 岁的沈从文被胡适聘任为中国公学的讲师。那时的沈从文刚来上海时间不长，还带着一身泥土气。虽然只有小学文化，但他那灵气飘逸的散文早已震惊文坛，颇有名气。盛名之下粉丝颇多，当沈从文第一次登上讲台时，除自己的学生外，慕名而来听课的人很多，满满地坐了一堂。但名气不是胆气，面对渴盼知识的莘莘学子，这位大作家竟然紧张得整整呆了 10 分钟没有说出一句来。

原本准备好的一个课时的内容，被沈从文三下五除二地十分钟就讲完了，剩余的课堂时间还很多，怎么办呢！沈从文没有天南海北地瞎扯来补足时间，而是老老实实地用粉笔在黑板上写道：“今天是我第一次上课，人很多，我害怕了。”

看到这句话，课堂上爆发出善意的欢笑，大家被沈从文的坦诚感染了。这件事传到胡适那里，他评价说：这节课沈从文成功了。果然不出胡适所料，自从这节课后，沈从文找到了自己失败的症结，汲取教训，认真克服自我，不断战胜自我，很快就能挥洒自如地讲课了，以至于后来辗转任教各所大学之间，都受到了学生们的爱戴。

从自己的亲身经历，沈从文总结出：一个人克服自己的弱点正是成就伟大的开始。

智者说：聪明的人，是能了解别人的人；有智慧的人，是能认识自己的人；有力量的人，是能战胜别人的人。真正的强者，是能战胜自己的人。强者之所以为强者，不单单是能战胜别人，更重要的是因为他能战胜自己。

战国时的谋略家苏秦，是东周洛阳人，洛阳是当时周天子的都城。苏秦年轻的时候很想有所作为，曾想求见周天子，却没有引见之路，一气之下，变卖了家产到别的国家找出路。但是他东奔西跑了好几年，没有得到任何一个君主的赏识，官也没做成，最后钱用光了，衣服也穿破了，只好回家。

家里人看到他趿拉着草鞋，挑副破担子，一副狼狈样。他父母狠狠地骂了他一顿；妻子坐在织机上织帛，连看也没看他一眼；他求嫂子给他做饭吃，嫂子不理他扭身走开了。苏秦受了很大刺激，很伤心，决心争一口气。

从此以后，他发愤读书，用心钻研兵法，不断增进自己的学问。他埋首读书天天到深夜，可是每到夜深，又累又困，就不由自主地瞌睡起来，苏秦为了驱除睡意，便将一把锥子放在身边。

每当昏昏欲睡时，他就拿起锥子向自己的大腿刺，剧烈的疼痛使他睡意全无，再次打起精神读书。一年后，苏秦终于学有所成，再次游说各国君主，更得到了各国君主的重用。

这就是苏秦"刺股"的故事，他用这种方法鞭策了自己、战胜了自我。俗话说"江山易改，本性难移"，人的性格中的弱点是比较难改，但只要下决心还是能改正的。

正视自己的弱点，专注于要做的事情，努力找到战胜它的对策。这样我们才能为事业的发展准备好充足的力量，今后才能活得更有特色，才能成为一道亮丽的风景。

相信大家都知道林则徐的故事，下面我们就来看看他有什么弱点，他的弱点又能给我们带来什么启示。

林则徐火烧了鸦片，吓坏了洋鬼子。洋鬼子诡计多端，派兵偷打天津，直逼京都，要挟清朝政府严办林则徐。昏庸无能的道光皇帝吓破了胆，连忙下了一道圣旨，飞马送到广州，押解林则徐到京听候惩办。

钦差读罢圣旨，林则徐又气又恼，但他仍不慌不忙，把公事一一料理停当，才回到私衙。满面泪痕的林夫人已把随身行李收拾停当。林则徐看了一眼，踱步来到书房，朝壁上挂着的一张横幅一指："把这个也带上。"夫人不解，问道："老爷，比这贵重的东西都丢了，你要带此作甚？"

林则徐说："要说比什么都宝贵，我办事数十年，时时都记着它，如今年老了，还要靠他养身呢！"

"哦，"夫人又说"留得青山在，不愁没柴烧，望老爷多多保重。不过，这么一张纸，又能怎样养身呢？"

　　林则徐深深看了夫人一眼，便讲起来这横幅的由来，原来这张横幅是林则徐父亲林宾日的遗训。因他年轻时性子急躁，遇事不称心就要发怒。父亲多次劝告，见效不大。一年，林则徐将赴外地上任，临行前，父亲给他讲了这么一个故事：

　　从前有一个县官，非常孝敬父母，最恨不孝的犯人，判罪也特别重。一天，有两个人捆了一个嘴里塞着东西的年轻人来见官，说这年轻人是个不孝之子，不但骂他娘，而且还要打他娘，把他捆住后仍不停地骂，因此用东西把他的嘴巴堵着。县官一听，火冒三丈，立即吩咐重打五十大板，把那年轻人打得皮开肉绽。

　　这时，有个老婆婆拄着拐杖进来，边哭边诉道："求求青天大老爷做主，刚才有两个强盗来抢我家的牛，我儿子一个人打不过两双手，被强盗绑了去，不知弄到哪儿去了，请求老爷赶快替我找我儿子，我只有这么一个孝顺的儿子呀！"

　　县官这才明白，原来打的就是个孝子。真是一时性急，判错了案。

　　林则徐明白父亲讲这故事的心意，当场便遵嘱写了"制怒"两字的横幅。随身带着，时刻警惕自己心情急躁、容易发怒的毛病。时间一久，他还从中悟出了制怒养身的道理。他说："性子急躁，遇事不顺心，便易发怒；发怒多了，肝火就旺，肝火旺，既坏事，又伤身，我看老年人得中风，十有八九是肝火旺的缘故。所以嘛，这回进京，我要带这'制怒'的横幅"。

　　林则徐战胜了自己易怒的弱点，后来做事常常三思而后行，使他成为抗击英军的民族英雄。

　　无论是沈从文、苏秦，还是林则徐，他们都用实际行动告诉我们：要敢于面对自己的弱点，并加以改正。如果我们总是逃避弱点，那弱点也会堆积，总有一天会让我们得到教训的。因此，我们一定要学会战胜自己的弱点，勇于挑战自我。

7. 成事多艰，人贵有恒

　　写作主要是做到每天坚持，哪怕一天写一千字、几百字，一年下来几十万字，也就很可观了。

——朱光潜

（著名学者、美学家、文艺理论家，曾担任北京大学文学院院长）

在这个世界上，人们发现一帆风顺的事极少，多数事困难重重，但只要有恒心，有坚韧不拔的精神，就一定会在困难中站起身来，勇往直前。

朱光潜教授就是一个有恒心的人。在工作上，朱光潜教授不但译完了黑格尔的美学，还把维柯的著作也翻译了。众所周知，这些著作内容极其深奥，是出了名的难翻译，很多学者都不愿意做这样的活儿。要知道，承担完成这种翻译工作，不但需要极大的勇气，还需要持之以恒的努力，这其中的辛苦可想而知。

但朱光潜教授偏偏爱啃这样的硬骨头，他凭借渊博的学识和精深的外语水平，兢兢业业、不辞辛劳、争分夺秒、锲而不舍，终于完成了如此艰巨的工作，为后人留下宝贵的精神财富。

做事持之以恒是朱光潜教授一生的写照，尤其突出表现在学术上。将近九十年的人生历程中，他执着追求，从不懈怠。顺利与挫折，他都经受过；峰回路转、柳暗花明，他也碰到过。幸运的是他在费尽千辛万苦之后，实现了人生的最终追求。

《孟子·告子上》中有一句话："一曝十寒"，意思是说：天下有些易活的植物，假如把它放在太阳下晒十天，然后再把它放在阴冷的地方冻十天，即使是生命力再强的植物也会死。这与"三天打鱼，两天晒网"所表达的意思相同，都说明了一个人如果少努力、多荒废，没有恒心是很难做成一件事的。

1621年，谈迁28岁，母亲亡故，他守丧在家，读了不少明代史书，觉得其中错漏甚多，因此立下了"编写一部真实可信的明代历史书"的志愿。在此后的时间中，他长年背着行李，步行百里之外。到处访书借抄，饥梨渴枣，市阅户录，广搜资料，终于辛5年之功而完成初稿。以后陆续改订，积26年之不懈努力，六易其稿，撰成了100卷400多万字的巨著《国榷》。

岂料两年后，1647年8月，书稿被小偷盗走，他满怀悲痛，发愤重写。经4年努力，终于完成新稿。

1653年，为了使新书更加翔实，59岁的他，携第二稿远涉北京，在北京两年半，走访明遗臣、故旧，搜集明朝遗闻、遗文以及有关史实，并实地考察历史遗迹，加以补充、修订。书成后，署名"江左遗民"，以寄托亡国之痛，使这部呕心沥血之巨作得以完成。

如果不是谈迁有恒心，在成事多艰的情况下，是不可能花费30多年的时间写成《国榷》的。

明代药圣李时珍熟读了 800 余种书籍，攀悬崖，涉溪流，走遍了大江南北，历时 27 年，在他 61 岁时，终于写成了一部近 200 万字的药书《本草纲目》。

明代杰出的思想家李贽，少年立志求学，由于家境贫寒，不得不四处谋生，51 岁当上云南姚安知府，三年后离任时"囊中仅图书数卷"。他在湖北麻城龙湖的芝佛院定居下来，专心治学。在近 20 年时间里手不释卷，写出了《藏书》、《焚书》等不朽著作。以犀利的目光和实事求是的态度，为我国战国到元朝末年的 800 多个历史人物立了传。

没有哪个人的人生道路是平坦的，一路上总会遇到坎坷崎岖，碰到困难挫折在所难免，最重要的是能否坚持下去，能否持之以恒。

邓春兰女士是第一个喊出妇女心声，带头冲破大学女禁的人。在五四新文化运动中，为了争取妇女同男子有平等教育的权利，她不懈抗争，建立了首功。

邓春兰小的时候，即接受其父民主思想的影响，得以不缠足，少小便读书识字，树立起追求真理，反对旧传统，旧教条的新文化思想。

7 岁那年，邓春兰入初等学校念书。由于学校全是男生，只有她和姐姐两人是女生，便成为人们议论的焦点，说什么"想当女秀才、女举人！""念书不是姑娘们的事！"等。在众口铄金下，她们没有屈服。读完初小后，邓春兰接受了师范教育，但她仍向往于大学深造。那个时候，从全国来看没有哪一所大学敢招收女生。

邓春兰从小十分要强，长大后又接受了新思想，这为她在"五四"期间积极参加青年运动争取妇女解放准备了充分的条件。在"五四"运动倡导的"民主、科学"两面旗帜下，广大青年知识分子对"社会公开"、"婚姻自由"、"男女平等"、"男女同校"等要求，形成了思想解放的新潮流。邓春兰便在这股潮流的鼓舞下，勇敢地站到"争取男女教育平等"的最前列。

1919 年 5 月，她上书北大校长蔡元培，申述妇女与男子应平等，呼吁请求开放大学女禁，招收女生，实行男女同班。之后又投书报界，在社会上大造男女同校舆论，终于冲破女禁藩篱。

邓春兰致书蔡元培约一月后，北京女子师范开始从各省招生。录取了邓春兰和他的堂姐邓春芩。她们辞别亲人前去求学，离家赴黄河边登上木筏，在千里黄河的惊涛骇浪中奔波数日，食宿均在筏上，后改乘木船进发。用了 33 天时间，于 8 月底到达北京。求学的过程，处处显现出她那坚韧不拔、自强奋斗的精神。

邓春兰的求学梦一波三折，到达北京后，由于军阀的反对，阻止她们顺利入学。邓春兰并未因此气馁，又写《告全国女子中小学毕业生同志书》，后附《致蔡元培先生信》，在报纸上公开发表，利用报界影响力，继续为争取女子进入大学疾呼。邓春兰要求大学开放女禁的呐喊，轰动了社会，得到了当时文化界著名人物陈独秀、李大钊、胡适等人的响应，纷纷撰写文章，主张妇女解放，支持男女同校，在全国舆论界产生了积极的效应。

1919 年 9 月，蔡元培复职北大校长。第二年，邓春兰等 9 名女生成为北京第一批女大学生，也是我国历史上第一批男女同校的女大学生。

大学女禁被"五四"时代邓春兰等这样一批坚持不懈、顽强争取的自尊、自强、自立的女性冲破了！当时人称为这是"中国教育史上一大纪元"。在北大招收女生之后，全国高等学校纷纷仿效，陆续解除女禁。于是，男女同校，男女教育平等，渐渐在国内传播开来，蔚然成风。

成事多坚，人贵有恒。一个有远大的理想、有明确的目标的人，才能立志勤勉，持之以恒，苦学不怠，才能用坚韧不拔的毅力，战胜一切困难和干扰，向着既定的目标奋勇拼搏！

8. 看淡得失，别把生活化为手段

人类至此，凡计算较量都在右瞻顾是最大的危险，把一切生活都化为手段，凡事都想想为什么。

——梁漱溟

(著名思想家、哲学家、教育家，曾担任北京大学印度哲学教授)

我们在世俗的生活中蝇营狗苟，为名利计较太多，活得太累！其实，人生并不是一个常赢的过程，有得就会有失，只有看淡得失才是通往豁达人生的必经之路。

梁漱溟小时候自理能力很差，开始认字读书时还不会穿衣服；求学之路曲折，仅小学就转读过四次，学的都是西洋文；尽管按部就班地读完了中学，取得了毕业证书；大学没有毕业，就应蔡元培先生之聘，出任了北京大学印度哲学讲席；尽管是个城市青年，却喜欢农村，热衷于乡村建设；尽管毕其一生精力研究中国传统文化尤其是儒家学说，始终向往出家人的生活方式。

梁漱溟是北京大学出了名的传奇人物，一生充满"谜"一样的传奇色彩。

"人在精神上，气贵平和，情贵淡泊。"这是梁漱溟的人生哲学，他解释说："一个人遇事动不动就气盛、发怒，势必肝火攻心；如气盛不得平和又不外露，则又积气于内腑，两者都伤肝劳神，损害健康。所以说，气平情淡自长自消，算得上是人生身心锻炼的一项功夫。"

而今，许多人因为过于患得患失、斤斤计较，所以常常容易情绪波动。俗话说得好：塞翁失马，焉知非福，在得的后面，往往潜藏着失，只有短视的人，才会只顾眼前利益，而看不见利益背后的隐患；而失的后面，也隐藏着得到，只是因为目光短浅的人遇事思考不周，只看到事物变化的一面。

道德高尚的人，不但凡事不斤斤计较，而且不受得失束缚，能够自由自在地生活。那么，当一个人徘徊在得失之间，产生纠结的时候，应该怎么办呢？我们不如来学习以下的做法：

历史上东晋之后的梁国人张率，是个才华横溢的人。

官居长安的时候，任司徒之职。有一次他曾派仆人往老家运送30多万斤米，运到家里时，仅剩下十几万斤。审查原因，仆人们纷纷说："米被鸟雀和老鼠吃掉了。"

张率笑着说："老鼠、鸟雀成精了！"就停止了追查。

这说明张率为人气度不凡，遇事想得开。因为，他知道鼠雀是不会成精的，是仆人造成了粮食的损失，但如果认真查究，一定会使主仆关系产生隔阂，还不一定能把粮食追回。

无独有偶，大文学家柳公权也是心胸豁达的人。

他家里的东西经常被仆人们偷走。一次，他发现自己收藏的一筐银杯不见了，但是筐子外面的印封却丝毫未动，问下人都说不清楚。

柳公权笑着说："银杯都成仙了。"也就不了了之。

有时表面上看着善于算计的人得到了一点东西，但他们内心深处的不坦然是难以掩盖的，常常会引起较为严重的焦虑症。因此说他们都是很不幸的人，甚至是多病和短命的人，更不要说开心和快乐了。怎么样才能看淡得失呢？最基本的要求是面对现实，承认结果，接受现实，这样才能以坦然的心态接受人生的缺憾，从而才能看淡得失；最有效的办法是把眼光放得长远一些，俗语说：人无远虑必有近忧，所以我们对待问题，不要只顾眼前利益，不顾长远利益。

战国时期的仇由国是个山区小国，国内只有几条弯弯曲曲的小路和国外连通，交通不便。

它的邻居晋国是个大国，掌权人智伯早就想吞并仇由国，也准备好了人马，但是因为仇由国的道路狭窄，大部队进不去，于是心生一计：

智伯花费巨资铸造了一口大钟，这钟比仇由国的道路宽很多。智伯派人告诉仇由国国君说，为了两国交好，赠送给你们这个大礼物，请准备迎接。

仇由国君听了非常高兴。为了迎接这口大钟，他下令军民赶快砍树凿石准备修路，好迎接送来的大钟。

仇由国有个非常聪明的谋士，叫赤章蔓枝，他是国君的军师。当他听说这件事后，立刻去见国君。对国君说："这条路千万修不得！现在许多小国都被大国灭了，之所以我们的国家还存在，并不是因为大国怕我们，而是由于我们是个山区小国，道路狭窄，交通不便，紧要关隘，一夫把关，万夫莫开，所以我们才得以太平。如果把路修平加宽，就等于给侵略者的军队铺平了道路。一口钟事小，失国事大，请大王千万不要因小失大。"

仇由国君听了哈哈大笑，不以为然，执意修路，最后上了智伯的当，丢了仇由国。

仇由国君这种因小失大，只顾眼前利益，而不顾长远利益的做法，最终只能以失败告终。

人生就像进行万米长跑，要合理安排每一阶段怎么跑。所以，看问题的眼光要长远一点，对人生的道路要有长远的规划，不要只顾眼前的蝇头小利。总之，人生要看淡得失，高瞻远瞩，只有这样才能人生豁达，在享受人生中获得长远利益。

9. 冲动是魔鬼，提高自控力

你叫我怎么学会发脾气呢？

——冯至

(著名诗人、翻译家，曾担任北京大学西语系教授)

一个人是否成熟的标志，不是写在脸上的年龄和沧桑，而是面对突发事件时的冷静程度。人们常说，"冲动是魔鬼"。在日常生活中，许多人都会在情绪冲动时做出令自己后悔不已的事情来。

因此，学会有效调控自己的情绪，是一个现代人必须学会的事。只有学会控制自己的情绪，才能心平气和地去对待所有事物，才能让情绪处于良好的状态之中。更进一步，如果一个人在控制自我情绪的同时，还能够体察出他人情绪的变化，那么这个人一定是情绪控制力的高手。

北大的冯至教授不但学富五车，是位出了名的大学问家，而且为人仁慈忠厚，待人以诚，长者风范十足，遇事很能控制自己的情绪。在冯至教授去世前一段时间，女儿陪护在他的病床前，想到父亲一辈子忍辱负重，就说："有不高兴的事就发发脾气吧，别憋在心里，这样对身体会好些。"

冯至教授却说："你叫我怎么学会发脾气呢？"

在冯至的一生中，似乎从没有学会发脾气。其实女儿心里明白，父亲是一个注重个人修养、很会克制自己情绪的人。

《韩非子·观行》中记载："西门豹之性急，故佩韦以缓己；董安于之性缓，故佩弦以自急。"意思是说，西门豹知道自己有个性急躁的缺点，经常佩带熟皮，提醒自己放宽缓一些。董安于觉得自己性格过于宽缓，经常佩着绷紧的弦，提醒自己紧张起来。这是说古人用不同的方法来提高情绪的控制力。

若我们仔细研究，就会发现：大凡成功人士，自我控制情绪能力也都较强，在身处逆境或者受到较强刺激，甚至有意挑衅羞辱的场合时，都能保持冷静，思维、言语仍旧自然流畅，所讲内容依旧有条理，用词依然准确恰当，有分寸，富有逻辑性。相反，那些失败者往往容易被别人牵着思维走，容易掉入他人圈套，常常不会逆向思维，不能冷静思考，这其中与自我情绪不受控制有很大的关系。

有一个叫爱地巴的人，每次生气和人起争执的时候，就以很快的速度跑回家去，绕着自己的房子和土地跑 3 圈，然后坐在田地边喘气。爱地巴工作非常勤劳努力，他的房子越来越大，土地也越来越广，但不管房地有多大，只要与人争论生气，他还是会绕着房子和土地绕 3 圈。

爱地巴为何每次生气都绕着房子和土地绕 3 圈？所有认识他的人，心里都起疑惑，但是不管怎么问他，爱地巴都不愿意说明。直到有一天，爱地巴很老，他的房地又已经太广大，他生气，拄着拐杖艰难地绕着土地跟房子，等他好不容易走 3 圈，太阳都下山了，爱地巴独自坐在田边喘气。

他的孙子在身边恳求他："阿公，你已经年纪大了，这附近地区的人也没有人的土地比你更大，您不能再像从前，一生气就绕着土地跑啊！您可不可以告诉我这个秘密，为什么您一生气就要绕着土地跑上 3 圈？"

爱地巴禁不起孙子恳求，终于说出隐藏在心中多年的秘密，他说："年轻时，我一和人吵架、争论、生气，就绕着房地跑 3 圈，边跑边想，我的房子这么小，土地这么小，我哪有时间，哪有资格去跟人家生气，一想到这里，气就消，于是就把所有时间用来努力工作。"

孙子问道："阿公，你年纪老，又变成最富有的人，为什么还要绕着房地跑？"

爱地巴笑着说："我现在还是会生气，生气时绕着房地走 3 圈，边走边想，我的房子这么大，土地这么多，我又何必跟人计较？一想到这，气就消了。"

在现实生活中，还有一些人似乎是莫名地火气大、爱发脾气。其实这是主观愿望与客观现实相悖时所产生的消极情绪反应，只不过他们的主观愿望都是一些小事而已。如果我们都能学习爱地巴这样宣泄的办法，不仅不会轻易伤害他人，而且也有利于自己的身体健康。

事实上，如何培养情绪的控制力，方法很简单，做起来不容易：一是面对任何挫折或失败，既然发生在自己的身上，就必须勇敢地去承担它，面对它，克服它，从而超越它，解脱它；二是每个人都要根据自己的因缘去生活，依照自己的因缘成就人生，这样才能发挥潜能，才会得到充分的喜悦和成功的人生；三是要摆正心态，生活的本质是实现而不是需索。实现者充满丰足、喜悦和光明的意义；需索者的心态总是饥饿和匮乏。实现的生活，一切具足；挑剔需索的态度，处处烦恼不安。

让我们超脱失败，随缘努力，以实现者的心态来不断提高自我情绪的控制力吧！只有这样我们才能遇事时冷静，才能做到处变不惊，才能用智慧化解一切危机，将不利形势逆转为优势。

10. 常怀恻隐之心

自己生存，也让别的动物生存，这就是善，只考虑自己生存不考虑别人生存，这就是恶。

——季羡林

（曾任北京大学教授，历史学家、思想家、作家）

当我们看到别人遭遇不幸时，自己也会感到痛苦，有了痛苦我们就会想尽一切办法去化解它，这是人之常情；当不幸发生在别人身上，我们见到别人痛苦也会跟着不舒服，于是心生不忍，这就是恻隐之心。

产生了恻隐之心之后，我们通常会采用两种方法化解痛苦，第一种躲避，远离那个痛苦的人，眼不见心不烦；第二种是解决痛苦，就会想尽一切办法去安抚痛苦之人，对方受到安慰，从而痛苦减轻，这样我们的痛苦也就没有了。常怀恻隐之心而非只同情，所以第二种才是我们人类至高境界的表现。既然都有了恻隐之心，我们就不能视而不见，只是怀着一份同情之心悄然离去，而应该竭力去帮助他，使他摆脱困境，远离痛苦。

孟子说过："恻隐之心，人皆有之。"科学家曾对恻隐之心有过细心的研究，这个研究也证明了恻隐之心是来自人类先天的本能，与后天的教化没有关系。胸中充满仁义的孟夫子有；脑内空空、天真烂漫的婴孩有；饱读诗书的人有；大字不识的白丁也有。所以，恻隐之心，确实是人人都有的。

南朝时期，浙江富阳县有一个叫董昭之的人。

有一天，董昭之乘船从钱塘江渡过。他在江心看见一只硕大的黑蚂蚁，紧紧地依附在芦苇上，这根芦苇很短，它很是害怕，东张西望地寻找求生的机会。董昭之当时恻隐之心油然而生，心里想着："黑蚂蚁呀，让我来帮帮你吧，我一定要救你一命。"

说完就尝试着用绳子把它吊到船上。船主是一个脸很红、身材很壮的男人，他不同意董昭之这么做，并极力反对将蚂蚁救上岸，还说道："把它淹死了才好，这毒蚂蚁咬人可痛了，本来就该死，千万不要救它！"

董昭之极力劝说船主救它一命，最后船主终于答应了。蚂蚁就这样趴在芦苇上面，很安全，再也不怕被水淹死了，总算保住一命。船靠了岸以后，这只黑蚂蚁很迅速地逃走了。

就在当天夜里，董昭之梦见一个穿黑衣服的人，身后还跟着一百多个从者，这些人都对他表示深深的感谢，并向他深深地鞠了一躬，黑衣人说道："自己因不慎堕入江中，得到你的救助，我很是感激！"

董昭之很是困惑，摇头说道："我哪里救过你呢？我想你恐怕是认错人了。"

"那么请问您是否救过一只黑蚂蚁呢？"

"嗯，是救过，可是这与你有什么关系呢？"

"是呢，我就是那黑蚁啊！"

"啊！？你就是那只黑蚁？"

黑衣人又说："嗯，是的，而且我还是黑蚁之王，如果你将来有什么困难，一定要告诉我，我一定鼎力相助！"说完，黑衣人就带着他的随从消失了。

俗话说"天有不测风云，人有旦夕祸福"。十年后的一天，董昭之受冤枉被关进了监狱。正当他孤独无援之时，他突然想起了那个梦中的黑蚁王，于是他就想试试看，因为也没有其他的办法了，他就通过小蚂蚁把他含冤入狱的事情传信给蚁王。最后，蚁王得到消息，把董昭之救了出来，使董昭之逃离了这个灾难。

后来董昭之就把这件事常挂心中，并时刻告诫他的后代子孙，他这样说道："小小蝼蚁，也知报恩。"就是告诉他们，连小小的蚂蚁都知道去报答恩情，所以我们人类更应常怀恻隐之心，做好万物之王。

恻隐之心，是我们每个人都共有的一种美德，它可以体现人类善良的本质，也很好地反映一个人的素质。对于所有人来说，恻隐之心是一种极为重要的情感体现，生活中处处离不开这种关怀。董昭之一时的恻隐之心，救了黑蚁王更是救了自己的性命，所以对他人怀有恻隐之心的人，必然会获得他人的帮助，生活必定处处放光彩。

恻隐之心是我们的道德底线，它是理性的，更是善良仁义的萌芽和发端。对他人怀恻隐之心，也是对我们自己的一种优待。

伟大哲学家亚里士多德曾经说过："我们对他人遭遇的同情几乎都是由于我们置于同样境界非常自然的感受，想想曾经发生过的事情，想想虽然未曾发生过但将来不一定会躲过的事情，能够摒弃对失败与挫折最简单的看法，使我们以善的态度而不是以恶的态度对待我们周边的人。"这些话是极其正确的，比如在灾难面前，我们是平等的，它可能会吞噬任何人，不会区分他们是我们的仇人还是我们的亲人或朋友，甚至包括我们自己。所以当我们在同情他人遭受灾难的时，其实也是在同情我们自己。己所不欲，勿施于人，自己不愿遭受灾难，别人同样也不愿意，所以我们更应该去帮助他人摆脱困境，这样才能守护我们共同为人的尊严和价值。

从前，在高高的大兴安岭上住着一位老人，这位老人是一名非常出色的猎人。老人的儿子在山下的林场工作，老人没有随从他离开大山，而是继续留在这里当护林员。

老人对这座山有着浓厚的感情，他热爱山上的一切，从苍松到白桦，从清澈的小溪到娇艳的小花，以及林间所有的鸟儿们。然而，他有一个最大的爱好就是打猎，并且他曾经利用自身本领猎杀了两只小熊，现在他所住的木屋墙上仍然挂着那两个熊皮。

正值深秋，天色渐暗，老人巡山归来。在离木屋不远的林子里，他发现有两个小动物。他就悄悄地藏到树后面，用敏锐的目光查看，竟然发现那居然是两只小熊，心里不免有些欣喜，觉得今天他真的是很幸运。

他屏住呼吸，凝神静气，轻轻向那两只小熊走去，他越来越靠近那两只小熊。然后，把乌黑的枪口对准小熊，等待着一个最佳时机，他就把它们俩拿下。

在夕阳里的照射下，两只小熊在草地上翻滚嬉闹着，很是开心，它们并没有感觉到危险已经在它们身边了。也许是玩累了，它们互相用爪子拍拍对方，还不时地用头拱拱，憨态可掬，实在是越看越可爱。看到两个小生命如此可爱，老人心中顿有不忍。他把枪放下了，悄悄地离开它们回家了。

走到木屋门口，他发现门开着，就大喊："谁来了？"一个熟悉的声音从屋里传出来："爸，您回来了！你没有看到你的两个孙子吗？"老人转过身，发现墙上的熊皮竟然没有了，老人一阵心慌，莫非那小熊是……声音从不远处的林子传来："爷爷，爷爷，我们来了，我们来了……"

从那以后，老人就再也没有拿起他的猎枪，把它们永久地封存起来了。

老人的两个孙子得以保住性命，就是因为老人当时怀了恻隐之心，倘若老人并没有被那两只憨态可掬的宝贝小熊而感动，执意要杀生，可想而知，他的两个孙儿早已不在人世了。

恻隐之心在我们生活当中是很重要的，它能使鲜花盛开得绚烂，它能包容山间野草的肆意疯长。有恻隐之心的人，内心有阳光，周身都是爱。有恻隐之心的人，总在播种阳光和春风雨露。人生想要充满美好，就一定要常怀恻隐之心。

在现实生活中，我们常常因为警惕别人的伤害、担心失去自己的利益，所以将恻隐之心隐藏得很深，也是这种种顾虑让原本的恻隐之心变成了同情，大多时候我们都只是远远地关注却不愿意施以援手，帮助别人，久而久之人们的心灵就变得麻木了，人与人之间也变得更冷漠了。

其实，帮助别人的同时也能给我们自己带来快乐。当我们怀着恻隐之心去帮助别人时，自己也会感觉到助人为乐的快乐，并得到慰藉。反之，如果我们漠然处之，不去行动，这只会在我们的心中留下永久的遗憾和伤痕。

因此，让我们放下心中的顾虑吧，做出发自内心的善举，遵循恻隐之心，不求索取地帮助别人，用真诚来对待他人，面对世界，你也就能得到心灵的慰藉，获得美满幸福的生活。

第十三课

勤于反思，反思过往之事，活在当下之时

君子博学而日参省乎己，则知明而行无过矣。是说君子应该广博地学习和勤于反思，这样才能通达明理，行为无错。如若能见贤思齐，知行合一，必将有巨大的进步空间。反思过往，以史明鉴，才能不在同一个地方跌倒两次。

1. 吾日三省吾身

改造自己，总比禁止别人来得难。

——鲁迅

（曾任北京大学讲师，无产阶级文学家、思想家、革命家）

"自省"是自我意识能动性的表现，是行之有效的德行修养的方法。孔子的弟子曾说"吾日三省吾身"，这句话一度成为古代知识分子的行为准则，是每个儒生为学和做人的基本。

如今的时代忍心浮躁，物欲横流，如果不注意及时反省，及时调整自己，就很容易迷失自我，为名利所累，虽有小富小贵却心思空虚，毫无幸福感可言。每一个成熟的人都知道反省自己的生活，久而久之，才能有大的作为。

古往今来，凡是成就大事业的人都将自我反省作为修养自己的重要手段。自省不仅是一种优良的品德，更是一种使人走向幸福的能力。

著名作家利奥·巴斯卡利亚写了很多书，影响了很多人的生活。据说，他之所以有这样卓越的成就，主要来自父亲的教育。他回忆说，青少年时期，每当吃完晚饭的时候，父亲就会问他："利奥，你学到了什么？"这时，利奥就会把在学校学到的东西告诉父亲。

如果无话可讲，他就会跑进书房拿出百科全书学一点东西告诉父亲，然

后再上床睡觉，他一直坚持这个习惯。每天晚上，他就会拿"利奥，你学到了什么"这句话来问自己。如果当天没学到什么东西，他是不会上床的。这个习惯刺激他不断地吸收知识，产生新的思想，不断上进。

利奥的这种做法，能够时刻检讨自己的言行，查看不好的地方，使得自己更进步。也正是这样，他才得到了今天这样的成就。

一个人如果能经常反省自己的过失，放下自我处处为他人着想，就可以防微杜渐，避免许多无谓的事情，并能够保持平静的心态，过上和睦幸福的生活。

面对这个色彩缤纷、光怪陆离的世界，一个人应该努力寻求与他人的契合，反求诸己，事态出现不尽人意的情况，一定要问问自己哪些地方没有做好，而不要急着去抱怨客观环境和别人的不足，不能采取这种逃避责任，遇事先把自己摘出去的做派。君子须严于律己，通过必须深入细致的自我反省，才能找到问题的症结所在，才能真正解决问题。

当然了，自省不等于盲目自责，自省是积极的、愉快的、建设性的，是往好的一面引导自己的思想言行。自省能力强的人，意志力就比较强，这类人个性独立，有自己内在世界观，有自信，做事效率也高；而自省能力差的人自我价值感很低，不知道自己的人生目标，并且时常担心亲近的人会讨厌自己，离开自己，从而每天生活在患得患失的郁郁寡欢之中，总也找不到人生的意义和生命的真谛，感觉自己就是在虚度光阴。

自省也不等于自我批判，自省也不是自虐，它是自我评价、自我反省、自我调控和自我教育的总和，是思想的总结和升华，是道德修养得以提高的必经之路。我们只有在自省中总结过去，才能更好地规划未来。逆境时要自省，以找到问题的突破口，顺境时更要自省，防止自己不思进取，纵欲享乐。

钱锺书的父亲钱基博是一个很懂得自省的人，他是我国著名的文史学者。在他的一篇自我检讨书中，我们会看到一个很有意思的开场白：

"思想改造，当得自动，不能被动；不过人类通病，自屎不觉臭，旁观者清；所以发动群众，帮助自己改造；最好自己不要掩藏自己的思想，欺骗群众，得到通过；宁可通不过，将我心里症结所在，赤裸裸地给群众看；通过，固好；不通过，正好鞭策我自己的反省！我现在检讨我自己的思想，不过有些思想，根源知识；有些思想，涉及环境；所以检讨不能不涉及多方面。"

中国最后一名状元张謇曾评价钱老先生"大江以北，未见其伦"。钱老先生一生著述广泛，文采斐然，学识渊博，他之所以能够培养出钱锺书这样的大学者、大文学家，正是因为其善于自省，以自己的思想精华育人的品格使然。

钱基博老先言语幽默，他拿"自屎不觉臭"作比喻，戏谑之中，透露出一位长者的人生感悟：没有人觉得自己是不对的，这只不过是"只缘身在此山中"罢了。钱老先生的话语也道出了人类的通病，那就是总是认为自己对的，别人都是错的。

所谓"金无足赤，人无完人"。时时省察自己的言行，对人对己对社会都是有好处的。每个人都有缺点，都会犯错误。自省贵在坚持，只有保证自我反省的连续性，才能看清自己的性格，才能更好地应对生活；相反，三天打鱼两天晒网，甚至连一个阶段性的结论都得不到，最后于事无补。

不过，自我反省不是一件容易的事情，也不是一件令人愉悦的事情。一个人每天都要反求诸己，分析自己一天的得失，这是一件痛苦的事情。那么，如何进行反省呢？

首先，我们要正视自己的弱点，明白自我反省的必然性。要知道，人会"长于责人，拙于责己"或以"自我为中心"。反省要求的是"反求诸己"，而不是找他人的不是。反省像镜子，通过它可以洞观自己的心垢。

成功学专家罗宾认为："我们不妨在每天结束时反省：今天我到底学到了些什么？我有什么样的改进？我是否对所做的一切感到满意？"若每天能提高自身并且过得很快乐，必然能够获得丰富的人生。真诚地面对这些提出的问题就是反省，其目的就是要不断地突破自我的局限，省察自己，实现成功。

其次，反省需要自我追问。比如，"念自己有几分不是，则内心自然气平；肯说自己一个不是，则人之气亦平"，"自知其短，乃进德之基"，都是很好的反省方法。

除此之外，自省还可以写日记或静坐冥想，只在脑海里把过去的事拿出来检视一遍。只要我们都关注自身的发展，就应该反省。

如果我们能时时这样去反省，就能平和身心，善结人缘，力求进取，最终开创幸福的生活。

2. 做人要有自知之明

自古以来，中国就有一句老话"人贵有自知之明。"这一句话暗示给我们，有自知之明并不容易，否则这一句话就用不着说了。

——季羡林

（曾任北京大学教授，历史学家、思想家、作家）

　　一个严于解剖自己的人，往往是有自知之明的。自知之明是一个人智慧和自我意识的升华；一个人有自知之明，就能够比较清醒地认识自己，评价自己，准确地把握自己，严格地反省自己。

　　古语讲"人贵有自知之明"，就是说能清醒认识自己，对待自己，是最明智的，也是最难能可贵的。站在他人的立场上，用他人的眼光来审视自己，才能够把自己看得更客观、更全面，更准确、更实际地了解自己，既不妄自尊大，也不顾影自怜。

　　一个人如果不能够清楚地了解自己的优势和短处，不但不能获得成功，反而会贻误事业。

　　战国时期，齐国有个大臣名叫邹忌，他身高八尺，体格魁梧，相貌堂堂，十分英俊。而同住在一座城里的徐公一表人才，是当时齐国有名的美男子。

　　一天早晨，邹忌起床洗漱完毕，穿戴整齐地来到镜子前面"孤芳自赏"。他很得意自己生得仪表不凡，于是就问妻子："太太啊，我跟城北的徐公比，你觉得谁更英俊啊？"

　　他的妻子走上前去，一边帮他整理衣衫和帽子，一边郑重其事地回答说："当然是我的夫君漂亮了，徐公怎么能跟您比呢？"

　　邹忌还是不太自信，因为城北的徐公是大家公认的美男子，自己恐怕还比不上他。出门前，他又问自己的妾，说："我和城北徐公相比，谁英俊些呢？"

　　他的小妾忙不迭地回答说："他哪能和大人相比呢，您比徐公英俊多了。"

　　听了小妾的赞美，邹忌这才满意地出门去了。

　　中午有一位客人来访，邹忌在跟客人谈话的时候，不禁又问客人："和城北徐公相比，您觉得我和他谁更英俊？"

　　客人立刻正色道："徐公比您差远啦，您比他英俊太多了。"邹忌听了客人的奉承，心里就像得了一件宝贝，喜不自胜。

　　第二天，徐公来邹忌家做客，邹忌不住地上下打量了徐公，看到徐公各方面都比他优秀，心里觉得徐公实在太漂亮了，让他心里十分惭愧。他偷偷地取出了镜子，照照自己，又照照徐公，更确认自己没有徐公漂亮了。

　　晚上睡觉的时候，邹忌躺在床上翻来覆去睡不着，他在琢磨，自己明明没有徐公英俊，为什么妻、妾和客人都说自己比徐公漂亮呢？

　　想了一宿，邹忌总算得出了一个结论。他自言自语地说："大家都是在恭维我啊！妻子说我更英俊，那是因为她心里向着我；小妾说我更英俊，那是因为惧怕我；客人说我比徐公英俊，那是因为他有事情求我。身边的人对我一齐恭维赞扬，已经让我迷失自己了。"

于是第二天上朝的时候，他把这件事情告诉了齐王，希望齐王能认识到自己被恭维、被赞扬之后的危害，从而成功地说服齐王广开言路，最终使齐国强大起来，燕、赵、韩、魏等国家看到齐国的强大，纷纷前来进贡。

自知之明并不是每个人都能轻易做到的，自知之明关键在于对自己明察秋毫，从而能够审时度势、趋利避害，很少有挫折感，人生道路也会更顺畅。而自知不明的人通常都没有清醒地自我认识，他们往往忘乎所以，看不到问题的关键，找不准人生的支点，从而没有办法从容驾驭命运之舟。

如今的社会人心浮躁，人际交往中的利益关系越来越赤裸裸，如果缺乏自律意识，不能够清醒地认识自己，就很容易受权、钱、色、欲的诱惑甚至被腐蚀，沉湎在对物欲的放纵中，以致造成人生的悲剧。

可以说，人心就好比一座天平，每个人都是靠自己的这座天平来衡量自己的实力，秤轻了就比较自卑，往往自轻自贱，总以为自不如人，自惭形秽，精神萎靡，经常处于无限的痛苦之中；秤重了又表现得非常自大，觉得自己高人一等，无所不能。办起事来咋咋呼呼，不知深浅，而造成不必要的尴尬和错误。只有实事求是、恰如其分地感知自我，知道有多大本事，能取得多大成就，才能更好地应对人生。

刘邦和萧何死去以后，将军曹参做了西汉的丞相，他的儿子曹窋在宫里侍奉汉惠帝。当时的汉惠帝还很年轻，但是他希望有所作为，希望曹参能尽力辅佐为他出谋划策，谁知曹参并没有那么尽职尽责。

曹参当了丞相之后，整天喝酒，遇事也不向皇上禀报，处理朝中事务也没有那么积极，一副不紧不慢的样子。汉惠帝很不明白，这是什么道理呢？于是他让曹参的儿子回去，劝一下父亲。

曹窋回家后，就遵照汉惠帝的意思规劝了自己的父亲，谁知曹参听了以后勃然大怒，叫家丁把儿子拉出去打了二十板子，并怒斥道："军国大事是你这小毛孩子应该掺和的？以后在宫里老老实实地侍奉皇上，不可多嘴多舌。"

皇帝知道了这件事情之后，心里有点不高兴。等再上朝的时候，惠帝就批评了丞相曹参，问他为什么要惩罚曹窋，并且告诉曹参，是自己让曹窋劝他的。

曹参跪在地上，赶忙谢罪，他说道："请皇上宽恕臣下的粗鲁，不过臣下想问您一句，陛下觉得自己跟先主比，谁更英明更神武呢？"

惠帝当然说："我怎么敢跟先帝比高低呢？"

曹参接着说："那您认为臣下和萧何相比，谁更有贤才呢？"

惠帝也只道萧丞相更有谋略。

曹参这才拱手说道："陛下说得很对，高帝和萧何打败了项羽，推翻了暴秦，进而平定了天下，制定了法律和规矩，陛下只需要效法高祖，我们这些做臣子的也谨守各自的职责，这样遵循原有的制度来治理天下，不就可以了吗？"

惠帝这才恍然大悟，于是不再追究曹参的怠慢。

自知之明来源于对自我的修炼以及慎独的能力。一个人只有具备了自知之明的胸臆和襟怀，其人格才能够顶天立地，其行为才能够斩钉截铁，其品德才能够不卑不亢，其事业才能够左右逢源。在人生道路上，经常解剖自己，自勉自励，改正缺点，量知而思，量力而行，及时把握机遇，才能不断创造人生的辉煌。

因此，我们应该有自知之明，认识到自己是什么样的一个人，具备什么能力，适合什么工作，具有什么价值，等等，从而更好地认识和接纳自己，改善与周围人群的关系，并能够做到准确规划自己的行为和事业。只有通过自知之明，才能够改变自己的无知和愚昧，让自己的人生进入自律自信、自立自强的境界。

3. 多反省自己，少责怪他人

要纠正别人之前，先反省自己有没有犯错。

——海子

（毕业于北京大学，著名诗人）

与人相处，要有包容之心，多反省自己，少责怪他人，更无须针锋相对；与人为善，与己为善，体现着一种宽容与大度。与人相处，应常怀善意、常施善举，豁达大度、不计小怨；与人相处，应容人之过，和睦共事，取人之长，补己之短。

《荀子·劝学篇》中说："君子博学而日参省乎己，则知明而行无过矣。"就是说，品德高尚的人应该广泛地学习并且每天反省检查自己，那么他就会智慧明达，行为没有过错了。

有一次，曹操带领军队走到麦田边，对部下说："不准踩踏麦苗，违者斩。"突然曹操的马冲进了麦田，曹操说："如果我自己立法却犯法，怎么来带领军队呢？可我是将军，不能被杀，就让我自罚吧！"

说完，就用剑削下了一缕头发。

多反省自己才是君子所为。

《醒世歌》中有言"静候常思己之过"，顾名思义，就是劝诫人们反省自己。尤其是在出现问题需要找原因的时候，大家都习惯把责任推卸给别人，很少有人能够主动去反思自己的过错。在这方面，廉颇不失为自省的典范，当意识到自己的错误，可以放下大将的身份亲自登门拜访负荆请罪，这也是一种胸襟。

蔺相如因"完璧归赵"和"渑池之会"为赵国立了大功，被赵王十分看重，赵王封蔺相如做上卿，这一职位就比当时的赵国大将廉颇还高，廉颇认为蔺相如没有在战场上立过功，却得了这么高职位，心里很是不服气。

因此，廉颇就对别人说："我廉颇在战场厮杀多年，战无不胜攻无不克，每一份功劳都是靠自己拼了命为国献身得来的，可是他蔺相如有什么能耐，只是靠着一张嘴皮侥幸立了点功，因此就爬到我的头上，我不服气。如以后在路上碰到他，我定要教训他一番，让他颜面扫地。"

廉颇的话传到了蔺相如的耳朵中，蔺相如就躲着廉颇，也请了病假不上朝，以免与廉颇见面。廉颇一时没逮到机会，有一次在路上碰到了蔺相如，蔺相如却急忙让车夫调转马头。蔺相如的门生们对此很是看不过去，就问蔺相如，为什么见到了廉颇就像猫见了老鼠一样躲着他，胆子也太小了，如此丢面子，这还怎么让门客们以后追随他。

蔺相如说："各位想一想，廉将军和秦王相比，哪个更厉害？"

门客们都说："当然是秦王更厉害。"

蔺相如说："秦王我都没有怕，难道会害怕廉将军吗？诸位都知，秦国不敢来侵略我们赵国，就是因为武有廉颇，文有蔺相如，如果我们两个闹不合，就是削弱赵国的力量，到时候秦国必然会趁机攻打我们，将相不和国家怎么安稳，所以，我躲着廉将军也是为了赵国好。"

这话被廉颇知道了，很是惭愧，于是廉颇反省了自己，背着荆条到蔺相如府上请罪，至此将相两合成为生死之交，同心协力为保家卫国出力，传为一代佳话。

有很多人的心里不平衡是因为过分关注了别人，关注别人的升迁发达，认为他们被命运所偏爱，因此对他们产生贬低、排斥和敌对的心理。

　　像故事中的廉颇，当知道是自己的错后，不仅感到惭愧，还负荆请罪。是啊！蔺相如不跟你计较，不争抢，那是以大局为重，心胸宽广。所以说，我们一定要调节好自己的心态，以免给自己带来麻烦。

　　善于反省自己的还有一个特别的例子，那就是开辟了一代盛世"贞观之治"的唐太宗，他虚心纳谏，厉行俭约，轻徭薄赋，使百姓休养生息，各民族融洽相处，国泰民安。

　　在唐太宗在位的 23 年里他总共颁布了 28 份"罪己诏"，每一封都不是作秀，而是切实意识到自己的错误，主动承认并改进。

　　罪己诏中的一个案例是，在贞观年间，广州都督党仁弘原本是唐太宗非常看重的人才，可是他在位期间却贪污腐败，收敛了大量钱财，被群臣弹劾，按照律法应该处以绞刑。可是唐太宗出于私心，不舍得杀掉他，于是发了一道圣旨撤回了绞刑的判决，改为流放边疆。

　　后来唐太宗反省了一下，认为自己为了一己之私罔顾国家法律很是不该，作为君王更应该起到带头作用，于是他就召集群臣检讨自己说自己不该失信于民，因私心乱国法袒护党仁弘。检讨完自己唐太宗就颁布了一道"罪己诏"：在处理党仁弘这件事情上，我犯了三大罪过，一是知人不明，用错了人；二是以私乱法，包庇了罪人；三是奖罚不明，有失公正。

　　唐太宗因偏袒了爱将便下"罪己诏"来告知天下人。正所谓"修己而不责人"，唐太宗的气度、修养一目了然。连帝王都知道去反省过错，成为普通百姓效仿的榜样，人人和谐相处，由此展开一代贞观之治，这和皇帝的勤于反思、采言纳谏不无关系。

　　现在有的人却恰恰相反，总是喜欢把罪责推给别人，对自己的过错不以为然，还去责怪和批评他人。到底是谁犯的错，人们其实心里都有数，过错真的可以开脱吗？当然不是，那不过撑一时场面罢了！遇到问题能主动承认错误，从错误中反思自己并加以改进，这才是成长和进步的王道。

　　不懂得反省自己，总是抱怨他人的人会变得越来越让人讨厌，人们会渐渐疏远他们。"一个不知自重和自责的人，他的行径就跟一棵草一样，浑身没有骨气，卑躬屈膝，轻浮得左右动荡。"这段话来自《五卷书》，说的是不懂得自责的人，就是没有担当的人。

　　事实上，世上矛盾纷争，十有八九源于只知一味指责对方，而不能反观、审视自身。此时，责人不如责己，责人只会加重矛盾并无益于解决问题，责己能主动反省，有利于自身改进。

4. 有过则改，善莫大焉

大胆的假设，小心的求证；认真的做事，严肃的做人。

——胡适

（曾任北京大学教授，现代学者，历史学、文学家）

索福克勒斯说过："一个人即使犯了错，只要能痛改前非，不再固执，这种人并不失为聪明之人。"其实，承认错误并不是自卑，不是自弃，而是一种诚实的态度，一种睿智，是一种大智慧！

《世说新语》中有这样的故事：

周处年轻时凶暴强悍，任性暴戾，与河中的蛟龙和山上的白虎并称为"三害"。

于是，百姓们就劝周处把猛虎和蛟龙杀了，其用意是——不管周处把猛虎蛟龙给杀了，还是猛虎与蛟龙把周处给吃了，都会少一个祸害。

听到这样的话，周处的好胜心和荣誉感一下子就有了。于是，他整理了行囊就走了。转眼间，三天三夜过去了，周处也没有回来。

很自然地，人们就以为他已经被蛟龙或白虎吃掉了，还大摆筵席，互相庆祝。可没想到，周处并没有死，而是杀掉了猛虎蛟龙。当他回到乡中，听说了这件事，才醒悟过来：原来，百姓们把他当成了一大害。自此以后，周处改过自新，成为一名英雄。

勇于承认自己的错误是一种英雄的行为！正是因为勇于承认自己的错误，周处才从一个被想乡亲厌恶唾弃的祸害变成了一个真正的英雄。

左丘明说："人谁无过？过而能改，善莫大焉。"《周易·益·象》中有这样一句话：见善则迁，有过则改。见到美好的人和事就努力学习，有了错误就马上改正。

在中国传统的思想根源里，是鼓励认错改错的。要知道，什么错都不犯的人不可能存在，重要的是犯了错能及时改正。

在《韩非子·喻老》里有这样一个讳疾忌医的故事。

蔡桓公早就听说名医扁鹊医术高超，就请了扁鹊来给他看看。扁鹊在蔡桓公身边站了一会儿，说："大王，您皮肤上有点小病。要是不治，恐怕会向体内发展。"

蔡桓公说："我一向健康，什么病也没有。"

扁鹊走后，蔡桓公就表露了不满说："这些做医生的，总喜欢给没有病的人治病，医治没有病的人，才容易显示自己的高明！"

过了十来天，扁鹊又来拜见蔡桓公，说道："大王，您的病已经发展到皮肉之间了，现在不治疗的话还会加深。"

蔡桓公没有理睬他。扁鹊退了出去，蔡桓公又不高兴。

过了十天，扁鹊再一次来拜见，对蔡桓公说："大王，您的病已经发展到肠胃里，再不治会更加严重。"

蔡桓公又没有理睬他。扁鹊退了出去，蔡桓公又不高兴。

又过了十天，扁鹊老远望见蔡桓公，就掉头跑了。蔡桓公觉得奇怪，派人去问他："为什么你这次见了大王，一声不响地跑掉了？"

扁鹊解释道："皮肤病用热水敷烫就能够治好；发展到皮肉之间，用针灸的方法可以治好；发展到肠胃里，服几剂汤药也还能治好；可是现在已经病入骨髓，那是掌管生死的神才能管的，医生已经无能为力了。如今我看大王的病已经深入骨髓，所以我不再请求给他医治！"

五六天之后，蔡桓公浑身疼痛，派人去请扁鹊给他治病。扁鹊早知道蔡桓公要来请他，几天前就跑到秦国去了。没多久，蔡桓公病死了。

讳疾忌医的典范非蔡桓公莫属了，后人常常拿讳疾忌医来说那些害怕别人的批评而掩饰缺点的人。桓公死在了讳医忌医上，也死在有过不改上。对人们来说，犯错是再正常不过的事情了，但是明明别人已经指出了你的错误，不听取，就会像讳疾忌医的蔡桓公一样，最终坏在自己的不听劝和不悔改上面。

很多人就像固执的蔡桓公一样，即便别人指出了错误，依然死不悔改。孔子的学生子路曾说过："人告知以有过，则喜。"如果有人能告知他犯错的地方，那是一件值得庆幸的事，那样就可以改掉自己未能发觉的错误了。

有过则改，是一种从古至今都被提倡的美德。人只有循着"知错能改，善莫大焉"这条真理，才能一步步地走进他想要的人生。

5. 以人为鉴，可以明得失

以人为鉴，明白非常，是使人能够反省的妙法。

——鲁迅

（曾任北京大学讲师，无产阶级文学家、思想家、革命家）

人最容易犯的错误，就是过于相信自我，听不进别人的意见。究其原因，不外乎两点：一是"唯我独尊"的思想在作祟，二是只看到了自己能看到的和想看到的东西，而忽略了自己看不见的东西。

所谓"三人行必有我师""择其善者而从之，其不善者而改之""见贤思齐"，说的都是看到他人的行为怎么去改变自己：看到别人好的一面要主动去学习；而不好的一面反省自己去改掉。

古代的大部分帝王，对待忠心耿耿进谏的忠臣，往往表现出不可思议的残暴。就连一代明君唐太宗，有时也对逆龙鳞的魏徵恨得咬牙切齿。我们普通人呢？一听到反对意见，轻则脸红脖子粗，怒目相向，重则拍案而起，反唇相讥，甚至拳脚相加，由"文斗"到了"武斗"。这就难怪，想听意见，却只能听到赞歌了。

唐太宗以魏徵为鉴，成就兴盛；秦二世听从赵高的一面之词，断送始皇帝辛苦打下的大好江山。这种类似的事迹在生活中也常有发生，有些被你忽略了，有些则被你遗忘了。

而历史上善善恶恶的例子不胜枚举。唐玄宗初用贤相姚崇、宋璟，开创了"开元盛世"神话，晚年却重用口蜜腹剑的李林甫与狡黠奸诈的安禄山，最终吞下了"安史之乱"的苦果郁郁而终。历史告诉我们：善始而不能善终，虽有大能亦不得矣。唐玄宗等人皆有一个良好的开头，却在功成名就后忘记了以人为鉴的重要性，结果结局悲惨。

楚庄王当政三年以来，没有发布一项政令，在处理朝政方面没有任何作为。天天在后宫里与妃嫔寻欢作乐，不光如此，还下令不许官员进谏，如果谁敢前来劝诫，就处以死刑。

这时候，有一个担任右司马官职的人看不下去了，觉得楚庄王这样下去会对楚国不利，但他也不敢抗旨进谏，只好采取了迂回的战法。他在上朝的时候给楚庄王出了个谜语，说："启奏王上，臣曾经见到过一种鸟，它落在南方的土山上，三年不展翅，不飞翔，也不鸣叫，沉默无声，这只鸟叫什么名呢？"

楚庄王知道右司马是在暗示自己，他察觉了大臣们想要国富强兵的迫切心情，于是下决心重整旗鼓。后来，楚庄亲自处理政务，废除十项不利于楚国发展的刑法，兴办了九项有利于楚国发展的事物，诛杀了五个贪赃枉法的大臣，起用了六位有才干的读书人当官参政，把楚国治理得很好。

不久，楚国称霸天下。

楚庄王是明智的，他知人善用乐意听来自下方的声音，并且知错能改。

以人为鉴，正面的要拿来借鉴、运用，负面的要丢弃、改正。这才能发挥出以人为鉴的功用，嘴上喊得再大声，眼睛睁得再大，没有改正和运用，以人为鉴不过是笑谈罢了。

一个人在自己的成长过程中，要明白自己，要有一个追求的目标，但是在为目标奋斗的过程中，不断地从别人的经历中汲取经验和教训也是十分必要的。

韩愈在《师说》曾写道："故弟子不必不如师，师不必贤于弟子，闻道有先后，术业有专攻。"以人为鉴，并没有恒定的标准，贤能的前辈或晚辈都值得你去学习，知"闻道"有先后，明"问道"须谦虚，方能"得道"于人前。

从这个意义上来讲，再没有什么比身边好人更加可亲、可敬、可信、可学了。对照这些身边的价值标尺，我们发现，他们不是伟岸高大的英雄，他们就是生活在我们身边的普通人，是我们的邻居、同事、朋友，因为他们的平凡，我们也许会忽略他们的伟大，但他们并没有因自己的平凡而碌碌无为。

总之，不要拒绝向别人学习和借鉴的机会，"以人为镜"是必要的。历史已经为我们上演了太多的执意孤行的悲剧，不要再让这样的痛苦在我们身上重演。

6. 自省是人生的必修课

自省是自然发生的真诚的愧耻。

——胡适

（曾任北京大学教授，现代学者，历史学、文学家）

自省是一把梯子，一把连接天与地的穿云梯，它可以助你一步步登上最高境界。北大校长胡适在《人生大策略》一书中说："自省是自然发生的真诚的愧耻。"

胡适是一个善于自省的人，他一生的成就正得益于此。

胡适幼年丧父，母亲冯顺弟将丈夫教给自己的《论语》章句学以致用，以曾子名言"吾日三省吾身，为人谋而不忠乎？与朋友交而不信乎？传不习乎"鞭策和勉励胡适。

每天临睡前，母亲就坐在床沿上，叫胡适站在床前的搁脚板上"省吾身"：今日说错了什么话，做错了什么事，该背的书是否已背熟，该写的帖是否写完。母亲督促胡适自省之后，又对儿子讲述父亲生前的种种好处，并勉励儿子说：

"我一生只晓得你父亲是一个完全的好人，你要学他，不要丢他的脸。"

每日晨光微露时，母亲就把胡适叫醒，叫他披衣坐起。对他说昨天做错了什么事，说错了什么话，认过错后，再叮嘱他用功读书，催他快去上学。天天如此。而最终，胡适就成了一个诚实正直的人。

胡适的成就当然是有着多方面的原因，但不可否认的是，与他童年时期受到母亲严格而又适当的家教分不开，这一点有他自己的话为证："我的第一个恩师便是我的母亲。"她的"吾日三省吾身"的教导让胡适终生受用。

自省是一种工具，一种能够使人恍然大悟，并不断完善自我的工具。

自省是一段驾驭骏马的缰绳，挥动缰绳，骏马飞驰，像离弦的箭一般，直奔前方，但关键时刻，我们也要猛然拉起这缰绳，让马急停下来，因为前面就是万丈深渊。这就是悬崖勒马，而自省就是这勒马的缰绳。

汉武帝刘彻统治的后期，征讨频繁，王公贵族大量修建宫室，百姓负担沉重，各地不断出现农民的起义反抗。针对这些情况，汉武帝多次下诏，推行一些改革措施，限制一部分享有特权的贵族和官员，但是收效不大。

有一次，武帝在山东广饶巡幸，看见农民们正在田间辛勤劳动，不禁想起自己征讨频繁、劳民伤财的情景。于是，他亲自拿起农具，到田里同农民一起劳动，并且说："我当上皇帝以来，所作所为太没有收敛，使得天下百姓忧愁痛苦，现在想起来后悔不已。从今以后，凡是办事伤害百姓、使天下铺张浪费的人，一律罢免官职！"

后来，搜粟都尉桑弘羊请求武帝派人到新疆轮台修筑堡垒，驻扎军队，以便在这个地区长久驻扎下去。

汉武帝早有悔过之意，乘桑弘羊请求屯边的机会下达诏书，对过去的行为进行自责。他在诏书中说："在这以前，有人曾经请求按百姓人口每人增加三十钱，作为戍边之用。这实际上是加重老弱孤寡者的困苦，这是让天下不得安宁的行为，我不忍听到有这种事出现。"

武帝决心对政策作重大改革，在诏书中说："当务之急在禁止苛捐杂税和加重百姓负担的暴政，以农业为根本，大力发展农业。"这个诏书被称为"轮台诏"。

从此以后，汉武帝思富养民，任命大鸿胪田千秋为丞相，封为富民侯。任命农学家赵过为搜粟都尉，大力推广"代田法"，进行轮流耕作，以恢复地力。赵过还改进了很多农具，把它们从中原推广到边远地区。

经过两年时间，由于减轻了徭役赋税，发展农业，西汉王朝的社会经济得到恢复和发展，社会渐趋安定。汉武帝刘彻在位54年，励精图治，为了维护国家北方的安全，多次派卫青、霍去病等大将征讨匈奴，连破匈奴大军，迫使匈奴外迁，从而保证了北方的安全。但汉武帝有一次去忠烈村，看到那里的人们食不果腹，衣不蔽体，处处一片荒凉。他去与一位失去右腿的男子说话，只听那男子道："陛下，什么时候再打匈奴，我还要上战场！"

汉武帝此时大悟，连年的战争已让百姓民不聊生，经济衰落，不能再打了。于是，汉武帝下了一份"罪己诏"，集中精力发展经济。

试想，如果刘彻继续出兵匈奴，汉朝必定是一个短命的王朝。可见，自省能让人恍然大悟，不至于一错再错。

无独有偶，唐太宗李世民也是一个很懂得自省的人。

公元643年，直言敢谏的魏徵病死了。唐太宗很难过，流着泪说："夫以铜为鉴，可以正衣冠；以史为鉴，可以知兴替；以人为鉴，可以明得失。今魏徵殁，朕失一鉴矣！"

这句话的意思是说："一个人把铜作为镜子，可以照见衣帽是不是穿戴得端正整齐；用历史作为镜子，可以看到国家兴亡的原因；用人作为镜子，可以发现自己做得对不对。魏徵一死，我就少了一面好镜子了。"

李世民在晚年反省了自己的错误，他对太子李治说："你应该找古代的贤明帝王为学习的典范，像我这样的不足以效法。我做了许多错事，比如锦绣珠玉不绝于前，宫室台榭常有兴造，犬马鹰隼没有不去的地方，行游四方又劳民伤财，都是大错，你不要以为这都是好事，总想学着去做。"

李世民的自省，体现出了他虽然贵为皇帝，但是善于纳谏、不断自省的高尚道德。

上至君王，下至百姓，自省都是他们手中的"金钥匙"，常常自省就能不断地进步。

"人非圣贤，孰能无过"，希望你能通过"自省"这把"万能钥匙"矫正过失，扬长避短，精益求精，发展自我，完善自我。自省是人生的必修课，只有把自省作为每日功课，你的人生才会与众不同！

7. 敢于听从内省的直觉

我要进行我人生的又一个重要的选择——我听到了北大对我的心灵的呼唤。我选择北大，毫不犹豫的，是一种坚定的、无可替代的"唯一"。

——谢冕

（诗人、作家、文艺评论家，曾担任北京大学中文系教授）

内省的本身就有一种力量。它带来的礼物会很多，比如：健康、乐观、平和、有深度、有爱心、有创造力……你不会忘记了凡先生改写命运的重要时刻吧？他经云谷大师指点迷津，静思内省，最终大彻大悟，彻底了改变了那本已注定的命运。其中，他通过瞬间的内省，视角变了，一下子从困顿中跳了出来，柳暗花明。

谢冕教授常说这句话，就是"最大的成功就是选择了北大"，这也是内省的力量帮他做出的选择。因为这一选择，他获得了最长久的快乐。他认为是北大给了他知识，给了他崇高的理想、坚定信念、远大的抱负、宽广的胸怀，给了他自强不息的精神。一个忠于心底呼唤的选择，成就了他无悔的人生。可见，在人生的关键处，内省让生命变得简单而清新，在面临抉择时，听从内省的直觉是多么至关重要。

人生千姿百态，各行各业的选择千万种，而选择的决定性作用，会让许多人犹豫彷徨，毕竟每一次的选择都与我们今后将处的社会位置和人生状况紧密相连。如何选择，我们不妨像谢冕教授那样，多听听自己内心的呼唤，听听自己心底的声音，这样才能清楚做自己真正想做的事情，无论结果怎样，都不会留下遗憾和悔恨。

宋朝时期的卫仲达，在翰林院里当官，有一天，在睡梦中，他的魂魄被鬼卒拘引到了阴间。

地狱里主审他的阴阳判官，命令手下的掌管文书的办事员，把他在阳间所做的善事、恶事两种记录本子送上来。等册子拿到一看，记录恶事册子，多得竟摊满了一院子；而记录他善事的，只有一个小册子。主审官吩咐拿秤来称称看，那堆了满院的许多恶册子，重量很轻；那一本记录善事的薄册子，反而很重。

"我年纪还不到四十岁，怎么会犯这样多的过失、罪恶呢？"卫仲达问道。主审官说："只要一个念头不正，就是过失或罪恶，都记录在案。譬如看见女色，动了坏念头，即是犯过，就被记录了下来。"

卫仲达又问道："那个善册子里，记的是什么？"

主审官回答道："皇帝有一次想要兴建大工程，即修三山地方的石桥。你上奏劝皇帝不要修，那地方人迹罕至，免得劳民伤财。这里记录的就是你写的奏章。"

卫仲达疑惑地说："我虽然写了奏章，但皇帝没有采用，后来还是动工修造了。我的劝阻并没有阻止那件事情的进行。这份奏章，为什么还能有这么重大的力量呢？"

　　主审官讲："虽然皇帝没有采纳你的意见，但是你这个念头很对、很真诚，目的是在为千百万老百姓着想，使想让千万的百姓免去劳役。倘若皇帝接受你的意见，那么你的功德就更大了！可惜的是你平时产生的恶念太多，所以善的力量与恶的力量中和，因此减少了一半，而你的官位，本来可升至宰相，现在也就没有指望升到宰相了。"卫仲达大吃一惊，醒了过来。

　　自此以后，他常用这件事来教育家人和儿女，注意端正思想，摒除淫邪及各种恶念。后来卫仲达的官位，居然真的只做到了吏部尚书，而没有能做到宰相。

　　在这里我们姑且不论古人借用何种方式来教化人们行善去恶，仅就卫仲达这种内心的反思来看，他告诉自己，要多做好事，不去做恶事。他听从了这种心底的呼唤，为人生道路做了好的铺垫。

　　卫仲达的恶，只是空有恶念而已，并没有去做，尚且折损了他现世的福报；而卫仲达的善，只是空有其言，而并未被皇帝所采用，但是他这个善的力量，竟然却胜过了堆满整个庭院恶册子的力量！我们从这个例子，可以知道一个人的直觉、一个人心底的渴望实际上在做事之前就已经显露出来。那么对一件事是不是去做的判断，就是你是不是听从内心直觉的过程。可见念头的起动处，就决定了未来的结果，念头起动处就是祸福之门。

　　所以，每一个人都要加强自身修为，提高自身修养，让心中常驻善念，常驻为多数人谋利益的信念，那么内心的直觉就会提升档次，听从内心的直觉就会做出正确的选择。荀子在《劝学》中写道："君子博学而日三省乎己，则知明而行无过矣。"说的就是道德高尚的人一方面要博学，另一方面要反求自身，敢于听取反省后的直觉，就能知识日增，防患于未然，减少过失。

　　夏朝的时候，有扈氏率兵入侵，夏禹派他的儿子伯启率军抵抗，结果伯启打了败仗，他的部下将领都很不服气，要求继续进攻，再打一场。但是伯启说："不必打了，我的兵比他多，地也比他大，却被他打败了，这里面的原因一定是我的德行不如他，带兵方法不如他的缘故。从今天起，我一定要努力改正过来。"

　　从此以后，伯启都起得很早，吃粗茶淡饭，穿简朴的衣服，拼命地工作。他爱护百姓，体恤百姓，把有才干的人委以重任，对有品德的人毕恭毕敬。一年的时间过去了，有扈氏知道了，不但不敢再来侵犯夏朝，反而自动率领人马投降了。

无论什么时候，假如能像伯启这样，进行自省，虚心地检讨自己，敢于听从内省的直觉，马上改正有缺失的地方，那么最后的成功一定是属于你的。

因此，我们要懂得内省，它是一个人省察自己、认识自己的手段，是让你能够看到自己的外在、内在的活动表现，让自己变得更好。聆听内省的直觉，就能依照心灵活出真正的你自己，活出无怨无悔的自己。

8. 躬身自省方能立事

我受了 10 年的骂，从来不怨恨骂我的人。有时他们骂得不中肯，我反替他们着急。有时他们骂得太过火，反而损害骂者自己的人格，我更替他们不安。如果骂我而使骂者有益，便是我间接于他有恩了，我自然很愿挨骂。

——胡适

（曾任北京大学教授，现代学者，历史学、文学家）

自古以来，中国人都把"自省"看作德行修养的标准之一，一个能够时常自省的人，能省察自己言行，有利于及时发现自己身上的缺点。当出了问题时、当面对批评时，不会过多地怨天尤人，而是先从自己的身上找原因。

很多人都明白这个道理，可是，却很少有人能够做到。

鲁迅曾在《写在〈坟〉后面》一文写道："我的确时时解剖别人，然而更多的是更无情面地解剖我自己。"

世人多喜欢将鲁迅归类成一位批评家，因为他对当时社会局面、人性丑恶、世事险恶所论述的观点极为犀利和深刻。然而，不要忽略鲁迅的深刻来自于对社会的绝望，也来自于对自我的深度反省。

"向来是不惮以最坏的恶意来推测中国人"的鲁迅，冒天下之大不韪。其实，鲁迅也"向来是不惮以最坏的恶意来推测自己"，他的一生都在与旧劣观念论战，与反动文人论战，与反动统治论战，也注定了他必须先改新自己的观念，追赶上时代的潮流才行。

不经过深刻的自我检讨，鲁迅是写不出那样的文章的，说他是一个批判家，也可以称之为一位"自我批判大师"。

说起批判来，这是生活中时常见识到的字眼。然而，多数人的批判都是对着别人，批评别人好像都是张口就来，等到要自我批评的时候，就张不开嘴了。自我批评是自我认知的必要手段，可以让我们剖析自己，正视自己。不适时地进行自我批评，我们的自我膨胀意识和自以为是的傲慢态度就会越来越严重，在这种傲慢态度的驱使下，我们就更听不得别人的批评了。

当然了，自省不完全等于自我批判，还包括自我肯定。逆境时要自省，顺境时更要自省，在自省中总结过去，规划未来。

春秋时期，宋国人司马耕拜孔子为师后，坚信儒家学说。他曾问孔子："什么样的人才算仁德？"

孔子说："一个有仁德的人，心思敦厚，说话时总好像克制着，不肯轻易出口。"

司马耕不太明白，又问道："说话时保持克制，不轻易出口，就算合乎仁德吗？"

孔子解释说："既然做事不肯苟且敷衍，那么说话时怎么会不考虑就轻率说出口呢？"

司马耕又问孔子："何为君子？"

孔子说："君子就是不忧愁、不恐惧的人。"

司马耕不解道："不忧愁、不恐惧，就算是君子了？"

孔子说："因为君子擅长自我反省，光明正大的行事，没有愧疚可言。那自然就没有恐惧和忧愁了。"

司马耕这才明白了孔子的话。

孔子之所以没有一开始就把答案告诉司马耕，就是担心以司马耕的性格，很难接受这样的建议，非但起不了正面引导他的效果，还可能适得其反，让他拒绝接受这样的想法。孔子告诉司马耕，想成为一位君子，就必须时常自我反省一番，改掉自己身上的毛病，才有可能成功。

孔子的批评无论对人对己都有一股仁德之风在其中吹拂，语句不多，却能点明奥义，号召世人多加自省，才能多些收获。

自省往往能够看到一些别人看不到的缺陷，这些被你深深地隐藏起来，或者被你刻意地遗忘掉。然而，危机却不会因此消失，它会在你的人生中埋下炸雷，你若不反省自己，去排除掉，那么必将威胁到自己；自省可以做到"知无不言，言无不尽"。面对众人的时候，人们只希望表现出自己美好的一面，伟大的一面，因此常常自欺；自省就相当于给自己做一次全身体检，通过这次体检，身上那些虚荣、贪欲、欺骗、不诚信、怨恨等，都会被扫描出来，作为"木马"病毒被清理出去。

总而言之，生活就是不断发现自我的历程，与其平静而绝望地活着，不如点燃内心的魂火，来一场对自己的大批判，像鲁迅一样，以"最坏的恶意"

去揣测自己。也许生活依旧平静，但是，你不再是绝望的人，而是能够着眼自身、展望未来的人。

9. 不会评价自己，就不会评价别人

我好像是一只牛，吃的是草，挤出的是奶、血。

——鲁迅

（曾任北京大学讲师，无产阶级文学家、思想家、革命家）

很多人喜欢对别人指手画脚、评头论足，喜欢把别人的缺点跟自己比较，以此来判定：别人不如自己。

其实，在对自己没有正确认识之前，就没有理由去对别人评价。无论对方是谁，我们都没有资格对任何人做评价。别人有不对的地方，我们要引以为戒；别人做得好的地方，我们要取长补短，尽可能提高自己来达到迅速的提升，这样才是一个品德和为人都比较好的行为和思想。

章太炎先生在东京担任《民报》总编辑的时候，曾在壁间大书四语，曰："我若仲尼出东鲁，大禹长西羌，独步天下，谁与为偶。"这是东汉隐士戴良的自评，但也可知，章太炎先生是一个极为自傲的人。后来，他教导出的学生，如黄侃、刘文典等人也是一个脾气，但这些人皆有真才实学，还曾在北大任教，为中国文化的继承和发扬做出了巨大贡献。

章太炎自比孔子、夏禹，是一种自我评价。有人曾说过，章太炎先生是中国封建社会和现当代社会之间具有过渡性意义的知识分子。如果以中国最后一个皇帝的下台为标志的话，他就是封建王朝的最后一个知识分子和进入现当代的第一个知识分子。可见其影响之大，学识之高。

章太炎狂傲，却无人敢言。他曾"以大勋章作扇坠，临总统府之门，大诟袁世凯包藏祸心者，举世无第二人。"他一生"七被追捕，三入牢狱，而革命之志终不屈挠者，并世亦无第二人"。鲁迅称他是"先哲的精神，后生的楷模"。

鲁迅对人常以讥讽之言，然而对待章太炎这位师者却不敢妄议。章太炎评价自己的学问如同孔仲尼，才干如同夏禹，这既是知识分子的傲气、傲骨所在，也是一种自我评价和认可。其一生所为、所行、所言、所书，可堪此评。

然而，生活中，有些人有章太炎的傲气，却没有章太炎的才识，闹出了一番笑话；有些人，在某方面有堪比章太炎的能力，却远没有自我评价的勇气和认同心，白白埋没了自己的才干。

可以说，客观、合理地自我评价是必要的人生阶段。认清自我，给予适当的评价，不傲不贬，不悲不悯。别人的做法对与否，我们都无权去评判，他们的经历我们无法体验，就无法从别人的角度看待事情，自然想法与做法也会有所偏差。最不可取得的是，人们总是以自己的经历去思考事情，以为某种做法才是对的，可往往你的判断是错误的。当你自以为是的时候，或许你该问问别人的经历，不懂得比较，你就不知道你那些所谓的坎坷根本不值一提。

自从被贺知章比作仙人之后，李白的形象仿佛在历史上就定型了。"诗仙"成了李白最好的代言词。以仙人的身份来比喻他，也是世人对他才华如此惊人的最好诠释了，恐怕大多数诗人见到李白都要自惭形秽了。

李白生平浪迹天下，慷慨自负，不拘常调。"常欲一鸣惊人，一飞冲天，彼渐陆迁乔，皆不能也。"他尚武轻儒，脱略小节轻财好施，豪荡使气，这就养成了他崇尚英雄的性格。

他的身上兼备了儒道侠禅各家的特质，"安能摧眉折腰事权贵，使我不得开心颜"是儒家的傲岸坚强；"且放白鹿青崖间，须行即骑访名山"是道者的避俗离浊；"停杯投箸不能食，拔剑四顾心茫然"是侠者的放浪情怀；"举杯邀明月，对影成三人"是禅者的玄思独绝。

李白是一个复杂的人，他接受了多方面的文化气息，在那个盛世之中，他从少时任侠的青葱，到"天子呼来不上船"的狂傲，到政治上的不得志，从此浪迹天涯。他是一个传奇，难怪贺知章给他那样的评价。

李白是一个懂得自我评价的人，他对自己的才气自信，在《书怀赠南陵常赞府》就写道："君看我才能，何似鲁仲尼？"和章太炎一般才比孔夫子。在《经乱离后天恩流夜郎》写道："剑非万人敌，文窃四海声。"《赠张相镐》说："十五观奇书，作赋凌相如。"李白自认为文名满天下，并超过了乡贤司马相如。

这些都是一位诗人的独白，对自己的评价，你可以说他狂狷，说他恃才傲物，然而也正是这样一位诗人写出那么多脍炙人口的诗句。他自比孔夫子、司马相如，虽狂，却狂出了文章，狂出了气质。谁也不能说李白没有孔子的才华，没有司马相如的名气。大抵文人志士，都敢给自己下一个敢比古代圣贤的评价，这是出于对自己才华的认同，也是给自己立下的一道警戒线。

后人对李白的赞美更是无以复加，而对其才气的评价更是极为突出，甚至可以说李白是天赋诗才的代称。然而这位"谪仙人"遇到了杜甫时却并没有保持一贯的倨傲，他认同杜甫，在自己如日中天、名满天下的时候，他遇到了比自己小十一岁的杜甫。当时杜甫的名气远不如自己，李白却对杜甫的才能极为推崇，他在《戏赠杜甫》中写道："借问别来太瘦生，总为从前作诗苦。"谑而不虐，朋友间的关爱之意，油然而出。

李白正是如此，自比天高，却对"晚辈"杜甫关爱有加。同样，"若仲尼出东鲁"的章太炎固然自视甚高，但并非目无余子，他在政治方面极推重宋教仁、陶成章，在革命方面，他极推重黄兴，在学术方面他也极为推重刘师培、黄侃。

李白、章太炎皆一代文学大家，前者可称文学超人，后者也是承前启后的革新者。他们对自己的评价很狂傲，也很客观，不随大流去自谦、自贬。"独步天下，谁与为偶"的哀叹，充满戏谑之意，也是对世人的警醒。而李白、章太炎，在客观评价自身之后，才去评价别人。李白重杜甫、高适等人，章太炎重宋教仁、黄侃等人。这两者看似矛盾，却说明了一个道理：不会客观地评价自己，就不能客观地评价他人。

的确，我们不应该评价别人容貌，因为他不靠你吃饭；不要评价别人的德行，因为你未必有他高尚；不要评价别人家庭，因为那和你无关；不要趾高气扬，因为明天你就可能失势；不要吹嘘爱情，因为明天你就可能失恋。

10. 不悔恨过去，不荒废现在

老天给我们一条命和一颗心，人生的使命就是把生命照看好，把灵魂安顿好。

——周国平

（北京大学毕业，著名哲学家、作家）

人生是场马拉松比赛，最可怕的不是突然遭受到的意外袭击，而是被温水煮青蛙似的渐渐侵蚀大好时光而不自知。很多人常沉湎于对过去的回忆中，不知自拔。殊不知记忆代表已过去的历史，历史是无法改变的既定事实，与无法改变的事实较劲、纠缠不清是没有任何作用的。

如果我们总是深陷于记忆的泥沼，就会被时光一点点消磨青春应有的意志、斗志、激情与洒脱；如果总是深陷于记忆的泥沼，我们就会错过太多的眼下美丽的时光；如果总是深陷于记忆的泥沼，我们本来应该用来思考未来、探索未来、为梦想努力打拼的宝贵时光就会被一点点浪费。

康有为曾在诗中写道："曲径危桥都历遍，出来依旧一吟身。"秀才康有为在近代中国史上留下了浓墨重彩的一笔，历经公车上书、维新变法、保皇运动的他，可以说见证和主导了清王朝最后的挣扎。他晚年迁居青岛，虽一直宣称忠于清王朝，却未曾出山过。

他于此间写出这首诗，也给自己的一生做出了总结，"曲径危桥"是康有为一生的坎坷政治生涯，然而最终走出来的还是那个"一身吟"的康秀才。他未曾悔恨过自己的举动，也未曾改变过，也许他逆了时代的潮流，但却从未逆过内心的追求。

是啊！何必为痛苦的悔恨而失去现在的心情，何必为莫名的忧虑而惶惶不可终日。过去的已经一去不复返了，再怎么悔恨也是无济于事。未来是可望而不可即，再怎么忧虑也是空悲伤。无休止的抱怨只会增添烦恼，只能向别人显示自己的无能。抱怨是一种致命的消极心态，一旦自己的抱怨成为恶习那么人生就会暗无天日，不仅会使自己心境全无，而且别人也会跟着倒霉。

昨天已经过去，而明天还没有来到，今天却是真实的。而总结过去的经验，预防未来的风险，这才是智慧的举动。抱怨没有好处，也不能改变什么，不如乐观一些看待过去，解开心结，兴许会有意想不到的收获。

曹操经历了一生中最惨痛的失败——赤壁之战，失去了一举统一中国的最佳时期，然而曹操并没有在战后太过自责。他很快就回到了许都，采取了一系列稳定内部的措施。

假如，曹操自赤壁之战后，变得一蹶不振，他也就不可能取得天下之才的信任，把人才收罗到自己的身边，更不可能平定关中地区。

他终生未称帝，却权比帝王。孙权虽然未能打败，却能迫使孙权遣使入贡，向曹操称臣。假设，曹操在赤壁之战后，对自己一味地追责，那么不过是第二个袁绍罢了。

已经步入暮年的曹操，写下了"神龟虽寿，犹有竟时。腾蛇乘雾，终为土灰。烈士暮年，壮心不已"的诗句，表明了对已逝时光的怀念和对现在的期盼。曹操是一位真正懂得放下过去的人。

再英勇的人，也会倒在时间面前，再有才华的人，也会败于流逝的命运中，有时候，放弃过去会让自己得到更多、收获更多！与其让自己一直活在过去的阴影中，倒不如让自己放手一搏，用一个崭新的面貌，迎接、开辟自己的新天地，在那里，珍惜拥有的一切，不让遗憾屡次出现，就算是出现，也要笑着来面对。

第十四课

坚守底线，有所为有所不为

生命正因为有所坚持，才能有所拓展。正如"拾金不昧不足恤，舍生取义何须悯"，是为了坚持而展现的大智大勇。正如陶渊明所说："不戚戚于贫贱，不汲汲于富贵。"不为贫贱而忧虑悲伤，不为富贵而匆忙追求。只要能够保持自律，那便能保持志气与骨气，便能自得于世。

1. 志者不饮盗泉之水，廉者不受嗟来之食

人的美德犹如名贵的檀木，只有在烈火的焚烧中才会散发出最浓郁的芳香。正如恶劣的品质会在幸福而无节制中被显露一样，最美好的品质也正是逆境中而灼放出光辉的。

——季羡林

（曾任北京大学教授，历史学家、思想家、作家）

人需要时刻给自己订立下一条底线，一方雷池。有底线的人做事才能有分寸，惧雷池的人才能恪守法度戒律。为人需要高洁、不能受腐败诱惑的思想情操。

乐羊子在路上行走时，曾经捡到一块别人丢失的金子，拿回家把金子给了妻子。

妻子却说："我听说过，有志气的人不喝盗泉里的水，廉洁的人不接受嗟来之食，何况是捡取失物贪求利益而玷污了自己的品行呢？"乐羊子听后十分惭愧，就把金子扔到荒野里，然后远出拜师求学去了。

乐羊子妻不但不收丈夫拾来的金子，而且用"志士不饮盗泉之水，廉者不受嗟来之食"的典故说服丈夫，进一步指出因贪小利而失大节的危害，使乐羊子非常惭愧，知错就改并远寻师学。

做人就必须具备高尚的品德，做事就必须有坚韧不拔的精神。俗语："渴不饮盗泉水，热不息恶木阴。"其意在于：就算口渴也不要去饮用被污染的泉水，就算燥热难耐也不要在不好的树木下乘凉。

清代河南巡抚叶存仁的故事常被人引用，因其既坚守了个人操守又兼顾了人情世故，可谓尽善而尽美。

叶存仁在一次离职时，僚属们为避人耳目，就在深更半夜用小船给他送了一批礼品。叶存仁既不想私藏暗吞，又不愿生推硬挡，就写下了一首诗，巧妙地加以拒绝："月明风清夜半时，扁舟相送故迟迟。感君情重还君赠，不畏人知畏己知。"

叶存仁此举成千古美谈。假如叶存仁收下礼物，其实并没有人知道，声誉也不会因此受损。可是他知道，收下这些礼物，会超出自己内心的底线，人生操守不会再圆满。

同朝代的张伯行说过："一丝一粒，我之名节；一厘一毫，民之脂膏；宽一分，我受赐不止一分；取一文，我为人不值一文。"拥有这种莫大的自制力、约束力，成为"天下清官第一"实至名归。

齐朝时，有个叫甄彬的人，家中贫困，常去市场里抵押物品以换得急用的钱财，等稍宽裕些再去把物品赎回。

有一次，他用一束苎麻到荆州长沙西库作为抵押换钱，后来赎回苎麻，在苎麻里发现用一条手巾包着的五两金子，甄彬把金子送还西库。

管理西库的人非常吃惊，说："早先有人用金子抵押换钱。当时仓促未能记录下这件事，你却能在见到后归还，恐怕是从古到今都没有这样的事。"于是用一半金子作为酬谢，两人往复推辞了十多次，甄彬坚决不肯接受。

管理西库的人赞叹地说："五月天气仍然穿着皮袄背柴草的人，竟然是拾金不昧的君子！"

后来，甄彬被任命为郫县县令，将要去上任之前，去向太祖皇帝辞行，同去辞行的有五人。太祖皇帝告诫一定要廉洁谨慎，唯独对甄彬说："你昔日有还金的美名，所以不再以此告诫你了。"

无论什么时候，自律心对自己和身边的人都产生巨大的约束力，甚至能够对天下人产生影响力。就如伯夷叔齐不食周粟饿死在首阳山上，在人们心中化为了忠诚的象征。

无论从文、从武，为官、为民，看古、论今，自律永远是值得称赞和奉行的美德，而自律之人也始终是美德的化身，行走在人间的天使，自律的魅力仿若君子之风吹开了人们心头的皱褶。

2. 坚守做人底线

凡是引诱所以能成为引诱，都因为他是抵抗力最低的路径，最能迎合人的惰性。

——朱光潜
（著名学者、美学家、文艺理论家，曾担任北京大学文学院院长）

虽然每个人都有独特的行事原则，但我们都应该有做人底线，知道自己该做什么，不该做什么。正如那句老话所说的："有所为，有所不为。"

春秋战国时期，鲁国有这样一条法律规定，即为了维护鲁国人的尊严，凡是到其他诸侯国旅行的鲁国人，若看到有鲁国籍人被卖为奴隶的，可以花钱将其赎回。回到鲁国后，所费金钱皆可到国库去"报销"。

据说，孔子的一位弟子在"国外"巡游时，恰巧遇到了一个鲁国籍的奴隶，于是便花钱将其赎出并带回鲁国。

孔子的这位学生为了显示他追求"崇高道德"的决心与真诚，事后未到国库报销，而由自己承担了赎买奴隶的一切费用，别人都说这个人品格高尚。

奇怪的是，孔子知道此事后非但没有任何赞扬的表示，反而严厉地训斥了他一顿，大骂这个学生，说这个学生做错了。别人奇怪，又赎了人，又不去报销，这不是好事吗？不是品格高尚吗？

当后来孔子被问及为何训斥学生时，据说孔子做了如下解释：花自己的钱去赎买奴隶，虽然为国家省了这些钱而显得道德很高尚，但是如果对这种"道德行为"大加鼓励和渲染的话，那么那些原本会用国家的钱赎回鲁国籍奴隶的人，就很可能会放弃赎买的机会，以避免和那些具有"高风亮节"的君子形成鲜明的对照，从而不去背"见利忘义"的恶名。结果，这种掏自己腰包为国家着想的"道德行为"，最终只能事与愿违，使更多的鲁国籍奴隶难以被赎回。

孔子的话有道理，他说的这种情况在现实生活中经常出现。本来是想做好事的人，却在无形中做了坏人。所以说，无论是好事还是坏事，做事都要有原则，有底线。做自己该做的，不做不该做的，不要把自己看做是"无私的大圣人"。

无论在什么样的社会，社会道德状况永远与每个人的生活息息相关。当人们都丧失了自己的做人底线，必然导致普遍性的道德缺失和秩序混乱，让人们的生活处在互相猜疑的阴影之中。这时，谁还能抱着事不关己的心态？谁还会认为保持做人底线只是个人的事？

一个技艺精湛的木匠，一直效忠于他的主人，主人对他也非常好。闲下来时，木匠经常对主人吐露心声，说一辈子都要报答主人，以报知遇之恩，而主人也被他诚恳的话打动了，对他更好了。

直到有一天，主人让木匠选用最好的木料，用来建造一座结实的木屋。不过，他并没有说明木屋的用途，只是再三叮嘱木匠一定细心一点，用点心。于是，木匠就暗自揣测，主人把木屋建在离村庄这么远的荒郊野外，木屋前还开垦了几十亩荒地，看来他不是要种瓜就是想种菜。所以，这根本就不需要那么结实的木料，只要能够支撑一阵子也就算万事大吉啦！就这样，木匠第一次认为揣摩到了主人的心思，就自己做主了。当时，他挑选了一些朽木和残椽搭建木屋。没过多久，木匠在主人要求的时间内按时交差。

看到成型的房屋，主人惊呆了，这才说出了建造木屋的原因，说是感激木匠多年来照顾他、陪伴他，并且如此忠心。于是，他要把这座木屋赏赐给他，把门前的荒地也随之赠予他，并要让他能够支撑门户，不再受穷。

听到这里，木匠感到十分羞愧。

为主人辛苦半生的木匠师傅，凭着他超常的手艺，给主人建造了无数结实的木屋，可到头来轮到给自己建屋之时，却恰巧搭建了一座次品木屋，如此行家里手之下的败笔之作却只得自己承受。

细细想来，人生亦如此。一生一世的辛勤劳作，没有安逸享受，看似烦琐平淡和波澜不惊却平实而圆润，如若我们有一次出轨抑或不经意的失误，都有可能导致终生的遗憾。我们应该保持做人的底线永远不能逾越，一定得守住心灵的洁净和情操的高尚，把自己的精湛和完美永远展示给别人……

现在，就让我们都从自身做起，坚守底线，坦荡做人，用心做事。只要在心底筑起道德的长城，笃信"有所为有所不为"，相信这个世界一定会更加有序，更加和谐美好。

3. 大丈夫有所为有所不为

我只说自己懂了的话。吃不透的话，不要围着乱嚷嚷，不要跟着瞎说，免得自己后悔。

——任继愈

（曾任北京大学教授，哲学家、宗教学家、历史学家，国家图书馆名誉馆长）

朱熹曾经说过："唯能不为，是以可以有为，无所不为者，安能有所为耶。"这句话告诉我们一个道理：干事业，应该有所为而有所不为，唯其如此，才能终有所为。

"大丈夫有所为，有所不为"这句话不仅蕴含着一种生活理念，也是一种生活态度与处世之道。

比如：三国时期的诸葛亮，非常感激刘备对他的知遇之恩，于是就辅佐刘备、刘禅父子二代。虽然他掌握着军政大权，但却没有过二心，"鞠躬尽瘁，死而后已"，就是形容他忠贞壮烈的一世；关羽千里送嫂，投宿在外，为了避免传出什么话，宁愿一个人在外面冒着大雪站一夜，也不进屋里暖和一下……

他们的行为都让人为之佩服。在佩服的同时，我们也不得不赞扬一下他们恪守着做人的底线，真正做到了大丈夫有所为，有所不为。

而在现实生活中，人们总会忽略了这个道理，有时为了一己私欲，甚至触及到道德底线。下面，我们来看一下这个故事，看它给我们什么启示：

在古罗马时期，一个寒冬的夜晚，阿拉伯人正坐在自己的帐篷中，外面是呼啸的寒风，里面则比较暖和。

过了一会儿，门帘被轻轻地撩起来了，原来是他的那头骆驼，它在外面朝帐篷里看了看。

阿拉伯人很和蔼地问它："你有什么事吗？"

骆驼眼泪汪汪地说："主人啊，外面太冷，我冻得受不了了。我想把头伸到帐篷里暖和暖和，可以吗？"

仁慈的阿拉伯人说："没问题。"

就这样，骆驼就把它的头伸到帐篷里来了。过了不久，骆驼又恳求道："能让我把脖子也伸进来吗？"

阿拉伯人没想太多，便又答应了它的请求。

就这样，骆驼把脖子也伸进了帐篷。很快它又说："这样站着很不舒服，其实我把前腿放到帐篷里来也就是占用一点地方，我也可以舒服一些。"

听到这句话，阿拉伯人说："说得也对，那你就把前腿也放进来吧。"于是，阿拉伯人挪动一下身子，为骆驼腾出了一点空间。

又过了一会儿，骆驼又摇晃着身体说："其实我这样站在帐篷门口，外面的寒风引进来，你也和我一起受冻，我看倒不如我整个儿站到里面来，我们都可以暖和了！"

可是帐篷实在是小得可怜，要容纳一人一骆驼是不可能的。

但是，主人非常善良，他说："虽然地方小了点，不过你可以整个站到里面来试试。"

不料骆驼进来的时候说："看样子这帐篷是容不下我们两个的，你身材比较小，最好站在外面去，那样这个帐篷我就住得下了，而且空间能被充分利用。"

接着，骆驼就开始挤主人，甚至把主人挤到了帐篷外面……

故事中的骆驼在主人的善良下，得寸进尺，竟然忘记主人的恩情，把主人挤在帐篷外。而主人呢？虽然他对骆驼发了善心，做到了"有所为"，但他却因为自己没有底线，一点点让自己处于帐篷外的寒冷之中，这就是没有做到"有所不为"！

做人不仅要"有所为"，还要"有所不为"，不能只做到前者，忘记后者，更不能做了后者，不做前者。要知道，如果一个人没有底线，最终倒霉的常常就是自己。

对于故事中的主人和骆驼如此，对我们来说也是如此。一个人，只有记住自己的底线，明白自己该做什么，不该做什么，可以试着做什么，不可以试着做什么，你就不会出现闪失，不会像善良的主人一样。

总之，我们做人要懂得明辨是非，时刻清楚自己该做什么、不该做什么，并懂得坚守"大丈夫有所为有所不为"的道德底线，才能做到问心无愧，才能在人生路上从容而行。

4. 该拒绝时要敢于说

因为我的理论有相当把握，不能不坚持，学术的尊严不能不维护，只得拒绝检讨。

——马寅初

（曾任北京大学校长，当代经济学家、教育学家、人口学家）

在飞速发展的社会中，各种新奇的事物不断涌入我们的生活，让我们眼花缭乱，欲拒无从。有些人在面对这些，毅然地选择拒绝，而有些人，却左右摇摆，不知道该如何选择。

拒绝？还是不拒绝？他们犹豫着，挣扎着，时不时地还影响自己的工作，甚至生活。其实，当有人向你提出于情理特别是于法规不合的要求时，你即使有"能力"也必须拒绝。

选择拒绝，我们便能清醒地保护自己，更理智地对待周围的事物；选择拒绝，坚持自己的原则和个性，才不会落入世俗的桎梏中。

杨震公正廉洁，不谋私利。他任荆州刺史时发现王密才华出众，便向朝廷举荐王密为昌邑县令。后来他调任东莱太守，途经王密任县令的昌邑（今山东金乡县境）时，王密亲赴郊外迎接恩师。

晚上，王密前去拜会杨震，俩人聊得非常高兴，不知不觉已是深夜。王密准备起身告辞，突然他从怀中捧出黄金，放在桌上，说道："恩师难得光临，我准备了一点小礼，以报栽培之恩。"

杨震看到这些金子，惊讶地说："以前正因为我了解你的真才实学，所以才举你为孝廉，希望你做一个廉洁奉公的好官。可你这样做，岂不是违背我的初衷和对你的厚望？你对我最好的回报是为国效力，而不是送给我个人什么东西。"

但是王密不识好歹，还坚持说："三更半夜，只有我知、你知。不会有人知道的，请收下吧！"

杨震立刻变得非常严肃，声色俱厉地说："你这是什么话，天知，地知，我知，你知！你怎么可以说，没有人知道呢？没有别人在，难道你我的良心就不在了吗？"

王密顿时满脸通红，赶紧像贼一样溜走了。

杨震就是一个有底线敢于拒绝的人，哪怕是到今天，故事里所蕴含的道理也是依旧适用的。人生中有许多缠绕你的问题、难题，有主有次，有轻有重，一个底线没守住，往往会产生连锁反应，致使你纵有再大本事，也难以施展开来。

学会拒绝、敢于说"不"，是对自我操守的坚持，是发自良心的一种自卫。

而东汉王莽就是没有守住底线，最后落了一个悲惨的下场。

王莽在年幼的时候，父兄早亡，王莽结交贤士，声名远播。做官后礼贤下士，清廉俭朴，他的儿子杀死家奴，王莽逼其儿子自杀，得到世人好评，可以说是深受爱戴，不论是在朝野还是在民间他都享有很高的声誉。

后来，王莽任大司马，兼管军事令及禁军，手握实权。只是，王莽最后却没有善终，死前还被割舌。

这是为什么呢？就是因为他没有守住自己的底线，在赞誉面前他变得飘飘然，陶醉在溜须拍马中，他开始不满足屈居人下，于是他通过篡位来获取更大利益。

但事实证明他错了，很快他就在农民起义面前败下阵来，死后还留下终身骂名。

王莽的例子告诉我们，不守住底线会给我们的人生带来很大的影响。一个人只有守住底线，在合乎底线的范围施展自己的计划、目标和行动，这样才能踏实，才能处于不败之地。

总之，每个人都应该有自己的原则和底线，对于与自己的原则和底线相悖的事，一定要学会拒绝。

5. 但求无愧于心

对于这样触犯商业诚信原则和我价值观底线的行为，任何的容忍姑息都是犯罪！客户第一的价值观意味着我宁愿没有增长，也决不能做损害客户利益的事，更不用提公然的欺骗。

——马云

（著名企业家，阿里巴巴集团创始人，曾于北京大学演讲）

人生短短几十年，说长不长，说短不短，只到老了时才发觉竟是一晃即过。因此，我们应该努力唱好人生的这台戏，守好自己做人的底线，让自己无愧于心。

很久以前，有一位武术大师隐居于山林中，人们千里迢迢来跟他学武。

人们到达深山的时候，发现大师正从山谷里挑水。他挑得不多，两只木桶里的水都没有装满。

人们不解地问："大师，这是什么道理？"

大师说："挑水之道并不在于挑多，而在于挑得够用。一味贪多，适得其反。"

众人越发不解。

大师笑道："你们看这个桶。"

众人看去，桶里画了一条线。大师说："这条线是底线，水绝对不能超过这条线，超过这条线就超过了自己的能力和需要。开始还需要画一条线，挑的次数多了以后就不用看那条线了，凭感觉就知道是多是少。这条线可以提醒我们，凡事要尽力而为，也要量力而行。"

众人又问："那么底线应该定多低呢？"

大师说："一般来说，低一些为好，因为低的目标容易实现，人的勇气不容易受到挫伤，相反会培养起更大的兴趣和热情。长此以往，循序渐进，自然会挑得更多、挑得更稳。"

中国有句古语："良心是做人的底线，良知是读书人的底线。"说起底线，人们往往联想到的是篮球场、足球场上画出的出界标志的端线，这既是一种范围的界定，也是制约运动员行动的界限。

同样道理，做人也和那颗球一样，有着自己的规矩，有着自己的原则，一旦你越过了这条线，那么带给你的就不仅仅是出界这样简单了。

古语说："神目有电，暗室亏心。""举头三尺有神明。"都是在提醒我们恪守自己的底线，不要轻易去违背。

那么，我们该如何做呢？

首先是用道德标准约束自己。道德，是人们在社会生活中普遍认同的具有利他性质的行为准则。现如今，在市场经济的大潮中，尽管人们的价值观已经随着时代发展产生了很大的变化，但无论什么时候、什么情况下，一些最基本的道德准则和社会要求都不能变、不能丢。所以，坚持做人底线，最基本的要求就是要以普遍的社会道德标准来严格要求自己。损害他人利益、集体利益、社会利益的事坚决不能做。

其次是树立人生目标，每个人都有不同的人生，每个人的追求也不尽相同。那么，我们需要建立什么样的人生目标呢？答案可能会有多种多样，但一个基本的核心是不变的，即个人行为要符合社会和大众的利益的需要。

一个人的人生价值和他所处社会的价值是相辅相成、互为辩证的统一体。所以，我们要树立符合社会需求的目标，并坚守自己的目标，这样才能在面对选择时不发生动摇，能做出正确的选择。

只有做到以上这些，我们才能无愧于心，一生坦荡荡。

6. 适应生活，但不迁就生活

编辑，不能轻视读者，不必逢迎读者，他却不妨由"迁就"读者而逐渐提高读者。

——朱光潜

（著名学者、美学家、文艺理论家，曾担任北京大学文学院院长）

在我们周围，总有些自认怀才不遇的人抱怨生活，认为生活没有为他们提供展示才华的机会，不能实现自己的梦想，最终适应了简单而没有风险的生活。其实，他们之所以这样，是因为没有意识到：打破目前的生活去追求梦想肯定会有风险，但迁就生活也许才是最大的风险。

宋玉是楚国伟大诗人屈原的学生。有一天，楚襄王问宋玉："现在不少人对你有意见，你是不是有什么不对的地方？"

宋玉回答说："有位歌唱家在我们都城的广场上演唱，唱《下里》、《巴人》这些通俗歌曲时，有几千听众跟着唱起来；当他唱起《阳河》时，跟着他唱的也有几百人，而当他唱《阳春》、《白雪》这类高深歌曲时，能跟着唱的只有几十人；等他唱起那些悠扬婉转、曲调十分困难的歌曲时，能跟着唱的只有几个人了。"

从这里可以看出，曲调越是高深，能跟着一起唱的人就越少。所以，我们要随着周围的环境来发挥自己的专长，这样才能适应周围的环境，得到大家的呼应。

"适应"生活，正是要求我们顺从生活环境。现实的环境在某种程度上来说是难以改变的，我们必须学会适应，才能够拥有生活。

如果我们一味地"适应"生活，就变成了"迁就"生活。一旦我们"迁就"了生活，就开始害怕改变、害怕挑战，不敢触摸真实的自我，不敢发挥自己的长处去追求自己的梦想，但只有在"适应"的基础上努力去改变，我们才能够摆脱现有的不利生活环境，在新的环境中有所作为。

国学大师季羡林说："在我们的一生中，我们会经常不断地遇到必须'适应'的事务，'适应'成功，我们就有了'进步'。简洁地说：我们须'适应'，但不能'迁就'。"

所以，我们应该学会正确地看待社会上的不合理现象。要知道，社会从来都不是理想的，昨天不理想，今天不理想，明天也不会是理想的。当面对社会上的很多不合理现象，我们确实应该保持自己的正义感。这是年轻人心中非常可贵的东西，但是还要知道，要改变这些现象不能仅仅凭血气之勇，不能仅仅凭意气用事。它需要一种能力，更需要一种资格。

只有当你凭着自己的能力使社会赋予你一种资格的时候，也就是说，当你有了一定的实力的时候，你才真正能够为社会做些事情。

我们生活的周遭环境在不断地发生着各种各样的变化，如果我们不能适应，那么我们就无法很好地融入生活。长久下去，我们就会故步自封，生活质量也会因此而下降。

此时，我们应该明白："适应"生活是享受生活的第一步，只要"成功"了，我们的生活就有了进步。因此，我们不应该"迁就"生活，在五光十色的生活中沉沦；而应该坚持原则，有选择性地"适应"生活，从而努力创造属于自己的生活。

7. 人以机变，我以诚信

人以机变，我以诚信。

——季羡林
（曾任北京大学教授，历史学家、思想家、作家）

在你的生命中，什么是最重要的？什么是最珍贵的？如果给你机会拥有你生命中最想要的东西，你会想拥有什么呢？也许会写下：健康、金钱、荣誉、才华、美貌和诚信，但如果你必须舍弃一个的话，你会选择什么呢？我想大多数人不会选择诚信，因为在他们看来，诚信是最没有作用的。

可试想一下，如果没有了诚信，你还能长久地拥有金钱和荣誉吗？回答当然是否定的，它们也会迅速地离你而去，留给你的就只有健康、才华和美貌的人生。可拥有这些，生活还是完整的吗？

古语道："诚则信矣，信则诚矣。"守信的基本要求：言而有信，恪守信约，说到做到，履行诺言。诚信作为一种人品修养，不但可以使自己获益，还可以影响和帮助他人。

又到了一年的秋季，这也是一个新学期开始的季节，北京大学又迎来了一批新学生。北大校园里满满地都是背着大包小包沉重的行李的外地学生。

有一个学生因为实在是太疲惫了，就把东西都放在了路边。这时，一个穿着洗得发白衬衫的老人迎面走来，他身形枯瘦、须发斑白。

年轻学生看见了这位老人，就走过去对他说："麻烦您一下，能不能帮我看一下包裹呢？"老人极其爽快地答应了。那名新生没有了这些"负担"，就轻装简从地去办理各种开学手续了。大概过了一个多小时，那名老人还在尽职尽责地帮他看着行李。

年轻学子回来后，谢过老人，两人就告别了，各自离开。几天后，学校举行了开学典礼，令这位学子惊讶的是，他居然在主席台上看见了那天替自己看行李的老人，他居然就是北大副校长季羡林先生。

季羡林先生常说的一句话就是，人以机变，我以诚信。诚信乃安身立命不可或缺的德行。的确，诚信是人类社会合作的基础，是人类文明赖以生存的基石，更是一个人安身立命的根本。

有一段话这样说道：政无信不威，人无信不立，商无信不富。它的意思是说，政府如果不讲信用，则人民就不会信服它；做人如果不讲信用，则很难在社会立足；生意场上如果不讲信用，则不可能获得效益，积累财富。

社会上各行各业、方方面面都有着各自的诚信规则，只有保持诚信，才能够立足。而那些不讲诚信、言而无信的人，可能暂时用花言巧语和坑蒙拐骗的手段得到好处，可真的假不了，假的真不了，"纸终归包不住火"，一旦真相大白，以前所得到的好处便都会离去，人们也不会再信任他了。

北宋词人晏殊，素以诚实著称。

在他十四岁时，有人把他作为神童举荐给皇帝。皇帝召见了他，并要他与一千多名进士同时参加考试。结果晏殊发现考试是自己十天前刚练习过的，就如实向真宗报告，并请求改换其他题目。宋真宗非常赞赏晏殊的诚实品质，便赐给他"同进士出身"。

晏殊当职时，正值天下太平。于是，京城的大小官员便经常到郊外游玩或在城内的酒楼茶馆举行各种宴会。晏殊家贫，无钱出去吃喝玩乐，只好在家里和兄弟们读写文章。有一天，真宗提升晏殊为辅佐太子读书的东宫官。大臣们惊讶异常，不明白真宗为何做出这样的决定。真宗说："近来群臣经常游玩饮宴，只有晏殊闭门读书，如此自重谨慎，正是东宫官合适的人选。"

晏殊谢恩后说："我其实也是个喜欢游玩饮宴的人，只是家贫而已。若我有钱，也早就参与宴游了。"

这两件事，使晏殊在群臣面前树立起了信誉，而宋真宗也更加信任他了。

一个人的一生，碰上一两次幸运是可能的，但不可能永远幸运。要想成功，就一定要付出永恒的"勤"和"诚"，对人要诚恳，对别人要讲信用，只有如此幸运才会常伴你左右。

孔子说过：人而无信，不知其可也。孟子也用"仁、义、礼、智、信"概括出人与人之间的基本道德规范，他把诚信称为做人的底蕴，是一种人品修养。有了诚信，你才能做事顺顺当当，做人大大方方，做官坦坦荡荡。

人际交往中最重要的砝码就是以诚相待。以诚相待，才能赢得良好的声誉，有了良好的声誉才可以将潜在的矛盾化解在无形之中，从而赢得别人的信任。

8. 君子爱财，取之有道

财富和荣誉其实是道美丽的风景，只能欣赏。只要出于面子做的事，几乎都会失败。

——俞敏洪
(北京大学毕业生，新东方教育科技集团董事长兼总裁)

提到金钱，有人会说金钱是人类最伟大的发明！它可以衡量大部分具体事物的价值，为人类的文明作出重大的贡献，使人类从以物换物的营商手法进步到现代的社会中有股票、地产、金融等的公开交易平台……

虽然金钱对人类有很大的功用，但也制造出一连串的问题。比如：有人认为"有钱能使鬼推磨""金钱是万能的，没有买不到的东西！""世界上的一切都可以被明码标价"……

于是，一些人就想尽各种办法去获取金钱。其实，人爱钱是没有错，但要懂得"君子爱财，取之有道"的道理，如果用卑鄙的手段去获得，为了钱不择手段，那只会得不偿失。

大家都知道清朝的大贪官和珅，那么，他一开始就是贪财之人吗？他又是如何一步步走上万劫不复之路？

和珅小时候家里很穷，日子过得很清苦。三岁时，母亲因难产去世，后来父亲病重，在他九岁时死去。后来，和珅靠父亲的偏房和家丁养育着他。

他自幼勤奋好学，终于考上了咸安官官学，凭借着自己的聪颖和才学，从此，踏上了仕途。

最初，和珅为官时一心报效国家，更在二十六岁时就任管库大臣，管理布库，他从这份工作中学习到如何理财，他勤朴地管理布库，令布的存量大增，他凭借这些才干，得到乾隆的赏识。

乾隆四十五年正月，和珅查办李侍尧贪污案，后被提升为户部尚书。李侍尧案审结后，李侍尧被判斩监候，李侍尧和他的党羽一大份财产被和珅私吞，加上乾隆的赏赐，和珅终于初尝掌握大权大财的滋味。

四月，和珅长子丰绅殷德，被乾隆指为十公主额驸，领受乾隆赏赐黄金、古董等，百官争相巴结。和珅起初不受贿赂，但日子一长，和珅开始贪污，他广结党羽，形成一股大势力。

从此，权力在手，钱财诱惑。和珅走上了贪污的黑暗之路，再也没有回头。

金钱已经完全控制了和珅，它将和珅变为自己的奴隶，看他为了自己"赴汤蹈火，如痴如醉"。但金钱是没有感情的，和珅对它百般呵护和崇拜，也没有"获其芳心"。而在他最得意的时候，把他推向了深渊。

金钱变成了三尺白绫，缠绕在和珅的脖子上，把他带向了地狱。

贪婪和卑鄙的取财之道使和珅走向了自取灭亡的下场。金钱本无好坏之分，但取了不义之财，为富不仁，只会让人唾弃，甚至会给自己带来灾难。

9. 投机取巧是破坏人际关系的毒瘤

我们活着要有价值，不要投机，投机是为了升官发财，我们要有点儿抵抗力，不要跟着一道跑。

——陈翰笙

（曾任北京大学教授，经济学家、社会学家、历史学家）

一个人在为人处世上，要心平气和，平易近人，要公正刚直，豁达磊落，切勿投机取巧，虚伪狡诈。投机取巧的意思是指利用时机，用狡猾的手段钻空子，占他人的便宜，谋取个人私利，也指不愿下苦功夫，凭小聪明侥幸取得成功。

而在现实生活中，这样的人不在少数，他们常常投机取巧，企图不劳而获。他们总想希望凭借偶然的机会让自己获得成功。

可事实上，"投机取巧"的做法是千夫所指的，是破坏人际关系的毒瘤。然而，有些人常常会受贪婪的心理驱使犯下这个大忌。比如，有些人利用朋友关系牟取不正当利益，有些人利用熟人关系进行暗箱操作，有些人还利用小手段来获取上司的青睐。

从古至今，不齿于投机取巧的也大有人在，脚踏实地是他们做人处事的基本原则。

三国时期吴国有位名士叫卓恕，他是浙江上虞人，为人脚踏实地，重信誉。他答应别人今天办的事，决不会拖到明天。他与人约会，纵使遇到暴风骤雨，也不失约，因此，受到人们的普遍尊敬。

有一回，他要从建业回老家上虞，特向好友诸葛恪辞行。好友问他："何时能回来？"他回答说将于某日回来，那时再到府上看望诸葛恪。

到了归期那天，诸葛恪准备了酒宴，邀请了许多客人，打算与卓恕畅饮一番。当酒宴都备好了，客人们都到齐的时候，还没有看到卓恕的身影。

客人们不免议论纷纷："两地相隔千里，路途有江湖阻隔，影响行程的因素很多，很难准时回来。"正在大家猜测期间，卓恕风尘仆仆地骑马赶来，诸葛恪高兴地出门迎接。客人们对卓恕的守约精神发出由衷的赞叹。

卓恕千里如期赴约，反映了他与朋友交往不投机取巧，并且对自己的承诺高度负责。试想，如果他失信于人，那他在朋友的眼中会是什么样的人？结果可想而知。

有个比方说得非常好，在人生的道路上有很多开关，轻轻一按，就会把人带入黑暗或者光明两种截然不同的境界里。因此，一定要把握好人生的开关，在利益面前一定要禁得住诱惑，千万不要想着不劳而获。假如总是抱着投机取巧的心态，不仅会破坏人际关系，还会让人生一无所有。

宋朝王谠在《唐语林》中记载了一个故事：

有个叫崔枢的人去汴梁考进士，同南方一个商人住在一起达半年之久，两人成了好朋友。后来，这位商人得了重病，临终的时候对崔枢说："我的病恐怕是治不好了，按我们家乡的风俗，人死了要土葬，希望你能帮我这个忙。"

崔枢答应了他的请求。

商人接着说："我有一颗价值万贯的珠宝，愿奉送给你。"

崔枢怀着好奇的心理接受了宝珠，但是事后一想，觉得很不妥，怎么能够接受朋友这么贵重的物品呢？商人死后，在土葬他时，崔枢就把宝珠一同放入棺材，葬进坟墓中去了。

一年后，商人的妻子从南方千里迢迢来寻找亡夫，同时追查宝珠下落。官府派人逮捕了崔枢。崔枢说："如果墓没有被盗的话，宝珠一定还在棺材里。"

于是，官府派人挖墓开棺，果然宝珠还在棺材里。

诚实的崔枢，在与朋友之间物质上的往来，不投机取巧，用自己的良心做判断，为自己免去了不必要的牢狱之灾。

无独有偶，北宋的范仲淹因主张改革，惹怒了朝廷，被贬去颍州。

当范仲淹卷起铺盖离京时，一些平日与他过从甚密的官员，生怕被说成是朋党，纷纷避而远之。有个叫王质的官员则不然，他正生病在家，闻讯后，立即抱病前去，大摇大摆地将范仲淹一直送到城门外。

在一人犯罪株连九族的封建社会里，王质能做到不计个人利害得失，真诚待友，和那些见利忘义之徒相比较，实在是难能可贵。对范仲淹来说，谁是真朋友光明磊落，谁是假朋友投机取巧，也就一清二楚了。

当一个人与他人交往时，不能有丝毫投机取巧的心态。必须在任何时候都光明磊落做人，堂堂正正处事，坦坦荡荡交友。如果我们想获得真正的成功，那么就要建立广泛的人际关系，而要拥有良好的人际关系，那么就必须切除心中投机取巧的毒瘤。让自己一步一个脚印，脚踏实地地走向成功的道路。

第十五课

慎言笃行，言词不过枝叶，实干才能结出果实

古人云："不积小流，无以成江海，不积跬步，无以至千里。"说的就是要想成就大事，必须从小事做起的道理。其实，所有的点滴小事都是成功的重要积淀，讲再多华丽的誓言，都不及脚踏实地做好每一步来得紧要。

1. 不驰于空想，不骛于虚声

凡事都要脚踏实地去做，不驰于空想，不骛于虚声，而唯以求真的态度做踏实的工作。以此态度求学，则真理可明。以此态度做事，则功业可就。

——李大钊

（共产主义先驱，中国共产党主要创始人之一，曾任北大经济学教授）

不论是什么事情，只要不空想，有勇气开始去做，不论多难的事情，只要脚踏实地，一步一个脚印，终会成大事。俗话说"千里之行，始于足下"，路是人一步一步地走出来的，只有实干的人才能成就大事。如果静不下心来，只沉迷于空想和假象中，那任何问题都不能被解决，最终会弄得一事无成。

据史书记载，楚霸王项羽年少时对待学习用心不一，学书识字不多久就没兴趣了，想去学剑术，练剑时间不长又腻了，又欲学兵法。

其叔父项梁对此大动肝火，但项羽却是"壮志凌云"，回答起来振振有词："学书识字，能认会写自己的名字就足够了；剑术学得再精，也不过是学了'一人敌'的本事，微不足道；要学就学'万人敌'的本领。"

这番话打动了项梁，于是便又开始向他传授起兵法。起初，项羽还学得挺有兴致，孰料时间一长，又故态复萌，依然浅尝辄止。结果没有一样能够坚持到底。

项羽少年时代养成的坏毛病给他日后的"霸王事业"埋下了深深的隐患。他在楚汉战争中最终败北，与他性情浮躁、缺乏恒心，常常驰于空想有很大的关系。

俗话说得好："100次心动不如一次行动！"因为行动是敢于改变一个人、拯救一个人的标志，是一个人能力有多大的证明。光会说、光心想，都是虚的，对事业的成功是没有一点好处。

古时候，四川境内有两个和尚，一个穷和尚和一个富和尚。

有一天，穷和尚对富和尚说："我打算到南海拜佛去，你看怎么样？"

富和尚说："您凭借着什么去南海呢？"

穷和尚说："我只需要一个盛水的水瓶、一个盛饭的饭碗就足够了。"

富和尚说："我几年来一直想要雇船，沿着长江顺流而下去南海，尚且没有成功。你恐怕不行！"

到了第二年，穷和尚从南海回来了。把到过南海的这件事告诉富和尚，富和尚的脸上露出了惭愧的神情。

四川距离南海，有好几千里路程，富和尚不能到达，可是穷和尚到达了。一个立志求学的人，难道还不如四川边境的那个穷和尚吗？因此，自己依靠着聪明与敏捷而不努力学习的人，是自己毁了自己；不受自己的愚笨平庸所局限而努力不倦地学习的人，是可以靠自己努力学成功的。

许多人做事都有一种习惯，习惯于准备到"万无一失"时，才开始行动。实际上这是"惰性"在作怪，所谓的周密计划只不过是一个不想行动的借口而已。

2. 与其在等待中枯萎，不如在行动中绽放

有人天资颇高而成就则平凡，他们好比有大本钱而没有做出大主意，也有些人天资并不特异而成就则斐然可观，他们好比拿小本钱而做大生意。这中间的差别就在努力与不努力了。

——朱光潜

（著名学者、美学家、文艺理论家，曾担任北京大学文学院院长）

如果认真观察的话，不难发现，在我们周围不乏这样的人，他们才华出众，志向高远，却一直在某个普通的岗位上郁郁不得志。究竟是什么阻挡了这些"金子"散发自己的光彩？

是等待！

一些人认为，成功是需要条件的，比如天时、地利、人和，等等。的确！成功需要一定的条件，但关键还在于人的行动。

回顾人类历史，人类生产方式从原始的采集一直发展到如今的数字化生产，其中经历的进步与成功难以尽数。如果事事都需要条件完备再行动，那么处在原始社会的祖先只能停在那个时代"茹毛饮血"了。所以，成功在很多时候并不需要多少条件，需要的是我们能够及时地展开行动。

在很久之前，有一个庄园主很有钱，他拥有着大量的土地，在他儿子16岁的时候，他去世了，管理家产、经营家产的重担就落在了少年的肩上。

那时的农业极为落后，广阔的田地还没有圈起来，连一条像样的路也没有，更不用说有什么桥了。那些买卖牲口的商人要到南边去，只得和他们的牲口一起游过河。更甚者，农夫不知道如何灌溉和开垦土地。

少年意识到，要想生活有所改变，就得先改变生活了多年的环境。他决心要为村子修建一条方便快捷的道路。他把这个想法告诉了那些老者，当老者们知道了这个年轻人的想法后，都嘲笑他异想天开，不知道天高地厚。尽管如此，少年也没有因为别人的意见而放弃。

他召集了大约2000名的劳工，在一个夏日的清晨，他和劳工们一起出发，以自己的实际行动鼓舞着大家。经过了长达2年的艰苦劳动，以前一条仅仅只有6英里长的充满危险的小道变成了连马车都能顺利通行的大路。

村子里的人看着眼前的大路，不得不为自己的无知而羞愧，也为年轻人的毅力和能力所折服。少年没有就此停止自己的行动，后来他修建了更多的道路，还建起了厂房，修起了桥梁，把荒地圈起来加以改良、耕种。他还引进了改良耕种的技术，实行轮作制，鼓励开办实业。

大家都很奇怪这个年轻人永远有着别人想不到的主意。过了几年，在少年的带领下，这个曾经一度很贫穷的小村庄里的人们都过上了富裕的生活。

从这个故事我们看到，那些越是成就伟大事业的人，反而越是"没有条件"的人。成功需要条件吗？实际上，条件于成功来说只是个充分条件而不是必要条件。弱者等待条件，强者创造条件。离开了主观努力，再好的天时、地利、人和也只能形同虚设。没有行动，再多的准备都只能是原地踏步。同样，不仅对于成功，当我们遇到困难的时候也应抱有如此的心态。再困难的处境，也不可能没有一线希望。所以，寻找机会，努力积累并耐心等待着，你终有脱困而出的机会。

过分依赖于客观条件，反而会阻碍人的成功。只有及时地行动和不懈地努力才是永恒不变的成功之道。行动起来，你会将坏事变为好事，将泥泞铺成坦途。

在这个世界上，每个人都会有自己的理想和目标。但是我们很多人都只是想一想，并没有付诸行动，那么一切都无法实现，没有任何意义。可是，一个人的一生中，行动决定一切，行动高于一切。

通常来说，一个人即使有了创造力，有了智慧和才华，拥有了财富和人脉，并且有详细的计划，如果不懂得去使用这些资源，不愿意或者不敢采取行动，那么这一切都只能说是对这一潜能的最大浪费。

所以说，我们应该主动寻找机遇，创造成功的条件，而不是等待机遇，等待他人为自己安排好一切。要知道，成功是等不来的，即使它近在眼前，也需要我们伸手去抓住它。

3. 没有恒心，什么事都做不好

做一件事，无论大小，倘无恒心，是很不好的。

——鲁迅

（曾任北京大学讲师，无产阶级文学家、思想家、革命家）

所谓"锲而舍之，朽木不折；锲而不舍，金石可镂"，意思是说，如果不懂得坚持，没恒心，那腐朽的木头都不轻易被折断；如果懂得坚持，有恒心，那就算是金属、玉石也可以雕出花饰。可见，恒心的重要性！

纵观古今，那些取得巨大成功的人，哪一个不是来自千辛万苦、持之以恒的努力？

晋代的祖逖就是个有恒心的人。

青年时代祖逖就表现出坦荡的胸怀和远大抱负。在他和幼时的好友刘琨一起担任司州主簿期间。俩人常常形影不离，同床而卧，同被而眠，希望共同建功立业，复兴晋国。

一天，半夜里公鸡的鸣叫声把祖逖从睡梦中惊醒，他想到自己学艺尚未成功，就把刘琨叫醒，对他说："别人都认为半夜听见鸡叫不吉利，可是我不这样想，这鸡叫声是在催促咱们起床练剑啊！"

刘琨欣然同意。

于是他们每天鸡叫后就起床练剑，天亮后学习文章兵法。功夫不负有心人，经过长期的刻苦学习和训练，他们终于成为能文能武的将才，既能写得一手好文章，又能领兵打胜仗。后来祖逖被封为镇西将军，实现了他报效国家的愿望；刘琨做了都督，兼管并、冀、幽三州的军事，也充分发挥了他的文才武略。

祖逖"闻鸡起舞"的故事激励了一代又一代有志青年奋发自励，终成人才。无论做什么事情都要有恒心，要有不达目的不罢休的气势，这样成功才会离我们越来越近。

相反，如果稍有困难就改航向，或是在做小事的时候，重视度不够，往往抱着"三天打鱼，两天晒网"的态度去做，那就不会成功。

战国时期，燕国有个叫乐羊子的人，他一心想立志求学。一天，他终于下定决心告别妻小去外地求学。临行时，他信誓旦旦地对妻子说："你等着吧，我一定会衣锦还乡的。"

然而，长时间在外求学的乐羊子，难以忍受学习的艰辛与清苦，熬了一年后，便决定弃学返乡。当乐羊子回到家时，妻子正在织布。看到久别的丈夫归来，妻子惊喜之情跃然于脸上。不过，很快诧异就取代了惊喜。当她看到乐羊子带回来求学用的行装，脸上的笑容瞬间凝固了，她似乎猜到了什么。妻子什么话也没说，拿出一把剪刀，快速来到织布机旁。只听"咔嚓"一声，织布机上的匹布哗啦一下子碎成了两段掉到地上。

乐羊子立刻大声叫道："真是太可惜了！多么精美的花布啊，只差一点就要完工了，真是功亏一篑啊！"

妻子郑重地说道："布确实快要织好了，但现在把它剪断了，便成了一块废布。"

乐羊子看着妻子，难过地低下了头。

妻子语重心长地说："这和你求学的道理一样，只有付出艰苦的努力，坚持到底，才能成为一个有用的人；但若坚持不下来，放弃攻读，就会前功尽弃，如同这块废布一样，成为一个毫无用处的人。"

乐羊子低头不语，感到万分羞愧。经过一番认真思考，他决定再次打起行装，回到原来的书塾去继续求学。

深懂事理的妻子在教育乐羊子的同时，也告诉人们一个深刻的道理：做事情切忌半途而废，一个人想做成大事，一定要有恒心。

伏尔泰曾经说过："要在这个世界上获得成功，就必须坚持到底，剑至死都不能离手。"是的，如果一个人想要取得一番成就，那么就必须有恒心，持之以恒，不能半途而废。

唐代大诗人李白小时候聪明伶俐，悟性很高。然而，他却十分贪玩，常常逃学。

一次，李白像平时一样，逃学后到处瞎逛，不知不觉来到了城外。暖洋洋的阳光照在他的身上，树上的小鸟飞来飞去，路边的花草随风摇摆。李白为眼前的美景陶醉，感慨万千地说："如果每天待在学校里读书，岂不白白浪费了这良辰美景？"

城外的小溪边，波光粼粼的溪水清澈见底，几条小鱼在水中自由自在地游来游去。他望着那些小鱼自言自语地说："假如我是一条小鱼该多好啊，那样的话，我就可以自由自在地玩耍了。"

就在李白站在溪边出神的时候，一阵磨铁的"嚯嚯"声传进他的耳朵。他抬头一看，只见一位头发斑白的老婆婆，正在溪边的石头上磨一根棍子般粗的铁杵。

李白感到十分惊奇，就走过去问老婆婆："你这是在做什么呢？"

老婆婆抬起头来看了看眼前这张幼稚的小脸，笑着回答："我要把这根铁杵磨成一根绣花针啊。"

"磨成绣花针？"李白听了更加惊讶，还以为自己听错了。于是，又追问了一遍："是缝衣服用的绣花针吗？"

老婆婆头也没抬地回答他说："是啊！"

"可……可是，这么粗的铁杵，怎么可能磨成细细的绣花针呢？"李白被惊得结结巴巴地说。

老婆婆停下手中的活，抬起头来认真地说："你没有听说过水滴石穿、绳锯木断的故事吗？古人能做的事，我也一定能做到！"

老婆婆的话让李白陷入沉思，他惭愧地低下了头。

老婆婆轻轻拍了拍他的脑袋，语重心长地说道："孩子记着，只要功夫深，铁杵也能磨成针啊！"说完，便继续磨开了。

李白回去的时候，老婆婆那用力磨杵的身影深深地刻在他的脑海里。自那以后，他每天都特别认真地学习，再也没逃过学。

一个人不管是做小事，还是做大事，遇到一些困难总是在所难免的。如果一遇到困难就放弃，那么，无论是大事还是小事，他永远也不可能做成功。

因此，面对将要做的任何事情，每个人都应该有"只要功夫深，铁杵也能磨成针"的信念和精神，都要有坚持到底的毅力与恒心。只有这样的话，才能披荆斩棘，一路凯歌地前进，才能到达成功的彼岸。

4. 做大事请先从小事做起

巨大的建筑，总是一木一石叠起来的，我们何妨做这一木一石呢？我时常做些零碎事，就是为此。

——鲁迅

（曾任北京大学讲师，无产阶级文学家、思想家、革命家）

古人云："不积小流，无以成江海，不积跬步，无以至千里。"意思是说，要想成就大事，必须从小事做起。其实，所有的点滴小事都是成功的重要积淀。

清末重臣曾国藩曾在家书里这样写道："书、蔬、鱼、猪，早、扫、考、宝。"这句话的意思是：书，就是要勤读书。蔬，就是要种菜。鱼，就是要养鱼，湖南是水乡，有很多鱼塘。猪，就是家里要养猪。早，就是早晨要早起，不要睡懒觉。扫，就是扫地，扫屋子，一屋不扫何以扫天下？所以曾家子弟，任你多金贵，都要亲自打扫卫生。考，是祭祀祖先，心怀敬意。宝，就是不仅要和家里人和睦相处，还要和邻居、族人、乡邻能和睦相处，人爱人，才是无价宝。这八个字，曾国藩要求曾家每一个子弟，都要身体力行，坚持不辍。这实际上是在教育曾家子弟从做小事情上训练自己，只有常常训练这些小事情，把小事情做好，才能在任何领域，把大事情做好。

俗话说得好："积小善终成大德，积小成终成大功。"但在现实生活中，有很多人满怀壮志，却不屑从身边的小事认真做起，他们实际上没有弄明白，任何伟大的事业都是由小事组成的，都是从许多人不留意的身边事做起的，经验和教训也由此慢慢地积累起来。

东汉时有一位叫陈蕃的少年，他自命不凡，心里总是想干一番大事业。

一天，父亲的朋友薛勤来访，看到他独居的院子龌龊不堪，便对他说："孺子何不洒扫以待宾客？"

陈蕃回答说："大丈夫处世，当扫天下，安事一屋？"

薛勤当即针锋相对反问他："一屋不扫，何以扫天下？"说得陈蕃哑口无言。

陈蕃之所以不屑于扫一屋，无非是想显示自己胸怀大志，欲"扫天下"。这种精神诚然可贵，但是，殊不知，他没有意识到"扫一屋"是"扫天下"的人生创业前提。凡事总是由小至大，日积月累，集腋成裘的，任何事都有它的初始环节和基础步骤的，因此，要"扫天下"，成就一番事业，必须从"扫一屋"做起，从身边的小事做起。

假如一个人片面地认为只有宏图大业才算是真正的大事，而对那些鸡毛蒜皮的事情根本不进行关注，那么，很可能会被小事弄得焦头烂额。一个人要想在残酷的社会竞争中立于不败之地，就必须始终警惕那些容易招致失败的小事。

有两个以拾破烂为生的亲兄弟，整天盼着能够发财。一天，财神决定帮他们一次，让他们发一次财。那天，兄弟俩早早起来，拿着布袋照常出去拾破烂，但是那天，连平日里最小的破烂都没有，整条街好像被大扫除过一样，只剩下财神零星撒下的一寸长的小铁钉。

哥哥看到铁钉就一个一个捡拾起来。弟弟却对哥哥的行为不屑一顾，说道："一两个铁钉值几个钱？"当老大捡了一袋子铁钉的时候。老二有点儿后悔了，也打算回头去捡，但是一颗钉子也没有找到，因为都被老大捡走了。老二心想：反正老大那袋铁钉也值不了几个钱，心里安慰着自己，继续向前走。

没过多长时间，兄弟俩人几乎同时看到了一家收购店，店门口挂着一个牌子，上面写着："本店急收一寸长的铁钉，一元一枚。"老大换回了一大笔钱，老二后悔不迭，捶胸顿足。

因为对待小事的态度不同，同样的经历，却造成了不同的结果。其实，任何伟大的事业都是离不开细节积累的。只是有的人肯从小事做起，有的人却对小事不屑一顾罢了。

可是，如果连小事都做不好，又怎么能做好大事。俗话说"一口吃不了一个胖子"，诚然，饭要一口一口吃，事情要一件一件地做，路要一步一步地走。纵观众多成功人士，他们的成功哪一个不是从做好小事开始的？没有小事的积累，哪来大事的成功；没有做小事的经验，又怎么能做得好大事？

古时候，师傅带着徒弟远行，途中发现了一块马蹄铁，师傅让徒弟捡起来，徒弟懒得弯腰，假装没听见。师傅看在眼里，嘴上什么也没说，而是自己弯腰捡起了马蹄铁。路过一个村镇的时候，师傅用它从铁匠那里换了三文钱，买了二十颗樱桃藏在了袖中。

二人继续前行，经过的是茫茫戈壁荒野。师傅断定徒弟已经非常口渴了，于是悄悄地掉出一颗樱桃，徒弟看见地上有樱桃，赶紧跑过去捡起来吃掉。师傅一边走一边丢樱桃，每次只丢一颗，徒弟狼狈地弯了二十次腰。

于是，师傅笑着对他说："要是你之前弯一次腰，这回就不会弯二十次腰了。小事不做，将来就会在更小的事情上不断操劳。"

的确，多数人的成功，并不是因为运气或者自身条件好成就了事业，而是因为他们能够注意去做容易被常人忽略的小事。那些总想着做一两件轰轰烈烈的"大事情"，让自己一下子就取得成功的人，常常不愿意做小事甚至对小事不屑一顾，也就不可能做出一番大事情来。

实际上，无论是小事大事，在刚开始时都不好做，都没有可循的模式，但小事相对容易些，小事做多了，量变到质变，大事情也就做成了。

总之，我们所从事的事业，是由千千万万的"小事情"组成的，没有"小事做好，大事做实"的态度，就只能是空谈。所以，做大事请先从小事做起，只有做好每一件小事，才能成就大事。

5. 行动决定人生价值

此身应该做而且能够做的事，就得由此身担当起，不推诿给旁人；此时应该做而且能够做的事，就得在此时做，不拖延到未来；此地位应该做而且能够做的事，就得在此地位做，不推诿到想象中的另一地位去做。

——朱光潜

（著名学者、美学家、文艺理论家，曾担任北京大学文学院院长）

很多人在讲起人生价值时说得头头是道，甚至还为实现自己的人生价值制定了详尽计划：第一步做什么，第二步做什么，第三步……可是给自己定了很多计划，却很少实行过。

要知道，再好的计划也不能代替身体力行，再好的计划没有行动，也只是一场黄粱美梦。因此，实现自己的人生价值，就需要付出实际的行动。

有一位李老汉，家宅建在一条河的旁边。由于地势低洼，天下大雨时，经常碰到水患，于是李老汉决定搬家。但是，这家人推崇平等，所以李老汉的"一言堂"是发挥不了作用的。

一天，有个过路人告诫李老汉："天将降大雨，洪水欲至，为什么不搬家？"李老汉于是召集众人，开了个家庭会议。

会议从晚上开到第二天天亮，虽认识到了洪水的危害，但会议没有结果。

第二天，又有过路人告诫李老汉："洪峰就在不远处，赶快搬家，不要犹豫呀！"李老汉又聚集众人，召开了家庭会议。

但是，会议从晚上开到第二天早上，仍然不能决定是搬还是不搬。

这时，有人来警告说："赶快搬家，如果晚了，洪峰来到，将有灭顶之灾呀！"李老汉慢吞吞地说："容我再与家人开个会议，商量一下。"

最后，洪峰来到，而李老汉全家人还未决定是否搬迁就全部被淹。

上述故事中李老汉的一家人，可谓光说不练的"典范"。家住临河，又逢大水将至，本已是十万火急，他们却不慌不忙地一议再议，而且屡议不决。他们本来早就可以迁居，因为耍嘴皮子延搁了下来。后来也来得及搬迁，又是因为耍嘴皮子丧失了时机。到了最后，他们因为喋喋不休的争论，让自己错失了良机。直到大水即将灭顶，争论依旧喋喋不休，真可谓"死不悔改"。

美国著名的哲学家爱默生曾告诫年轻人说："当一个人年轻时，谁没有空想过？谁没有幻想过？想入非非是青春的标志。但是，我的青年朋友们，请记住，人总归是要长大的。天地如此广阔，世界如此美好，等待你们的不仅仅是一对幻想的翅膀，更需要一双踏踏实实的脚！"

而在生活中，我们经常会看到一些胸怀大志的人。比如：刚从大学毕业的年轻人，一开始就梦想着能得到一份好工作，拿到高薪，还能施展自己的才华。几年之后，自己就可以西装革履地站在大众面前，骄傲地谈论着自己的成就。但是，现实的残酷一次次告诉他们：不要空想了！如果不采取行动的话，只会让自己变得一无所有，一事无成。

所以，我们现在要起而行动，为成功，为致富而行动。此时，我们可以把目标当做是建筑一座高楼大厦，而空想是我们的计划，行动就是为大楼添砖加瓦。只有行动起来，才能让理想的大楼拔地而起，才能真正实现我们的人生价值。

6. 尝试是成功的第一步

空谈之类，是谈不久，也谈不出什么来的，它始终被事实的镜子照出原形，拖出尾巴而去。

——鲁迅

（曾任北京大学讲师，无产阶级文学家、思想家、革命家）

试想，如果爱迪生只是躺在被窝里提出一个个构想，而不肯亲自尝试，又怎能让那些构想变为发明，成为触手可及的现实？如果没有持之以恒的韧性和执着，没有成百上千次的实验尝试，他又怎么能发明白炽灯，成就改变人类生活方式的伟大发明呢？如果小说家儒勒·凡尔纳在被出版社退稿后，就不再尝试，不坚持，又怎么会有今天蜚声中外的佳作呢？

很多时候，我们需要的不是动听的理想或者合理的借口，而是亲自的尝试。有人说，迈开第一步就是成功的第一步。因此，我们应该学会尝试。要知道，尝试，才会开启成功的大门，但不尝试，只空想，我们连成功的大门在哪儿都不知道。

有这样的一个故事：

在汉光武帝时期，会稽爆发了一场大瘟疫。没几天的时间，就死了一万多人。面对如此惨景，县令钟离意十分苦恼，饭吃不下，觉睡不着。每天，他都在不断地责怪自己："百姓遭难，我无法解救，还算什么父母官！"

后来，钟离意冒着生命危险，一家一家地去慰问病人和家属，还下令用重金招募医生研制新药。经过大家的努力，新药被研制出来了，可是新的问题又来了，药中有几味有毒的草药，不知会不会带来什么副作用……正在这时，钟离意挺身而出："这不是很简单的问题嘛，让我来试就是了！"说完，不顾大家竭力阻挡，夺过药就喝了下去。

他喝过之后，没有任何中毒的迹象，可见药研制成功了。于是，药就被分发了下去。很快，瘟疫被控制了，钟离意紧皱的眉头也舒展开了。

如果钟离意没有大无畏的精神，没有敢于尝试的精神，那恐怕疫情还会蔓延，到一发不可收拾的地步。可见，敢于尝试是开启成功的第一把钥匙。

无独有偶，海尔电器也是有着尝试的精神，所以才走到了成功，才被广大人民群众所熟知。毫不夸张地说，在中国，恐怕没有人不知道海尔电器的吧！即便是欧、美、亚，海尔也有着一定的影响力。

在2000年，海尔全球总资产达167.5亿元。可有谁能够想象：海尔的前身却是一个濒临倒闭的集体小厂？在短短的十几年间，海尔竟发生了如此翻天覆地的变化，这其中的奥秘是什么呢？经过了解后，我们才知道，原来：海尔电器的成功，就在于它努力尝试，不断拼搏的精神。

由此可见，尝试无论是对个人来说，还是对一个企业来说，都有着至关重要的作用。尝试，往往需要付出常人难以想象的艰辛，但也常常能创造出骄人的成绩。不去尝试，我们永远不会知道自己能做什么；不去拼搏，我们什么也做不成。尝试，会让我们更加了解自己；拼搏，会让我们更加相信自己。

戏剧大师莎士比亚有句话："本来无望的事，大胆尝试，往往能够成功！"

亲爱的朋友们，让我们努力尝试吧！让我们努力拼搏吧！在不断地尝试与拼搏中，我们将会变得更自信、更坚强、更完美！

7. 敢想实干，扔掉空想、瞎干

热爱是最好的老师，成果是最好的老师，不得不干是最好的祖师爷。

——金克木

（曾任北京大学教授，著名文学家、翻译家、学者）

成功人士都有这样的特点，他们一旦想好要做某件事情，绝对不会顾虑重重，而是马上将其付诸实施。就是这种敢想、实干的做事态度成就了他们的事业。而那些有能力的人之所以没成功，与做事优柔寡断有着很大的关系。很多时候，正是瞻前顾后的做事态度，让他们错过了无数的良机。

王刚读中学的时候，正是"人有多大胆，地有多大产""要高山低头，河水让路"的时代，因此他牢牢牢地记住这样的教导："敢想，敢说，敢干！"

在上学期间，他的目标一个接着一个，就是没能实现，比如：他今天学了李白或杜甫的诗歌，就梦想着诗人；学了鲁迅和茅盾的小说，就梦想着成为一个作家；当学了爱迪生和瓦特的故事，又梦想着发明点什么……

就这样，直到他大学毕业，什么也没做成。

对此，早就有人一再告诫我们：一张地图，不论它多么详细，比例尺有多么精密，绝不能够带它的主人在地面上移动一寸。要知道，只有敢想实干，才能够点燃地图、羊皮纸的法律。我们的幻想、计划、目标，使其成为一股活动的力量。

当然了，敢想实干也得在点子上，不然再努力、再行动也是徒劳！下面，有这样的一个故事，说的就是有"实干"精神的县长：

在三伏天里，县长又亲率一干人马，悄无声息地到王家庄帮王大伯锄草。

这是一块玉米地，地里的草可真多，密密麻麻，长得绿油油的。而玉米只稀稀疏疏几行，反倒像点缀了。县长二话没说，掂起锄头就干。其他人也跟着热火朝天地干起来。太阳火辣辣地照着，一丝风也没有，又闷又热。

平时，大家坐在空调房里还嫌不舒服，什么时候受过这种罪，没干一会儿，个个头上冒汗，喉咙冒烟。可县长不休息，谁敢不干？

电视台不知从哪里得到消息，记者风风火火地赶来了，围着县长拍个没完。县长笑着说："有什么好拍的？有这精力，还不如帮忙锄草呢。"几个记者红着脸，也忙活起来。

好一阵折腾，总算锄完草，又收拾干净了。就在这时，不知谁喊了一句："王大伯来了！"只见一个戴着草帽的农民，满头大汗地跑过来，县长笑眯眯地迎上去。记者忙对好镜头，预备拍农民感动得热泪盈眶的特写。

农民呆呆地看着连个草尖儿都没有的地，惊讶得一句话也说不出来，突然，他抱着头蹲下身，呜呜地大哭起来。

大家吃了一惊，心想，也太夸张了吧！农民边哭边喊："你们怎么把我留着招虫子的玉米留下，倒把草给我锄了呀？这可是从国外引进的优质草坪用草啊，光买种子就花了我一万多块呀！"

虽然实干能给我们带来成功，但盲目的"实干"只能给我们带来麻烦。因此，我们一定要分清楚敢想实干和敢想瞎干。只有这样，才能确立好一个目标，从而真正实施行动。

因此，我们应该敢想实干，但要扔掉空想、瞎干，只有这样才能拿出百分百的决心做出一番事业！无论什么时候，只要"敢"于迈出第一步，那就离成功不远了。朋友们，向着美好的未来，勇敢迈出第一步吧！

8. 劳动是人的第一需要

工作是我的第一需要。我的要求就是不停地工作，我一辈子没停过。我的生活习惯就是不停地工作，习惯。不写不行，好像没吃饭一样，第一需要。

——季羡林

（曾任北京大学教授，历史学家、思想家、作家）

《生物进化论》中说：人类是由猿猴演变来的，在这个演变过程中起决定作用的是劳动。劳动不但创造了财富，而且也让人类获得了智慧。充满智慧的人类，在体力劳动和脑力劳动的共同基础上，创建了物质文明和精神文明，并不断推动着人类文明向前发展。因此哲学家说，创造了人类的是劳动，让人类认识了这个世界的是劳动，改造了这个世界，并且拥有了这个世界的还是劳动。可以说，劳动是人类不可离开的需要。

然而，深得劳动好处的人们，并不是所有人都能认识到劳动的重要，总有一些人鄙视劳动、厌恶劳动、无视劳动，总是梦想着不劳而获。

很久以前，有个穷困的人，整天在地里辛勤劳作，但收获很少。他觉得这样做实在太辛苦了。

一次，他突发奇想，自言自语地说："神灵掌管着财富，我与其每天辛苦地工作，不如向神灵祈祷，诚恳地请求神灵赐给我金钱，供给我今生享受。这样一来，不就可以天天过上无忧无虑的生活了。"

他深为自己的想法而得意，于是就把弟弟们叫来，委托家务给他们，并嘱咐兄弟们要努力耕作，让全家人有吃有穿，不要饿肚子。把所有能够想到的交代完毕之后，穷汉觉得自己没有什么后顾之忧了，就来到天神庙中，为所有天神摆设贡品，进行斋会，还摆放奇花异草，供天神欣赏，并不分昼夜地向天神顶礼膜拜，毕恭毕敬地向祈祷："神啊！请您赐给钱财吧，让我变得富有而快乐吧！"

天神听得穷汉的愿望，心里暗自想道："这个庸散懒惰的家伙，总想不劳而获得到巨大的财富。我不能助长这种歪风邪气，甭管他怎样苦苦请求，也不能心软。可是，怎样才能让他死了这条心呢。"

天神略一思索就计上心来，他变化一番，变成穷人弟弟的模样，兴冲冲地来到天神庙中，也像他一样虔诚地跪倒地上祈祷求福。突然间，穷汉抬头看见他弟弟，感到非常奇怪，便急忙问道："你来这里干吗？我不是让你去地里耕作了吗？"

天神变的弟弟不慌不忙地回答："我来助你一臂之力，向天神求财求宝，我想天神一定会加快让我们有吃有穿的。即使我不努力耕种，天神也会让麦子在田里自然生长，我想他一定会满足我们的愿望。"

穷汉听得弟弟一番话，实在是没想到他会像自己一样，立即骂道："你这个混账东西，总想不劳而获的家伙，别异想天开了！"弟弟听见哥哥骂他，非但没有生气，反而故意大声争辩道："你说什么？你再说一遍。"

"不播种，能得到果实，只有傻子才会这么想！"穷汉怒气冲冲地再说了一遍。然而，让穷汉震惊的是，他刚刚说完，天神就现出了原形，并诚恳地对穷汉说："诚如你自己所说的，不耕种就不能收获果实。你现在不去劳作却跑到我这里，不但把自己弄得辛辛苦苦的，而且让我也受麻烦。诚如你所说的，你只要辛勤耕作终有一天会收获财富的。"

穷汉霎时恍然大悟。

俗话说得好："种瓜得瓜，种豆得豆。"一个人想要收获果实，就必须先播下种子。要想改变自己的命运，过上幸福美满的生活，只有不辞辛劳地努力工作才能做到。不劳动不可能有收获，天下没有免费的午餐，这是人生哲言。如果一个人想一辈子富裕，那么就一定要辛勤劳动。

我国最早的诗歌总集《诗经》中，就阐述了劳动对人们的重要性，创作了很多关于劳动的诗歌。其中《十亩之间》是一首采桑的歌，写几个小伙子相约去看采桑姑娘的情景，体现了青年人之间劳动的乐趣；《椒聊》是描写一群采花椒的妇女一边劳动一边歌唱，充满对未来生活向往的劳动场面；《周南·芣苢》则是女子采摘车前子草的乐歌。还有《伐檀》、《七月》等都是描写古人劳动的诗作，诗里描绘的劳动大多是轻松愉悦的，极具生活情味。《诗经》其实就是劳动的创造，人们在生活中积累很多的劳动经验，才产生了这些伟大的篇章，同时劳动创造了人，劳动也是人的自身需要。

东晋陶渊明的田园诗不仅写自己从事耕作，还对劳动的意义提出了新的见解，他的《庚戌岁九月中于西田获早稻》一诗中写道："人生归有道，衣食固其端，孰是却不营，而以求自安。"人人都要自食其力，艰苦奋斗，如果什么事都不做，是无法解决自己的温饱问题的

唐人李绅《悯农》中有诗句："锄禾日当午，汗滴禾下土。谁知盘中餐，粒粒皆辛苦。"这首诗在写劳动的艰辛，劳动果实来之不易，教育人们从小热爱劳动的同时，提醒人们更要珍惜劳动成果。

白居易写了五言古诗《观刈麦》，他这样描写劳动："田家少闲月，五月人倍忙。夜来南风起，小麦覆陇黄。姑妇荷箪食，童稚携壶浆。相随饷田去，丁壮在南冈。足蒸暑土气，背灼炎天光。力尽不知热，但惜夏日长。"诗中描写了妇女领着小孩往田野去，给正在割麦劳作的男子送水送饭，这些农民在麦田埋头割麦，脚下暑气熏蒸，背上烈日烘烤，累得筋疲力尽也不觉得炎热，只是珍惜夏天昼长能够多干点活。诗中真切地描绘出割麦者辛勤劳碌的生活情景，浸透着对劳动者深切的关怀和同情。

晚唐诗人罗隐在《蜂》中说："不论平地与山尖，无限风光尽被占。采得百花成蜜后，为谁辛苦为谁甜？"这其实是一首寓言诗，赞美了蜜蜂辛勤劳动的高尚品格，寓意着劳动光荣。

中华民族是热爱劳动的民族，正是劳动创造了上下五千年的灿烂历史文化，创造了中华民族的传统美德。劳动使人高尚，是人类生存于世界的最为神圣的活动，是每一个现代人必备的基本素质或行为习惯。

人们常说：人生两件宝，双手和大脑，一切靠劳动，生活才美好。劳动是人类文明进步的源泉，是打开幸福之门的钥匙。让我们重视劳动，积极投身于劳动中吧！

9. 认真踏实地做好每一件事

从此我不再仰脸看青天，不再低头看白水，只谨慎着我双双的脚步，我要一步一步踏在泥土上，打上深深的脚印！

——朱自清

（散文家，曾任西南联合大学文学系主任）

人们常说："世界上的事，怕就怕'认真'二字。"在《现代汉语词典》里，对"认真"二字的注释是：严肃对待，不马虎，脚踏实地地完成某一件事。实际上"认真做成事"说着容易，做起来很难，因为能否把一件事情做成功的影响因素很多。但无论怎样，态度是首要的，首先要有认真的态度，因为认真的态度是做成事的前提。

人生不过短短的几十年，那么如何在这有限的时间里用心做好每件事，踏实过好每一天，这是每个人都应该思考的问题和具备的态度。

如果你具备了认真的态度，并且能够认真对待所做的每件事情，那么你无论在哪里都会脱颖而出。因为认真对待工作中的每一件事，无论大事小事，都是一个人的素质和品质的体现。

然而，纵观古今，不认真踏实做事几乎是个普遍现象。有一则这样的故事：

寺庙里有一个小和尚负责撞钟，一个月下来，看到师哥师弟们在烈日炎炎下浇菜种地挥汗如雨，暗自庆幸，觉得自己"做一天和尚撞一天钟"而已。

有一天，寺庙的主持宣布调小和尚到后院劈柴挑水，说他不能胜任撞钟一职。

小和尚很不服气地问："我撞得钟难道不准时、不响亮？"

老主持耐心地告诉他："你撞得钟虽然很准时，也很响亮，但钟声空泛、疲软、不浑厚，没有把钟声的节奏感撞出来，钟声缺乏感召力。可知你心不在此，敲钟事虽小，你也没能做好。"

没能认真踏实地做事，小和尚丢掉了职位。

由此可见，即便是小事，也决不能因此而轻视。一个人认真踏实地做好一件事容易，难的是认真踏实地做好"每"一件事。荀子说："积土成山，风雨兴焉"、"积水成渊，蛟龙生焉"，他用比喻来论述大由小生、积少成多的道理。"骐骥一跃，不能十步；驽马十驾，功在不舍。""泰山不拒细壤，故能成

305

其高；江海不择细流，故能就其深。"告诉人们滴水石穿、绳锯木断的道理。成功就在于不懈的坚持，正如雕刻，如果刻几下就停下来了，那么腐烂的木头也刻不断；如果不停地刻下去，那么金石也能雕刻成功。

他接着说："积善成德，而神明自得，圣心备焉"，是要教导一个人"勿以善小而不为"，集小善而成大善，从而具备圣心的道理。对一个人来说，"积善"要达到"成德"的境界，需要数十年的坚持，也是认真做好"每"件事的必然结果。

只有脚踏实地，一步一个脚印，不畏艰难，不怕曲折，坚韧不拔地干下去，才能最终达到目的。相反，一个人如果不认真做事很可能会造成巨大的损失，给自己带来不必要的麻烦，追悔莫及。下面就有这样一个事例：

从前，黄河岸边有一片村庄，为了防止黄河水患，人们筑起了巍峨的长堤。

一天，有个老农偶然发现河堤上蚂蚁窝猛增了许多，心想这些蚂蚁窝会不会影响长堤的安全呢？他要回村告诉乡亲们。在路上，他遇见儿子，就把这件事告诉了儿子。

儿子听了不以为然地说：这么坚固的长堤，还害怕几只小小蚂蚁？正在犹豫的老农便和儿子重新下田干活了。当天晚上风雨交加，黄河里的水猛涨起来，咆哮的河水从蚂蚁窝渗透出来，继而喷射，终于堤决人淹。

这就是常说的"千里之堤，毁于蚁穴"，这个故事告诉人们不认真对待小事情最终会造成巨大的损失。

原北大校长胡适先生曾说：你知道中国最有名的人是谁？提起此人，人人皆晓，处处闻名。他姓差，名不多，是各省各县各村人氏。你一定见过他，一定听过别人谈起他。差不多先生的名字天天挂在大家的口头，因为他是中国全国人的代表。

"差不多先生常常说：'凡事只要差不多，就好了。何必太精明呢？'他小的时候，他妈叫他去买红糖，他买了白糖回来。他妈骂他，他摇摇头说：'红糖白糖不是差不多吗？'他在学堂的时候，先生问他：'直隶省的西边是哪一省？'他说是陕西。先生说，'错了。是山西，不是陕西。'他说：'陕西同山西，不是差不多吗？'……"

"有一天，他忽然得了急病，赶快叫家人去请东街的汪医生。那家人急急忙忙地跑去，一时寻不着东街的汪大夫，却把西街牛医王大夫请来了。差不多先生病在床上，知道寻错了人；但病急了，身上痛苦，心里焦急，等不得了，心里想道：'好在王大夫同汪大夫也差不多，让他试试看罢。'于是这位牛医王大夫走近床前，用医牛的法子给差不多先生治疗不过一点钟，差不多先生就一命呜呼了。"

"差不多先生差不多要死的时候，一口气断断续续地说道：'活人同死人也差……差……差不多，……凡事只要……差……差……不多……就……好了，……何……何……必……太……太认真呢?'他说完了这句格言，方才绝气了。"

"他死后，大家都很称赞差不多先生样样事情看得破，想得通；大家都说他一生不肯认真，不肯计较，真是一位有德行的人。于是大家给他取个死后的法号，叫他做圆通大师。他的名誉越传越远，越久越大。无数无数的人都学他的榜样。于是人人都成了一个差不多先生。——然而中国从此就成为一个懒人国了。"

胡适先生用寓言的方式对"差不多先生"进行了辛辣幽默讽刺，通过文章可以让人强烈地意识到做事认真的重要。

因此，我们不要轻视自己所做的每一件事，即使是最普通的事，也应该全力以赴、认真踏实、尽职尽责地去完成。如果马马虎虎、三心二意地做事，那么永远也不可能做出什么成绩来。

10. 生做好一件事情，就是成功

我这一辈子只做一件事：教书。我这一辈子只做好了一件事，也是教书。如果有下辈子，下辈子还教书。

——陈岱孙

（北京大学教授，著名经济学家、教育家）

一个人一生可做的事情很多，但有不少"聪明人"，一生都没能做好一件事。所谓"十鸟在林，不如一鸟在手"，所以，一生能做好一件事，并且是真正做好了，那么这样的人生也就无怨无悔了，也就是十分有意义了。

徐霞客出生在江苏江阴一个有名的富庶家庭，祖上都是读书的人，称得上是书香门第，父亲徐有勉一生不愿为官，也不愿同权势交往，只喜欢到处游览欣赏山水景色。幼年的徐霞客深受父亲影响，也喜爱读地理、游记、历史和探险之类的书。受这些书籍熏陶，他从小就热爱祖国的壮丽山河，立志要游遍名山大川。

在他 19 岁那年，父亲去世了。虽然已经长大的他很想外出去寻访名山大川，但是按照当时社会的道德规范“父母在，不远游”，徐霞客因为尚有老母在家，所以也就没有准备马上出游。他的母亲是个读书识字、明白事理的女人，就鼓励儿子说：“身为男子汉大丈夫，应当志在四方。你出外游历去吧！应该到天地间舒展胸怀，广增见识。怎么能因为我在，就成了篱笆里的小鸡、车辕上的小马，没有了自由，只能留在家里无所作为了呢？”

徐霞客听了母亲的话，备受激励，决心去远游。临行的时候，他带上母亲为他准备的行装，就出发了。这年，他仅仅 22 岁。从此，直到他 56 岁逝世，他的绝大部分时间都是在旅行考察中度过的。

徐霞客在完全没有国家支持的情况下，先后游历了 16 个省。向东到达浙江的普陀山，向西到达云南的腾冲，向南到达广西南宁一带，向北到达河北蓟县的盘山，足迹遍及大半个中国。更让人钦佩的是，在 30 多年的考察旅行中，他主要是靠徒步跋涉，连骑马乘船都很少，还经常自己背着行囊赶路。他涉足的地方，大多是穷乡僻壤、人迹罕见的边疆地区。他不怕虎狼，不避风雨，经常与长风为伍、与云雾为伴，饿了以野果充饥，渴了饮口清泉。好几次他都遇到生命危险，出生入死，尝尽了旅途的艰辛。

那年 28 岁的徐霞客，来到温州攀登雁荡山。他想起古书上记载说雁荡山顶有个大湖，就决定爬到山顶上去看看。当他艰难地爬到山顶时，看到笔直的山脊，根本没有洼地，怎么能有湖呢？但是，徐霞客仍然不放弃，一路向前走到一个大悬崖边，路没有了。他仔细观察地势，发现悬崖下面有个小小的平台，就用一条长长的绳子系住悬崖顶上的一块岩石上，然后抓住绳子悬空而下，到了小平台上才发现下面还有百丈深渊，再也无法下去了。只好抓住绳子，脚蹬悬崖，费力地往上爬，准备爬回崖顶。爬着爬着，突然带子断了，幸好他手脚灵敏，及时抓住了一块岩石，才避免了掉下深渊粉身碎骨的危险。徐霞客把断了的绳子重新接起来，最终吃力地爬上了崖顶。

还有一次，在黄山考察的时候，遇到了大雪。当地人告诫他说，山上被积雪覆盖了，看不到登山的路，有些地方积雪很深，很是危险。但徐霞客没有被困难吓住，他准备了一根铁杖探路，向山上爬去，随着前进，山势越来越陡峭。背阴的山坡地方最难攀登，以前融化的雪水结成了坚冰，又陡峭又光滑，脚踩上去，就滑下来。徐霞客就用铁杖在冰上凿坑。脚踩着坑缓慢地向上攀登，终于爬上山顶了。山上寺庙里的僧人看到他都非常惊奇，因为他们被大雪困在山上已经好几个月了。

他还走过福建武夷山的三条险径：白云岩的千仞绝壁，大王峰的百丈危梯和接笋峰的"龙脊""鸡胸"。在他登上大王峰时，已是日头西落，下山寻路不见，就用手抓住攀悬的荆棘乱坠而下。他游历中岳嵩山时，从太室绝顶上下来时，也是顺着山峡往下悬溜的。徐霞客惊人的探险式的旅游，证明了他是一位千古奇才。

徐霞客有一个良好的习惯，就是在一天的跋涉之后，无论多么劳累，无论住宿在什么地方，都会坚持记录下自己考察的收获。因此，他写下了二百四十多万字的游记，只可惜大多数失散了。留下来的部分经过后人整理成书，就是著名的《徐霞客游记》。这部书四十多万字，是把科学和文学融合在一起的奇书。

徐霞客的游历，不仅仅是寻奇访胜，更重要的是探索大自然的奥秘，探寻大自然的规律。他在山脉、水道、地质和地貌等方面的调查和研究都超越了前人。他还是世界上对石灰岩地貌进行科学考察的第一人。他还考察了一百多个石灰岩洞。徐霞客在地理科学上的贡献很多。他对温泉、火山等地热现象进行研究，对气候、植物因地势高度不同而变化等自然现象，都进行了考察和描述。此外，还对农业、手工业、交通状况，对名胜古迹和少数民族的风土人情，进行记载。他还用优美的文笔来记录，可以说篇篇都是优美的散文，在文学上的价值也很高。

最后一次出游是在徐霞客51岁那年。他游历了西南地区，到达中缅交界的腾越，到他重新返回家乡时，年老和疾病让他再也无法出游了。他在病中时常翻看自己收集的岩石标本，临终前，他手里还紧紧地握着考察中带回的两块石头。

后人给了《徐霞客游记》很高的评价，称其为地学史上第一次对自然地理现象的理性探索，称其为中华民族的文化瑰宝，誉其为"世间真文字、大文字、奇文字"，并赞誉徐霞客为世界上杰出的旅行家和地理学家，最早的岩溶学家和洞穴学家。

其实，徐霞客一生只做了一件事，那就是游历！做好了一件事，认真地做好自己喜欢或者擅长的事，就是最大的成功，这样的人生才有意义，才称得上是波澜壮阔的一生。

司马迁也是这样的人，他毕其一生写作《史记》一书，即使在身受非人虐待时也没有放弃。

那年，司马迁替一位受冤的将军辩护，得罪了汉武帝，入狱受了酷刑。

司马迁悲愤交加，几次想血溅墙头，了此残生。但想到《史记》还没有完成，便打消了寻死的念头。心想："人总是要死的，有的重于泰山，有的轻于鸿毛。如果就这样死了，不是比鸿毛还轻吗？一定要活下去！一定要写完这部史书！"

为此，他尽力克制自己，把个人的耻辱、痛苦全都埋藏在心底，重新认认真真地写起史书来。就这样，司马迁发愤写作，用了整整13年时间，终于完成了一部52万字的辉煌巨著《史记》。

这部前无古人的著作，几乎耗尽了他毕生的心血，是他用生命写成的。

一个人要有一生做好一件事的追求，这是做人的最低标准，也是最高要求。首先要找到自己的人生目标，要全力以赴、持之以恒地去做，这样到最后我们就不会因为虚度年华而悔恨，也不会因为碌碌无为而羞愧了。

所以，每个人都应该把自己有限的精力、有限的时间集在一起来做一件应当做、可能做好的实实在在的事情。确定好做什么事以后，我们就必须把自己的全部心力、体力凝聚起来，心无旁骛，坚守初衷，直到成功。